上 海 研 究 院 纪 念 改 革 开 放 40 周 年 丛 书

上海城乡一体化
探索与实践

EXPLORATION AND PRACTICE
OF URBAN AND RURAL INTEGRATION IN SHANGHAI

王东荣　主编

社会科学文献出版社
SOCIAL SCIENCES ACADEMIC PRESS (CHINA)

本书编委会

主　编　王东荣

副主编　顾吾浩

参加编写人员（以承担编写工作量排序）：

　　　　陈　霆　吕　祥　徐盘钢

　　　　周兰军　刘　明

目　录

前　言

城乡经济社会发展一体化是在我国社会主义现代化建设和发展过程中，特别是推进工业化和城镇化过程中遇到的实际情况，党中央提出的战略举措，是新时期建设中国特色社会主义，全面实现小康最艰巨、最繁重的任务。

一　城乡经济社会发展一体化提出的背景及其内涵

正确处理工农、城乡关系，历来是中国革命和建设的重大问题。党的十一届三中全会以来，我们党全面把握国内外发展大局，不断推进经济体制改革和扩大对外开放，农村经济社会发展取得了举世瞩目的成就。但由于长期以来形成的城乡分割二元体制没有根本消除，城乡关系失衡的矛盾越来越突出。进入 20 世纪 90 年代之后，随着工业化、城镇化的加快推进，各种生产要素急剧向城市集中，农村基础设施建设落后，城乡居民收入差距进一步加大，农村公共服务和社会事业发展严重滞后。

针对这种情况，党的十六大以来，中央出台了一批推动城乡一体化建设的政策。党的十六届三中全会提出了统筹城乡发展的战略，确立了农村工作的"多予、少取、放活"的方针。2004 年，中央经济工作会议提出了中国已进入"以工补农、以城带乡"的发展阶段。2008 年 10 月，党的十七届三中全会通过的《中共中央关于推进农村改革发展若干重大问题的决定》第一次提出，要建立促进城乡经济社会发展一体化制度，并对此进行了部署。

2012年11月，党的十八大报告提出，推动城乡发展一体化，解决好农业农村农民问题是全党工作重中之重，城乡发展一体化是解决"三农"问题的根本途径。党的十八大以来，以习近平为核心的党中央坚持把推动城乡发展一体化，解决好农业农村农民问题作为全党工作重中之重，把城乡发展一体化作为解决"三农"问题的根本途径，进一步加大了统筹城乡发展力度，增强农村发展活力，逐步缩小城乡差距，促进城乡共同繁荣；进一步坚持工业反哺农业、城市支持农村和多予少取放活方针，加大强农惠农富农政策力度，让广大农民平等参与现代化进程、共同分享现代化成果，使广大农民有了越来越多的获得感。

建立促进城乡经济社会发展一体化制度，是一个复杂的社会系统工程，需要认真研究解决一系列矛盾和问题，既要立足现实，又要着眼长远。至关重要的是，必须大力推进改革创新，打破城乡分治的体制、拆除城乡分隔的樊篱，形成城乡平等对待、城乡统筹指导、城乡协调发展的制度环境。基本要求是：加快形成统筹城乡发展的体制机制，特别是尽快在城乡建设规划、产业布局、基础设施建设、公共服务、劳动就业一体化等方面取得突破，促进公共资源在城乡之间均衡配置、生产要素在城乡之间自由流动，促进城乡经济社会发展融合、良性互动。为实现这一基本要求，习近平总书记提出："逐步实现城乡居民基本权益均等化、城乡公共服务均等化、城乡居民收入均衡化、城乡要素配置合理化，以及城乡产业发展融合化。"

一是城乡居民基本权益均等化。城乡居民基本权益均等化是实现城乡一体化发展的前提，目前，城乡居民权益不平等集中体现在两个方面：其一，是财产权的不平等。城市的生产资料和消费资料基本上商品化，包括国家、集体和个人所有的土地、厂房、设备、住宅等，都允许在市场上自由流通；而农村的土地、住宅等产权仍不明晰，农村对土地和房产等的法人财产权仍未落实，作为农民最重要的生产资料和消费资料仍不能实现商品化、市场化。因此，农民就不能像城里人一样享受城市化过程中不动产增值的收益。这是城乡居民基本权益最大的不平等，是城乡居民收入差距拉大的重要原因。其二，在户籍制度上的不平等。尽管有2.8亿农民工为城市建设做出了巨大贡献，有些农民工进城已经二三十年，但由于户籍的限制，他们享受不到城市户口所附加的各类社会保障和公共服务，绝大部分仍处于全家分离状态。从农民应享有公民基本权益上说，这也是很不合理的。党的十八届三中全会《中共中央关于全面深化改革若干重大问题的决定》（以下简称《决定》）提出"赋予农民对承包地占有、使用、收益、流转及承包经营权抵押、担保权能"；提出"保障农民宅基地用益物权，改革农村宅基地制度，选择若干试点，慎重稳妥推进农民住房财产权抵押、担保、转让，探索农民增加财产性收入渠道"；提出"在符合规划和用途管制前提下，允许农村集体经营性建设用地出让、租赁、入股，实行与国有土地同等入市，同权同价"。这三项改革是对农村土地公有制实现方式的重大突破，是对农民住宅制度改革的重大突破。它明确了农户对自己的住房拥有所有权，农户对承包地和宅基地拥有法人财产权，这为发挥市场对农村土地资源配置的决定性作用，促进土地资源的节约集约利用，提供了前提条件，为农民在城乡之间自主选择居住地和户籍提供了便利。

在推进城乡一体化的诸多制度安排中，社会保障制度建设是直接和个体利益相联系的，由于城市部门在计划经济体制下就存在相对完善的保障制度，因此，在近年来通过向市场经济体制下的制度转型，比较容易建立起与市场经济制度相容的社会保障制度。目前，在城市已基本建立起养老、失业和医疗等社会保障制度网，以及最低生活保障的最后社会保障线。社会保障水平的差异不仅是导致城乡之间的福利差距的直接原因，也是阻碍城乡一体化最重要的制度条件。因此，缩小城乡居民在社会保障方面的差异是打破多年来城乡分割的二元社会结构最有效的手段。

二是城乡公共服务均等化。统筹城乡基础设施建设和公共服务，这是改变农村面貌、促进城乡经济社会发展一体化的着力点。我国城乡经济发展差距大，基础设施和公共服务差距更大。目前，农村饮水、电力、道路、通信等公共设施落后，上学、看病和社会保障等问题突出。建立城乡基本公共产品和公共服务统一的制度，统筹城乡基础设施建设和公共服务，创新管理体制和运行机制，加大资源整合力度，着重改变农村基础设施落后和公共服务不足的状况，逐步实现基本公共服务均等化。要针对目前城乡基础设施差异大、功能布局不合理、设施共享性差等突出问题，切实把城市与农村作为一个有机整体，着眼强化城市与农村设施连接，加大农村基础设施投入力度，特别要增加对农村饮水、电力、道路、通信、垃圾处理设施等方面的建设投入，实现城乡共建、城乡联网、城乡共用。推进城乡环境综合治理。加强农村防灾减灾能力建设。要巩固和发展城乡义务教育制度，健全覆盖城乡的公共卫生体系和基本医疗制度，加快健全覆盖城乡居民的社会保障体系，积极解决好农村教育、卫生、文化、社会保障、住房等关系农民群众切身利益的问题，全面提高财政保障农村公共事业的水平，使广大农民学有所教、劳有所得、病有所医、老有所养、住有所居，共享改革发展成果。

三是城乡居民收入均衡化。实现城乡居民收入均衡化，是建立城乡一体化发展体制机制的核心。最近几年，全国农民人均收入增加速度超过城市居民，城乡居民收入比值已经由 2009 年的 3.3∶1 缩小到 2013 年的 2.5∶1，令人欣喜。继续保持这一势头，从根本上说，要靠提高农业劳动生产率。在农村劳动力有序向第二、三产业转移的前提下，推进农民将承包权经营权有偿转让，既可使农民获得财产性收入，又有利于发展土地规模化经营。要鼓励发展各类合作经济。鼓励农民工返乡创业，发展现代农业、农产品加工业、商贸流通业和乡村旅游业。发挥城市对农村、工业对农业的带动作用。要大幅度增加国家对农村基础设施建设和社会事业发展的投入，大幅度提高政府土地出让收益、耕地占用税新增收入用于农业的比例，大幅度增加对中西部地区农村公益性建设项目的投入。并且要积极利用财政贴息、补助等手段，引导社会资金投向农村，这样，才能不断夯实农业发展的物质技术基础，不断增强农村的实力和后劲。要发展壮大县域经济，充分发挥县（市）在城乡发展一体化中的重要作用，统筹配置县域范围内各种生产要素，有效集成各项支农惠农政策，着力建设现代农业，壮大第二、三产业。要着眼于发挥县域的资源优势和比较优势，明确县域主体功能定位和生产力布局，科学规划产业发展方向，积极培育特色支柱产业。

四是城乡要素配置合理化。在坚持城乡经济社会发展一体化的前提下，要统筹土地利用和城乡建设规划，加大农村基础设施建设。这是实现资源合理配置、促进城乡经济社会发展一体化的重要前提。国家规划是引导经济社会发展和资源配置的重要依据和手段。过去长期受城乡二元结构的制约，重城市发展规划、轻乡村发展规划，而且城乡发展规划相互脱节。这就造成农业、农村建设与工业化、城镇化的推进基本上是相互隔离的，不仅导致农村发展滞后、城乡差距拉大，而且也使得城市建设无序扩展，降低了土地资源配置效率。因此，必须切实改变城乡分割的行政管理体制，理顺规划体系，通盘考虑和安排城市发展和农村发展，统一制定土地利用总体规划和城乡建设规划。在制定统一的城乡发展规划中，按照自然规律、经济规律和社会发展规律，明确各分区功能定位，合理安排城市、农村小集镇和乡村建设，农田保护、产业聚集、村落分布、生态涵养等空间布局。这样，不仅可以节约集约利用土地等资源，而且可以使城乡发展紧密衔接、相互促进。当前农业基础仍然薄弱，最需要加强；农村发展仍然滞后，最需要扶持；农民增收仍然困难，最需要加快。

五是城乡产业发展融合化。统筹城乡产业发展是促进城乡经济社会发展一体化的重要环节，要从体制、规划、政策上解决城乡产业分割问题，顺应城乡经济社会发展不断融合的趋势，统筹规划和整体推进城乡产业发展，引导城市资金、技术、人才、管理等生产要素向农村合理流动。按照第一、二、三产业互动、城乡经济融合发展的原则，促进城乡各产业有机联系、协调发展。要以现代工业物资技术装备改造传统农业，以现代农业的发展促进第二、三产业升级，以现代服务业的发展推动产业融合，促进三次产业在城乡科学布局、合理分工、优势互补、联动发展。要积极推进农业专业化生产、集约化经营和区域化布局，引导农村工业向城镇集聚，鼓励乡镇企业转型升级，加快农村服务业和农产品加工业发展，加快农村生态治理和绿色发展，鼓励发展农村休闲旅游业，形成城乡分工合理、区域特色鲜明、生产要素和资源优势得到充分发挥的产业发展格局。

二 城乡均衡发展是发达国家实现现代化的重要经验

城乡均衡发展是世界各国在工业化城镇化背景下追求的目标，它们采取措施，防止农村衰败、农业破产、农民被边缘化，促进农业发展、农村进步，使农民能够在乡村振兴中享受现代文明生活，过上有尊严、有意义的生活。因此城乡均衡发展是世界性、长期性的问题,世界一些发达国家的经验证明,城乡经济社会一体化发展是我们实现现代化过程的必经路径。

1. 德国的城乡均衡发展

德国以及其他一些西欧工业化国家的城市化水平都高达90%左右,形成一种城乡统筹、分布合理、均衡发展的独特模式。德国在联邦宪法中规定:追求全德国区域的平衡发展和共同富裕。因此德国在城乡建设和区域规划的政策上始终贯彻两项重要原则:一是在全国境内形成平等的生活环境,减小各地区的差异;二是追求可持续发展,使后代有生存和发展的机会。德国的政治、经济和文化中心职能分散在全国各城市,形成全国城市均衡分布的局面。根据农村的自然环境和人文历史传统,尊重和保护农村经过长期的历史积淀而形成的淳朴、厚重的民风民俗,不盲目照搬大城市的生活模式。着重建设一种既有现代工业文明的元素,又保存着优秀传统文化的"田园式"的新农村。德国在20世纪五六十年代相继立法,把保护村庄原有形态、有限度地改造更新老建筑和保护村庄的生态环境作为村庄更新的主要任务,实现农村的可持续发展。德国在宪法上规定了人的基本权利,如选举、工作、迁徙、就学、社会保障等平等的权利,在社会上没有明显的农工、城乡差别,可以说农民享有一切城市居民的权利。促进城乡基础设施均衡发展,方便的公共交通将城市和各个市镇、乡村联系起来,形成网络,农村良好的居住环境往往成为人们的首要条件。

2. 美国的城乡协调发展

从19～20世纪起,美国在推进工业化城市化过程中,比较重视工业化城市化和农业农村现代化同步推进,城乡一体化的趋势明显。一是交通运输的发展极大地促进了城乡一体化进程。20世纪初汽车出现后,美国掀起了改善公路运动。1910年成立了"美国公路改进协会",各州拨款数百万美元改善乡镇和各郡的公路。1916年,美国政府颁布联邦资助公路法,提出在全国新修41000英里长的公路。高速公路网建成,大大提高了运输效率,到20世纪90年代初,州际高速公路系统全部完成,使得远离铁路线的乡村居民很容易到达城市,引起了居住、商业、工业的郊区化,也为农村人口向城镇转移打开了方便之门。二是工业化、城市化和农业现代化同步发展促进了城乡一体化的发展。美国第三产业从工业化较早阶段开始就呈现出与第二产业同步增长的趋势，农业劳动力一开始就较多地流入第三产业。三是农村发展立法促进了美国的城乡一体化进程。城乡差距不断扩大，是各国现代化进程中的必然现象。政府对农业和农村的政策支持，是缩小城乡差距的重要手段。美国在"二战"后，实施了振兴农业政策。20世纪80年代重点转向农村经济结构调整和实施农村振兴政策，通过立法，政府对农业农村的支持力度加大，继续推动了美国农村地区进步，促进了城乡一体化。

3. 日本的城乡统筹发展

日本在20世纪前半叶因追求发展工业，一度出现工农收入和城乡差距拉大等现象。但此后，日本通过根本性制度安排，从源头上避免城乡二元结构的形成，实现了较为均衡的统筹发展。一是加大对农业和农村的扶持力度。从1956年开始，日本提出了"新农村建设构想"，开展了第一次新农村建设，加大对农村建设的资金扶持力度，新农村建设所需资金，除当地农民出资及政府农业金融机构贷款外，国家还采取特殊补贴方式，提高中央、都道府县及各市町村等三级政府的补贴水平。1967～1979年，日本开展第二次新农村建设，继续加大农业生产和农民生活的基础设施建设力度，全面缩小城乡差距，提高农业和农村的现代化水平。政府大量投资，强化农田水利基本建设，大搞农田整治、暗渠排灌、农用道路及农业防灾等基础设施建设。大力推进保护农村自然环境，改建和新建农民住宅，提高自来水及下水道普及水平，为农民建立集会活动场所，充实学校、医疗单位，建立农村保障制度并加大扶持强度。二是城乡居民享受同等的政治经济待遇，在房籍、政治权利、社会保障和人员流动等政策上对城乡居民一视同仁，避免人为造成城乡差别。"二战"后经济高速发展时期，日本大量农民离开土地进城工作，有些大企业甚至采用"集团就职"方式，到农村中学整班招收毕业生进城务工。政府一方面为新进城务工的农民提供与城市居民相同的社会保障和市民身份；另一方面严格要求企业保障劳动者就业，采用"终身雇佣制"等方式确保农民在进城后不会因失业而陷入困境。另外，消除阻碍人员、资金等经济要素在城乡间流动的壁垒，促进各种资源向农村和落后地区流动。在大量农村人口进城的同时，也有很多日本城市居民希望到农村和小城镇居住或投资从事农业经营。为此，日本建立了较为完善的农业耕地和农村住宅流转体制，鼓励城市人口到农村居住或投资。三是重视城市化过程的总体布局，避免出现城乡接合部的贫民窟。在经济高速发展时期，日本也经历过大城市人口迅速增长的阶段，但由于城市规划合理、配套齐全，日本很多大城市带动了周边大片区域发展，东京周边的"首都圈"和大阪神户周边的"阪神圈"等发达经济圈应运而生。建设高标准的卫星城和小城镇、维持农产品较高价格以保障农民收入等措施，打通了城乡之间存在的各种壁垒，拉动了农村发展，有力促进了城乡平衡和区域平衡。经过 20 多年的发展，日本农村发生了巨大的变化：一是消除了城乡差别，由于政府注重对农村基础设施的投资，因此从生产与生活的基础设施方面看，农村与城市没有任何差别。二是增加了农民收入，根据经合组织的统计，2002 年日本农户的收入已经超过城市家庭，其中非农收入在农户收入中的比例高达 86%。三是农产品维持了较高的价格，在人均土地较少的情况下，实现了城乡共同富裕和农业农村现代化，农业保持了较高的发展水平，确保了大米完全自给和大部分蔬菜自给。

4. 韩国的乡村振兴经验

20 世纪 50 年代，朝鲜战争结束后，韩国在全球属于最贫穷的国家之一，其社会经济呈现明显的二元结构特征，城乡收入差距不断扩大，农业发展非常落后。从 20 世纪 60 年代开始，韩国政府开始转变发展思路，重新确定了社会经济发展方向，开始实施出口导向型发展战略。经过数十年的不懈努力，韩国取得了巨大的经济成就，1960 年，韩国的人均 GDP 不到 80 美元，而到了 2013 年达到 25051 美元，韩国已经从一个传统的农业小国发展成为新兴工业化国家，迈入发达国家行列，并快速实现了农业现代化，实现了城乡经济社会全面、协调、可持续发展。其主要做法如下。

一是发起乡村运动，推动农业农村现代化。20 世纪 70 年代，韩国各个城市内的工业发展水平不断提升，但与之相比，韩国广大农村地区经济发展不太理想，城乡差距开始拉大。在这种背景下，韩国政府正式发起了"新村运动"。"新村运动"大体上分为三个时期，早期主要是推进住房条件、桥梁、公路等农村基础设施建设；中期的主要内容是推进农业现代化，推广高产水稻技术，从而提高农民收入；后期主要是发展农产品加工业，

"新村工厂"是"新村运动"重要组成部分，即在广大的农村地区开办各类工厂企业，采取的具体方法就是由城市的工业向周边的农村延伸拓展。在此过程中，韩国各地方政府不断加大对农村地区基础设施的投资。大力发展劳动密集型产业和技术密集型产业，这些产业吸纳了大量的农村剩余劳动力。"新村工厂"计划的多年实施，带动韩国农业现代化从量变走向质变。二是 20 世纪 70 年代后，韩国政府重点强化小城镇发展与建设，大幅改善农村居民生活居住环境，同时加强对农民的教育普及。此外，政府还不断推进农村信息化建设，向农村工业企业提供大量的技术、管理、市场等信息。进入 20 世纪 80 年代后，韩国政府在广大农村地区围绕其工业发展特点开始转变和调整产业结构，鼓励引进和发展新兴产业。90 年代后，政府开始鼓励广大农村走新型工业化道路，发展第三产业，引导和鼓励农村地区发展科技含量较高的现代农业，同时积极开展城市和乡村的帮扶与对接服务，鼓励城市中的大企业对农村地区进行一对一的帮扶，选择一些市场效益比较好的项目共同建设，带动农村发展，从而形成了工农合作共赢发展的局面，成功推进了韩国城乡发展一体化进程。三是积极实施工业反哺农业政策。韩国农业农村现代化的发展，得益于政府强大的支持政策，在 20 世纪 60 年代中期以后政府多次实施了工业对农业的反哺政策。1983 年，韩国政府正式出台了"农村工业园区"计划，与早期的"新村工厂"计划不同，"农村工业园区"一般选择人口较少的郡、市等行政区域发展，园区占地 10 公顷以下，一般可以集中 20 家企业布局，解决 3000 名农民就业。政府除了加大对农村基础设施的投入以外，还增加了对技术的投入，鼓励农村工业园区向特色产业、创新产业方向发展。工业反哺农业，促进了农业与工业的协调发展，最终实现了城乡一体化发展。

三　城乡发展一体化是习近平新时代中国特色社会主义思想的重要内容

党的十八大以来，以习近平同志为核心的党中央坚持解放思想、实事求是、与时俱进、求真务实，坚持辩证唯物主义和历史唯物主义，紧密结合新的时代条件和实践要求，以全新的视野深化对共产党执政规律、社会主义建设规律、人类社会发展规律的认识，进行艰辛理论探索，取得重大理论创新成果，形成了习近平新时代中国特色社会主义思想。并把城乡一体化发展提高到了一个前所未有的理论高度和实践高度。

（一）推进城乡发展一体化是国家现代化的重要标志

2015 年 4 月 30 日，习近平同志在中共中央政治局第二十二次集体学习时指出："加快推进城乡发展一体化，是党的十八大提出的战略任务，也是落实'四个全面'战略布局的必然要求。全面建成小康社会，最艰巨最繁重的任务在农村，特别是农村贫困地区。我们一定要抓紧工作、加大投入，努力在统筹城乡关系上取得重大突破，特别是要在破解城乡二元结构、推进城乡要素平等交换和公共资源均衡配置上取得重大突破，给农村发展注入新的动力，让广大农民平等参与改革发展进程、共同享受改革发展成果。"并强调"推进城乡发展一体化，是工业化、城镇化、农业现代化发展到一定阶段的必然要求，是国家现代化的重要标志"。习近平还指出，当前我国经济实力和综合国力显著增强，具备了支撑城乡发展一体化的物质技术条件，到了工业反哺农业、城市支持农村的发展阶段。党的十八大提出推动城乡发展一体化，形成以工促农、以城带乡、工农互惠、城乡一体的新型工农城乡关系。党的十八届三中全会提出健全城乡发展一体化体制机制。党的十九大报告提出建立健全城乡融合发展体制机制和政策体系，这与城乡发展一体化的政策取向是一致的。城乡融合发展是工业反哺农业、城市支持农村方针和城乡统筹发展方略的进一步深化，是实现城乡一体化的必然要求。

（二）城乡发展不平衡不协调，是推进社会主义现代化必须解决的重大问题

2013 年 11 月 9~12 日，习近平在党的十八届三中全会上说，"城乡发展不平衡不协调，是我国经济社会发展存在的突出矛盾，是全面建成小康社会、加快推进社会主义现代化必须解决的重大问题。改革开放以来，我国农村面貌发生了翻天覆地的变化。但是，城乡二元结构没有根本改变，城乡发展差距不断拉大趋势没有根本扭转。根本解决这些问题，必须推进城乡发展一体化"，全会《决定》提出，必须健全体制机制，形成以工促农、以城带乡、工农互惠、城乡一体的新型工农城乡关系，让广大农民平等参与现代化进程、共同分享现代化成果。全会提出了健全城乡发展一体化体制机制的改革举措：一是加快构建新型农业经营体系。主要是坚持家庭经营在农业中的基础性地位，鼓励土地承包经营权在公开市场上向专业大户、家庭农场、农民合作社、农业企业流转，鼓励农村发展合作经济，鼓励和引导工商资本到农村发展适合企业化经营的现代种养业，允许农民以土地承包经营权入股发展农业产业化经营等。二是赋予农民更多财产权利。主要是依法维护农民土地承包经营权，保障农民集体经济组织成员权利，保障农户宅基地用益物权，慎重稳妥推进农民住房财产权抵押、担保、转让试点。三是推进城乡要素平等交换和公共资源均衡配置。主要是保障农民工同工同酬，保障农民公平分享土地增值收益；完善农业保险制度；鼓励社会资本投向农村建设，允许企业和社会组织在农村兴办各类事业；统筹城乡义务教育资源均衡配置，整合城乡居民基本养老保险制度、基本医疗保险制度，推进城乡最低生活保障制度统筹发展，稳步推进城镇基本公共服务常住人口全覆盖，把进城落户农民完全纳入城镇住房和社会保障体系。

（三）要把工业和农业、城市和乡村作为一个整体统筹谋划

促进工业化、城镇化进程与发展现代农业、建设社会主义新农村是统筹城乡发展、构建新型城乡关系、实现城乡经济社会发展一体化大战略的两个相互关联、相互促进的有机组成部分。

在2012年12月中央工作会议上，习近平提出，"要把生态文明理念和原则全面融入城镇化全过程，走集约、智能、绿色、低碳的新型城镇化道路"。习近平同志的讲话为新型城镇化发展道路指明了方向。2013年12月，习近平在中央城镇化工作会议上指出："城镇化与工业化一道，是现代化的两大引擎。走中国特色、科学发展的新型城镇化道路，核心是以人为本，关键是提升质量，与工业化、信息化、农业现代化同步推进。"强

调"要以人为本，推进以人为核心的城镇化"，"把促进有能力在城镇稳定就业和生活的常住人口有序实现市民化作为首要任务"。2015 年 4 月 30 日，习近平同志在中共中央政治局第二十二次集体学习时指出："要完善规划体制，通盘考虑城乡发展规划编制，一体设计，多规合一，切实解决规划上城乡脱节、重城市轻农村的问题。"

2013 年 7 月 22 日，习近平同志在湖北省鄂州市长港镇峒山村考察农村工作并同部分村民座谈时说："农村绝不能成为荒芜的农村、留守的农村、记忆中的故园。城镇化要发展，农业现代化和新农村建设也要发展，同步发展才能相得益彰，要推进城乡一体化发展。我们既要有工业化、信息化、城镇化，也要有农业现代化和新农村建设，两个方面要同步发展。要破除城乡二元结构，推进城乡发展一体化，把广大农村建设成农民幸福生活的美好家园。"习近平同志的讲话指出了新农村建设的方向。在工业化和城镇化过程中，首先，一部分村庄会不可避免地消失，但这是一个渐进的过程，要因势利导，尊重农民群众的意愿。要警惕单纯为解决城市建设发展用地、发展土地财政和土地金融大量消灭村庄，强迫农民集中建房、上楼的倾向。中国是一个有着几千年农耕文化的国家，文化的母体基因在乡村，要彰显地方特色，将农耕文明的精华与现代文明的精华有机结合起来，注重将传统村落、自然风貌、文化保护结合在一起，给原生态村庄嫁接现代文明，使现代化的中国村庄具有中国特色文化符号。2015 年 4 月 25 日，《中共中央国务院关于加快推进生态文明建设的意见》也指出，"尊重自然格局，依托现有山水脉络、气象条件等，合理布局城镇各类空间，尽量减少对自然的干扰和损害。保护自然景观，传承历史文化，提倡城镇形态多样性，保持特色风貌，防止'千城一面'"，要"加快美丽乡村建设。完善县域村庄规划，强化规划的科学性和约束力"，要"维护城乡规划的权威性、严肃性，杜绝大拆大建"。

（四）实施乡村振兴战略是新时代"三农"工作的总抓手

实施乡村振兴战略，需要城乡融合发展机制的创新。一方面要继续坚持工业反哺农业、城市支持农村的方针，进一步加大对农业农村的投入力度，促进公共资源向农村配置，基础设施和公共服务向农村延伸；另一方面要建立城乡融合发展的内在机制，实现城乡互动互促互惠发展、城乡交融一体发展。推进城乡融合发展包括多方面内容。例如，在城乡规划建设上，不仅要一体规划，而且要注入城乡融合的思想，体现融合发展的要求。

习近平同志在党的十九大报告中指出："实施乡村振兴战略。农业农村农民问题是关系国计民生的根本性问题，必须始终把解决好'三农'问题作为全党工作重中之重。要坚持农业农村优先发展，按照产业兴旺、生态宜居、乡风文明、治理有效、生活富裕的总要求，建立健全城乡融合发展体制机制和政策体系，加快推进农业农村现代化。"在2018年的两会上，习近平同志语重心长地说"实施乡村振兴战略，是党的十九大作出的重大决策部署，是决胜全面建成小康社会、全面建设社会主义现代化国家的重大历史任务，是新时代做好'三农'工作的总抓手""农业强不强、农村美不美、农民富不富，决定着全面小康社会的成色和社会主义现代化的质量"。

2018年中央一号文件明确乡村振兴的路线图、时间表。国家发改委牵头，紧锣密鼓地制定国家乡村振兴战略规划，调研组深入各地专题调研：农业农村部派出120名干部分赴30个省份、60个村开展调查，收集田间地头民情民意。真抓实干，科学推进，各地相关举措密集出台，明确任务书、作战图：湖北省出台乡村振兴意见，提出到2020年乡村振兴取得重要进展、走在中部前列；山东省启动乡村振兴科技引领计划，2018年推广水肥一体化面积130万亩，到2020年农业科技进步贡献率提高到65％；上海把农村生活污水处理纳入乡村振兴战略，提出"十三五"末农村生活污水处理全覆盖。健全党委统一领导、政府负责、党委农村工作部门统筹协调的农村工作领导体制。建立实施乡村振兴战略领导责任制，实行中央统筹、省负总责、市县抓落实的工作机制。党政一把手是第一责任人，五级书记抓乡村振兴，各地一把手抓一把手，层层压实责任。市（区）县是乡村振兴主战场，县委书记就是施工队长。五个方面齐发力，推动乡村全面振兴。习近平同志进一步强调，产业、人才、文化、生态、组织"五个振兴"系统推进，这让乡村振兴路径更清晰，重点更突出，方向更明确。产业振兴是根本、人才振兴是支撑、文化振兴是关键、生态振兴是基础、组织振兴是保障，"五个振兴"齐发力，为乡村全面振兴添加磅礴动能。人们坚信，在习近平新时代中国特色社会主义思想指引下，我国城乡社会经济发展一体化的工作必将迎来新的局面，农业强、农村美、农民富的美好图景一定能如期实现。

第一章

探索篇

改革开放40年来，上海城乡统筹工作取得了长足进步，城乡综合经济实力显著增强，城乡基础设施不断完善，城乡居民得到更多实惠。按照中央要求：围绕"逐步实现城乡居民基本权益均等化、城乡公共服务均等化、城乡居民收入均衡化、城乡要素配置合理化，以及城乡产业发展融合化"的目标，采取各种有力措施加以推进落实，取得了许多突破性的进展，城乡经济社会发展一体化格局初步形成。

第一节　上海推进城乡经济社会发展一体化的主要历程

上海早在20世纪80年代就提出推进城乡经济社会发展一体化，但在每个发展阶段都有不同的内涵和重点。

一　第一阶段：20世纪80年代，围绕农村工业化推进城乡一体化发展

1978年党的十一届三中全会之后，以农村土地实行家庭承包经营责任制为重点的农村改革率先发起，长期以来蕴藏在农民群众中的积极性像火山一样爆发，农民收入增加，农村富余劳动力增长，为发展农村的第二三产业创造了十分有利的条件。随着农村改革的深入，人们的购买力增强，特别是对各类日用工业品的需求大大增加，而当时城市工业由于土地、厂房、资金、劳动力比较紧张等因素，生产能力不足，城市工业向农村扩散已经成为必然趋势。作为大城市郊区的上海农村，开始突破单一的农业格局，"无农不稳、无工不富、无商不活"，上海郊区农村经济由原来单一的农业经济向第一、二、三产业协调发展的农村经济转变，乡镇企业异军突起，农村工业化发展进入快车道。

但是，对于城市工业向农村扩散，对于上海郊区发展乡镇企业，当时在城乡各级领导中思想是不统一的，甚至有的地方责难声不断。1982～1986年，中央连续颁发了5个关于农村改革的1号文件，重申了鼓励"发

展多种经营和社队企业（后改为乡镇企业）"，鼓励各级领导干部"思想更解放一点，改革更大胆一点，工作更扎实一点"，提出"放活农村工商业"。在这种背景下，上海市委市政府为了统一思想，1984 年在制定全国第一个城市经济发展战略时，率先提出"城乡开通""城乡一体"的发展理念。在 1986 年上海市农村工作会上，市委市政府主要领导在报告中提出了上海要城乡开通，实施城乡一体化发展的战略，确立了上海农村工作的"一二三四"工作方针：一是加快城乡一体化建设，二是坚持两个立足点（农民口粮立足自给，城市主要副食品供应立足郊区），三是促进三业（一二三产业）协调发展，四是建设四个基地（大工业扩散基地、副食品生产基地、外贸出口基地、科研中试基地）。城乡封闭的体制逐渐被打破，农村经济社会得到了快速发展。郊区乡镇工业产值从 1980 年的 51.5 亿元增长到 1990 年的 301.23 亿元，增加 4.8 倍；职工就业人数从 1980 年的83.55 万增长到 1990 年的 164.27 万，增加近 1 倍；郊区经济增加值从1984 年的 66 亿元增长到 1990 年的 170.87 亿元，增加 1.6 倍；农民人均纯收入从 1980 年的 401 元增长到 1990 年的 1665 元，增长 3.2 倍。城乡居民收入差距缩小，城乡居民人均可支配收入比从 1980 年的 1.59:1，缩小到1990 年的 1.3:1。随着农民收入的增加，上海郊区出现了上海解放以来的第一轮建房高潮：除崇明岛外，郊区各区县的大部分农民，在这一时期完成了从草房到瓦房，从平房到楼房的建造。农民从改革开放和推进城乡发展一体化、农村工业化中得到好处。

二　第二阶段：20 世纪 90 年代，围绕三个重心转移推进城乡一体化发展

　　1992 年邓小平南方谈话后，改革开放的春风吹拂了祖国大地，上海郊区又迎来了新一波大发展的高潮，外资企业、乡镇企业、民营企业如雨后春笋般的涌现。但是，随着农村经济大发展高潮的到来，上海郊区农村基础设施日显落后，20 世纪 80 年代以来乡镇企业粗放经营、集约化程度低的矛盾逐步突出。因此，从 90 年代开始，上海市委市政府提出了"三个

集中"的战略，即各区县建设工业园区，推动郊区工业向园区集中；鼓励务工进城农民把自己的承包经营土地流转，推动农地向规模经营集中；鼓励进城经商务工农民进城落户，推进农民向集镇集中。与此同时，市委市政府调整了对郊区农村产业发展的方针，从原来的"一二三"产业发展排序的方针，调整为"二三一"产业发展排序方针。

为适应郊区农村发展需要，从20世纪90年代之后，上海市委市政府加快了城乡经济社会发展一体化的战略布局，提出了"三个重心转移"，即基础设施建设从中心城区向郊区转移，开展以路桥为重点的基础设施建设，加快郊区高速公路建设，实施"15、30、60工程"，每个乡镇到上下高速公路道口的时间不超过15分钟，在本区县内上高速公路到每个乡镇的时间不超过30分钟，在全市范围内上高速公路后到任何一个节点不超过60分钟；工业发展从中心城区向郊区转移，在郊区建立九大工业区，对上海全市生产力发展的布局做出了重大调整，鼓励市区大工业到国外招商引资，通过合作、合资等办法引进了一大批国外跨国公司、大企业到郊区工业区落户；经济发展重心从郊区向市区转移，提出"繁荣繁华看市区，水平实力看郊区"。城乡之间的要素流动逐步加速，城乡经济的联系在深度和广度上都发生了历史性的变化。

郊区工业产值从1990年的301.23亿元增长到2000年的1715.92亿元，增长4.7倍；郊区经济增加值从1990年的301.2亿元增长到2000年的1305亿元，增长3.3倍；农民人均纯收入从1990年的1665元增长到2000年的5596元，增长2.4倍。在郊区经济增加值中第一二三产业的比值从1990年的19∶59∶22，到2000年调整为6∶57∶37；在农民纯收入中，工资性收入、家庭经营收入、转移性及财产性收入的比率，从1990年的64∶32∶4到2000年调整为77∶17∶6；城乡居民人均可支配收入比值从1990年的1.3∶1，扩大到2000年的2.1∶1。从以上数据可以看到，在城乡发展一体化方针的指引下，20世纪90年代上海郊区经济发展的速度要快于80年代，经济发展的水平和质量要高于80年代，但城乡居民收入的差距不仅没有缩小反而扩大，其主要问题在于到了90年代后期，城乡二元结构的矛盾越来越突出，农业生产资料不断上涨，但农民的税费越来越重，农民在农业生产中的收入减少，从事农业不能成为体面工作，有的还会亏损。因此，在 1998 年农村土地二轮延包时，许多农民表示不要土地，放弃承包地，农民家庭经营收入急剧下降。再加上 1996 年，农村集体企业改制后，农民从农村集体经济组织分享的以工补农资金、福利待遇减少，在乡镇企业从业的人数从 1990 年的 164.27 万人，到 2000 年下降为 123.12 万人，减少了 41.15 万人。农村改革遇到了农业农村自身体制之外的问题，需要通过实施城乡统筹、破除城乡二元结构问题，全面推动城乡经济社会发展一体化。

三　第三阶段：进入 21 世纪，围绕城乡统筹、破除城乡二元结构全面推进城乡一体化发展

进入 21 世纪之后，我国的农业农村工作进入了新的历史转折期，一是农村面临着新一轮的结构调整。改革开放以来，通过实施家庭承包责任制激发出农民群众积极性，依靠传统农村增产增收的潜力已经挖得差不多，而且，我国加入 WTO 之后，农业需要通过市场需求来调整农产品的生产结构。二是农民负担加重。在 21 世纪初，上海农民平均每亩的税费负担已经达到 200 元左右。三是乡镇企业经过 20 年快速发展之后，相对民营企业、三资企业，其体制机制灵活的优势逐步丧失，迫使大部分乡镇集体企业改制成为民营企业、股份制企业、私营企业。四是农民从事农业家庭经营的收入大幅度下降，导致农村土地第二轮延包时，有些农民不要土地。五是城乡二元结构体制的矛盾越来越突出。进入 21 世纪之后，上海和全国一样，随着农村工业化城镇化速度加快，通过工业化和城镇化，各级政府的税收和财政收入大幅度增长，但是，由于当时城乡二元结构体制，政府公共财政预算资金到不了农村，农村基础设施落后，教育、卫生、社会保障等社会事业发展滞后，城乡差距不断拉大。以上这些问题，不仅涉及农业农村内部的深化改革问题，而且还涉及农村外部的改革问题，需要冲破长期以来形成的城乡二元结构的体制机制，走新型城镇化、工业化、农村农业现代化的道路，需要在中央顶层设计的前提下，全面推进城乡一体化。

　　从 21 世纪初开始，中央逐步对城乡一体化问题进行了系统部署：2000 年开始，党中央国务院开始部署农村税费改革，并从农村税费改革入手，取消对农民承包土地的各项收费，取消农业税，增加对种粮农民等农业扶持补贴；党的十六大又提出了城乡统筹发展，十六届五中全会提出了"工业反哺农业、城市支持农村""建设社会主义新农村"的要求；党的十七大提出"建立以工促农、以城带乡长效机制，形成城乡经济社会发展一体化新格局"；党的十八大提出"美丽中国"的新概念，之后的中央 1 号文件又提出了建设美丽乡村的目标；党的十九大提出"实施乡村振兴战略"。从 2004 年开始到 2018 年，中央连续发了 15 个指导农村工作的 1 号文件。

　　根据中央的要求，上海从 21 世纪初开始，就率先开展了农村税费改革、农村综合改革，开展了农村经营体制改革，农村集体产权制度改革；开展了社会主义新农村建设，美丽乡村建设，实施乡村振兴战略；围绕"逐步实现城乡居民基本权益均等化、城乡公共服务均等化、城乡居民收入均衡化、城乡要素配置合理化以及城乡产业发展融合化"的目标，不断破除城乡二元结构体制机制，全面推进城乡一体化、城乡融合发展。农村城镇化水平不断提高，郊区各区县的城镇化率从 2000 年的 48%，到 2016 年已上升为 70% 左右（按上海本市户籍人口计算），全市城镇化率达到 90% 左右（按上海本市户籍人口计算）；郊区的国内生产总值从 2000 年的 1305 亿元、占全市 4551 亿元的 29%，到 2016 年已上升为 17437 亿元（属地统计）、占全市 28178 亿元的 62%；郊区工业总产值从 2000 年的 1715 亿元、占全市 6968 亿元的 25%，到 2016 年规模以上工业企业总产值已达到 24544 亿元（属地统计），占全市规模以上工业企业总产值 31136 亿元的 79%；农业从业人员从 2000 年的 84 万人，到 2016 年已下降为 37.5 万人，农业规模化经营水平大幅度提高；农民人年均可支配收入从 2000 年的 5598 元，到 2016 年已上升为 25520 元，增长 3.6 倍；但城乡居民年人均可支配收入的差距，仍从 2000 年的 2.1∶1，扩大到 2016 年的 2.13∶1。从以上情况看，在 2016 年上海郊区农村已经基本实现了农村工业化、农村城镇化，农业规模经营和现代化水平已经有了很大提高，工业和经济发展有了长足的进步，工业在上海全市经济中的比重越来越高。但上海面临的突出问题仍旧是城乡居民收入差距比较大，尽管 2000 年以来上海各级党组织和政府，不断深化改革，采取了许多破除城乡二元结构、推进城乡一体化的政策措施，但是从2000年到2008年，上海城乡居民收入差距仍然在不断扩大，从2000年的2.1∶1，到2008年最高已经达到2.4∶1，2009年之后，随着改革的各项措施不断落实到位，从2009年起，上海城乡居民收入差距才开始逐步缩小，到2016年缩小到2.13∶1。通过比较城乡居民年人均可支配收入的构成因素可以看出：2016年，在上海城市居民收入中，工资性收入占60.3%，经营性收入占2.6%，财产性收入占14.1%，转移性收入占23%；在农村居民年人均可支配收入中，工资性收入占74.3%，经营性收入占5.4%，财产性收入占3.4%，转移性收入占16.9%，可见城乡居民收入主要差距是在财产性收入和转移性收入两项因素上，农村居民年人均可支配收入中，财产性收入和转移性收入还远远低于城市居民，还需要通过继续深化改革，推进城乡一体化来解决。

第二节 上海推进城乡经济社会发展一体化的主要做法

改革开放 40 年来，上海在深化改革中，按照中央精神，尊重群众首创精神，大胆探索、大胆实践，有步骤、分阶段地推进城乡一体化。

一 实施"多予少取放活"方针减轻农民负担

2000 年以后，遵照中央"多予少取放活"的方针，上海率先实施以税费改革为重点的三项改革。

1. 开展以取消农业税为中心的农村税费改革

2000 年，党中央国务院下发了《关于进行农村税费改革试点工作的通知》，主要内容可概括为"三取消、两调整、一改革"："三取消"是指取消村提留乡统筹费、农村教育集资费等向农民征收的行政事业性收费和政府性基金、集资；取消屠宰税；逐步取消统一规定的农村劳动积累工和义务工。"两调整"是指调整农业税，调整农林特产税。"一改革"是指改革村提留乡统筹费征收使用办法，村干部报酬、五保户供养金、村办公经费筹集新农业税附加办法统一征收，但不能超过农业税正税的20%。2001 年在安徽试点的基础上，国务院办公厅又下发了《关于做好 2002 年扩大农村税费改革试点工作的意见》，并同意浙江上海两省市根据自身财力进行自主改革试点。从 2001 年开始，上海在全市范围内开展了农村税费改革，主要做了四个方面的工作。

一是取消村提留乡统筹费，全市减轻农民直接负担 1.8 亿元，全部由市级财政通过转移支付用于农村基层组织运转。

二是取消向农民征收农业税。2003 年上海全市率先取消向农民征收农业税，全市共免征农业税 1.43 亿元，全市农民人均减轻负担 118 元。

三是废止两工制度，停止执行农民为国家和集体提供义务工和积累工的两工制度。

四是全面完成农业税费改革。2004 年，国务院提出了降低农业税率，直至最终取消农业税的目标，上海 2003 年在免征农业税的基础上，进一步免征了农林特产税、企业农业税，率先实现了全面取消农业税的目标。

2. 开展农村配套改革，巩固农村税费改革成果

由于取消了农村税费，农村基层管理、农村公共事业发展的经费筹措遇到很大问题，必须开展农村税费改革后的各项配套改革。

一是开展乡镇机构改革，促进乡镇政府转变职能。从 2006 年开始，上海启动了乡镇改革试点工作，选择了 5 个乡镇、一个县进行探索，2007 年，扩大到 5 区 1 县 57 个镇，2008 年全市全面推开。乡镇机构改革重点解决三个方面的问题：其一，政府职能转变，减少政府对具体事务的管理，把政府主要工作转移到社会管理和公共服务上；其二，规范乡镇机构设置，根据精简、统一、高效的原则，乡镇党政内设机构一般为 7 个，行政编制按 50～55 个配备，乡镇事业单位设置一般为 6 个，通过改革，精简了人员，优化了机构，理顺了岗位关系；其三，在开展乡镇机构改革的同时，实行乡村归并，减少财政供养人员，减少农村基层公共财政负担，巩固了农村税费改革成果。到 2010 年，上海全市乡镇归并为 110 个，行政村 1695 个，比税费改革前减少了 50% 左右。

二是落实了农村义务教育经费保障机制。税费改革后，上海全市建立了农村义务教育公共财政保障机制，从 2003 年开始，上海就逐年提高农村义务教育生均拨款标准，2010 年小学标准为 1600 元，中学标准为 1800元；2009 年，全市义务教育实行城乡统一的教师绩效工资，使农村教师与城市教师收入一致。2010 年上海全市教育经费达到 183.13 亿元，增长 239%，增长的经费大部分用于农村义务教育。

三是开展了财政管理体制改革。取消农业税后，上海市级财政加大了

对农业农村的支持，2002～2004年，各级财政安排对农村税费改革后的专项转移支付资金达到9.1亿元，其中市级财政7.49亿元，占82.3%。与此同时，上海开展县乡财政管理体制改革，县级财政加大了对乡镇财政转移支付的力度，特别是加强了对财政困难乡镇的转移支付力度，实行乡财政县管。2007年，全市选择了12个财政比较困难的乡镇进行试点，通过统筹，对农村公共服务的财政支持平均增长了5%以上。

3. 推进农村综合改革，促进城乡统筹发展

2006年中央1号文件提出社会主义新农村建设的重大历史任务后，上海开始以农村综合改革为抓手，不断深化农村改革。

一是从2008年开始，上海在新农村建设中，实行"一事一议"财政奖补政策，推进农村村庄改造。截至2010年，上海全市共有340个行政村，2140个自然村落享受到了"一事一议"财政奖补政策，受益农户达13万户。通过"一事一议"财政奖补政策，2008～2010年三年中，郊区共计新改建道路1412公里，改造危桥720座，完成河道改造1058公里，84%试点村被纳入污水处理网络，清除露天粪坑1.4万个，新建公共场所426座，新建垃圾收集箱房1900座，安装路灯7700座，整修公共活动场所17.7万平方米，绿化200万平方米，农民生产生活条件得到改善，农村面貌焕然一新。

二是加大了对农村基层组织扶持。2007年市政府出台了《关于支持农村基层组织增强公共服务能力意见的通知》，明确对农村税费改革后，420个经济相对薄弱、村级组织运转经费保障困难的村，市级财政每年每个村给予30万元的补助，区县财政每年每个村给予20万元的补助。2012年之后，根据中央1号文件要求，上海各区县都逐步建立了公共财政对农村基层组织运转经费保障机制，一般近郊的村级组织每年公共财政扶持资金已经达到120万元以上，一般农村村级组织每年公共财政扶持资金在100万元左右，中远郊地区农村村级组织每年公共财政扶持资金超过70万元。

农村税费改革以及税费改革后的配套改革、综合改革，所涉及的资金，按照现在的标准看，数量不是很大，但是意义却十分重大。

一是农村税费改革，结束了几千年以来我国向农民种地征收皇粮国税的历史，减轻了农民负担，调动了农民种地的积极性；二是农村改革开始

由农业内部触及与农业农村农民相关的外部，推动了城乡二元体制机制的改革，结束了长期以来农村基层组织运转经费依靠向农民收费、向农村集体经济组织收钱的历史，结束了政府和农村基层组织开河筑路依靠农民做义务工和积累工的历史；三是打破了在公共财政安排上的城乡二元结构，即城市居民委员会的运转经费和公共服务经费都由公共财政安排，农村村民委员会等基层组织运转经费和各项公共服务经费不能由公共财政安排的旧规，开始朝着城乡统筹的方向发展，朝着中央提出的"让公共财政的阳光普照农村"的方向发展。

二　制定上海城乡经济社会发展一体化规划

上海城乡经济社会发展一体化全面推进，政府必须先要搞好顶层设计，进入2000年之后，上海市人民政府先后制定了《上海市推进城乡一体化发展"十二五"规划》《上海市推进城乡一体化发展三年行动计划（2013－2015年）》《上海市城乡发展一体化"十三五"规划》，明确了推进上海城乡经济社会发展一体化的路线图和时间表。

（一）制定《上海市推进城乡一体化发展"十二五"（2011－2015年）规划》（以下简称《规划》）

1. 《规划》提出了"十二五"期间，上海市推进城乡一体化发展亟须解决的几个问题

一是城乡居民收入差距拉大的趋势亟待遏制。"十一五"期间，上海农村居民家庭人均可支配收入年均增长超过10%，但城乡居民收入的实际差距仍有所拉大。城乡居民收入比由2005年的2.24∶1扩大到2010年的2.32∶1。同时，上海农民收入增长面临较大困境，占农民总收入70%以上的工资性收入正在回落。

二是城乡社会保障水平差距较大的情况亟待重视。近年来，本市不断完善社会保障制度，加强城乡各类保险制度的衔接，努力提高农村社会保障的统筹层次，但农村养老、医疗等保障水平还有待进一步提高。此外，

农村大病医疗救助的覆盖面和受益程度依然有限，教育救助的广度和力度有待进一步加强，就业援助工作力度也有待加强。

三是城乡公共资源配置不均的倾向亟待调整。教育、医疗等社会事业资源配置不均衡。一方面，城乡社会事业投入差距较为明显；另一方面，城乡优质社会事业资源配置不均衡。郊区基础设施建设滞后。部分乡村存在公路等级和通畅度低、农村生活污水处理率低、供水水质差、生活垃圾无害化处置率低、防洪排涝设施标准偏低和年久失修等问题。

四是郊区土地集约化利用的水平有待提高。工业用地布局分散、产出率较低。全市实际建成的工业用地面积约 700 平方公里，平均每亩工业产值约 240 万元。

五是郊区城镇化发展进程有待加速。建设推进力度不够，城镇规划水平不高，小而分散、整体协调性差、设施配套标准低等问题较为突出。郊区新城的城市功能发育缓慢。嘉定、松江、临港三大新城尚未发育成为具有服务和辐射长三角能力的综合性节点城市，人才、产业、市场等生产要素集聚较为缓慢。

2.《规划》提出了"十二五"期间，上海市推进城乡一体化发展的重要意义

一是城乡一体化发展是上海转变发展方式的重要途径。《规划》提出"十二五"期间，上海正处在发展转型的关键阶段，推进城乡一体化发展正是上海实现调结构、转方式的重要途径。第一，城乡一体化发展有利于加速城市化进程，通过有效启动内需，实现投资、出口、消费"三驾马车"协调拉动；第二，城乡一体化发展有利于加速郊区服务业发展步伐，提高全市服务业比重，克服服务业"短腿"的不足，推动形成以服务经济为主的产业结构；第三，城乡一体化发展有利于增强郊区新城的节点功能，形成一核多心、梯度合理的城市框架体系，有效破解中心城区单核强势发展的城市发展模式。为此，上海必须按照城乡一体化发展的要求，全面加快城乡互动的新型城市化进程，进一步加大城乡统筹的力度，优化城乡空间布局，加快基础设施和公共服务向郊区延伸，不断提升郊区农村在上海新一轮发展中的地位，实现城乡共同推动上海经济社会发展转型的良好格局。

二是城乡一体化发展是上海着力改善民生的迫切需要。要通过坚持城

乡一体化发展，从法律、制度、政策上努力营造公平正义的环境，从收入分配、劳动就业、社会保障、公共服务等方面采取措施，着力解决广大农民最关心、最直接、最现实的利益问题，使广大农民安居乐业、生活富足，使广大农村安定有序、充满活力。

三是城乡一体化发展是上海实现率先发展的必然要求。《规划》提出在形成城乡经济社会发展一体化新格局方面走在前列，是上海的历史使命。近年来，国内不少地区城乡统筹步伐明显加快，在不少领域已经领先于上海，如它们在户籍制度、社会救助体系、教育医疗服务等方面进行了有益的改革和积极的探索，并取得了显著的成效。上海必须进一步加大改革创新的力度，加快城乡一体化发展步伐。

3. 《规划》提出了"十二五"期间，上海市推进城乡一体化发展的指导思想和基本原则

（1）指导思想

高举中国特色社会主义伟大旗帜，以邓小平理论和"三个代表"重要思想为指导，深入贯彻落实科学发展观，按照实现"四个率先"、建设"四个中心"和社会主义现代化国际大都市的总体目标，围绕"创新驱动、转型发展"，以深化城乡体制机制改革创新为突破口，以"增收""投入""放权"为主要抓手，坚持新型城市化和新农村建设双轮驱动，突破城乡资源要素自由流动的制度性障碍，推进建立城乡一体的资源配置、优势互补的发展机制。深化改革，创新机制，分类指导，提高郊区县发展的自主性和积极性，逐步实现以城带乡、城乡融合、成果共享。

（2）基本原则

一是解放思想，改革突破。充分认识新形势下上海推进城乡一体化发展的重大意义。要进一步转变"重城轻乡"的传统观念，以体制机制改革为抓手，大力推进城乡统筹各项工作，在打破城乡二元结构、提高农民收入、激发郊区发展活力等方面取得重大突破。

二是以人为本，民生优先。牢固树立以人为本的根本宗旨，切实关注和解决农民最关心、最直接、最迫切的问题。认真落实关于农民的各项政策，优先解决农民的基本生活保障问题，使城乡居民在社会保障、社会事业、社会服务、社会福利等基本公共服务方面享有平等权利。

三是先试先行，倾力而为。集中一切资源，尽最大努力推进城乡一体化发展和生产、生活、生态的同步改善。同时，结合实际，优先解决最紧迫的突出问题。根据不同区域的发展基础和特点，坚持因地制宜，分类指导。鼓励有实力的地区先行一步，探索解决深层次的城乡矛盾差异，为全市提供经验。

四是多予少取，重在放活。进一步加大公共资源和财政投入向郊区农村倾斜的力度，促进资金、人才、项目等资源要素向郊区农村集聚。进一步减轻农民负担，减少对郊区农村发展资源的不当占用。按照有利于增强郊区农村发展灵活性和积极性的要求，创新郊区农村管理体制，打破限制郊区发展的各种瓶颈，进一步明确与区县、乡镇各级基层政府事权相匹配的财权和审批权，赋予基层政府更大的发展自主权。

4.《规划》提出了"十二五"期间，上海市推进城乡一体化发展的主要目标

（1）中远期目标

基本实现城乡公共资源均衡配置、生产要素自由流动，基本形成产业联动、优势互补的城乡发展格局，建立完善均等均衡、公平公正的城乡公共服务和社会保障体系，确保城乡人民共创共享改革发展成果，与上海"四个中心"和社会主义现代化国际大都市相适应，使上海城乡一体化水平保持全国前列并接近发达国家水平。

（2）"十二五"目标

以深化城乡体制机制改革创新为突破口，着力实施"富民增收""保障接轨""产业联动""资源统筹""体制改革"五大工程。到2015年，基本形成城乡一体的规划建设体系，实现城区现代繁荣、乡村生态优美；基本形成城乡一体的公共资源统筹共享机制，实现城乡基本公共服务均等化；基本形成城乡居民收入与国民经济发展水平同步增长机制，实现城乡居民收入差距不断缩小；基本形成城乡一体化的协调互动发展新格局，实现城乡统筹继续走在全国前列。

5.《规划》提出了"十二五"期间，上海市推进城乡一体化发展的主要任务

《规划》提出，"十二五"期间，上海要建立起以工促农、以城带乡的

长效机制，在土地制度改革、就业和社会保障、城镇体系建设、社会事业和公共服务、经济产业发展、城乡建设管理、生态环境建设等方面取得重大突破，促进公共资源在城乡之间均衡配置、生产要素在城乡之间自由流动，使城乡居民共享改革发展成果。

（二）制定《上海市推进城乡一体化发展三年行动计划（2013 - 2015 年）》（以下简称《三年行动计划》）

《三年行动计划》主要是围绕《上海市推进城乡一体化发展"十二五"（2011～2015 年）规划》（以下简称《城乡一体规划》），确定的各项任务目标，进一步明确责任单位和各区县的责任，要求各相关区县政府、部门在实施本行动计划过程中，要主动对接《城乡一体化规划》等相关规划，并在各自年度工作安排中落实相关目标任务；结合本区县、本部门在推进城乡一体化过程中出现的新情况、新问题，创新体制机制，落实相关目标任务；各相关区县政府、部门要制定出台相关倾向性和扶持性政策，切实推动城乡一体化实质性措施落地和项目建设；相关区县政府、部门要按照行动计划中所明确的责任要求和分工，加强落实推进，切实保证节点目标全面实现。

《三年行动计划》要求围绕以下八项主要任务抓落实。

一是统筹城乡规划，加快市域空间一体化建设和发展。要求进一步完善城乡各级规划体系，加快新城重点项目建设和扶持政策落地，加大农村村庄和城镇旧房改造力度。

二是深化农村土地产权制度改革，加快形成城乡土地同地、同权的利益共享机制。开展农村集体土地所有权、农村宅基地使用权和农用地使用权的确权登记工作，继续推进农村土地流转试点、农村集体产权制度改革和土地综合整治等工作。

三是推进产业融合，加快形成城乡产业经济协调发展态势。加快转变农业发展方式，持续推进农田水利设施建设，提高农林业科技水平，积极培育农业龙头企业，切实保障农产品质量安全。加快产城融合，提升郊区制造业水平，推进工业企业向产业区块集聚。积极发展郊区生产性服务业和生活性服务业。

四是统筹城乡基础设施和生态环境建设，改善郊区农村居民生产生活环境。建设完善郊区路网和公共交通体系，进一步加强郊区水务、能源及信息化建设和运营，保护、治理郊区环境，并加快郊区生态建设。

五是统筹城乡社会事业发展，促进基本公共服务均等化。加快城乡学校硬件建设，积极引导中心城区优质教育资源向郊区新城、大型居住社区等流动和辐射。提升区级医疗服务水平，全面推进乡镇社区卫生服务体系建设。健全多级公共文化、体育服务体系。

六是加快制度衔接，推进城乡就业和社会保障一体化。健全城乡一体化的就业促进政策和以创业带动就业的政策，加大就业服务特别是涉农职业技能培训力度，加快完善郊区农村社会保障体系。

七是增加资金投入，完善城乡统筹工作体制机制。进一步推进城乡一体化改革，加大财政资金对城乡统筹工作的倾斜力度，提高农民各项收入水平，并积极加强农村综合帮扶工作。建立城乡一体化评价指标体系，开展区县测评工作。

八是推动试点建设，鼓励城乡一体化创新发展。鼓励奉贤区开展统筹城乡发展专项改革试点，支持闵行现代农业改革及扶持经济薄弱村建立农民长效增收机制试点建设。

（三）制定《上海市推进城乡一体化发展"十三五"（2016－2020年）规划》（以下简称《规划》）

"十三五"期间，是我国全面建成小康社会的决战时期，又是上海实现基本建成"四个中心"和社会主义现代化国际大都市的发展目标的节点时间，以缩小城乡差距为主攻方向，以加快转变农业农村发展方式为主线，以改革创新为动力，建立健全新型工农城乡关系，力争率先走出一条以人为本、四化同步、生态文明、文化传承的新型城镇化道路，推动高水平的城乡发展一体化，是上海推进城乡一体化发展"十三五"规划主要目标和任务。

1.《规划》提出了"十三五"期间，上海推进城乡一体化发展的总体目标

到"十三五"期末，上海城乡差距明显缩小，城乡间发展不平衡不协

调不可持续问题得到有效解决，镇村规划实现全覆盖，郊区农村地区基础设施水平全面提升，农村生态环境面貌显著改善，城乡基本社会保障制度统一全面实现，城乡公共服务人均支出比不断缩小，国家现代农业示范区建设目标基本达成，农村家庭人均可支配收入增速继续高于城镇居民并实现比 2010 年翻一番的目标，重要领域和关键环节的改革基本完成，努力使城乡发展一体化各项工作继续走在全国前列，城乡发展一体化水平与全国全面建成小康社会的目标和上海基本建成社会主义现代化国际大都市的地位相得益彰。

2.《规划》提出了"十三五"期间，上海推进城乡一体化发展的基本原则

一是坚持以人为核心，让农民共享改革发展成果。按照富裕农民、提高农民、扶持农民的要求，始终把坚持农民主体地位、增进农民福祉作为推进城乡发展一体化的出发点和落脚点。既要从制度上破除二元结构，维护好实现好农民各项权益，也要针对离土农民、务农农民、老年农民等不同群体的实际诉求分类施策，让广大农民共同分享现代化成果。

二是加快转变农业农村发展方式，推动大都市郊区转型升级。以转变农业生产方式为牵引，引导农民生活方式转变，引导现代生产要素向农业农村流动，促进农村富余劳动力和农村人口向城镇转移。推进农业供给侧结构性改革，构建现代农业产业体系、生产体系和经营体系。调整淘汰落后产能和提升产业能级并举，生态环境综合治理与复垦减量协同推进，促进郊区产业结构优化和转型升级。

三是立足长三角统筹城镇发展，发挥新城和各类镇在促进城乡发展一体化中的作用。牢牢守住土地、人口、环境、安全等底线，指导和约束人口、产业、基础设施和公共服务的合理配置，加快转变城镇发展方式。按照长三角城市群协同发展战略要求，统筹新城和镇的发展，构建开放协调的发展格局，发挥新城、新市镇吸纳人口和带动地区发展的作用。

四是全面落实"三倾斜一深化"要求，建立健全城乡发展一体化的体制机制。坚持问题导向，针对目前城市化地区和农村地区、新城和镇之间反差明显的差距，着力在解决薄弱环节和突出问题上下功夫，着力破解城乡发展一体化的体制机制障碍，围绕公共服务资源配置向郊区人口集聚地倾斜、基础设施建设投入向郊区倾斜、执法管理力量向城乡接合部倾斜，

深化农村土地制度改革，加快形成符合新型城乡工农关系的一体化发展体制机制。

3.《规划》提出了"十三五"期间，上海推进城乡一体化发展的主要任务

一是优化城镇乡村发展布局，加快完善镇村规划体系，推动市域空间发展一体化，以人为核心，着力提高城镇化的质量，转变城镇发展方式，注重新城与镇的协调发展，夯实镇、村发展基础。

二是加快转变农业发展方式，加快推动农业结构调整，提高都市现代农业发展水平，满足城乡居民对农产品品质不断提升的要求，大力推进农业供给侧结构性改革，提高农业供给体系质量和效率，推动第一二三产业融合发展。

三是推进农村生态环境综合整治，建设生态宜人新农村。大力推进郊区农村生态环境治理，以水环境整治为重点，推进"三水"专项行动，统筹推进污染源治理、农村村容村貌环境整治、林地和自然生态保护等工作，全面改善农村生态环境。

四是提高郊区农村基础设施建设管理水平，改善农村生产生活条件。发挥基础设施对城镇发展和人口集聚的支撑作用，针对郊区局部交通网络功能不完善、部分地区市政设施薄弱等突出问题，切实提高郊区农村基础设施建设管理水平。

五是完善城乡社会保障体系，加大非农就业支持力度。以完善农村社会保障制度为基础，以提高离土农民非农就业能力为支撑，以健全社会救助体系为补充，多管齐下促进农民收入持续增长。

六是统筹城乡社会事业发展，促进基本公共服务均等化。加大统筹力度，优化基本公共服务事权和支出责任，完善公共服务设施布局，引导公共服务领域的优秀人才到郊区工作。

七是推动郊区产业结构转型升级，增强农村地区发展能力。着眼于增强农村地区发展活力，推动开发区转型、促进产城融合、淘汰落后产能，不断提升郊区产业能级。

八是深化农村改革，维护和保障农民合法权益。以处理好农民与土地的关系为主线，扎扎实实把农村改革推向前进，为农村发展提供新的动力，让广大农民有更多获得感。

九是加强郊区农村社会治理，提高现代化管理服务水平。以基本管理单元和做实街镇网格化综合管理中心为突破口，提高农村基层治理水平，提升综合服务管理效能。

三　突出重点加大城乡统筹发展力度

上海在推进城乡经济社会发展一体化过程中，重点是加快破除城乡二元结构体制机制，坚持"工业反哺农业、城市支持农村"的发展方针，大力推进城乡统筹发展。

1. 加强城乡统筹，建立覆盖城乡的一体化规划体系

按照城乡全面协调可持续发展的要求，强化对市域空间的整体规划，加快建立全面覆盖城乡的一体化规划体系。全面协调编制优化上海中心城、新城（郊区各区县中心城）、特色小镇、村庄规划。在历史上，上海只有城市规划，没有农村集镇和村庄规划。为推进城乡一体化，21世纪以来，上海市委市政府组织规划土地等市和区县有关部门，编制了城乡一体化发展城市总体规划、土地利用总体规划、产业布局规划、区县和重点镇规划，以及《上海市郊区镇村规划编制工作的指导意见》，建立行之有效的规划管理体制，注重城与镇的协调发展，夯实镇、村发展基础。强化对城乡各项规划的集中管理，确保城乡一体化规划顺利实施。

一是积极推进新型城镇化，大力推进新城功能建设。发挥新城优化空间、集聚人口、带动发展的重要作用，按照"控制规模、把握节奏、提升品质"的原则，分类推进新城建设，将松江新城、嘉定新城、青浦新城、南桥新城、南汇新城打造成为长三角城市群综合性节点城市，强化枢纽和交通支撑能力，完善公共服务配套，加快人口和产业集聚，加强与周边地区联动发展，成为相对独立、产城融合、集约紧凑、功能混合、生态良好的城市。改善人居环境，保持城市个性和特色风貌。提高新城人口密度，提升基础设施建设标准。加强新城与周边工业园区、大型居住区的联系，提升服务业发展水平。

二是为带动农村经济发展，分类推进特色小镇建设。按照人口规模和

区域位置，针对不同类型、层次和规模的镇分类施策，着力发挥镇在城乡一体化发展过程中的枢纽和载体作用，通过稳定镇、依托镇、建设镇、管好镇，走出一条带动面广、综合效益高、受益多的特色小镇建设道路。对中心城周边镇以及郊区新城范围内的镇，严格控制建设用地扩张，重点强化其与中心城区和郊区新城的协同发展，组团式配置公共设施和交通基础设施，重点加强基础设施和公共服务资源配置，为加快农村城镇化、农民市民化创造条件；加强农村中心镇，注重培育相对独立的服务功能，按照中心镇的目标要求，根据相关标准进行设施建设和服务配置，以提升质量，强化对区域辐射能力和综合服务，加强特色产业功能布局，完善市政基础设施和公共服务设施，推动优质教育、医疗等公共服务资源配置，加强生态保护和生态修复；对一般镇，按照服务地区的特色小镇标准配置服务功能，突出现代农业、生态保护等功能，引导农村居民就近集中居住、带动农村地区发展。因地制宜、突出特色，培育一批产业特色鲜明、文化内涵丰富、绿色生态宜居的特色小镇，使之成为上海城乡发展一体化的重要载体。同时要做好特色小镇和历史文化名镇保护。

三是根据《上海市郊区镇村规划编制工作的指导意见》编制村庄规划。村庄规划由镇（乡）人民政府组织编制，经村民会议或者村民代表会议讨论同意后，报送区（县）人民政府批准，并报市规划国土资源局备案。根据保护村选点规划和村庄布局规划，各区（县）选择部分保护村和保留村，开展村庄规划编制，重点对农民住宅、农业生产、生活服务设施等各项建设用地布局和建设要求，以及对耕地等自然资源、历史文化遗产保护及乡村风貌塑造等内容做出具体安排。"历史文化名村"规划由区（县）人民政府组织编制，经市人民政府批准后，报国务院建设主管部门和国务院文物主管部门备案。

四是实施分类引导，加快建设美丽宜居乡村。遵循上海一贯提倡的"三个集中"要求，根据实际情况因地制宜地对全市自然村开展现状调研和布局规划，按"保护村"、"撤并村"和"保留村"等三种类型实施分类指导。其中，"保护村"是指列入中国历史文化名村和传统村落名录的村庄，以及具有明显风貌特征或历史文化价值的自然村；"撤并村"是指受环境影响较大的自然村，以及布局散、规模小、公共服务覆盖难度大、空心化严重的自然村；"保留村"是指应作为规划保留的建设用地，在农民实际居住需求较为充分、基本公共服务得到保障的前提下，由各区（县）结合实际情况因地制宜确定。对新批宅基地和有翻建需求的存量宅基地，原则上应向城镇集中，不再分散布点；对受环境影响较大的"撤并村"，应创造条件加快撤并；对"保护村"和综合条件较好的"保留村"，应开展择优培育，通过促进以农业为主的三次产业融合发展，逐步推进乡村转型升级。加强农村环境治理，加快改善乡村人居环境，保护传统风貌和自然环境。

2. 加快农村基础设施建设，推进城乡建设管理一体化

21世纪以来，上海加快了对农村基础设施的投入，农村道路交通建设、农村数字化建设、农村水环境治理、农村生态环境整治取得了很大进展。

一是加大郊区交通基础设施建设力度，持续推进郊区农村基础设施建设。构建新城与中心城、新城之间、新城与近沪地区之间多层次交通联系通道，研究利用既有铁路资源开行市域列车，建设市域快速轨道交通骨干线路，完善射线高速公路和国省干线建设；加快推进轨道交通向郊区延伸，完善郊区新城到中心城区的轨道交通，形成快速便捷的城乡轨道交通网络；全面完成规划保留村的路桥改造和建设，落实农村道路桥梁管养机制。提升郊区道路建设质量，完善公共交通"村村通"；同时，进一步突出镇在城乡发展中的重要地位，分类推进镇村交通体系的发展，完善镇内外交通联系，缩小城乡公交服务和管理差距，完善农村交通设施长效管理养护制度，落实管护资金安排，培育社会化的管理养护队伍。把上海"1小时都市圈"的交通延伸到了郊区农村，为郊区的经济社会高质量发展创造了良好的环境。

二是加快农村数字化建设，实施网络建设城乡一体化。加强农村信息基础设施规划和建设，推进基础通信管线、通信机房、无线通信基站等信息基础设施的集约共建和资源共享。建设光纤宽带网络，推进农村地区光纤接入改造，建设城乡一体化的移动通信网络和无线宽带接入。加快郊区有线电视网络整合、改造、数字电视整体转换，推进广播电视网、电信网、互联网"三网融合"。深化为农综合信息服务"千村通工程"，完善农

村公共服务网络，为农村居民提供便捷、优质、满意的公共服务，深入推进农业生产经营中的信息技术应用，支持测土配方等农业基础数据库建设和应用。鼓励农产品交易中的电子商务应用，促进农业增产、农民增收。

三是实现城乡供水一体化，加快郊区供水集约化建设和改造，关闭所有以内河及地下水为水源的郊区中小水厂，新建及改扩建中心水厂，提高农村供水质量和安全度；推进农村生活污水处理，加强农田水利基础设施建设。

3. 完善农村就业和社会保障体系，健全覆盖城乡的社会保障体系

从 20 世纪 90 年代上海已经开始探索农村社会养老和医疗保险，但从总体上来看，水平还比较低，品种还比较单一。农村社会养老和医疗保险与农民的非农就业尚未被纳入城乡居民统一的社会保障和非农就业体系。从 21 世纪上海开始探索调整、完善、整合现行各类社会保险制度，农村社会低保救助机制。

一是健全覆盖城乡的社会保障体系。调整、完善、整合现行各类社会保险制度，加快建立起面向本市常住人口的制度融合、梯次合理、水平适宜、城乡统筹的社会保障体系。稳步推进新型农村社会养老保险制度，实现郊区新型农村社会养老保险制度全覆盖，逐步形成以城镇职工养老保险、新型农村社会养老保险为核心的基本养老保障制度体系。完善以城镇职工医疗保险、城镇居民医疗保险、新型农村合作医疗保险为核心的基本医疗保障制度体系。不断缩小农村与城镇医保的差距。调整征地养老制度，将其纳入相应的基本社会保险制度体系；合并城镇居民医疗保险和新型农村合作医疗保险，建立统一的城乡居民基本医疗保险制度。完善城乡居民大病保险。

二是加大农村富余劳动力非农就业工作力度。完善城乡劳动者平等就业制度，保障城乡劳动者平等就业权利。健全覆盖城乡的公共就业创业服务体系，完善城乡统一的就业失业登记管理制度，拓展农村非农就业渠道，促进农村富余劳动力有序转移。进一步加大就业服务指导力度，有针对性地强化对离土农民的职业技能培训。加大对农村就业困难人员的扶持力度，通过完善失业保险参保及待遇享受制度、出台实施针对性的政策措施，努力探索形成促进离土农民就业的多层次、全方位的政策服务体系，

使离土农民就业环境明显改善，保障水平大幅提高。

三是构建城乡一体的社会救助体系。健全城乡一体的社会救助体系。完善农村社会低保救助机制，进一步缩小城乡低保标准之间的差距，提高农村五保户供养水平，建立起以最低生活保障为基础，医疗、教育、住房等专项救助相配套，应急救助、社会救助为补充的综合性、多层次的社会救助体系，确保困难家庭的基本生活。

4. 优化城乡资源配置，促进城乡公共服务均衡发展

一是优化城乡教育资源配置。健全和完善学前教育公共服务体系，加快郊区幼儿园建设步伐，提高农村幼儿园办园质量，促进学前教育城乡均衡发展；加大市级财政对区县教育的统筹力度，重点支持远郊区县和人口导入区县发展义务教育。制定本市义务教育优质均衡发展实施意见，到2015 年全市义务教育资源配置基本均衡；合理调整基础教育学校布局，引导中心城区优质教育资源继续向郊区新城、大型居住社区流动和辐射，提升郊区学校整体办学水平。

二是推进城乡医疗卫生事业均衡发展，加大市级财政补贴力度，全面完成郊区三级医院的建设；推进中心城区 33 家三级医院与郊区医疗机构的纵向合作，实现医技共享、资源共享、行政共管；发挥市级医学中心学科引领和技术辐射作用，与郊区区域医疗中心建立有效的合作机制，带动提升郊区医疗服务水平；以服务半径和服务人口为依据，完善基层基础医疗服务网络，郊区人口导入区每新增 5 万～10 万人增设一所社区卫生服务中心或分中心，每新增 30 万～50 万人增设一所区域医疗中心；建立市区、郊区统一调度的 120 急救指挥体系，实现院前急救平均反应时间不超过 12分钟；加大郊区和农村卫生人才队伍建设力度，由上海健康医学院定向培养郊区和农村全科方向医学生，培养新一代乡村社区医生，"十二五"期间培养 1500 名乡村社区医生，提升农村基层医疗服务的水平；通过提高远郊和农村地区医务人员收入分配统筹层次、设立岗位津贴等形式，提高相关医务人员收入待遇和职业吸引力；健全完善财政投入保障、卫生人力保障、规划建设保障等政策保障体系。

三是完善农村公共文化设施网络建设，构建城乡一体的现代公共文化体育服务体系。坚持公益性、基本型、均等性、便利性的原则，加快推进

区级图书馆、文化馆总分馆体系建设，兼顾服务人口和辐射半径，完善标准化的"15分钟公共文化服务圈"。依托有线与无线广播电视覆盖、东方社区信息苑、公共图书馆电子阅览室，实现城乡公益性文化信息服务全面有效均等覆盖。推进美丽乡村文化建设，加强农村非物质文化遗产的挖掘、保护、传承和利用。加强历史文化名镇名村和传统村落保护与利用工作，建立市、区、乡镇三级联动的保护与管理机制。加快农村体育设施建设，加强开展农民体育活动，向农民普及健身知识，指导农民科学健身，提升农民健康素养。

5. 统筹城乡产业一体化布局，推进农村第一二三产业融合发展

统筹城乡产业发展布局，推动三次产业融合发展，促进郊区产业向集约化、现代化转型，实现城乡产业协同发展。

一是发展都市高效生态农业。围绕加快转变农业发展方式，启动农业发展规划和项目，推进都市高效生态农业发展。建立完善主要地产农产品最低保有量制度，确保粮食、蔬菜等地产鲜活农产品有效供应和质量安全。全面建设水稻、绿叶蔬菜、西甜瓜、河蟹等现代产业技术体系，加强先进实用技术的集成推广。大力发展现代种业，加快选育高商品性、高附加值蔬菜、花卉、瓜果、食用菌等新品种，促进种子产业的规模化、集约化发展。加快农产品安全监管，严格执行产地准出和市场准入制度，逐步建成农产品全程质量追溯体系。提高农业设施化程度，加强浦东国家农业示范区和市级现代农业园区建设，不断增强农业综合生产能力。发展低碳循环农业，有效防治农业面源污染，加强农用地土壤环境保护。扶持农民专业合作社、家庭农场和农业龙头企业，完善农业社会化服务体系。加强农业与第二三产业的融合发展，支持"农超对接"，继续推进农产品交易大市场建设。

二是提升制造业发展能级。积极支持郊区培育和发展战略性新兴产业，大力推进高新技术产业化，优化提升先进制造业，培育和壮大一批行业龙头企业，提升郊区产业发展水平。以各类产业基地、开发区为载体，推动工业向规划确定的工业区块集中，促进郊区工业用地节约集约利用。分类推进规划工业区块外现状工业用地的调整和转型。优化完善郊区产业布局，提升开发区管理服务水平，增强园区综合竞争力和可持续发展能

力。加快郊区产业结构调整，淘汰高耗能、高污染、高危险、低附加值的劣势企业、劣势产品和落后工艺。推进郊区生产方式转变，鼓励推行节能低碳、绿色环保的生产方式。加强公共服务设施配套，推进产业基地、工业区块与周边城镇融合协调发展，促进产业与人口、资源、环境相协调。

三是加快郊区服务业发展。拓展服务经济发展规模，增强郊区经济实力，提升郊区居民生活便利度。依托郊区制造业产业基地及产业区块，集聚发展为制造业紧密配套的各类专业型生产性服务业，如专业物流、研发设计、检验检测、节能环保等，加快建设高科技研发平台和以产品技术孵化为主的总部经济服务平台。围绕迪士尼、崇明生态岛等标志性旅游资源的开发，统筹规划、整合资源，加快发展特色服务业。结合郊区城镇化建设和长三角联动发展要求，培育文化及创意、软件和信息服务、电子商务等新兴服务业。以新城、小城镇、大型居住社区为重点，加快发展教育培训、医疗保健、社区服务等生活性服务业。结合上海国家高技术服务产业基地建设，不断提升高技术服务业在郊区服务业的占比。

6. 开展环境整治，促进郊区农村生态文明建设

生态文明建设既是上海郊区推进城乡经济社会发展一体化的一项重要工作，又是上海郊区在新时代经济社会发展的新的增长点。21 世纪以来，上海郊区大力推进郊区农村生态环境治理，以水环境整治为重点，统筹推进污染源治理、农村村容村貌环境整治、林地和自然生态保护等工作，全面改善农村生态环境。

一是开展农村生态环境综合治理。针对群众反映强烈、污染严重、安全隐患大、社会矛盾突出的区域，实施重点区域生态环境综合治理，综合运用多种手段，依法整治，形成合力，对违法用地、违法建筑、违法经营、违法排污、违法居住等"五违"问题进行整治。

二是推进郊区农村生态环境建设。划定生态保护红线区域，实施分级分类管控，配套实施生态补偿等相关制度，提升区域生态服务功能，统筹山水林田湖草系统治理。大力推进林地建设，推进实施沿江、沿海、沿路、沿河生态廊道建设，为农村提供更多绿色生态空间。加强自然生态系统保护，湿地保有量维持在 37.7 万公顷左右，湿地保护率达到 35% 左右。

三是开展"三水"专项行动，为进一步改善水环境，本市出台了"三

水"（洁水、畅水、活水）行动计划。根据计划，到2020年，全市重要水功能区水质达标率要从53%上升至78%，实现"水清、岸绿、河畅、景美、生态"的河道水环境治理目标。大力开展农村水污染防治，分年度对镇村级河道开展轮疏工作，计划到2020年对镇村级河道轮疏一遍，并同步实施村沟宅河治理与村庄改造，实施1000公里河道整治，提高河道沿线环境质量和农村水系沟通水平。加快农村生活污水处理设施建设，为实现上海美丽乡村建设规划提出的"先地下、后地上，路桥先行、污水先行"的建设要求，以2015~2020年全市拟实施村庄改造的村庄和农户为重点，对30余万农户实施农村生活污水处理。至2020年，全市农村生活污水处理率达到75%以上。

四是完善郊区农村垃圾收集和处置。建设郊区生活垃圾转运处置设施，建立农村生活垃圾"户分类，村收集，镇（乡）运输，区（县）处置"的转运处置系统，不断提升上海郊区生态环境质量水平。

四　深化农村改革激活农业农村内生动能

深化农村改革，激活农业农村内生动能，是上海推进城乡经济社会发展一体化双轮驱动中的另一个轮子。上海从21世纪以来，重点在以下几个方面进行突破。

1. 推进上海国家现代农业示范区建设，发展高水平的都市现代农业

上海国家现代农业示范区是农业部批准的，以上海农业整建制参与的国家现代农业示范区，为加快推进示范区建设，提升都市现代农业发展水平，实现至"十三五"期末全市示范区建设主要指标普遍达到现代化水平，2015年，市政府制定了《2015-2017年国家现代农业示范区建设三年行动计划》，提出了农业示范区三年建设主要目标：一是农产品供给保持稳定。在划定永久基本农田的基础上，推进粮食生产功能区建设，保障粮食综合生产能力，保障国家粮食安全；继续实行主要农产品最低保有量制度，稳定蔬菜种植面积，确保地产绿叶菜自给率达到90%，保障鲜奶、生猪、家禽、鲜蛋和淡水养殖生产能力，优化产品结构。二是上海地产农

产品质量安全可控。到 2017 年，全市"三品"认证农产品产量比重达到 70% 以上，地产农产品质量抽样合格率达到 99% 以上。三是农业可持续发展水平不断提升，实现资源节约、集约、永续利用。全市耕地保有率基本保持在 100%，一、二等地占比达到 55%，单位能耗创造的农林牧渔业增加值达到 2 万元以上，主要粮食作物秸秆综合利用率达到 92%，亩均农药化肥使用量减少 10% 以上，标准化规模养殖场畜禽粪便实现零排放。四是提高农业物资装备水平，推进高标准粮田、设施菜田、标准化果园、标准化畜牧养殖场、标准化水产养殖场建设，提升农业机械化水平。到 2017 年，全市高标准农田比重达到 65%，农业节水灌溉工程覆盖率达到 77%，畜禽规模化养殖比重达到 83%，水产标准化健康养殖比重达到 75%，农作物耕种收综合机械化水平达到 87%，粮食作物基本实现耕种收全程机械化，粮食日烘干能力 2.4 万吨以上。农业科技进步贡献率达到 71%，大专学历以上农业技术推广服务人员占比达到 80%。五是农业投入机制进一步完善，加大对示范区建设的政策扶持和资金投入力度；吸引社会资本参与示范区建设，通过市场化手段，解决农业融资问题；增加农业保险险种，扩大农业保险覆盖面，农业保险深度稳定在 3% 以上。六是农民收入持续增长，通过建立职业化的新型农民队伍，加快农业劳动者由传统农民向新型职业农民转变。到 2017 年，全市农民人均可支配收入达到 2.7 万元，年均增长 10% 左右。

2. 推进农村土地确权登记，维护农民承包权益

农村土地承包经营权是农民的基本权益，在 1998 年农民第二轮延包土地后，为了应对城市化过程中农村人口变化较大，便于适时调整承包地，一些地方采取了确权不确地办法，导致土地承包经营权证一直无法发放到农户，既损害了农民的权益，又挫伤了农民的积极性。据统计，上海市应开展土地承包经营权确权登记工作的有 87 个乡镇、1076 个村，应确权登记承包地 168.2 万亩，农户 59 万户。2011～2012 年，按照农业部统一部署，上海选择金山、奉贤作为全国试点单位先行开展确权登记，共完成了 57 个试点村的登记工作；从 2013 年起，根据中央有关文件精神，本市在 9 个涉农区县全面推进土地承包经营权确权登记颁证工作，共完成了 108 个村的确权登记工作；2014 年，全市共计完成 629 个村的确权登记颁证工

作；2015 年，全市基本完成土地承包经营权确权登记颁证工作；2016 年，围绕土地承包经营权确权登记颁证重点加快推进后续扫尾工作，督促指导区、镇梳理核实原暂缓确权登记的村组和暂未登记的承包农户等情况，分别研究制定扫尾工作方案，并在妥善解决有关历史遗留问题、因确权而产生的矛盾纠纷的基础上，进一步提高全市农村土地承包经营权确权登记率；同时制定印发《上海市农村土地承包经营权确权登记颁证成果检查验收办法（试行）》，截至 2016 年底，全市已完成确权登记的农户数 58.6 万户，占应确权登记农户总量的 99.3%；承包土地确权登记面积 167.2 万亩，占应确权登记总面积的 99.4%。

3. 大力发展家庭农场，提高农业规模化经营水平

家庭农场是上海在推进农村改革和农业集约化经营实践中涌现出来的新型农业经营主体，是上海松江区干部和农民群众的创造。市委、市政府高度重视家庭农场发展，2013 年，市委、市政府在松江泖港镇召开市农村工作现场会，韩正书记提出，走规模化、专业化道路，是上海发展都市现代农业的根本方向；杨雄市长要求大力总结推广松江粮食家庭农场的做法，努力提高土地产出率和劳动生产率。在 2014 年的市农村工作会议上，市委、市政府两位主要领导再次提出，要积极推广松江经验，大力发展粮食生产家庭农场，探索粮经型家庭农场、多种形式种养结合家庭农场。2013 年，市政府办公厅出台了《关于本市加快推进家庭农场发展的指导意见》，从本市家庭农场发展实践看，家庭农场最能激发农民生产经营的内生动力，主要表现在以下四个方面：一是促进了生产力发展，提高了土地产出率，家庭农场水稻亩产量高出全市平均水平 7 公斤；二是提高了劳动生产率，增加了农民收入，家庭农场亩均净收入 883 元，松江种粮家庭农场和种养结合家庭农场的年收入分别达到了 10 万元和 16 万元，按人均计算分别达到 3 万多元和 5 万多元，高于松江农民人均收入 1.8 万～1.9 万元的水平；三是保护了耕地，改善了农业生产环境，家庭农场实施秋播二麦、绿肥和深翻"三三制"轮作，发展种养结合家庭农场，推进秸秆还田，改进和提高了肥料使用技术和效率，增强土壤肥力，减少了化肥使用量；四是解决了农业生产后继无人问题，松江家庭农场经营者的年龄以 46～55 岁这个年龄段为主体，并出现了第二代农民从事家庭农场生产，比面上

29

农业生产经营者平均年轻 5 岁。2016 年，上海全市累计发展粮食生产家庭农场 3990 个，种植水稻面积 52.2 万亩，占全市水稻实种面积的 44.6%；经济作物家庭农场 159 个，水产养殖家庭农场 57 个，其他家庭农场 37 个。

上海发展农业规模经营的另一种组织形式是组建农民专业合作社。2016 年，全市具有一定规模的合作社达到 3202 家，拥有注册成员 47180 人，带动农业从业人员 20.71 万人，合作社经营农田面积 104 万亩，全年实现经营收入 81.41 亿元，盈余 6.19 亿元，销售额 1000 万元以上的合作社 213 家。全市认定区级以上示范社 470 家，其中市级示范社 178 家，国家级示范社 78 家。本市红刚青扁豆、集贤虾业、春鸣蔬菜、绿笋芦笋等 4 个农民合作社获"全国百家合作社百个农产品品牌"称号。

发展农业产业化龙头企业是上海推进农业规模经营的又一种组织形式。农业龙头企业采取统一供种、统一农资供应、统一生产、统一品牌包装、统一销售等形式，与农户建立紧密型利益联结机制。在农业产业化龙头企业的带动下，上海农产品标准化、品牌化水平逐年提高，2013 年本市农产品品牌化销售率达到 48%，"三品一标"认证总量达到 257.69 万吨，占地产农产品上市总量 45.39%，市著名商标 69 个，市名牌产品 77 个，其中兼获市著名商标和市名牌产品称号的有 36 个。2016 年，全市有各类农业龙头企业 383 家，带动农业基地面积 670 万亩，其中自建基地 70 万亩，订单基地 600 万亩，带动本地农户 12.36 万户，全年实现销售收入 1350 亿元，利润总额 23.33 亿元，其中销售收入 1 亿元以上的龙头企业 91 家，区级重点龙头企业 180 家，市级重点龙头企业 96 家，国家级重点龙头企业 20 家。2016 年，闽申农业科技、雪榕生物科技、元盛食品、孙桥溢佳、多利农业、丰科生物科技等一批本市重点龙头企业在境内外证券市场挂牌上市。

4. 推进农村集体产权制度改革，提高农民财产性收入

根据中央深化农村改革的精神，在市委、市政府的重视和领导下，上海从 2010 年之后，进一步加大了对农村集体产权制度改革的力度，并取得突破性的进展。截至 2017 年 7 月，全市已有 1624 个村级集体经济组织完成了产权制度改革，占全市总村数的 96.8%；镇级产权制度改革累计完成 50 个镇，占全市总镇数的 41%，目前还有 11 个镇正在改革过程中。2016

年已有 379 家改制后的村级集体经济组织、14 家镇级集体经济组织进行了收益分红，分红总额 15 亿元，涉及成员数 148 万人，人均分红 1015 元。村级集体经济组织产权制度改革基本实现"应改尽改"的目标，镇级集体经济组织产权制度改革正稳步推进。从总体来看，农村产权制度改革这项工作得到了基层农民群众的欢迎和拥护。目前本市农村集体产权制度改革工作正按照市委、市政府明确的目标和要求坚定、扎实、稳妥推进。特别是闵行、松江等区在推进产权改革中形成的做法和经验，得到了中共中央农村工作办公室、农业部和国务院发展研究中心等有关部门的肯定。

上海农村集体产权制度改革始于 20 世纪 80 年代初，先后经历了试点探索、扩大试点、全面推进三个阶段，经过 30 多年坚持不懈的探索努力，全市村、镇两级产权制度改革工作总体进展顺利。到 2015 年底，全市镇、村、队三级农村集体总资产达到 4106.4 亿元，净资产 1298.2 亿元。全市参加镇、村两级农村集体经济组织改革的股民（成员）达到 110 万人。

上海农村集体产权制度改革，坚持从调查研究入手，党委政府进行顶层设计，制定出台指导性政策文件。2012 年 3 月，上海市委、市政府出台了《关于加快推进上海农村集体经济组织改革发展若干意见（试行）》，在此基础上，市有关部门先后制定了九个配套文件。从 2010 年开始，上海对农村集体资产进行了清产核资，全面开展农村集体经济组织成员界定和农龄统计工作，坚持"依据法律、尊重历史、照顾现实、实事求是"的原则，界定农村集体经济组织成员资格，摸清了全市的农龄总数。建立上海市农村集体"三资"监督管理平台，做到将各类农村集体"三资"信息全部进行网上公开。目前，全市郊区农村乡镇、村、队的农村集体"三资"数据都录入了监管平台。在推进农村集体产权制度改革的同时，上海市政府又研究制定了一系列配套改革措施，以确保农村集体产权制度改革的成果可持续地、稳定地、长期传承下去。比如坚持政府与农村集体经济组织、村委会与村集体经济组织机构分设，实行分账管理，完善集体经济组织的治理结构，建立行之有效的运营机制和监管模式等等。

5. 优化农村人居环境，推进农村现代化建设

2007 年以来，上海市委、市政府按照中央加强新农村建设的总体要求，采取一系列措施加大对农业和农村的投入力度，开展了以保护修缮、

改善环境、完善功能、保持文脉为原则的村庄改造工作，为农民生产、生活创造较好的条件。2014 年上海启动了以村庄改造为载体，以优化农村人居环境为目标的美丽乡村建设工作。以"美在生态、富在产业、根在文化"为主线，以项目整合为重要方式，以落实长效管理为重要内容，在保障农民基本生产生活条件的基础上，促进农村全面健康可持续发展。近年来，在各级政府的共同努力下，领导小组建立，工作职责落实；形成工作意见，明确目标任务，研究出台了美丽乡村建设相关实施意见和工作方案；编制建设规划，按照分类推进的原则，因地制宜地确定了建设内容；实施目标管理，落实考核督查，制度框架日渐完善；建设项目按计划实施，示范村创建有序开展，郊区农村人居环境面貌显著改善。

2007 年以来，全市已累计对 884 个村进行了村庄改造，受益农户超过 50 万户，达到规划改造总任务量的 2/3。中央和市级财政已累计拨付专项奖补资金 38 亿元，加上区镇投入资金，带动其他新农村建设资金的聚集整合，全市村庄改造建设累计总投入已超过 60 亿元，其中：2016 年在 116 个村实施了村庄改造项目，项目纳入年度市级财政奖补范围，受益农户约 7.2 万户；其中中央、市级财政奖补资金 10.2 亿元，是村庄改造有史以来投入量最大的一年，项目的数量达到了"十三五"规划中改造总量的 22%。到 2020 年，上海将全面完成基本农田保护区内规划保留地区村庄改造工作。

2017 年，全市完成农村 6 万户生活污水处理项目的任务。截至目前，农村生活污水治理的农户中，已经纳管将近 10 万户，其余 39 万户基本采取就地处理的方式。预计"十三五"期间，全市将结合村庄改造、美丽乡村建设、黑臭河道整治等任务，继续推进 30 万户农村生活污水的收集处理，农村生活污水处理覆盖率要求达到 75% 以上。

第三节　上海推进城乡经济社会发展
一体化的主要成果

改革开放以来，上海通过推进城乡经济社会发展一体化，取得了一系列丰硕的成果。

一　郊区经济跃上新台阶，城乡经济发展
水平的差距进一步缩小

从 1984 年上海郊区农业完成农村土地家庭联产承包责任制，到 2016 年 32 年里，上海郊区增加值由 1984 年的 66 亿元，已上升为 2016 年的 17437 亿元（属地统计），增加 263 倍；在上海全市经济中，1984 年上海全市的增加值为 390.85 亿元，郊区占全市经济总量 16.89%。到 2016 年上海全市国内生产总值为 28178 亿元，郊区为 17437 亿元（属地统计），占全市经济总量的 62%。

随着上海城乡发展一体化的推进，上海郊区经济的结构发生了很大变化，在 1984 年上海郊区增加值结构中，第一产业比重为 26.1%，第二产业的比重为 56.7%，第三产业的比重为 17.2%；在 2016 年上海郊区国内生产总值结构中，第一产业比重为 0.6%，第二产业的比重为 38.1%，第三产业的比重为 61.3%。

随着上海郊区经济结构不断优化，经济实力得到大幅度提升，特别是各郊区县经济快速增长，在全市经济格局中的地位不断提高。"十一五"期间

和"十二五"期间，郊区经济年均增长13.7%，高于全市平均水平2.6个百分点。"十三五"期间，郊区各区县继续保持了较好的发展势头。

二 农民收入稳步增长，农民收入结构发生重大变化

1984年，上海农民人均纯收入为785元，2016年上海农民人均可支配收入为25520元，在32年中增长了31.5倍；在1984年上海农民人均纯收入结构中，劳动者报酬占57.5%，家庭经营性收入占35%，转移性收入及财产性收入占7.5%；在劳动者报酬中，农民从农村集体经济组织中得到的各类以工补农收入占33.2%，在乡镇企业及其他单位就业得到的劳动报酬占66.8%；家庭经营性收入主要是农民从承包土地经营农业得到的报酬；在转移性收入及财产性收入中，主要是农村集体经济组织发放的各类福利收入，但1984年上海农民尚未有财产性收入。

2016年，上海农民人均可支配收入的结构发生了较大的变化：其中工资性收入占74%，经营性收入占5.4%，转移性收入占16.9%，财产性收入占3.7%。其中工资性收入、转移性收入比重大幅度增长，经营性收入比例大幅度降低，财产性收入开始增长。这主要得益于上海郊区农村工业化、城镇化快速推进，在农村从业人员中，从事第二三产业的人员大幅度增加：1984年，上海郊区共有农村从业人员268.05万人，其中从事第一产业的133.90万人，占50%；从事第二产业的114.58万人，占42.7%；从事第三产业的19.57万人，占7.3%。到2016年，上海郊区共有农村从业人员158.26万人，其中从事第一产业的37.50万人，占23.7%；从事第二产业的90.43万人，占57.1%；从事第三产业的30.33万人，占19.2%。从以上数据对比可以看出，随着工业化、城镇化快速推进，大量被征地农民实现户口转入城镇，人口转移进城，上海郊区农村从业人员总量减少了100多万。在农村从业人员中，从事农业的大幅度减少，从事第二三产业的人员大幅度增加，农民工资性收入大幅度增长。财产性收入增长，主要得益于上海响应中央号召，率先开展农村集体产权制度改革，把农村集体经济组织成员所有的农村集体资产以股权形式量化给农民，增加

了农民财产性收入。另外，这几年来，上海郊区农民的转移性收入增长很快，这主要得益于上海加快推进了城乡一体化的社会保障制度建设，2016年上海农民人均可支配收入中转移性收入达到4325元，为全国最高，并比居第二位的省份高出1000多元，比北京、天津高了一倍。虽然上海农民年人均可支配收入与本市城市居民的人均可支配收入比，差距虽然仍旧比较大，但已经出现缩小的趋势。以省市为单位相比，上海农民年人均可支配收入处于全国第一的领先水平。

三 推进农民市民化，失地农民"人的城镇化"取得重大进展

1992年邓小平发表南方谈话后，上海郊区的经济出现了改革开放以来的第二轮大发展，各种合作经济、外资企业、民营经济、私营经济出现了强劲发展的势头，各类经济园区、工业园区应运而生，农村建设用地大量增加，征用土地后失地农民也越来越多。广大农民在经济大发展中纷纷走上非农就业岗位，非农收入、工资性收入大幅度增加，农民受益颇多。但是，到了21世纪初，随着企业的技术进步，特别是许多跨国公司落户郊区经济园区后，企业对用工要求越来越高。而郊区征用土地后失地农民年龄主要集中在40岁以上，平均接受教育程度只有8年左右，缺乏城市化和产业升级后市场所需要的职业素质，制约了他们进一步走向市场。有的即使找到工作，但就业岗位也很不稳定。

另外，郊区征用土地后失地农民的社会保障问题与矛盾也开始凸显，据不完全统计，自改革开放以来到2003年底，上海郊区共征用土地177万亩，涉及失地农民170万人。其中办理农转非户口的农民103.4万人（劳动力70.56万人，养老人员32.84万人）；另有70.56万人为用地后失地农民，户籍没有农转非。当时出现了四种情况：一是1992年之前征用土地后劳动年龄段的失地农民，一般被转为城市居民户籍，并由征地单位作为土地工安排进本单位工作，其社会保障已经与城市居民同步，情况比较稳定。二是1992年之后，各种所有制经济成分的企业，大量征用农民土地

后，无法消化吸收征地农民，于是出现市场化安置的政策，即由征地单位进行货币化安置，给农民一笔钱（2万～3万元）一次性买断后，农民自找门路。在经过一段时间实践后这种做法的弊端开始暴露出来，不少农民用完这笔钱之后，成为无地、无业、无保障的农民，成为影响社会稳定的隐患。三是1992年之前的乡镇企业用地后的失地农民，由于乡镇企业用地属于集体经济组织自己用地，用地后失地农民户籍不转性，仍旧是农业户口，当时一般采用安排失地农民到乡镇企业工作的办法进行安置，因为进工厂打工比务农收入高许多，对这种安置办法，当时农民也比较满意。但是，到了1996年乡镇集体企业改制后，工厂开始大幅度裁员，许多失地农民也成了无地、无业、无保障的农民。1992年之后，一部分乡镇为了降低商务成本，对一部分混合所有制企业、私营企业甚至是外资企业也采用乡镇企业用地的办法。四是征地时已经到了退休年龄的养老人员，由于由征地单位一次性上交给当地乡镇征地费用于统筹发放养老金，随着养老金上涨和养老人员平均寿命的提高，乡镇统筹金缺口扩大，一部分财政比较困难的乡镇开始出现拖欠被征地农民养老金的现象，失地农民社会保障的矛盾日益突出。

实践证明，在推进工业化、城镇化过程中，需要同步解决人的城镇化问题，需要按照城乡一体化的原则，推进失地农民"人"的城镇化。为此，上海在全国第一个提出了"农民市民化"的要求。上海从2002年开始探索小城镇社会保险，2003年颁布了《上海市小城镇社会保险暂行办法》，从此，拉开了上海农村社会保障体系建设的序幕。小城镇社会保险的建立，在上海农村社会保障体系建设中，具有里程碑的意义：第一，它是第一次针对郊区农民建立的全市统筹的社会保险，安全性可靠性强，参加小城镇社会保险的农民退休后，可以依靠上海市社会保障局统一发放的社会保险卡到银行直接领取养老金，解决了原来统筹层次低且多元、容易拖欠保障金的现象。第二，强制性，小城镇社会保险对失地农民实行强制参保，由征地单位上缴和农民土地补偿金中扣缴，对已经征地的农民则由政府和农村集体经济组织帮助，另外从留给农村集体经济组织的土地补偿金中补缴一部分，短短几年之内，就解决了上海郊区100多万失地农民的社会保障问题。第三，小城镇社会保险实行"土地征用、户籍转性、社保缴费"三联动，保障被征地农民的权益。第四，把原来只建在城市街道的社保服务中心延伸到郊区，在郊区乡镇建立了城乡一体的就业和社会保障机构。为解决失地农民的就业、社会保障等问题健全了组织机构。第五，实施小城镇社会保险，不仅解决了郊区的失地农民和务工农民参保问题，还解决了农村中的许多历史遗留问题。

小城镇社会保险解决失地农民人的城镇化体制机制问题，把上海失地农民的市民化向前大大推进了一步，但它与城市居民的社会保障水平相比还有一段差距，没有真正达到城乡发展一体化的水平。于是，小城镇社会保险与城市居民社会保险制度并轨，成为上海进一步深化城乡经济社会发展一体化改革的一项重要任务。2017 年上海市十四届人大常委会第三十五次会议表决通过，上海将停止执行小城镇社会保险制度，小城镇社会保险参保人员将被纳入国家社会保险制度体系。从此，上海郊区农民可以与城市居民一样享受城乡统一的社会保险待遇。

四　社会保障迈向城乡一体，农民在社会保障中获得感增强

改革开放以来，特别是 21 世纪以来，上海农村开始建立社会保障机制，并且逐步完善，向城乡一体化发展。

一是建立农村养老保险（以下简称农保）。上海农保发展经历了三个阶段：第一，发展起步阶段，农保在 20 世纪 80 年代由上海郊区农村一些乡镇自发组建，后来经过各区县努力，逐步扩大，并由上海市人民政府出面，制定统一政策，建立了全市统一的农保体系，但仍未做到全市统筹，而是由各乡镇统筹。由于各乡镇之间经济社会发展水平不一样，筹资水平不一样，因此保障水平也不一样，最低的乡镇农保退休养老金给付水平为每人每月 5 元。2003 年上海农保参保人数达到最高值，为 169 万人。第二，建立新农保阶段。随着改革的深入，原有的农保制度的局限性也逐步凸显：其一，统筹范围狭小。农保实行以乡镇为统筹，虽然兼顾了乡镇经济发展的不平衡，但基金规模小、统筹层次低、基金增值难度大、抗风险能力弱，且基金的互剂性层面小，调剂机制不强。其二，保障水平偏低。

上海农保相对于城保而言，一直维持低标准征缴、低水平发放，使养老金给付水平总体偏低，且缺乏稳定的增长机制，使老年农民不能分享经济社会发展的成果，难以真正保障老年农民的基本生活。其三，缺乏公共财力支撑。长期以来，农村社会保障体系不列入市级公共财政支出范围，有些乡镇政府给予少量支持，但主要依靠农民个人投保和集体经济补贴，运行风险较大。从2007年开始，在建立镇保的基础上，上海对农保进行了完善，将农保的统筹层次提高到区级层面，形成了区县和乡镇两级财政共同承担基金的机制；基金由区县集中管理，纳入财政专户，更加严格、规范；建立养老金合理稳定增长的机制，每年予以调整。2009年，上海农保每人月平均养老金已经达到309.3元。2009年9月，国务院制定下发《关于开展新型农村社会养老保险试点的指导意见》后，上海的农保又转入新农保制度，新农保在参保人群、参保范围、缴费标准、待遇标准、领取年龄、基金管理等方面较之老农保更加合理、完善。经过2010年试点之后，2011年上海市实施新农保制度，到2013年，全市参加新农保的农民有71.52万人。领取养老金的人数为41.51万人。第三，城乡一体农保与"居保"并轨阶段。根据城乡一体化的要求，上海市人民政府决定，从2014年起，对实行了多年的新型农村养老保险和城镇居民养老保险实行合并。为了保证改革的顺利实施，新的政策要求，确定基础养老金市、区、镇三级财政承担比例，改革后城乡居民养老保险金由市级平台统一发放，统筹水平进一步提高，养老金发放水平也进一步提高。2016年，上海农保与"居保"并轨后的城乡居民养老保险基础养老金标准已经达到750元/（月·人），居全国之首。

二是建立农村医疗保险制度。上海郊区的农民医疗保险制度也经历了三个阶段：第一，建立农村合作医疗制度阶段。第二，建立新型农村合作医疗制度（新农合）阶段。在市委市政府的重视下，经过长期的多方努力和协调，制约上海郊区农村合作医疗制度发展的问题基本解决了。第三，城乡居民基本医疗保险制度整合阶段。2016年1月1日，上海归并城镇居民医保和新型农村合作医疗，启动实施统一的城乡居民医保制度。在筹资方面，加大了对农村居民的补助水平，从原来不足2000元提高到3000元以上，确保农民与城镇居民水平保持一致。在医疗待遇方面，着力提高农村居民住院报销比例，达到 75%，个人负担比例减少了约 10 个百分点。在就医管理方面，实现"一卡通"，妥善解决了农村居民在区外二三级医院垫付医疗费的困难，全市 1301 家村卫生室全部纳入医保结算，使农村居民可以足不出村就近就医。同时，开通村卫生室执业医生的转诊通道，方便农村居民办理转诊手续。

三是构建城乡一体的社会救助体系。上海构建城乡一体的社会救助体系主要包括三方面内容。①建立农村最低生活保障制度。②逐步扩大社会救助覆盖范围。构建以最低生活保障、特困人员供养为基础，支出型贫困家庭生活救助、受灾人员救助和临时救助为补充，医疗救助、教育救助、住房救助、就业救助等专项救助相配套，社会力量充分参与的城乡一体社会救助体系。③实现全市城乡低保标准一体化。2016 年 4 月 1 日实施调整全市低保、特困人员供养标准的方案，城乡居民最低生活保障标准，从每人每月 790 元调整提高到每人每月 880 元，从 2016 年 6 月 1 日起实现了帮困粮油制度的城乡统一，完善城乡居民申请社会救助经济状况认定标准，提高精准救助成效，切实保障城乡困难群众基本生活。特困人员日常生活费标准从每人每月不低于 1030 元调整为每人每月不低于 1150 元。

五　农村基础设施建设加速，农民生产生活生态环境有了极大改善

加快农村基础设施建设是推进城乡一体化，改善农民生产生活生态环境，提高农民生活质量的一个重要前提。20 世纪 90 年代以来，特别是 21 世纪以来，上海基础设施投资布局开始向郊区农村倾斜，农村建设投入力度不断加大，据不完全统计，"十五"期间上海郊区和中心城区基础设施投资强度比为 1∶2.5，"十一五"期间投资强度比为 1∶1.6，比"十五"期间有较大提高；城乡一体大交通框架基本形成，截至 2015 年底，全市高速公路通车里程达到 826 公里，城乡交通一小时都市圈的高速公路网基本建成；轨道交通服务进一步向郊区城镇延伸，运营里程达到 617 公里（含磁悬浮），2016 年，累计推进 46 公里盾构，市中心城区到郊区新城的快速轨

道交通大部分已经贯通；行政村公交通达率在95%以上，镇村公交基本实现全覆盖，已完成公交村村通的任务；以路桥为重点的农村基础设施建设加速，截至2015年12月底，农村桥梁改造项目数量共计4014座，已经全部完成目标任务；薄弱村道路改造项目计划数量为4046公里，已全部完成。全市各区县还不断加强农村公路标准化建设，大力推广农村公路示范路工程、绿化美化工程，使农村公路PQI（路面质量指数）中等路及以上比例达到93%以上，绿化率达到82.3%，处于全国领先水平。郊区农村供水设施进行大规模改造、提升和集约化建设，关闭了一批乡镇中小水厂、内河取水口和公共深井。2010年，供水集约化率达到62%。2006～2010年，农村生活污水有效处理户数达到10万户。完成河道整治1.7万公里，通过河道整治，到2017年底完成了"上海所有中小河道、断头河基本消除黑臭状态，水域面积只增不减"的目标。从21世纪以来，上海郊区新增了100多万亩林地，郊区生态环境有了进一步改善。上海郊区乡村振兴和对外吸引力正在加强。

六　农村社会事业发展提速，城乡公共服务均等化取得突破性进展

上海这几年来推进城乡公共服务均等化，促进郊区城乡社会事业发展取得的成果，主要集中在以下两个方面。

一是推进城乡教育资源的均衡配置。①完善校舍建设标准，加快在城郊接合部配置校舍资源，进一步完善中小幼学校的编制标准，确保城乡按统一标准配足配齐教师。②坚持对教育经费的"三个统筹"，完善教育转移支付拨款机制。③推进名校长名师进驻郊区，同时在特级教师、特级校长评定中建立特设流动指标，完善流动机制，鼓励优秀教师校长向薄弱学校、农村学校流动；大力推进上海中心城区名校复旦附中、格致中学、市二中学、上海实验学校分别在青浦淀山湖新城、奉贤南桥新城、闵行梅陇、崇明陈家镇开办分校。④加快形成学区化集团化办学格局，均衡配置城乡优质教育资源，全市学区化集团化办学联合体已达到130个，覆盖学

校 692 所，约占本市义务教育阶段学校总数的 48.7%，让城乡居民共享优质教育资源。市级层面已汇集 93 所学校，形成课程建设、教与学变革、教师发展、管理文化变革四大集群，汇集 280 多所项目学校在更广领域进行合作创新，占义务教育阶段学校总数的 25.1%。

二是均衡配置城乡医疗卫生资源。①近年来，上海不断加大城乡基本公共服务财政投入力度，基本形成覆盖城乡的基本公共服务体系，城乡差距逐年缩小。初步形成城乡一体的医疗卫生基本公共服务体系，全面启动了"5＋3＋1"郊区三级医院新扩建计划。截至 2010 年，累计完成 240 家郊区社区卫生服务中心和 1476 家村卫生室标准化建设。②进一步加大对郊区医疗服务能力的投入，包括推进国际妇婴保健医院奉贤分院的建设、建设市六人民医院东院、瑞金医院北院、仁济医院南院、华山医院北院科研综合楼，提升郊区三级医院科研能力。加大城区优质医疗资源对郊区的支持。市级大医院与郊区医疗卫生机构结对挂钩，实施对口支援。全市三级甲等医院大多与郊区的医疗机构组建了医疗联合体，输出管理、品牌、人才和技术。实施健康信息网工程，已经实现市区两级平台、近 600 家医疗卫生机构的互联互通，为城乡、各级医疗服务的联动创造了条件。在人才队伍建设方面。近年来，上海市采取了一系列针对性的举措充实郊区卫生人才队伍。在编制上给予倾斜，明确郊区社区卫生机构人员编制可在基础编制上根据情况予以 10% 的增加。安排城市卫生技术人员到基层卫生机构定期工作。规定本市卫生专业技术人员晋升副高级专业技术职务之前必须到农村和城市基层卫生机构定期工作半年，其中到农村医疗机构定期工作的人员原则上不少于派出人数的 2/3。稳定乡村医生队伍。解决了乡村医生的养老、公共卫生服务补助问题；定点培养大专学历乡村医生，并探索将定向培养取得执业助理医师资格的乡村医生纳入社区卫生服务中心编制管理，保证了城乡医师具有相同的执业起点水平。

第四节　上海推进城乡经济社会发展
一体化的主要经验

一　重视顶层设计，制定上海城乡经济社会发展
一体化规划和政策设计

近年来，围绕上海城乡经济社会发展一体化问题，上海市委市政府在动员全市力量深入调查研究的基础上，研究制定了一系列政策性文件：2015年1月30日，上海市委市政府制定了《中共上海市委上海市人民政府关于推动新型城镇化建设促进本市城乡发展一体化的若干意见》；此后，上海市政府制定了《关于本市加快城乡一体化发展的若干意见》《关于推进本市农村集体经济组织产权制度改革若干意见》《关于深入推进本市义务教育城乡一体化改革促进优质均衡发展的实施意见》等文件；上海市政府办公厅颁发了《上海市2015－2017年国家现代农业示范区建设三年行动计划》《关于支持本市纯农地区发展的实施意见》《关于进一步推进本市社区卫生服务综合改革与发展的指导意见》《关于本市新型农村合作医疗市级统筹的实施意见》等文件；围绕市委市政府的文件精神，市政府各委办相继制定了《关于进一步加强本市郊区镇村规划编制工作的指导意见》《促进本市城乡义务教育一体化的实施意见》《关于适应本市城乡发展一体化进一步做好人力资源和社会保障》等几十个配套文件。这些政策性文件，从宏观到具体操作，从冲破城乡二元体制机制到创新驱动，从资源配

置到政策扶持都做了比较翔实的规定，对上海城乡发展一体化起到了极大的推动作用。

加强规划引导，上海市政府先后制定了《上海市推进城乡一体化发展"十二五"（2011－2015年）规划》《上海市推进城乡一体化发展三年行动计划（2013－2015年）》《上海市城乡发展一体化"十三五"规划》《上海市土地资源利用和保护"十三五"规划》等一系列推进上海经济社会发展一体化的各类规划，拓展各类规划的覆盖广度，积极推动发展空间拓展和配置资源优化。按照城乡全面协调可持续发展的要求，加快建立全面覆盖城乡的一体化规划体系，强化对市域空间的整体规划。优化完善新城规划布局，城镇及村庄规划，加快完善城乡建设敏感区规划，促进了城乡一体化发展规划与城市总体规划、土地利用总体规划、产业布局规划、区县和重点镇规划等各项规划有机衔接、协调统一。强化对城乡各项规划的集中管理，确保城乡一体化规划顺利实施。

二　突出重点，围绕人民群众最关心、迫切需要解决的问题突破

上海在推进城乡经济社会发展一体化过程中，以体制机制改革为抓手，大力推进城乡统筹各项工作，在打破城乡二元结构、提高农民收入、激发郊区发展活力上取得巨大成就。牢固树立以人为本的根本宗旨，切实关注和解决农民最关心、最直接、最迫切需要解决的问题，优先解决农民的基本生活保障问题，使城乡居民在社会保障、社会事业、社会服务、社会福利等基本公共服务方面享有平等权利。围绕郊区农村发展，进一步加强对郊区农村基础设施建设，进一步加大公共资源和财政投入向郊区农村倾斜的力度，促进资金、人才、项目等资源要素向郊区农村集聚。进一步减轻农民负担，减少对郊区农村发展资源的不当占用。

按照有利于增强郊区农村发展灵活性和积极性的要求，创新郊区农村管理体制，打破限制郊区发展的各种瓶颈，进一步明确与区县、乡镇各级基层政府事权相匹配的财权和审批权，赋予基层政府更大的发展自主权。

进一步下移管理重心，给予郊区更大的自主发展权，增强区（县）统筹城乡发展的积极性和主动性。打破行政区划界限，在社会事业、公共服务、要素流动等方面，探索跨区域的联动共享机制。鼓励和支持有条件的地区在农民增收及创新城市支持农村、工业反哺农业的体制机制方面先试先行，以点带面，有序推进全市城乡统筹发展。

在改革和创新驱动方面，上海制定出台了关于开展小城镇发展改革试点的政策意见，围绕强化规划统筹、发展特色经济、提高公共服务水平、深化制度改革，在闵行区浦江镇、松江区小昆山镇等10个小城镇开展试点。启动实施城乡建设用地增减挂钩、农村集体建设用地流转等多项改革试点。积极探索农村集体经济组织产权制度改革，有效保护集体经济组织及其成员的合法权益，提高农民的财产性收入。出台了《建立健全生态补偿机制的若干意见》及配套政策，先行建立了基本农田、公益林、水源地的生态补偿机制，从公共财政投入、扶持产业发展等多个方面对重点生态保护的郊区县进行补偿，为推进城乡统筹发展、维护农民利益建立了制度保障。

三 发挥资金保障作用，建立市、区（县）两级的投入机制

发挥资金在城乡经济社会发展一体化中的保障作用，形成市、区（县）两级政府主导的财政投入机制。上海在近几年来，严格按照中央关于"三个高于"（财政支农资金增量高于上年，预算内资金用于农村建设的比重高于上年，直接用于改善农村生产、生活条件的资金高于上年）的要求，加大公共财政对城乡一体化的扶持力度。有条件的地区试点推行农村土地流转费补贴、务农农民直接补贴、村级组织运行费用补贴等相关政策，进一步促进农民持续增收。结合城市建设重点逐步转向郊区的发展趋势，进一步完善市、区（县）体制分工，对近、远郊加大分类指导力度。以区（县）政府投入为主，市级财政补助为辅，建立健全城乡统筹发展的政府投入机制，加大对郊区基础设施建设、公共服务和社会事业发展、村

民创业就业、农业现代化发展等资金扶持，加大各类资金的整合力度，努力减少资金投放的中间环节，提高资金使用效率。

近几年来，上海大幅提高财政支农资金的投入，该项投入占全市财政支出比重从2006年的5.1%提高到2009年的7.3%。完善了粮食种植直接补贴、良种补贴、农机购置补贴等支农惠农政策，并加大了对农业生产大区（县）的政策倾斜力度。"三农"资金中用于改善民生的比重从2006年的27.5%提高到了2009年的32.5%。2015年，市级财政"农林水事务"支出112.17亿元，同比增长3.6%，在继续稳定实施对农民直接补贴的基础上，重点支持农业科技、农业生态和农产品安全、农业基础设施建设、美丽乡村建设等。为支持提高农民收入水平，安排了超过10亿元用于对农民的水稻种植、蔬菜种植、农资综合、农业保险保费和农机具购置等实施直接补贴，增加农民转移性收入。2016年，市级公共财政"农林水事务支出"106.5亿元，重点支持农业基础设施建设、农业生态发展与安全、农业科技进步、农村人居环境改善以及农村综合帮扶等方面。同时，充分发挥财政资金"药引子"的作用，完善农业投融资机制，通过建立健全农业信贷担保体系、完善新一轮农业保险政策，实施以奖代补和贴息等政策，吸引金融和社会资本更多投入农业农村。

除了支农资金外，市政府有关部门，如市发展改革委，市建设、交通、教育、卫生等相关部门，在每年的年度预算资金内，将建设项目和财力不断向郊区倾斜，有力促进了郊区基础设施、教育、卫生、网络、文化等事业的发展。

四　以城促乡，建立城乡结对综合帮扶机制

2013年以来，上海市委、市政府把农村经济薄弱地区和低收入农户的帮扶工作摆在更加突出的位置来抓。市委农办、市农委和市委组织部、市发展改革委等部门在深入调研的基础上，提出了加强农村综合帮扶工作的政策意见。新一轮农村综合帮扶工作，是在总结本市以往帮扶工作经验的基础上，进一步整合资源、创新机制、聚焦重点开展的系统性、综合性帮

扶工作。一是建立工作机制。成立由分管副市长任组长、相关部门参加的市帮扶工作领导小组，办公室设在市农委。为确保工作有序推进，市发改委、市农委、市财政局和市规土局等4家单位成立了工作小组。二是设立农村综合帮扶市级专项资金。市政府安排10亿元建立农村综合帮扶市级专项资金，引导形成一批具有长期稳定收益的综合帮扶项目，收益主要用于增加农民收入。三是保障村级组织运转经费。合理界定村级组织运转经费保障范围，确保村级组织正常运转。四是实施城乡党组织结对帮扶活动。目前全市完成城乡党组织结对1500多个村，基本实现全覆盖。达成帮扶协议资金共计1.83亿元，涉及基础设施、经济、科教文卫、社会管理等各类合作项目1907个，同时通过走访慰问、互派干部挂职、交流培训等方式，促进结对双方支部共建。在民生帮扶上，上海加大生产生活基础设施援建力度，累计修建道路、疏浚河道等2040多公里，改建村级活动场所13.55万平方米；帮助困难农户，投入慰问资金近6000万元，慰问困难党员群众6万人次，助学助困1万多人次，帮助就业近1900人次；送公共服务下乡，开展活动1100多场次。目标是到2020年，全市基本消除村集体经济组织年人均可支配收入低于400元的经济相对薄弱村。

五 加强农村基层干部队伍建设，确保各项工作落实到基层

推进城乡经济社会发展一体化建设和乡村振兴的各项工作，最后要由农村基层来落实。加强农村基层干部队伍建设，使其主动适应城乡一体化发展的新要求。这几年来，上海郊区通过培养、引进、交流等多种方式，在人力资源配置方面，进一步向郊区农村倾斜，加快城乡人才要素有序流动。完善村级组织管理人才选拔任用制度，重视选聘大学生村官，注重在本乡本土优秀人才中选拔村级组织带头人。

近年来，上海十分重视农村基层干部队伍建设，相继在全市9个郊区开展选聘高校毕业生到村任职工作，以专业化、规范化建设为目标，努力打造一支坚强有力、结构合理、素质优良的村干部队伍。2016年选聘大学

生村官 179 名，其中本地户籍比例达到 70%。推动各区按照不低于 1∶1 的比例，培养村书记后备人选近 800 名；并实施"末梢工程"，加强村"三支队伍"建设，使之成为村级治理的重要基础力量。进一步规范村干部收入保障机制，针对农村地区经济发展水平不一的特点，对村干部实行分类管理、分级保障机制，全市村书记年平均收入 13.4 万元，大部分村书记享受城市养老保险，全市村"两委"干部基本报酬都能按时足额发放。强化职业发展保障，从优秀村书记和大学生村官中定向招录公务员 57 名，并以 2016 年乡镇党委集中换届为契机，选拔包括村委干部在内的 123 名"三方面人员"进乡镇领导班子。同时，推选近 700 名村书记担任"两代表一委员"，把村书记纳入各级党校主体班次，并通过建立优秀书记工作室和实训基地，让村书记干有方向、学有榜样。

六　加强党的领导，提高农村现代化管理服务水平

上海推进城乡经济社会发展一体化取得的成果，是以习近平总书记系列重要讲话精神为指导，围绕上海基本建成"四个中心"和社会主义现代化国际大都市的发展目标，以缩小城乡差距为主攻方向，认真落实中央关于新型城镇化、城乡发展一体化的要求，在市委、市政府的领导下，在全市各级组织的努力下，在人民群众的大力支持下取得的。

一是各级党组织重视，加强了对上海推进城乡经济社会发展一体化的领导。市委书记、市长亲自抓，市委成立了"三农"工作领导小组，领导小组办公室设在市委农办。该领导小组每年开会总结上一年上海推进城乡经济社会发展一体化的工作，部署当年相关工作。市委市政府各有关部门都要以书面报告形式向市委汇报本部门上一年推进城乡经济社会发展一体化的工作情况和当年工作打算，各区县、乡镇也建立了相应的机制，有力地推动了上海城乡经济社会发展一体化各项工作落实。

二是建立协调推进机制。依托城乡一体化的市级协调推进机制，明确市、区分工，协同推进城乡发展一体化工作。调动社会各方力量共同参与规划实施，促进规划落地。市有关部门打破条块分割、整合资源，在规划

标准制定、重要改革措施推进、项目政策协调、资金资源配置和监督执法检查等方面，形成工作合力，指导和统筹城乡发展各项工作。各区县根据规划提出的各项任务和政策措施，因地制宜研究制定具体措施，缩小本区域城乡差距。上海将城乡发展一体化工作纳入市和各级政府系统运行目标管理，设定年度工作计划，细化分解目标任务，建立健全目标执行、监督、评估等各环节的运行机制，全链条加强过程管理和组织领导。同时，将城乡发展一体化目标管理纳入政府督查工作体系，加强日常跟踪、专项检查、重点抽查、年终考核，发现问题及时协调解决，定期报告目标执行情况。

三是建立绩效考核机制。建立由市领导牵头，市相关部门及区县参加的联席会议制度，加强对城乡一体化发展所涉及的重大问题、重大项目进行研究与决策，制定统筹城乡一体化发展的指导意见与行动方案；建立健全对各区县各部门的考核办法，把推进城乡一体化建设工作实绩作为考核各级干部政绩和工作水平的重要内容，形成分工协作、责任明确、绩效考核的长效激励和约束工作机制。

四是推进农村基层治理。创新农村社会治理模式，完善社区事务受理、医疗卫生、文化活动、助老助残等服务机构，重点充实城镇管理、市场监管及物业管理力量。加强农村社区建设，做实基本管理单元，增强农村公共服务的便捷性和执法管理的有效性。

第二章

专题篇

第一节　新型城镇体系的探索与实践

城镇体系建设是城乡一体化的重要组成部分，也是世界城市化发展的必然规律。长期以来，上海中心城市与郊区经济、社会、产业结构、公共服务等存在着很大的落差，"大城市、小郊区"的城乡二元结构弊端明显。上海郊区的小城镇，都是农业经济社会遗留下来的，沿江、沿河、沿路、沿海岸线而建，成为当地农副产品交易集散地和商业贸易中心。其特点是布局散、能级低、人口少、形不成城镇体系。改革开放以来，随着中心城市的产业转移和功能定位，1986年，上海市委、市政府就提出了城乡一体化发展的战略目标，并且把城镇化和城镇体系建设摆上了重要议事日程。经过几十年的艰苦奋斗，现在，一个与国际大都市相适应的新型城镇体系基本形成，并积累了不少值得总结和借鉴的经验。

一　上海城镇体系建设的演变和特点

（一）演变阶段

上海现有的市域面积，是在行政区划调整后形成的。1956年后，城区由20个调整为14个，10个郊区中原东郊区被划为市区，其余9个郊区合并为东郊、西郊和北郊3个郊区。但上海市行政区域总面积仅636平方公里，其中市区面积是82.4平方公里，郊区面积才553.5平方公里。1958年，为保证上海农产品，特别是粮食和副食品的供应，国务院先后批准原归江苏省管辖的上海县、嘉定县、宝山县以及川沙县、南汇县、奉贤县、金山县、松江县、青浦县、崇明县划归上海市管理。同时，将三个郊区合并到邻近的县。这次行政变动的主因是保障上海市区居民的副食品供应，但客观上为上海城镇化提供了区域平台，上海郊区面积扩大了近10倍，郊区总面积5718.09平方公里。从此以后，上海进入乡村城镇化的发展进程。特别是改革开放以来，上海市委、市政府高度重视郊区城镇化建设，大致经历了三个阶段。

1. 1978～1990年，城镇化起步发展阶段

主要是农村家庭联产承包责任制和乡镇企业崛起促进农民转移，其特点是"农民离土不离乡，农忙季节又返乡"。郊区经济结构和管理体制的调整，对城镇建设提出了新的要求。早在1986年，上海就在全国最早提出城乡一体化发展目标。根据国务院关于"小城镇、大战略"的发展要求，上海重点开展洪庙、小昆山等36个试点小城镇建设。据统计，从1978年到1990年，郊区农业户籍人口从453.05万人减少到418.89万人，转移农村人口34.16万人，城镇化率从1978年的58.7%提高到1990年的67.4%，年均提高0.65个百分点。

2. 1991～2005年，城镇化快速发展阶段

主要是邓小平发表南方谈话和视察浦东后，上海实施了浦东开发开放战略，郊区扩大对外开放，招商引资，大力发展外向型经济和私营经济，建设工业园区和私营经济小区，实行"三个集中"（工业向园区集中、农业向规模经营集中、农民向城镇集中）。多种所有制经济发展推动了城镇化发展，其特点是"农民离土又离乡，集居城镇进工厂"。这一阶段，根据中央提出的城乡一体化发展要求，上海在小城镇试点的基础上，经过市人代会讨论通过，基本确定了"中心城区—新城—新市镇—集镇—中心村"五级层次、梯度结构的城镇化规划体系，并重点建设松江新城、安亭镇等"一城九镇"，至2005年，"一城九镇"建设初具规模，成为上海城镇化的重要标志。上海城镇化率从1990年的67.4%提高到2005年的84.5%，年均提高1.14个百分点，农村人口减少207万人。

3. 2006年以来，城镇化提升发展阶段

主要是根据中央关于建设社会主义新农村和工业化、城镇化与农业现代化同步发展的要求，按照上海建设"四个中心"、实现"四个率先"的

目标，在中心城市的辐射、带动和支持下，特别是上海世博会的举办，高速公路和轨道交通等现代交通网络的形成，促使市委市政府实施新城建设规划，改变上海中心城区"单核"独大的城市结构，形成多核、多层、组团式的城镇体系，上海城镇化进入新一轮发展阶段。其特点是"农民离土离乡又置换，进城落户身份变"。据统计，至2011年底，上海城镇化率已达到90%。正在推进的新一轮城镇化建设的特点是"以工促农、以城带乡、城乡互动、共促共进"。主要表现为"四个坚持、四个转变"：坚持城乡统筹，从局部试点向整体推进转变；坚持产城结合，从注重城镇风貌设计向全面提升城镇功能转变；坚持以人为本，从注重城市人口转移向兼顾带动农村居民进城转变；坚持机制创新，从主要依靠外源性资金投入向同时盘活内存土地资源转变。在新的历史阶段，上海不断完善现有城镇体系，并突出重点，聚焦新城，提升功能，努力构建特大型城市的新型城镇体系。

（二）主要特点

目前上海全市人口2300多万，其中市中心区人口达到1500多万，这与原来处于农耕社会的郊区农村及城镇相比，形成强烈的反差和鲜明的对比。因此，上海城镇化与中西部地区相比，具有不同的特点和发展轨迹。

一是具有城市化与城镇化双向演进的特点。城市化与城镇化，是两个概念相同但内涵不尽相同的名词。城市化是指大中城市周边农村与城市融合的过程，城镇化是指小城镇与周边农村相互交融发展的过程。其根本区别在于城市与城镇的能级、规模和水平。城市化与城镇化通常是指人口向城市（镇）地区集中和农村地区转变为城市（镇）地区的过程，或指农业人口转变为非农业人口的过程。这一过程表现为城市人口的绝对数量及城市人口占总人口的比重都在增长、城市数量增加、城市规模扩大等。其中，城市人口占总人口的比重是城市化的一个重要标志。而城镇体系则是在城市、城镇和农村集镇不同层面上，产业布局、功能、人口规模、资源利用等方面形成相互连接、互补共存的经济社会体系。上海城市化与城镇化双向同步演进，主要表现在上海中心城市不断向外扩张延伸，俗称"摊大饼"，原市中心面积仅400平方公里，现在达到600多平方公里。近郊闵行、嘉定、宝山、浦东地区一些城边镇、城边村逐步融入城市。目前，融入中心城区的还有6个镇及其若干个城中村。而郊区原县城所在城厢镇和建制镇，随着经济社会的发展也不断扩大，形成新的建成区，许多农村地区成为新镇区。像松江新城、嘉定新城等，都成为当地城镇化的重要推动力和火车头。

二是具有经济社会发展与政府规划引导共同推动的特点。城市化的含义可以从质和量两方面进行概括或总结。从质的规定性看，城市化是一个农村地区不断被城市"同化"的过程，即城市的先进生产力、现代文明不断向农村扩散的过程。从量的规定性看，城市化过程又是一个不断"量化"的过程，这就意味着农村地域不断地转化为城市地域，表现为城市地域的扩大和城镇数量的增加；农村人口不断转化为城市人口，表现为城市人口规模的扩大和人口密度的增加。而这种"同化"的基础是产业的发展，特别是工业化的快速发展。当一个地区或国家人均GDP达到3000美元以后，城镇化就进入快速发展阶段。上海在20世纪90年代中期，人均GDP就达到3000美元以上，到2000年，郊区工业总产值占全市60%，GDP占全市30%以上，工业化为郊区城镇化奠定了重要的物质基础。在这期间，市委市政府对郊区发展提出了一系列方针政策：早在20世纪80年代，提出了郊区"一二三四"发展方针，即城乡一体化，两个立足点（郊区农民口粮立足自给、城市农副产品供应立足郊区），三业（一二三产业）协调发展，建立四个基地（农副产品基地、工业扩散基地、科研中试基地、外贸出口基地）。90年代，上海提出了"三个集中"（农业向规模经营集中、工业向园区集中、农民向城镇集中），并提出"繁荣繁华看市区、实力水平看郊区"。进入21世纪，上海进一步提出农业现代化、农村城市化、农民市民化、城乡一体化的发展目标。所有这些，为城镇化和城镇体系建设指明了方向，走出了一条具有中国特色、时代特征、上海特点的城镇体系建设道路。

三是具有郊区自身发展与中心城区辐射带动互促共进的特点。上海郊区城镇化的动因，一方面来自郊区工业化的推动，另一方面来自中心城区发展的带动。上海农村城镇化离不开上海中心城市的发展，实质上郊区的城市化过程即农村的城镇化过程。郊区城市化包含自上而下的"城市郊区化"的"同化"过程和由下而上的"郊区农村城镇化"的"量化"过程，这是同一进程的两个方面。城市发展的离心扩散力量与向心集聚力量在郊区这一区域空间相互作用，互促共进，使郊区居民实现工作职业化、观念现代化和消费时尚化的生活方式。处于中国沿海地带的上海市作为改革开放的前沿，已取得令人瞩目的成就。市场经济已进入了社会经济活动的各个领域。当前在上海城市建设和发展过程中，往往因城市的极化而产生若干制约发展的问题，如交通堵塞、住宅紧张、环境污染、人口过分集中，市政设施不能与经济增长同步发展等，其中土地资源的稀缺是最重要的制约因素。如何充分利用郊区的土地资源和环境资源，如何利用郊区都市层的功能，促进上海建设"四个中心"，实现"四个率先"，是促进城市可持续发展的重要课题。为此，市委市政府提出郊区"二三一"、市区"三二一"产业发展方针。郊区依托宝钢、石化、张江高科和嘉定汽车城四大产业基地，带动市级和区县工业园区建设，并以工业化推动城镇化建设。而中心城区通过创新驱动，转型发展，实行"两个倾斜"：基础设施和公共服务向郊区倾斜，并实施新城建设战略，特别是在2010年上海世博会成功举办后，中心城区的重大城市基础设施建设基本告一段落，城市建设的重心逐步转移到郊区，对郊区城镇体系建设形成了强大的推动作用。

二 新型城镇体系建设的基本框架

上海新型城镇体系的建设，随着城市规划的修订，有一个不断完善的过程，因此具有不同历史阶段不同的形态。

（一）以卫星城建设为龙头，形成四级城镇体系

1959年的《上海城市总体规划草图》提出了改造旧市区，控制近郊工业区，发展卫星城的思路。闵行是当时上海开始建设的第一个卫星城。1959~1990年，上海又相继规划兴建了吴泾、嘉定、安亭、松江、金山、宝山、吴淞等卫星城。建设卫星城的目的是转移中心城区部分工业企业，缓解市区人口高度集中的状况。1982年上海郊区就有5700多家社队企业，

吸纳 7150 多万郊区劳动力中 90 多万。因此 1984 年上海就提出第一个城市
经济发展战略，强调"城乡通开、城乡一体"。在大力发展市区国有企业
的同时，上海在郊区大力鼓励乡镇工业的发展。

新城建设为城镇体系建设打下了基础。1978 年改革开放后，郊区城镇
化进入加速发展阶段。1984 年上海编制的《城市总体规划》，明确提出了
上海"城乡一体化"发展方针。1986 年上海市城市总体规划把上海郊区纳
入全市总体规划，确立了上海城镇体系的四个层次：中心城、卫星城、郊
县小城镇、农村集镇。1986 年 10 月 13 日，国务院批复《上海市城市总体
规划方案》，批复指出要逐步改变单一中心的城市布局，积极地、有计划
地建设中心城、卫星城、郊县小城镇和农村集镇，逐步形成层次分明、协
调发展的城镇体系。

1986 年上海的城市总体规划，将全市城镇体系分为四级：中心城、卫
星城、城厢镇、建制镇，选择并规划了七个具有一定工业基础、能够依靠
现有工业产业带动城镇发展的卫星城（闵行、吴泾、安亭、嘉定、松江、
吴淞、金山）。20 世纪 90 年代初上海市政府又提出并推行"三级政府、三
级管理"的新模式，加强了区县政府对所辖区域的行政管理权。在 20 世
纪 90 年代中期，上海开始修编的城市总体规划，确定了"新城"的概念，
提出了中心城—新城（11 个新城为：宝山、嘉定、南桥、闵行、青浦、松
江、城桥、金山、海港新城、惠南、空港新城）—中心镇—一般镇的城镇
结构，以促进城乡一体、健康有序发展，形成完整的上海城镇体系。

（二）以"一城九镇"为试点，建设多层、多轴、组团式的城镇体系

2001 年 1 月 5 日，上海市政府印发了《关于上海市促进城镇发展的试
点意见》，明确上海"十五"期间重点发展"一城九镇"，即松江新城和
安亭、罗店、朱家角、枫泾、浦江、高桥、周浦、奉城、堡镇 9 个镇。
"一城九镇"试点的目的就是在郊区建设新型城镇体系前做一定的探索引
导，在市域范围内部不但有 11 个新城，还有"九镇"，尽量做到均衡选
择，一个点带一个面，以达到全面发展，加快形成多层、多轴、组团式的
城镇体系，同时也为了避免新城、城镇的建设出现"千城一面"的建筑风
格和布局，力争建筑风貌多样化。这样不但可为当地居民提供一个新颖

的、良好的居住环境，同时也可形成一种旅游资源。

（三）以新城建设为突破口，建设与国际大都市相适应的新型城镇体系

2006 年《上海市国民经济和社会发展第十一个五年规划纲要》在原有的"一城九镇"规划基础上，提出建设"1966"城乡规划体系的长远战略目标，即 1 个中心城市、9 个新城、60 个新市镇、600 个中心村。"1966"城镇体系的规划重点是建设 9 个新城。9 个新城是嘉定新城、闵行新城、宝山新城、松江新城、青浦新城、临港新城、南桥新城、金山新城和崇明新城。规划总人口 540 万左右，其中松江、嘉定和临港新城 3 个发展势头强劲的新城，人口规模按照 80 万～100 万规划，总人口在 270 万左右。

建设郊区新城是上海城市在新时期发展的必然选择，是上海城市功能、城镇体系调整和产业结构提升，城乡一体化发展的重要载体。因此，上海市的"十二五"规划进一步明确指出"充分发挥新城在优化空间、集聚人口、带动发展中的作用，创新理念、分类推进，将重点新城建设成功能完善、产城融合、用地集约、生态良好的长三角城市群重要组成部分"。"十一五"发展规划纲要明确提出了"1966"城乡规划体系的基本框架和总体要求，"1966"城乡规划体系进一步优化上海城乡空间结构，进一步延续和完善了上海以新城和中心镇为重点的城镇化发展战略。改革开放后，经过多次形势发展环境倒逼规划的微调，上海最终形成"1966"城乡规划体系的空间格局，郊区新型城镇体系建设进入着力发展的新时期。

三 推进新型城镇体系建设的政策机制

在推进新型城镇体系建设中，上海各级政府切实贯彻落实中央"多予、少取、放活"的方针，结合上海实际，在土地利用、资金集聚、保护农民利益等方面，制定了一系列政策和试点意见，确保了城镇体系建设的顺利推进。

（一）农民宅基地置换试点政策

农民宅基地置换试点工作是市委、市政府积极破解城乡二元结构、深化农村土地制度改革、推进郊区城镇化进程、实现城乡统筹发展的一项重大决策，是指按照城乡建设用地"增减挂钩"的政策，在农民自愿的前提下，拆除原来布局分散的房屋且将宅基地复垦为耕地，同时在城镇区域或规划集中居住区域建造农民安置小区，实现农民集中居住和土地的集约使用，所节余出来的建设用地进行产业开发或进入土地市场，获得土地出让收益来平衡农民安置小区的建设成本和农民社会保障的成本。

早在 2004 年，市委、市政府就决定在郊区农村进行宅基地置换试点，推进"三个集中"。全市第一轮一共有 11 个试点，经过 5 年左右的建设，到 2009 年底基本结束，取得了多方面的成效。2009 年 12 月 9 日，市政府常务会议专题审议并通过《关于本市实行城乡建设用地增减挂钩政策推进农民宅基地置换试点工作的若干意见》。2010 年 2 月 22 日，市政府召开了农民宅基地置换试点工作会议，分析总结了第一轮试点工作经验和教训，结合最新形势对新一轮试点工作开展做了总体部署，并制定了相关政策。

1. 土地管理

列入城乡建设用地增减挂钩计划的农民宅基地置换试点，可使用批准下达的建设用地周转指标，进行农民集中居住区建设与节余土地开发建设或上市交易。节余建设用地指标可以直接用于本镇域内开发建设，也可以通过土地指标流转在本区县范围内其他符合规划的区域进行开发建设。

2. 规划管理

按照近郊高于中远郊的原则，结合农民集中居住区所在区域的规划指标和入住农民意愿，合理确定农民集中居住区容积率，为农民提供节能、生态、优美的居住环境。为保证集体经济实力增强、置换农民长期稳定增收，可在农民集中居住区规划一定比例的商业配套用房（一般控制在小区总建筑面积的 7%，规模较小且离城镇较远的小区，比例可适当增加，但最高不超过 10%），由集体经济组织进行经营管理。

3. 建设管理

宅基地置换农民集中居住区建设主体应是具备相关资质的全资国有或

集体公司，开发建设不以营利为目的。市政府免收农民集中居住区建设所涉及的市级、区级相关行政规费，免收市级施工、勘察、设计等相关交易服务费，免收大市政配套费，有关配套费包干使用。在按市相关规定建设民防工程、绿化设施等后，市政府免收民防工程建设费、绿化保证金等相关费用。农民集中居住区建设涉及水、电、煤气、通信等配套工程，收费予以优惠。

4. 房产管理

农民集中居住区竣工后，在依法完成大产证办理的基础上，根据农民申请进行房地产登记（房屋小产权证办理），登记后房屋具有全产权，可上市交易。留给村集体经济组织经营管理的商业配套用房，在完成村级产权制度改革前，只登记不发证。完成村级产权制度改革并组建社区股份合作社之后，权证直接发给该社区股份合作社。

5. 资金管理

农民集中居住区的土地出让金应按规定缴纳，其收入全部缴入相关区县级国库，由区县政府按要求专款专项用于宅基地置换试点工作。区县在规定时间内完成节余土地建设开发的，节余建设用地开发上缴的市级土地出让金按照一定比例结算给试点区县，全部用于宅基地置换试点建设。

6. 农民保障与培训

有条件的宅基地置换试点乡镇，经与置换区域内农业人员协商一致，可以在农民将土地承包经营权退还给集体经济组织、户籍转性的基础上，按照落实社会保障与土地处置、户籍转性整体联动（"户籍、承包地、镇保"三联动）的原则，为置换农民办理城镇社会保险。开展宅基地置换的村要加快进行村级产权制度改革，组建社区股份合作社，将集体经济组织资产股份量化给农民。由社区股份合作社统一管理农民集中居住区商业配套用房的经营收入、集体农用地流转经营收入及其他相关集体经济收入，按章程分配给农民，促进农民增收。

（二）农村集体建设用地流转试点政策

党的十七届三中全会明确提出，"逐步建立城乡统一的建设用地市场，对依法取得的农村集体经营性建设用地，必须通过统一有形的土地市场、以公开规范的方式转让土地使用权，在符合规划的前提下与国有土地享有平等权益"。2010年，市政府转发了市规土局、市农委《关于开展农村集体建设用地流转试点工作的若干意见》（沪府办发〔2010〕3号），当年2月22日，市政府召开专题会议，对试点工作开展做了总体部署。全市列入集体建设用地流转试点的有浦东新区合庆镇（益民村、春雷村）、闵行区梅陇镇陇西村、松江区佘山镇新镇村、嘉定区徐行镇小庙村、金山区亭林镇亭北村等五个单位。市规土局会同市农委建立了土地调查、规划编制、指标流转、市场建设、收益分配五个专项工作小组，协同开展工作，并制定了各组相关的操作细则，就试点过程中涉及的土地登记、村庄规划编制、指标流转方式、交易平台建设、流转收益分配等环节的工作方法和内容做了细化和明确。

1. 农村集体建设用地指标的产生

依据土地利用总体规划、土地整理复垦专项规划、村庄规划以及第二次全国土地调查成果，以零星、闲散、废弃、低效利用的集体建设用地为整理复垦重点，由区县规土局编制土地整理复垦专项规划和实施计划，乡镇人民政府根据村集体经济组织提出的申请，依据相关文件申报土地整理复垦项目，项目实施竣工后，区县规土局组织有关部门验收，并报市局确认，转为集体建设用地指标。

2. 农村集体建设用地指标的交易

在本区或县域范围内交易，指标首先要满足本区县建设需要，其中：建设用地流转指标交易价格由区县政府自行确定，原则上不得低于市规土局确定的指导价；占补平衡流转指标交易价格由区县政府参考土地整理复垦成本确定。满足本区县建设需求后结余的指标，可采取招拍挂的形式在市土地交易市场进行交易，由其他区县购买使用，流转价格由市场确定。建设用地流转指标由申请办理农转用征收的单位申购，取得相应指标后，自行配备或申购占补平衡指标。

3. 农村集体建设用地指标的流转管理

指标流转收益应留存和返还给提供指标的村集体经济组织，纳入农村集体建设用地流转收益分配专户，确保专款专用。经验收确认形成的建设用地流转指标和耕地占补平衡流转指标，必须建立指标库，形成地票后，根据项目使用。区县间指标流转后引起的耕地保护责任同时转移，乡镇间指标流转引起的耕地保护责任转移由区县政府明确考核办法。

（三） 城镇体系建设中的土地收益分配政策

农村集体建设用地流转收益分配制度是整个集体建设用地流转制度建设中的核心内容。推进农村集体建设用地流转的改革试点，必须坚持"多予、少取、放活"方针，妥善处理国家、集体、农民之间利益分配关系，探索建立适应新形势要求的农村集体建设用地流转收益分配制度，把农村建设用地流转收益真正用在农民身上，为农民谋福利。

1. 坚持农民集体为土地收益分配的主体

在城镇体系建设中因土地归并、转让、流转等而产生的收益，其分配主体在法律关系上主要涉及政府、集体经济组织、农民和原用地单位，但各主体享有收益的依据却不相同。按照我国法律，集体经济组织作为农村集体建设用地所有权的代表，应以土地所有权主体的地位获取土地收益。

2. 坚持以增加农民财产性收入为根本原则

农村集体建设用地属集体经济组织成员共同所有，充分保障农民在收益分配中的应有权利，做到让农民群众得到更多实惠。上海市对农村集体建设用地流转收益分配使用管理的指导意见规定，"在实行农村集体建设用地流转收益分配过程中，应积极鼓励村集体经济组织开展产权制度改革，将长期稳定的流转收益股份量化，促进农民增加财产性收入"，对于通过一次性流转取得的土地使用权出让价款，指导意见规定，"凡有一次性流转收益的村，村集体经济组织原则上都应开展产权制度改革"。把股权量化到人，以增加农民财产性收入。

3. 坚持宅基地结余土地出让收益主要用于农民和农村

按照国务院《关于严格规范城乡建设用地增减挂钩试点 切实做好农村土地整治工作的通知》（国发〔2010〕47 号），结余建设土地出让收益主要用于农民和农村。通过集体建设用地流转和整治腾出的农村建设用地，首先要复垦为耕地，在优先满足农村各种发展建设用地后，经批准将节约的指标少量调剂给城镇使用的，其土地增值收益必须及时全部返还农村，切实做到农民自愿、农民参与、农民满意。同时也要看到，农民宅基地和农村经营性建设用地虽然都属于集体建设用地，但是由于农民宅基地的使用权属与农户生产生活关系密切，因此，对于基于农民宅基地复垦盘活后产生结余土地的流转收益，应该优先考虑用于该宅基地原使用农户的生产和生活保障。

第二节　城乡经济发展一体化规划布局

20 世纪 80 年代，上海在全国率先提出城乡一体化的发展目标，其中，一个重要方面是城乡经济发展规划布局一体化，促使郊区农村经济蓬勃发展。其主要做法如下。

一　突破了单一农业经济的发展模式

上海郊区经济的第一次腾飞是 1984～1992 年，郊区充分利用了上海国有大工业比较集中的优势，城乡统筹，推动以工农联营企业为主要特征的乡镇企业如雨后春笋般，蓬勃发展。

党的十一届三中全会后到 1984 年，上海郊区完成了农业基本经营制度的改革，确立了以家庭承包经营为基础的双层经营制度，使蕴藏在广大农民群众中的积极性像火山一样爆发。农业经营制度的转变使农村资金积累大幅度增加，农业剩余劳动力大量增加，为发展乡镇企业创造了有利条件，加上当时正值"文革"结束后不久，基本属于短缺经济阶段，郊区农民群众要改变贫穷面貌的内生动力十分强大，加上外部环境的改变，迎来了郊区以发展乡镇企业为主要特征的第一次工业化浪潮。这一期间，郊区工业走了一条从无到有，从手工作坊发展成为与城市工业协作配套、门类齐全、共同发展的道路。到 1992 年，郊区工业总产值达到 559 亿元，比1978 年的 16.3 亿元增长 33.3 倍，占全市工业的比重为 21%。

"无农不稳、无工不富、无商不活"，上海郊区的第三产业进入快速发展时期。农村商业、农村市场建设、农村旅游业、农村房地产业、农村仓储业快速发展。到 2002 年，郊区第三产业已初具规模，增加值达到 615.88 亿元，占郊区增加值的 36.6%，比 1992 年的 62.69 亿元增加 8.8 倍，第三产业占郊区增加值的比重，比 1992 年的 25.5%，增加了 11.1 个百分点。

邓小平曾在回顾这段历史时深情地说："农村改革中，我们完全没有想到的最大收获就是乡镇企业发展起来了，突然冒出搞多种行业，搞商品经济，搞各种小企业，异军突起。"郊区乡镇工业的发展，不仅壮大了农村集体经济，也使农村的产业结构从原来的第一、二、三产业排序，转变为第二、三、一产业的排序，农村工业化的基础任务基本完成，农民收入大幅度增长，郊区大部分地区农民住宅从平房翻建为楼房。

1989 年后，随着我国短缺经济阶段的逐步结束，郊区乡镇企业经过三年调整期后，正进入蓄势待发期间。1992 年，邓小平发表南方谈话，上海郊区工业发展迎来了大发展的春天，郊区成了一片发展的热土。大家思想进一步解放，改革开放进一步深化，政策进一步放宽、放活，上海郊区工业抓住机遇，通过大力引进外资，发展私营经济，吸纳城市大工业的产业转移、乡镇集体企业的改制等措施，形成了郊区工业的第二次飞跃。到 2002 年，上海郊区工业总产值达到 4200 亿元，占当年全市工业总产值 8476 亿元的 49.6%。在郊区三次产业中，第一产业产值的比重为 5.4%，第二产业产值的比重为 58.5%，第三产业产值的比重为 36.1%。上海基本达到了国际上工业化国家的发展水平。

二　突破了姓"资"姓"社"的思想束缚

（一）工业园区建设和引进外资热潮

1992 年，邓小平发表南方谈话之后，全国上下一片沸腾，农村干部群众对引进外资，抓项目投入的积极性空前高涨。在国际上，邓小平发表南方谈话后，境外的许多企业都想到中国来投资，特别是上海宣布浦东开发后，外商的投资积极性空前高涨。上海郊区各县纷纷行动起来，经济开发区如雨后春笋一样冒出来，外资投资项目从无到有、从小到大、从劳动密

集型到技术密集型，不断到上海郊区落户，成了 20 世纪 90 年代上海郊区
工业的亮点，并彻底改变了上海郊区工业规模小、水平低的格局，基本达
到市委领导提出的"繁荣繁华看市区，水平实力看郊区"的要求。

为适应引进外资的需要，20 世纪 90 年代初，市和区县都设置了外资
委，负责外资项目的审批和管理，同时又下放了审批权，加快审批速度。
市农委、各区县、乡镇都组织了专业队伍，外出招商引资。上海郊区招商
引资的热潮，极大地推动了郊区的外商投资和外向型经济发展。90 年代是
上海郊区历史上引进工业项目最多的时期，到 2002 年底，上海郊区累计批
准"三资"企业 12833 家，占全市"三资"企业的 54%，仅 1998～2002
年 5 年间，直接吸引外商投资 100.73 亿美元，2002 年郊区外商投资企业
的从业人员已达到 57 万人。

上海郊区在这一时期引进外资的势头强劲，原因是多方面的，其中一
条很重要的原因是大力改善投资环境，加快工业区建设。邓小平发表南方
谈话后，各区县、乡镇建设工业区的积极性空前高涨，仅 1993 年，郊区一
下子冒出了几百个工业区，全国的情况和上海情况差不多。过多的工业开
发区不仅大量占用农田，造成土地资源的巨大浪费，而且给农村的生态环
境造成很大的压力。为此，国务院下发了关于清理整顿开发区的文件，规
定各类开发区必须经过省市以上人民政府审批，没有省市政府批准的一律
撤销，并派出调查小组到各地督查。在这种情况下，时任上海市委书记吴
邦国同志，在松江召开各区县委书记的座谈会，提出为了把基层的积极性
保护好、发挥好、引导好，上海郊区 9 个区县，每个区县可以建一个市级
工业开发区。从此，市级工业区的审批走上了快车道，从松江工业区第一
个被审批为市级工业区起，到宝山城市工业园区结束，前后用了 3 年多时
间。上海的市级工业区审批时都做了发展规划、详细规划、形态规划、土
地利用规划和环境评估。郊区市级工业园区的建立，对外商投资吸引力很
大，外商认为，由上海市人民政府审批的市级工业区正规可靠，各种规划
齐全、手续完备，在这样的工业区投资放心。因此，各类投资项目纷至沓
来，从 1993 年起到 2002 年，郊区九个市级工业区累计引进项目 4797 个，
投资金额 1062 亿元。其中外资项目 1254 个，投资金额 97.64 亿美元；内
资项目 3543 个，投资金额 241.25 亿元。郊区九个市级工业区成了郊区工

业区中项目最多、水平最高、环境最好、集中度和产出率最高的地方。20
世纪 90 年代，上海郊区九个市级工业区建设，是推进上海郊区工业化进程
中最成功的范例。

（二）私营经济快速发展

20 世纪 90 年代，在大力引进外资和发展外向型经济的同时，郊区的
私营经济和民营企业也得到了长足的发展，与发展工业区一样，在这一时
期，涌现了一批私营经济小区和民营经济城。比较有名的是青浦县蒸淀镇
的上海富民私营经济开发区，该开发区成立于 1992 年 7 月 28 日，是上海
郊区创办的第一个非公经济小区。此时，正是邓小平发表南方谈话后不
久，青浦县蒸淀镇干部群众突破姓"资"姓"社"的思想束缚，敢试敢
闯，率先成立私营经济开发区，带动了上海郊区的私营经济发展，此后，
上海郊区一大批私营经济小区应运而生，如嘉定区马陆镇的上海希望经济
城，闵行区鲁汇镇的东方私营经济小区，松江县四泾镇的温州城、张泽镇
的民发私营经济小区，奉贤县四团镇的天鹏私营经济小区，金山县兴塔镇
的兴塔私营经济小区，南汇县祝桥镇的祝桥私营经济小区，宝山区罗泾镇
的宝山私营经济小区等等。其中，对外影响最大的是青浦县蒸淀镇的上海
富民私营经济开发区、嘉定区马陆镇的上海希望经济城。

青浦县蒸淀镇的上海富民私营经济开发区是上海首家成立的私营经济
小区，发展速度快，影响大。到 2011 年，经过 20 年的发展，该开发区共
吸收私营企业 8000 多家，创造工业产值 900 多亿元，上交税收 93 亿元，
使该镇的 GDP 在 20 年中增长了 28 倍，财政收入增长了 90 倍。

嘉定区马陆镇的上海希望经济城，成立于 1993 年 7 月，时任中共中央
政治局委员、上海市委书记吴邦国在考察该小区时亲笔题名写下"上海希
望经济城"，对郊区各区县发展私营经济起了极大的鼓舞作用。到 2002 年
底，希望城共吸收企业 4200 户，九年累计实现销售收入 400 多亿元，上缴
税收 12 亿元。

从 1992 年到 1993 年，上海郊区私营经济开发区呈现蓬勃发展势头，
但到 1996 年也出现了一些问题，主要是开发区数量过多、管理不够规范等
问题。于是在市工商局的提议下，由市农委出面牵头，与相关部门一起清

理规范。市政府办公厅下发了《关于加强本市私营经济开发区规范管理若干意见的通知》，文件要求市农委与市工商局一起加强管理。之后，市农委和市工商局一起制定了规范管理的相关要求，并进行进一步清理规范，符合条件的才能批准为私营经济小区。到 2000 年，全郊区由市级批准的私营经济小区一共有 130 家左右。郊区私营经济小区的投资者主要有三类：①城市到郊区的投资者，1992 年之后，正是城市工业结构调整、企业改制的高峰期，不少城市国有企业的领导、科技人员、外勤供销人员、待业下岗人员，都想借助邓小平南方谈话的东风，找地方创办私营企业，郊区私营经济小区为他们创业搭建了平台。再加上当时对小型、微利企业实行定额征税的办法，对创业特别有利，到 2002 年底，这一类城市到郊区的投资者，约占郊区私营经济小区落户企业总量的 40%。②外地来沪企业，90 年代浦东开发后，上海对外开放力度加大，整个城市更加国际化，对国内企业来上海投资的吸引力加大。加上上海市委、市政府提出服务全国，外省市特别是长三角地区不少企业都想进驻上海投资兴业。他们提出，要想走向世界，就需要接轨上海，在上海试水。郊区私营经济小区开发成本较低，给他们提供了十分有利的创业平台。到 2002 年底，外省市投资者，约占郊区私营经济小区落户企业总量的 30%。③郊区乡镇企业和本地投资者，90 年代中期，郊区乡镇企业改制进入高潮，一部分企业经营者、中层干部、科技人员、外勤供销人员等开始考虑另起炉灶办企业，他们成了郊区私营经济小区中首批入驻者。

私营经济小区的设立，对郊区私营经济发展起了极大的推动作用。到 2002 年底，郊区共计批准设立私营企业 17.08 万户，在小区中的企业有 12.33 万户；郊区私营企业的从业人员有 180.73 万人，在小区中有 130.14 万人；郊区私营企业的注册资金为 1547.05 亿元，在小区中有 1283.48 亿元；郊区私营企业的营业收入 3207.53 亿元，在小区中有 2456.28 亿元；郊区私营企业实交税收 113.68 亿元，小区上交 85.59 亿元。私营企业上交的税收和工业产值分别接近郊区工业企业上缴税收和工业产值的 1/3。2001 年，青浦区私营企业上缴税收已占全区地方财政收入的 50%，松江区占 40%，嘉定区占 37%。私营企业的发展为上海郊区农村富余劳动力的转移创造了条件，仅 2001 年一年，全郊区的私营企业已吸纳劳动力 60 万人，其中吸纳郊区当地劳动力 45 万人，约占郊区当年非农就业劳动力的 25%。

（三）乡镇集体企业改制和股份制经济兴起

乡镇企业在 20 世纪 80 年代异军突起，由于集体所有制相比国有及全民所有制的机制灵活，发展十分迅速，农村干部和农民群众的积极性空前高涨，在竞争中对国有企业构成巨大压力，因此当时社会上对乡镇企业的非议不少。但到了 90 年代，随着大量外资进入和私营经济的发展，乡镇集体企业内在的机制体制的缺陷逐步暴露了出来，在竞争中昔日对国有企业的压力同时也倒向了乡镇企业，乡镇集体企业的体制机制不改，就会走向全面衰落。

到了 90 年代中期，上海乡镇企业进入大规模的改制期，改革基本按照抓大放小的思路进行。首先是开展企业集团的组建工作，从 1993 年起，围绕全郊区组建 100 家市级企业集团，500 家区县企业集团，抓紧进行企业重组，引进技术，嫁接外资等，使一大批乡镇企业迅速向规模化、集团化发展。到 1996 年 5 月，全郊区已建立 106 家集团企业，其产值和利润分别占郊区工业企业产值和利润的 30% 左右。

对大部分乡镇集体的中小企业，上海市则进行了以股份合作制为主的多种形式改制：到 2000 年底，上海郊区共有 1.91 万户乡镇集体企业，通过组建股份公司、股份合作制、有限责任公司、产权上市交易、嫁接外资、抽资承包兼并等形式，改制了 1.75 万户，占总数的 92%。在郊区乡镇企业改制中，共盘活了存量资产 130.8 亿元，收回债务 30.72 亿元。乡镇企业改制后，企业经营者责任心明显加强，企业活力明显提升，企业效益明显提高。到 2002 年底，经过改制后的乡镇和村级企业的工业产值达到 1140 亿元，占郊区工业产值的 27%，仍旧达到 1/3 左右的比例。从业人员 62 万，利税总额 109.9 亿元，是郊区工业中不可缺少的重要组成部分。

三 突破城乡区域限制，城市工业向郊区转移

20 世纪 90 年代郊区工业的快速发展，还得益于上海城市工业的转移。

随着上海的城市功能调整，1992年之后，上海中心城区的产业结构实现"退二进三"。当时上海中心城区共有工厂2711个，3024个生产点，市政府规划，中心城区的工厂1/3迁出，1/3从第二产业转为第三产业，1/3保留。1992~1994年，上海市区共计往外搬迁了319个工厂，455个生产点，但到郊区落户的只有160家左右，而且大部分落户在城郊接合部。90年代城市工业向郊区转移的真正意义在于：通过转移市区工业企业和领导部门认识到，上海大工业今后的发展要到郊区，其人流、物流、资金流应向郊区流动；郊区的领导认识到，依托上海大工业，走相互联合、优势互补、共同发展的道路，是推进城乡融合、城乡一体化的必由之路。城市大工业向郊区转移也不能把落后产能原封不动转移，而是要吸收国外先进技术。于是，上海在城市大工业向郊区转移中，摸索出了一条重要经验，这就是发展"中中外"企业，即上海城市大工业企业，联合郊区工业区外出招商，形成由两个中方单位、一个外方企业合作的中外合资企业。由于这一类企业充分发挥了各方优势，因此引进的项目起点高、规模大、产品新、效益好。例如松江工业区内的几个大项目，都是城市大工业的企业集团与国际跨国公司合作的；嘉定工业区的汽车项目、南汇康桥工业区耀华皮尔金顿三期项目等；宝山区在工业区审批时，为了突出吸引城市大工业的特点，干脆把工业区的名称改成宝山城市工业园区。通过城市大工业在郊区工业区中引进了一大批跨国公司项目，给当时的郊区工业区建设增添了新的活力，并为今后几年郊区工业区项目上规模、上水平奠定了基础。据1994年11月统计，郊区仅从1992年到1994年，就引进"中中外"企业598个，成为郊区工业发展中新的增长点。

四 经济发展布局重心向郊区转移，郊区成为上海经济发展主战场

到21世纪初，上海经济发展重心逐步向郊区转移，郊区成为上海发展的主战场。这主要得益于全市经济发展规划布局的进一步调整，工业向园区进一步集中，特别是工业向布局在郊区的工业园区集中。到2015年，上

海全市工业总产值为 33211 亿元，其中郊区各区县的工业总产值为 27802 亿元，占全市工业总产值的 84%。其中郊区的 9 个市级工业园区工业总产值 15784.62 亿元，占郊区工业总产值的 56.8%。

（一）推进郊区工业区转型升级

1. 推进工业向重点园区集中

郊区工业历史上是以农民为主创办乡镇企业发展起来的，经过 20 世纪 80 年代、90 年代发展，虽然工业已经向园区集中了，但是总体来讲工业园区的数量还是太多，形不成集聚效应。"十二五"期间，上海进一步加强规划引领，统筹优化工业区块规划布局。在 2009 年"两规合一"基础上上海确定了 104 个产业区块（以下简称 104 区块），2012 年形成工业用地布局规划深化成果，引导工业向 104 区块集中集聚发展。104 区块是本市工业区的核心发展空间，规划总面积约 789 平方公里，其中规划工业用地面积近 500 平方公里，已供应工业用地面积近 400 平方公里，尚可开发工业用地面积 80～100 平方公里。对 104 区块外的工业企业，上海加强分类指导，支持重点企业改造升级，依据规划实施产业结构调整。"十二五"期间，全市累计供应工业用地约 54 平方公里，累计减量工业用地约 69 平方公里（包括存量工业用地规划调整转变用途和减量复垦），与"十一五"末相比工业用地总量净减少约 15 平方公里。

2. 资源利用效率显著提高

2015 年上海工业区单位土地工业总产值达到 67.4 亿元/平方公里（2010 年为 56.0 亿元/平方公里），单位土地利税达到 17.5 亿元/平方公里（2010 年为 6.2 亿元/平方公里）。"十二五"期间，上海工业区基本完成直排污染源截污纳管，全面完成中小燃煤锅炉清洁能源替代等治理工作，重点产业园区大气特征污染在线监测监控体系建设、挥发性有机物（VOCs）污染控制等工作取得重大进展。全市有 30 家以上工业区通过了 ISO 9000 质量管理体系和 ISO 14000 环境管理体系"双优"认证。上海积极开展国家生态工业示范园区创建工作，七个园区获批成为国家级生态工业示范园区。

3. 产业载体地位明显提升

2015 年上海工业区实现工业总产值 26397 亿元（2010 年为 22628 亿

元），占全市工业总产值的 80%，其中工业总产值超千亿元的开发区（产业基地）有 6 个，亿元以上规模企业超过 2400 家。以新型工业化为主线，推进了 17 家国家新型工业化产业示范基地建设。全市工业区经济产出保持稳定增长态势，产业载体功能进一步强化。

4. 城乡一体品牌联动工作深入推进

"十二五"期间，上海工业区大力推进"区区合作、品牌联动"发展模式，临港、漕河泾、张江、金桥等国家级园区充分利用品牌和资源优势，形成了市和区战略合作、跨地区合作发展、缔结友好园区等多种联动发展模式。例如临港集团与奉贤区全面合作对接，联合开发建设科技绿洲奉贤园区；漕河泾开发区与松江区新桥镇、九亭镇、中山街道、佘山镇合作对接，建设漕河泾松江科技绿洲；金桥集团与宝山工业区合作对接，建设上海北郊未来产业园。深入推进产业园区品牌建设工作，到 2015 年，全市有 37 家园区获"上海品牌园区"称号，18 家园区获"上海品牌建设优秀园区"称号，漕河泾、外高桥、临港、市北、康桥、紫竹等 12 家品牌园区获"上海市著名商标"。

（二）产城融合发展

1. 产业园区和城市功能融合度提高

20 世纪 90 年代以来，世界产业园区进入了多功能、全方位、大规模、高速度发展阶段，产业园区已经成为各国产业竞争和创新升级的"发动机"。随着全球产业竞争升级，各国高度重视园区的产业发展载体功能，纷纷实施产业组团发展策略，推动城镇化与产业园区融合发展。针对部分工业区产业性质单一，园区与周边地区功能融合度不高，配套服务水平低，以及部分工业区的产业性质对环境有一定影响，"十二五"期间，上海提出了产城融合发展的理念，研究产业园区与周边区域进行适当的功能分工，缓解产业发展与城市扩张之间的矛盾，进行前瞻性规划协同和布局引导，统一产业园区与周边区域基础设施建设，形成产业园区与周边区域功能协调联动发展的格局。

2. 坚持绿色集约发展

"十二五"期间，上海各产业园区，进一步落实绿色低碳循环发展理念，实现土地、能源、环境等资源要素的优化配置。推动土地节约集约利用，锁定总量、用好增量、盘活存量、提高质量，加大产业结构调整和土地二次开发力度。深入推进资源节约型、环境友好型的生态文明园区建设，提升能源安全水平和利用效率。坚持"生态保护红线、环境质量底线、资源利用上线"和环境准入负面清单的环境管理要求，强化环境容量控制，突出绿色低碳发展，推行企业循环式生产、产业循环式组合、园区循环式改造，减少单位产出物质消耗。

3. 推动产业融合发展

推动制造业和服务业、工业化和信息化、产业化和城市化、城市化和信息化的"四个融合"，打造工业区产业竞争新优势和持续发展新高地。积极发展服务型制造业和生产性服务业，加快制造和服务的协同发展。促进新一代信息技术的深度运用，提高园区产业融合水平和智能服务水平。提升产业园区综合服务功能，增加人才公寓、商业休闲等配套设施，优化园区环境，体现园区特色。统筹考虑创业创新、职住平衡、城市发展、环境保护的需要，建设产城融合、功能混合、生态良好的新型园区。

（三）带动农民增收

经济发展布局重心向郊区转移，带动了农民增收。一是增加了农民就业的机会：2015年，上海农村户均人口为2.47人，城市居民户均人口为2.64人；而就业从业人员农村户均人口为1.54人，城市居民户均人口为1.26人，农村户均就业人口已经高于城市居民户均就业人口。二是工资性收入已经成为农民增收的主要来源：在2015年人均可支配收入结构中，农民的工资性收入占75.3%，经营净收入占6.3%，财产净收入占3.3%，转移净收入占15.1%（其中养老金或离退休金占19.2%）；城市居民的工资性收入占60.4%，经营净收入占2.5%，财产净收入占14.9%，转移净收入占22.2%（其中养老金或离退休金占26%），可见在农民人均可支配收入中，工资性收入的比重已远远高于城市居民。

第三节　城乡基本公共服务均等化实践

上海市委、市政府历来高度重视城乡基本公共服务均等化建设。经过长时间的不懈努力，目前上海已基本形成覆盖城乡的基本公共服务设施网络，基本公共服务的可及性和便利性明显改善，基本公共服务整体水平和均等化程度不断提升。

一　上海城乡基本公共服务均等化的政策导向

自"十二五"以来，上海从基本公共服务体系建设着手，将城乡基本公共服务均等化作为基本公共服务体系建设的重要目标和任务，不断加大城乡基本公共服务财政投入力度，基本形成覆盖城乡的基本公共服务体系，城乡差距逐年缩小。上海市 2014 年制定出台《基本公共服务体系暨2013－2015 年建设规划》，2016 年制定出台《上海市基本公共服务体系"十三五"规划》，明确了到 2020 年城乡、区域基本公共服务均等化基本实现。从政策导向看，着力点放在制度化、标准化和均等化上。

1. 建立健全基本公共服务管理制度，夯实城乡基本公共服务均等化的制度基础

建立服务项目确立、项目和标准动态调整、服务供给、资金保障、考核评价等一整套制度，为城乡基本公共服务均等化奠定制度基础。一是建立项目清单制度。将所有基本公共服务及其服务对象、服务内容、保障标准等信息汇总形成清单，并定期向社会公布，既为公众了解基本公共服务

提供了窗口，又规范了各级政府对于基本公共服务的供给，也为加强服务项目之间的统筹平衡提供了政策工具。基本公共服务清单是政府责任清单的最重要组成部分，建立清单管理制度，是提升政府治理能力的重要举措。二是建立财政管理制度。对纳入基本公共服务项目清单的项目，财政予以优先保障。在明晰服务内容和保障标准的基础上，逐步形成基本公共服务财政预算管理。三是建立评价考核制度。核心是评估纳入基本公共服务的项目是否做到应保尽保，将评估结果纳入各级政府和干部考核范围。同时，创新基本公共服务供给方式，探索建立基本公共服务合格供应商制度，即对某个特定的服务项目，由行业主管部门列出提供该服务的具体标准，凡符合标准的企事业单位和社会组织均可提供服务，服务对象可在这些机构中自主选择，提高服务效率和质量。

2. 深化细化基本公共服务项目和标准，完善城乡基本公共服务均等化的保障机制

加强各领域基本公共服务的标准化建设，将明确的基本公共服务项目的保障对象、保障内容、保障标准等进行细化、量化、具体化、标准化，在此基础上，对所有保障对象按统一标准予以保障，确保基本公共服务项目对保障对象的应保尽保和均等化。

3. 以均等化作为基本公共服务体系建设的价值取向，缩小城乡差距

着力补短板、抬底部，进一步优化资源配置，进一步缩小本市城乡、区域以及不同人群之间的服务差距。依据服务人口和半径配置基本公共服务资源，实现市域范围的全覆盖，服务的可及性、便利性进一步提升，城乡、区域间基本公共服务水平的差距明显缩小，均等化水平稳步提高，市民能够就近享受高质量的基本公共服务。

二　上海城乡基本公共服务均等化的具体实践

1. 加快推进基本公共服务设施建设，补好郊区设施建设短板

根据城市规划和人口空间布局调整，加强人口导入区域公共服务平台的建设，按照服务人口和半径，新增了一批社区事务受理服务中心、社区

卫生服务中心、社区文化活动中心、健身步道等设施，实现社区"三个中心"建制街镇全覆盖，逐步提高可及性、便利化。以常住人口为基数配置基础教育资源，启动实施基本建设项目800多项，其中85%的项目落户郊区。建设"15分钟公共文化服务圈"，积极推进公共文化惠民工程，健全公共文化配送体系，加大对农村地区的公共文化内容配送。

2. 加快推进基本公共服务标准化建设，提升郊区基本公共服务水平

推进社区事务受理服务中心标准化建设，全面落实服务事项、办事流程、建设规范、标识标牌、管理软件和评估体系"六个统一"。出台《上海市社区文化服务规定》，明确社区文化的具体服务标准。发布《社区居家养老服务规范》《养老机构设施与服务要求》等一批养老服务的地方标准。出台《促进本市城乡义务教育一体化的实施意见》，统一学校建设、教育装备、信息化环境、教师队伍、生均拨款等5项标准。

3. 完善基本公共服务制度建设，实现城乡一体化发展

合并实施新农保和城镇居民养老保险，建立城乡居民保险制度。新农合与城镇居民医疗保险实现并轨。探索积分管理模式，优化居住证政策，进一步健全完善来沪人员凭证享受公共服务的管理机制。出台本市贯彻《社会救助暂行办法》的实施意见，推动建立现代社会救助体系。全面推进实施基本和重大公共卫生服务项目，建立完善公共卫生分级分类梯度服务和管理机制。制定《关于加快发展养老服务业推进社会养老服务体系建设的实施意见》，形成社会养老服务体系建设的顶层设计。建立本市困难残疾人生活补贴和重度残疾人护理补贴制度。建立健全住房保障体系，逐步完善建设、供应、分配和供后管理机制。

4. 加快推进基本公共服务机制创新，缩小城乡差距

探索建立老年照护统一需求评估体系，明晰政府责任边界、统筹各部门服务资源，为老年人提供与自身身体条件相匹配的养老照护服务。通过学区化集团化办学试点、"新优质学校"创建、品牌学校赴郊区对口办学、郊区农村义务教育学校委托管理等方式，不断缩小城乡之间、学校之间的差距。出台社区卫生服务综合改革和发展意见，强化社区卫生服务中心的平台功能，形成政府补偿、人力资源管理和薪酬分配的新机制，推进家庭医生制度的实施。

三　上海进一步促进城乡基本公共服务均等化面临的挑战及思考

上海基本公共服务体系建设还存在着一些短板，与均等化的要求相比，城乡、区域间的服务能力和水平仍存在一定差距，在硬件方面，郊区基本公共服务资源存在一定缺口；在软件方面，郊区基本公共服务的质量和水平尚与中心城区存在一定差距。

"十三五"时期是我国全面建成小康社会的决胜阶段，上海要在更高水平上全面建成小康社会，基本实现基本公共服务均等化是全面建成小康社会的重要目标。随着经济社会发展和收入水平提高，市民对于基本公共服务的质量、效率、便利性、公平性、均等化的要求和预期逐步提高。随着市场化改革的深入推进，互联网和新技术在基本公共服务领域快速渗透，跨领域、跨部门配置资源、融合发展必将成为新常态。这些，既是上海进一步缩小城乡基本公共服务差距的挑战，同时也是机遇。

"十三五"期间，上海要牢牢抓住这些机遇，要加大统筹力度，优化基本公共服务事权和支出责任，进一步缩小城乡公共服务人均支出比；依据服务人口和半径配置基本公共服务资源，完善公共服务设施布局，引导公共服务领域的优秀人才到郊区工作，实现市域范围的全覆盖，服务的可及性、便利性进一步提升，城乡、区域间基本公共服务水平的差距明显缩小，均等化水平稳步提高，进一步解决城乡间基本公共服务不平衡不协调问题。

一是加大政府投入向郊区的倾斜力度。按照基本公共服务设施建设标准，对农村地区基本公共服务设施实施达标改造，同时引入准市场机制，充分发挥社会力量作用，鼓励社会力量参与城乡基本公共服务供给，不断提高农村基本公共服务供给主体的专业化服务能力。

二是优化基本公共服务资源配置。以服务人口、服务半径为主要依据，完善各领域基本公共服务设施建设、设备配置、人员配备等具体标准。加快推进教育、卫生、文化、养老等领域基本公共服务设施补点建设，增强农村基本公共服务的可及性。按照基本公共服务项目清单及相关资源配置标准，将基本公共服务设施建设纳入城市空间规划和土地利用规划，优先保障规划选址和土地供应。同时，按照"共建共享"的原则，加强基层公共服务设施的综合利用。

三是完善人才的培养使用激励机制，建立跨区协作支援机制。继续实施教育、卫生、文化、体育、养老、助残等领域的专业人才培养计划和重大人才工程，充分发挥示范性服务机构的人才培训功能，提升基本公共服务体系的整体服务水平。鼓励人才在城乡、区域、机构间合理流动，增强人才与岗位的匹配度，提升郊区农村的基本公共服务水平。建立完善与基本公共服务项目相匹配的职业资格制度，明晰各领域服务人员的职业发展路径，进一步提高基本公共服务从业人员的专业化水平。完善管理服务人员的薪酬激励制度，根据岗位、技能、考核结果等因素，合理体现管理服务人员劳动的市场价值，吸引更多优秀人才进入基本公共服务体系。

四是加强基本公共服务体系的信息化建设。加快提升基本公共服务项目的信息化水平，进一步优化服务流程、提高服务效率、改善服务体验。以服务项目和服务对象为基础，建立用户信息、服务资源、服务行为等数据库，通过对大数据的分析，对基本公共服务项目进行完善，对各类服务机构进行监管。

第四节 综合帮扶经济薄弱村

2013 年以来，上海市委、市政府从推进创新驱动、转型发展的全局高度，把农村经济薄弱地区和低收入农户的帮扶工作摆在了更加重要的位置来抓。市委书记韩正指出，上海最有基础、最有条件解决好城乡差别、区域差别和居民收入差别方面的问题。市政府主要领导亲自带队先后赴崇明、奉贤、金山调研经济薄弱村和低收入农户情况，提出要以更大的力度、更开阔的思路、更因地制宜的举措，加快破解郊区经济薄弱地区的发展难题，进一步提高困难群众的生活水平，力争上海在加强城乡统筹协调、促进城乡一体化发展上实现新的突破。市委农办、市农委和市委组织部、市发展改革委等部门在深入调研的基础上，提出了加强农村综合帮扶工作的政策意见。新一轮农村综合帮扶工作，是在总结本市以往帮扶工作经验的基础上，进一步整合资源、创新机制、聚焦重点开展的系统性、综合性帮扶工作。截至 2016 年底，通过"造血"项目建设的 407 个经济薄弱村，已获得近 34 亿元的资产，村均增加资产 830 万元。本轮帮扶中 5 个受援区共申报"造血"项目 21 个，形成物业建筑面积约 71 万平方米，项目总投资 33.8 亿元，涉及市级专项资金 9.96 亿元。此外，38 家帮扶单位捐赠资金全部到位，累计捐赠资金 10.8 亿元。

一 确定工作目标

上海农村综合帮扶立足于上海实现城乡一体化发展、城乡居民收入翻番和基本公共服务均等化全局，坚持工业反哺农业、城市支持农村和多予少取放活方针，充分发挥对口帮扶双方积极性，按照责任落实到区县、工作聚焦到乡镇，资源整合、形成合力在市的思路，以提升受援地区自主发展能力、保障和改善民生为核心，促进经济相对薄弱地区经济社会全面发展。

工作目标：力争通过其自身努力和帮扶方大力支持，到 2017 年，本市经济相对薄弱地区，经济社会发展水平得到明显提升，公共服务领域主要指标接近郊区平均水平；经济相对薄弱村集体经济形成一定的自主发展能力，综合实力和村级组织基本运行保障能力不断增强，管理水平不断提高；低收入农户人均可支配收入增长幅度明显大于全市农民平均增幅，农村居民生产生活条件要切实改善。到 2020 年，全市基本消除村集体经济组织年人均可支配收入低于 400 元的经济相对薄弱村，全市农村居民家庭实现人均可支配收入达到 40000 元的目标，经济相对薄弱地区经济社会全面发展。

二　强化政策

上海农村综合帮扶注重强化政策。一是加强规划引领。加强经济相对薄弱地区规划编制，进一步完善发展规划、空间布局规划和土地利用规划，形成定位清晰、功能互补、统一衔接的规划体系。二是加快转变农业发展方式。率先在薄弱村建立现代农业组织化经营专项奖补机制，引导农村土地承包经营权规范流转，培育家庭农场、农民合作社、集体农场等新型农业经营主体，发展多种形式的适度规模经营。促进农业与第二三产业融合发展，加快发展农业旅游。三是加大农村基础设施建设和生态环境保护力度。村庄改造、生产生活设施、环境整治和公共服务等基础设施建设向薄弱村聚焦。整合项目实施管理，建立健全农业农村基础设施管理养护长效机制。四是提高农村社会保障水平。逐步提高农村低保标准，制定实施因病支出型贫困家庭救助办法。完善帮困助学体系，搞好农村家庭经济困难学生教育资助。研究制定低收入农户参加社会保障的支持政策。五是加大就业扶持力度。分层次、分对象、分阶段提高低收入农户劳动力农业生产技能水平和非农就业能力，鼓励本市户籍劳动者在第一产业实现就业。六是继续深化城乡党组织结对帮扶。坚持全方位、全覆盖、有组织、有重点地深入开展第三轮城乡党组织结对帮扶工作，实现城乡党组织结对帮扶和重点地区对口帮扶工作有序衔接。市委组织部在组织帮扶上，做到全市中心城区、大口党委、中央在沪企业及所属单位党组织，与郊区以及仍有基本农田的 95 个乡镇、1562 个村结对共建，多领域、全方位开展合作交流。七是鼓励社会各界参与农村综合帮扶。工会、共青团、妇联、残联等人民团体、群众团体和社会组织积极参与上海农村综合帮扶。各级党政干部带头参加农村综合帮扶工作，带动社会各界人士与农村贫困家庭开展结对帮扶、结对助学等活动。

上海农村综合帮扶措施扎实。一是设立农村综合帮扶市级专项资金。市政府安排 10 亿元建立农村综合帮扶市级专项资金，引导形成一批具有长期稳定收益的综合帮扶项目，收益主要用于增加农民收入。二是保障村级组织运转经费。合理界定村级组织运转经费保障范围，确保村级组织正常运转。出台了薄弱村村级组织运转经费补助办法，对 2012 年村集体组织可支配收入低于人均 400 元的 395 个行政村，按 40 万元/（村·年）的标准予以补助。三是开展重点地区对口帮扶。确定了经济社会发展较好的 5 个区、综合实力较强的 5 家开发区、28 家企业集团为帮扶方，对薄弱地区予以资金、资源等支持。

三　综合施策

自 2013 年市委、市政府出台《关于上海市加强农村综合帮扶工作的若干意见》（沪委发〔2013〕8 号）以来，在市委、市政府领导高度重视和关心下，各级政府积极推动，帮扶各方齐心协力，"输血"与"造血"并举，资金支持与综合帮扶并重，全市农村综合帮扶工作进展顺利。

（一）构建了综合帮扶工作体制

一是建立工作机制。成立了由时光辉副市长任组长、相关部门参加的市帮扶工作领导小组，办公室设在市农委。为确保工作有序推进，市发改委、市农委、市财政局和市规土局等 4 家单位成立了工作小组。与此相对应，各区也建立了农村综合帮扶工作机制。二是聚焦帮扶政策。2013 年市委 8 号文出台后，市级层面又制定了一系列针对性强的配套政策，形成了"1 + 4 + 6"政策体系。3 个重点区制定了帮扶工作规划，形成了相应的实施意见和考核办法。三是实施对口帮扶。市里确定发展较好的中心城区、开发区、企业集团等 38 家单位，与崇明、金山、奉贤 3 个区分别对接，开展重点对口帮扶。

（二）建立了综合帮扶"造血"机制

一是落实帮扶资金。市政府安排 10 亿元帮扶专项资金用于薄弱村造血项目建设。受援区县统筹推进项目建设，奉贤和浦东新区在区级层面统筹、崇明分片统筹、金山和青浦在镇级层面统筹。目前全市已提前完成本轮项目申报，5 个受援区县共申报 21 个项目，涉及市级资金 9.96 亿元，10 亿元资金基本使用完毕。二是加大帮扶力度。对 395 个经济薄弱村，市财政局每年给予每村 40 万元的村级组织运转经费补助。三是确保资金到位。38 家帮扶单位每年帮扶捐赠 2.7 亿元，用于"造血"项目建设，并将帮扶领域从资金支持扩大到资源、人才等全方位的支持。2013～2016 年捐赠资金连续 4 年 100% 到位，累计 10.8 亿元。四是明确帮扶对象。制定帮扶资金支持项目收益分配办法，明确不低于 80% 用于提高薄弱村农民特别是低收入农户的生活水平，让农民直接受益。

（三）丰富了综合帮扶的实质内涵

一是在区级帮扶层面，强化综合帮扶。帮扶区整合其在人才、管理、技术、资金等方面的优势，着力提高受援区基本公共服务水平。黄浦、静安两区利用每年各 2000 万元捐赠给崇明的帮扶资金，着力建设一批服务民生的项目，提升基本公共服务能力，积极搭建农产品销售平台，强化农业产业扶持。徐汇、长宁两区结对帮扶金山区搭建医院交流合作平台，强化人才交流培养，开展文艺下乡活动，协办金山草莓节、西甜瓜节，推动金山全面发展。浦东新区与奉贤区结对帮扶，在学校委托管理、师资培养、课程建设和教育品牌培育等方面进行合作，并且发动双方下属中小学开展校际结对。二是在开发区帮扶层面，注重产业帮扶。充分发挥品牌和管理优势，通过品牌输出、人才支持、合资、合作等方式，着力提高受援地区产业发展、园区发展以及区域开发的能级和水平。临港开发区与奉贤区政府开展全面战略合作，发挥集团公司的专业管理能力。上海化工区旗下公共管廊公司与金山区漕泾镇，共同投资开发化工新项目。三是在企业集团和金融单位层面，加强项目帮扶。企事业集团除每年捐赠受援区县资金，帮助形成一批具有长效稳定收益项目外，还充分发挥其产业和金融优势，运用市场手段，开展个性化结对帮扶工作。城投公司所属能源公司吸纳奉贤当地 17 名农民就业。奉贤百村创业园招商引资中，国盛集团帮助引入 1 个生物医药企业落户，上海银行为入驻企业提供配套金融服务。光明地产集团利用综合优势，参与金山区中部生态圈建设。上汽集团帮助崇明区改造社区农产品流动售货车。

（四）拓展了综合帮扶的形式

一是继续实施第三轮城乡党组织结对帮扶活动。目前全市完成城乡党组织结对 1500 多个村，基本实现多覆盖，达成帮扶协议资金共计 1.83 亿元，协议达成基础设施、经济、科教文卫、社会管理等各类合作项目 1907 个，同时通过走访慰问、互派干部挂职、交流培训等方式，促进结对双方支部共建。金山成立"心联鑫"金山区域化党建联席会议，构建区、街镇、村居三级联动格局。国盛集团直属单位每年给予奉贤 8 个结对村不低于 10 万元的资金支持，累计 300 万元，物资近 70 万元。二是发动社会各方力量参与帮扶。在市经信委党委、市工商联等部门的积极协调下，发动在沪央企和民营企业等，积极参与帮扶工作，形成了多方参与和关注的良好工作格局。比如，市经信委与金山区签订战略合作协议，组织开展"在沪央企进金山"等活动，推动金山产业转型升级。

（五）促进了薄弱村综合发展

一是增加了薄弱村资产。通过"造血"项目建设的 407 个薄弱村获得近 34 亿元的资产，村均增加 830 万元，且这些资产呈现逐年升值态势。二是促进了薄弱村改革。在市级帮扶项目收益分配政策引导下，428 个薄弱村都已完成了农村集体产权制度改革，并全面实现了村经分离。三是推动了美丽乡村建设。帮扶项目建设改变以往小散乱的分布格局，配备高标准环境设施，结合推进美丽乡村建设，薄弱村村居环境有效改善。目前已有241 个薄弱村实施了村庄改造或美丽乡村项目，深受群众欢迎。四是薄弱村可支配收入提高。按照当时划定的标准，目前 428 个薄弱村已减少到107 个，其中奉贤 100 个薄弱村仅剩下 2 个。五是增加了村民收入。2016年一季度，奉贤百村公司向 100 个薄弱村兑现 2015 年度分红，每村获得50 万元收益，给农民带来了实实在在的获得感。全区薄弱村社员人均分红84.87 元，奉城镇城东村单个社员分红最高达到 1020 元。金山 6 个项目建设完工，预计可带动当地就业约 3500 人。

第五节　让公共财政的阳光普照沪郊大地

党的十八大以来，以习近平同志为核心的党中央把解决好农业农村农民问题列为全党工作的重中之重，而城乡发展一体化是解决"三农"问题的根本途径。我国总体上已进入以工促农、以城带乡的发展阶段，进入加快改造传统农业、走中国特色农业现代化道路的关键时刻，进入着力破除城乡二元结构、形成城乡经济社会发展一体化新格局的重要时期。上海经济发展水平相对较高，与全国其他地方相比，上海有基础有条件按照党中央的要求，在统筹城乡发展、破除城乡二元结构方面先行先试，推动城乡经济社会融合发展。

近年来，上海有关财政政策的实施，有效地推进了城乡一体化发展进程，为加快形成"以工促农、以城带乡、工农互惠、城乡一体的新型工农、城乡关系"做出了积极贡献。加大投入力度，优化投入结构是根据发达国家的经验而做出的决定，推进城乡一体化发展离不开财政的支持，上海较好地发挥了财政在支持本市都市现代农业和城乡一体化发展中的基础性支撑作用。

一　保障财政惠农资金投入

2016 年 10 月，上海市人民政府发布了《上海市城乡发展一体化"十三五"规划》，强调：要"优化城乡统筹的资金投入机制，坚持政府主导、市场运作，通过统筹财政性资金和社会资金，增加对基础设施和社会事业建设项目的资金投入。进一步加大财政对农村基础设施建设和'三农'的倾斜力度，加大各类资金的整合力度，最大限度发挥资金的使用效率。进一步理顺乡镇事权与财权的关系，为乡镇社会事业发展和公共服务能力提升提供资金保障"。上海财政部门在市委、市政府的正确领导下，认真贯彻落实中央近年来下达的几个一号文件精神以及市委市政府贯彻实施意见精神，以财政改革发展"十三五"规划和现代农业"十三五"规划为指引，进一步优化财政资金投入，完善财政管理机制，取得了很大成效。

2015年，市级财政"农林水事务"支出112.17亿元，同比增长3.6%，在继续稳定实施对农民直接补贴的基础上，重点支持农业科技、农业生态和农产品安全、农业基础设施建设等有效提升农业现代化内涵的领域以及优化农村人居环境的美丽乡村建设。为支持提高农民收入水平，上海安排了超过10亿元用于对农民的水稻种植、蔬菜种植、农资综合、农业保险保费和农机具购置等实施直接补贴，增加农民转移性收入。同时积极支持开展包括合作社带头人培训、农业实用技术培训、农村劳动力转移培训等在内的农民培训工作，加快培育新型职业农民，为农民增加经营性、工资性收入创造条件。

为推动农业现代化发展，2015年上海财政部门安排超过12亿元用于支持粮食、蔬菜、经济作物等基础设施建设以及农民专业合作社扶持、贷款贴息、农业旅游等农业产业化发展，提高农业综合生产能力、扶持优势特色产业、壮大新型农业经营主体。安排超过5亿元用于支持农业科技研发、成果转化、推广应用、人才培养等方面，重点支持解决制约产业发展的重大科技问题以及共性关键技术。安排超过4亿元用于支持农业生态保护和保障农产品安全，实施秸秆综合利用、畜禽污染减排工程建设、病死畜禽无害化处理等，控制减少农业面源污染；开展动物疫病防控、"三品一标"奖补、农业档案追溯体系建设等，强化地产农产品质量安全和品质提升。为加快新农村建设，按照渠道不改、用途不变、统筹安排、集中投入、各负其责、形成合力的原则，安排超过29亿元用于村庄改造、河道整治、农村生活污水处理、经济薄弱村村内道路改造等项目，切实改善农村生产生活条件，建设美丽乡村。安排超过5亿元用于农村综合帮扶，落实经济相对薄弱村村级组织运转经费补助，扶持建设能够带来长期稳定收益的农村综合帮扶项目，提高经济相对薄弱村居民特别是低收入农户的生活水平。

2016年，本市财政坚持把农业农村作为财政支出的优先保障领域，进一步优化资金投入结构，市本级公共财政"农林水事务"支出106.5亿元，重点支持农业基础设施建设、农业生态发展与安全、农业科技进步、农村人居环境改善以及农村综合帮扶等方面。同时，充分发挥财政资金"药引子"的作用，完善农业投融资机制，通过建立健全农业信贷担保体系、完善新一轮农业保险政策，实施以奖代补和贴息等政策，吸引金融和社会资本更多投入农业农村。

为继续支持推进都市现代农业发展，财政部门2016年根据本市推进国家现代农业示范区建设、支持纯农地区发展、农林水一体化建设等重点工作要求，积极调整优化资金投入结构。安排超过18亿元用于重点扶持农业科技、农业生态保护和农产品安全、农业基础设施和产业化建设等方面，提高劳动生产率，促进农业产业"接二连三"和转型升级，延伸农业产业链，提升农业附加值，提高农业供给体系质量和效率，打造都市现代农业升级版。

上海财政部门在支持社会事业发展，推进城乡一体化方面做了大量受广大农民朋友欢迎的工作。在教育方面，加大农村义务教育投入。深化农村义务教育经费保障机制改革，对农村家庭经济困难学生和涉农专业学生实行免费中等职业教育。在卫生方面，支持建立并完善新型农村合作医疗制度，制定上海市新型农村合作医疗基金财务制度，保障困难区县的新型农村合作医疗水平。支持郊区社区卫生服务中心、村卫生室标准化建设；支持郊区乡村卫生室新型农村合作医疗实时报销系统建设。在社会保障方面，支持建立广覆盖、分类施保的农村社会保障体系。支持建立农村低保救助机制，支持建立农村社会养老机制，支持建立小城镇社会保险机制。在文化方面，支持农村有线电视"村村通"、农村电影放映、农村社区文化活动中心设施建设、郊区信息苑延伸点建设、农村农家书屋建设等。

为支持推进美丽乡村建设，2016年上海财政部门安排超过30亿元用于村庄改造、河道整治、农村生活污水处理工程等项目，推进美丽乡村建设，保障农村基本生产生活条件，优化农村人居环境，促进农村全面健康可持续发展，重点解决农民群众最关心最直接最现实的问题。当年为支持推进农村综合帮扶项目，市财政部门积极配合市农委、市发改委加码农村综合帮扶项目推进工作，安排超过 5 亿元提前完成既定的市级农村综合帮扶项目建设任务。累计批复实施奉贤、金山、崇明、青浦和浦东等 5 个区县共计 21 个帮扶项目，落实市级帮扶资金补助近 10 亿元，形成可持续的"造血"机制，探索出集体经济发展的有效模式。

二　完善财政政策机制

为完善政策体系，创新优化机制，近年来上海市加快制定并落实财政支农政策整合方案。市级财政部门配合主管部门完成制定了《上海市农村村庄改造项目及资金管理办法》《上海市都市现代农业发展专项项目和资金管理办法》《上海市农业生态和农产品安全专项资金管理办法》《上海市农村改革发展财政奖补资金管理办法》等专项资金管理办法，进一步夯实财政支农资金管理基础。同时，积极创新整合后的专项资金和项目管理体制，明晰市与区县的管理责任，重点围绕都市现代农业发展专项，在全市层面深化项目管理体制改革，市级向区县全面下放项目评审和审批权限，探索建立权责利统一的都市农业发展推进机制，最终形成市级宏观规划、监督管理，区县负责项目管理具体操作的事权格局。

为进一步完善河道养护管理长效考核政策，市级财政部门配合主管部门共同制定出台《上海市河道管理养护工作考核办法》，从 2016 年起对区县的河道维修养护、河道轮疏、资金管理等方面进行考核，将考核结果与市级补助资金分配挂钩，充分体现激励导向，促进区县切实履行河道养护工作的政府监管责任。

财政部门还积极调整中央现代农业发展专项扶持方向。"十三五"期间，中央现代农业发展专项主导产业将由生猪调整为粮食产业农机装备能力建设，重点新建一批区域性粮食烘干中心，同时加强智能化、自动化先进农机装备的推广应用和农机库房等服务设施建设，全面提升本市粮食生产全程机械化水平、粮食生产服务保障能力和行业监管水平。

财政部门积极研究制定黑臭河道整治配套政策。根据市委、市政府关于到 2017 年底全市中小河道基本消除黑臭的要求，市财政部门积极配合相关主管部门进行前期调研和政策梳理，完善了管线搬迁和污水管网相关补贴政策。一是对镇村级河道上相关道路和管线搬迁，按照道路管辖级别，市对区通过不同资金渠道予以补贴。二是针对郊区为现有直排污染源截污纳管配套的一二级污水管网，市级财政按照差别政策对各区予以补贴。由此，初步形成了以河道整治项目、河道管理养护、河道整治项目腾地补贴、农村生活污水处理、镇村级河道管线搬迁补贴、污水管网补贴为内容的黑臭河道整治财政配套政策体系。

　　建立审批权下放项目监督考核机制。为推进整合后的财政支农政策落地，为加强审批权下放的涉农专项管理，市财政部门会同市农委共同制定出台《上海市市级审批权下放的涉农专项监督考核办法》，通过事前、事中、事后全过程监督，以及对区县整体工作进行考核并将考核结果作为下一年度资金安排参考依据，努力保障整合机制落地和支农资金安全规范有效使用。

　　完善农业信贷担保体系。根据国家关于财政支持建立农业信贷担保体系有关要求，市财政部门会同市农委等部门拟定本市农业信贷担保体系建设工作的实施方案。根据本市特点，在现行农业信贷担保体系的基础上，以"中小微企业政策性融资担保基金"为载体，安排 2 亿元担保资金由农业信贷担保中心运行管理，专项用于农业信贷担保。将原银保联合、直接担保两种模式继续沿用至新的农业信贷担保体系中，实现资源和业务的整合。

三　出台市级财政支农惠农政策

　　上海财政部门为进一步完善农业保险保费补贴机制，将农业保险作为金融资本支持农业的重要手段，加大对农业保险的政策扶持力度，调整完善农业保险保费补贴政策，进一步扩展部分品种保险责任，扩大农户受益范围；提高蔬菜单位保额，提高农户补偿水平。2014 年上海出台了《农业保险大灾风险分散机制暂行办法》，将财政支持重点放在再保险保费补贴上，规定对政策性农业保险业务赔付率在 90%～150% 的损失部分，由农业保险机构通过购买再保险的方式分散风险。市级财政对农业保险机构购买再保险予以补贴，年度补贴标准为上年度农业保险机构购买相关再保险保费支出的 60%，最高不超过 800 万元；超过 150% 的损失部分，由农业保险机构通过再保险摊回、按规定提取的大灾准备金等承担。如当年不能弥补其损失，差额部分由市、区（县）财政通过一事一议方式予以安排解决。

上海财政部门加强信贷支持新型农业经营主体发展，出台本市新型农业经营主体贷款担保政策。新政策提高了市、区级示范合作社专项担保贷款额度上限；将家庭农场纳入市财政专项担保资金贷款范围。单个农民专业合作社贷款额度从原来的 100 万元上限提高到 200 万元；将市级财政贷款担保资金额度从 5000 万元提高到 1 亿元。

上海财政部门和市农委还在 2013 年出台了《上海市市级财政扶持农民专业合作社项目和资金管理办法》，对符合以下条件的合作社予以支持：合作社实有成员数 30 人以上（农机服务、养殖业及农家乐等合作社成员数十人以上）；带动周边农户的数量不少于 100 户（养殖及农家乐等合作社带动农户的数量不少于 50 户，农机合作社签约作业面积不少于 2000 亩）；种植业类合作社年销售额 150 万元以上；养殖业及农家乐等合作社年销售额 300 万元以上；农机合作社年营业额 25 万元以上；营销类合作社年销售额 500 万元以上；合作社联社年销售额 800 万元以上；合作社财务会计制度健全，能提供完整的财务会计信息；合作社能自觉遵守《中华人民共和国农民专业合作社法》及相关规定。

总的说来，在十八大召开后的五年里，上海市财政部门以习近平总书记系列重要讲话精神为指引，积极贯彻落实党的十八届三中、四中、五中、六中全会精神和市委、市政府支持"三农"的方针政策，加大财政支农资金投入力度、优化支出结构、规范管理办法、创新管理机制，在加快社会主义新农村建设、促进本市农业稳定发展、农民持续增收、农村和谐发展等方面发挥了积极作用，有力推动了上海城乡一体化发展，大大改变了郊区面貌，为农民增收做出了贡献。

第六节 信息化助推城乡一体化

近年来，上海市委、市政府充分重视农村信息化建设，积极发挥信息化对"三农"工作的支撑作用，让农民共享信息化建设成果，促进城乡经济社会一体化发展。加强统筹规划，把信息化服务"三农"工作纳入本市信息化建设全局。在十八大召开后的五年来，在全面推进信息化建设的同时，上海市坚持把信息化服务"三农"工作作为一项重要任务纳入信息化建设全局加以统筹规划。《上海市国民经济和社会信息化"十二五"规划》明确提出，"加强面向农村的信息服务体系建设，推进'为农综合信息服务千村通工程'，统筹建设为农综合信息服务站，拓展涉农信息服务设施的服务范围和功能；推进镇务、村务信息公开。深入推进信息技术在农业生产中的应用，建设农产品全程可追溯、农业生产管理等系统，推进农产品生产、加工、销售等环节的信息共享，提高农业管理服务水平"。

一 农村信息化建设成果显著

为提高农村信息化服务的综合水平，上海采取多种措施推进农村信息化加快发展。一是加快农村地区信息基础设施建设。按照"统一规划、集约建设、资源共享、规范管理"的原则，推动农村地区信息基础设施与其他城建基础设施同步规划、同步建设和统一运行，协调推动电信、移动、联通、东方有线等通信运营商加大农村地区的信息基础设施建设投入。在宽带网络建设方面，截至2014年11月，郊区光纤宽带网络覆盖用户累计达到 28 万户，提升了郊区信息基础设施服务能级。在移动网络建设方面，2G、3G 网络已基本实现覆盖，4G 网络 2014 年底前实现郊区城镇化地区的覆盖。在有线电视网络建设方面，覆盖本市郊区县的 NGB 网络建设和有线数字电视整体转换项目逐步实施。目前已完成郊区 NGB 网络建设覆盖用户 355 万户，数字电视整体转换覆盖用户 344 万户。二是开展面向农民的信息化普及培训。农民在信息化意识、素养和应用技能方面的不足，已经成为阻碍他们共享信息化发展成果的主要障碍。市经济信息化委联合市农委、市教委、市妇联在全市 9 个郊区县启动实施为期 3 年的"千村万户"农村信息化培训普及工程，完成 7.6 万人（农村基层管理者、专业农民、有积极性的普通农民）的以"两会两能"（会打字、会上网，能搜索信息、能收发邮件）为主要内容的培训工作，以及 71.2 万人的以"观看一部宣传短片、参加一次体验活动、阅读一本普及读本"为主要内容的宣传普及工作。围绕提高农业生产力，推进农业信息化建设。在农业生产方面，推进长江农场稻米生产精准控制，以及生猪、奶牛等畜牧养殖业电子标签信息化管理建设，已建设十多万亩粮食作物"产加销"安全监管物联网综合应用示范基地；全市近 20 万头能繁母猪植入智能电子标识。在农产品市场流通方面，以上海西郊国际农产品交易中心建设为契机搭建农产品跨国采购信息平台，推进建设农产品电子批发交易系统、网上电子商务等平台，鼓励农业龙头企业、农民专业合作社等开展网上交易。在食用农产品安全监管方面，建设畜牧安全生产监控平台、蔬菜安全生产监控平台、市境道口动物防疫监控系统等信息系统，从源头上加强农产品安全生产状况监管。在为农信息服务方面，开展为农综合信息服务"千村通"工程建设，建立覆盖市、区（县）、镇（乡）、村四级组织的为农综合信息服务平台，实现为农综合信息服务点在涉农行政村的全覆盖，通过"农民一点通"信息终端为农村居民提供农业技术咨询、病虫害预警、农产品价格和供求信息查询、村务公开、便民生活等服务，解决农民在生产、生活中遇到的实际问题。

围绕促进农村和谐社会建设，推进农村社会事业信息化。在文化领域，按照全国文化信息资源共享工程、农村电影放映工程等要求，结合上海农村综合文化活动室建设，在全市所有行政村建设东方农村信息苑，为农民提供公共上网和数字化公共文化服务。在教育领域，以市政府实事项目的方式，对400所农村中小学进行信息化改造，进一步提升郊区中小学的教育信息化基础环境；建设为教师、学生和家长提供网上沟通渠道的"家校互动"系统，覆盖农村所有中小学和部分幼儿园。在卫生领域，开展新型农村合作医疗和健康信息网工程建设，实现了就医信息共享和医疗费用的实时结算，促进了农村基层医疗卫生水平的提高，方便农民看病就医。在旅游领域，依托市场主体，推进美丽乡村旅游公共信息服务平台建设，通过信息化手段支撑各区县的乡村旅游做大做强，提升乡村旅游品质，为市民提供优质的休闲旅游场所，同时增加农民收入。

围绕加强农村基层政权建设，推进农村电子政务建设。一方面，着眼于增强农村基层党组织的凝聚力和战斗力，采取以"地网"为主（依托电信、有线网络、政务外网等资源，采用IPTV、数字电视与互联网同步收看的形式，实现农村广覆盖）、"天网"为辅（卫星传输的接收方式，主要用于中央节目落地）的模式，建成农村党员干部现代远程教育工程，在每个行政村建立基层播放点，并提供丰富的教育学习课件。另一方面，着眼于村务公开，开展涉农补贴资金、农村集体"三资"监管等平台建设，实现集体"三资"管理及运行情况的实时查询、实时分析、实时监管，确保农村集体"三资"保值增值，维护农村集体经济组织和成员的合法权益；建设农村承包土地流转平台，明晰承包权利，规范流转程序，提高流转效率。

二 推进智慧村庄建设

"智慧村庄"作为沪郊农村地区重点打造的智慧地标，已列入新一轮智慧城市建设行动计划。《上海市推进智慧城市建设行动计划（2014－2016年）》将智慧村庄列为新一轮智慧城市建设重点打造的五大地标之一，以信息基础设施高速泛在、农村公共服务便利化、村庄治理信息化为重点，在20个村开展智慧村庄试点示范建设。实施宽带进村，实现农村家庭宽带网络接入全覆盖；优化完善3G网络，基本实现4G网络覆盖。围绕农村居民生产、生活的实际需求，鼓励和支持相关部门进一步加强文化、教育、旅游信息资源和服务的推送；支持建设美丽乡村旅游公共信息服务平台；完善新型农村合作医疗信息系统，支撑新型农村合作医疗市级统筹工作开展。围绕村庄治理需求，加快推进村委会电子台账建设，减轻基层工作负担；深化行政村网页建设，加强村务公开工作；深化农村集体"三资"监管平台应用，提升村庄治理信息化水平；加强农村信息员队伍建设。

为引领和带动农村地区信息化发展，根据本市智慧城市和美丽乡村工作的要求，上海于2014年底启动第一批5家智慧村庄试点示范工作。2015年，依照"覆盖广泛、分布有序、各有特色"的原则，新增第二批9家试点村庄，实现全市所有郊区县有试点。2016年，在总结试点经验的基础上，编制《智慧村庄建设指南》，围绕"创新发展、集约建设、便民惠民、农业增效、重视生态"的原则，在农村信息基础设施网络化、农村公共服务便利化、村庄治理信息化、农业生产高效化、能源管理智能化等方面提出了规范化的建设指导方向。引导更多有基础、有积极性的村庄开展试点建设。智慧村庄试点建设以"便民、惠民、利民"为基本出发点，从信息基础设施、农业生产经营与管理、公共服务、村务管理等方面开展试点建设工作。目前，第一批5家试点村基本完成建设。其中，有信息化发展专项资金支持的金山区八字村、崇明县绿港村、崇明县仙桥村三家村庄已按照专项资金管理要求完成验收。

为发挥"智慧村庄"在农村信息化推进中的引领示范作用，按照智慧城市建设和美丽乡村建设的总体要求，上海以信息基础设施高速发展、农村公共服务便利化、村庄治理信息化为重点，通过打造农村地区智慧地标，引领和带动农村地区信息化建设的新一轮发展，提升农民对智慧城市的体验和感受。2017年，上海将继续推进光纤到户、有线电视整体转换等农村信息化基础设施的升级改造，不断提升农村地区信息基础设施水平；聚焦崇明生态岛建设和农村特色小镇建设，开展第三批智慧村庄试点，进一步加大对试点村庄的指导力度，发挥其在周边地区的引领示范作用；探索推进引入社会资本参与智慧村庄建设，形成智慧村庄的长效运行机制。

三 农业插上了信息化翅膀

近年来，上海农业信息化工作围绕"农业物联网""互联网＋""信息进村入户""农业大数据""农业电子商务"等方面进行了积极探索和实践，积极运用信息化创新推进上海现代都市农业发展。

一是推进了农业大数据建设。2016 年 11 月，农业部将上海市列入农业大数据试点建设省市，根据农业部《农业农村大数据试点方案》（农办市〔2016〕30 号）要求，上海向农业部报送了《上海农业农村大数据共享服务平台实施方案》和《上海绿叶菜大数据建设方案》，完成了上海农产品价格监测系统、上海涉农补贴资金监督平台等 29 个核心业务系统的表结构、元数据等详细内容的梳理工作，梳理了 970 张原始数据表信息，为农业部农业大数据试点做了基础性工作。8 月，参加全国"互联网＋"现代农业工作会议暨新农民创业创新大会，本市上农信"互联网＋一点通"等 5 个案例、强丰实业公司"智慧微菜场"等 3 个成果，入选全国"互联网＋"现代农业百佳实践案例和新农民创业创新百佳成果。10 月，上海完成农业农村信息化"十三五"规划（送审稿），提出重点推进现代农业大数据等 6 大工程、14 个项目。上海 11 月完成农业信息化发展问题研究软课题；12 月编制了本市"互联网＋"现代农业三年行动计划方案（征求意见稿）。四季度研究部署本市信息化进村入户试点推进工作。全年继续推进为农综合信息服务平台栏目调整、内容完善、设备更新工作，截至 2016 年 12 月底，完成 265 台为农综合信息服务平台设备更新。

二是推进了农业物联网区域试验工程建设。积极推进上海农业物联网区域试验工程建设，探索农业物联网在节本增效方面应用，已在蔬菜、水产、畜牧、水肥一体化、农业保险等方面，形成一批较好的应用案例。在蔬菜生产方面，在多利农庄示范园，产量提高 10%，人工成本节约 20%；在水产养殖方面，在奉贤区集贤农民专业合作社基地，南美白对虾亩产增加 27%，成虾死亡率下降 2.15 个百分点；在生猪养殖方面，在上海祥欣种猪场示范场饲养每万头猪需用工人，从原先 20～30 人降低到 8～12 人；

在水肥一体化灌溉应用方面，降低 20% 的农药化肥使用量，草莓自动化肥水灌溉每亩产值提高 1.5 万元，利润增加 1 万元。11 月，《农民日报》以"上海物联网四大金刚同台亮相第十四届中国国际农产品交易会"为题进行了报道，同期央视专题报道了华维和国兴农智能节水灌溉系统。

三是提升了上海 12316"三农"服务热线服务水平。根据《农业部办公厅关于组织开展 12316 十周年系列宣传推介活动的通知》要求，4~9 月，上海在全市范围内组织开展系列宣传推介、服务下乡活动，组织开展了"十佳征文"、"十佳专家"、"十佳信息员"评选和 12316 现场体验活动，编制出版了《上海"三农"服务热线历年问答精选》，共整理了 2551 篇农业科技文章，内容涵盖粮棉油、蔬菜、食用菌、林果、花卉林木、畜牧、水产等 13 个专业。上海 12316"三农"服务热线全年咨询服务总量达到 4855 人次，下乡进社区活动共 263 场次，其中"12316，信息惠农家"36 场次，接受《嘎讪胡》节目 8 次采访录制。

四是提高了农产品价格监测预警能力。2016 年上海开始组建农产品市场分析预警团队，建立季度农产品价格会商机制。甄选蔬菜、瓜果、畜禽、水产 4 个行业，聘请市级分析师，定期召开农产品价格分析会，提升农产品价格分析报告质量。全年上海向农业部市场信息司报送农业分析预警信息报告 84 篇。加快推进上海农产品价格监测平台建设，系统新增数据 550 余万条，丰富了价格监测系统的基础数据资源。完成从国家发展改革委、农业部、市发展改革委等渠道的 20 多个农产品价格数据资源的导入抓取工作，完成了农产品批发市场数据对接，提高批发市场数据报送效率。运用数据探针方式自动采集全市 17 个区县的零售价、全市菜篮子指数、上海猪粮比及成本收益等数据。

通过这几年的努力，上海充分发挥政府引导、企业主体作用，促进农产品电子商务多种模式发展。上海生鲜电商通过 C2B 的社区直供模式，与超市、便利店合作的 O2O 模式，使品牌化、社区化和线下与线上融合成为新的发展方向。比如光明都市菜园，推出 APP 应用，移动端订单占比超过 70%；建成智能化水平较高的全品类生鲜 B2C 配送中心，自建冷链物流妥投率达到 99%；与云南、四川、江苏等产地联动合作，为用户提供四川不知火丑柑、仙居杨梅、阳山水蜜桃等商品。又如上海菜管家，推出首个线上冰鲜三文鱼系列商品；与福建尤溪政府合作，将尤溪金桔推荐给上海市民；与"人气美食"公众号、招商银行合作，推出南汇8424西瓜礼盒装；与嘉定灯塔村农户合作打造嘉定费雪英草莓品牌。浦东合作社联合电子商务平台建立本区特色农产品电子商务平台，整合本区农业旅游资源，建设农业旅游电子商务平台，由区农协会牵头，田博、庭娆等6家合作社组建南汇甜瓜品牌合作联社，推出"品牌南汇甜瓜"。桂峰台农合作社开展了微信、微博、支付宝、财付通、手机终端电子商务交易系统。

第七节 加快城乡基础设施一体化建设

基础设施是以城带乡的重要支撑,对缩小城市化地区和农村地区差距、改善农村居民生产生活条件作用显著。近年来,上海按照国家对新型城镇化综合试点的总体要求,不断加大郊区基础设施建设管理,积极推进城乡基础设施一体化。经过多年的持续建设与发展,本市农村地区的交通基础设施日趋完善,郊区城镇之间的等级公路网络基本建成,轨道交通服务向郊区城镇逐步延伸,公交镇村贯通和村村通基本实现全覆盖。

一 完善郊区交通设施规划建设标准

编制镇村内部交通规划,完善镇村内外交通联系。完善公路城镇穿越段等方面的设计规范,研究制定全市统一的镇村公交服务管理标准,更好地适应郊区城镇的发展需要。

完善农村公路长效养护管理制度。编制《上海市农村公路安全生命防护工程实施技术指南》,实施农村公路养护施工企业登记工作,将其纳入行业管理,进一步规范农村公路养护管理市场。

二 积极推进城乡建设协调发展

1. 构建区域一体化基础设施体系

加快区域交通基础设施互联互通建设,以共建长三角世界级城市群为目标，加快推进交通基础设施共建共享、协同发展，统筹水路、铁路、公路、航空建设，打造综合立体交通走廊。共建跨区域生态网络，加强长江流域水环境综合治理，构建沿江绿色生态廊道，重点是共同维护长三角近沪地区河口海岸滩涂湿地及自然保护区和杭州湾及长江、黄浦江等区域性生态保护地区，加强区域生态廊道对接，维护区域生态安全。围绕加强与江苏、浙江在长江和太湖流域水资源供给方面的战略合作，探索建立长三角区域内水源地联动及水资源应急机制。主动参与国家气源引进和通道工程建设，加强与长三角天然气管网互联互通，形成管网反输送能力，增强调度灵活性，实现区域应急救助。

2. 推进城乡一体化建设

坚持"网络化、多中心、组团式、集约型"的城市空间发展格局，构建"主城区—新城—新市镇—乡村"多层次城乡体系，注重交通引导发展，实现集约紧凑、功能复合，促进城乡发展一体化。提升主城区设施能级水平。坚持公交优先，构建一网多模式的轨道交通体系，推进公交线网与轨道交通网络融合，提高地面公交服务水平和吸引力，到2020年，中心城区公交出行分担率达到55%。优化路网结构，提升路网整体通行效率和服务能力。按照"适度供给、调控需求、动态平衡、集约共享"的原则，完善差别化停车管理政策。优化城乡生态绿化布局，推进各类无障碍设施建设，不断提升城市品质和宜居水平。大力推进新城和镇的建设。加大郊区特别是工业区、非建制镇等污水管网改造力度，全面提升郊区污水处理水平，城镇污水处理率达到95%。强化郊区新城、新市镇和集镇基础设施建设和公共设施配套。推进美丽乡村建设，以村庄改造为载体，大力推进美丽乡村建设工作，对规划保留村庄，开展村内基础设施建设、村庄环境整治和公共服务设施建设三大工程，不断推进农村人居环境持续改善。到2020年，全面完成基本农田保护区内规划保留地区村庄改造工作，累计创建评定100个左右美丽乡村示范村。

三　不断完善公路网络结构

自"九五"以来，上海不断加大公路建设力度，城乡一体化的交通网络格局基本形成。在路网结构上，高速公路和乡村公路得到快速发展，至2015年底，全市高速公路通车里程达到826公里。同时，加快推进国省干线公路建设和区区对接道路建设，编制新一轮国省干线公路布局规划，加快推进G320公路（松江段）改建工程、S3公路（周邓公路—S4公路）、S7公路（月罗公路—宝钱公路）、G228（省界—老龙泉港、海湾路—浦东奉贤区界）等项目，以及大叶公路—叶新公路、墨玉路—山周公路—千新公路、奉贤民乐路等区区对接道路（断头路）和市区通郊区的普通国省干线公路建设，为郊区城镇发展提供多个层次和多种选择的公路出行服务。

（一）郊区"最后一公里"更顺畅

被列入2014年市政府实事项目的农村路桥建设和改造任务完成，全年共计完成经济相对薄弱村村内道路改造1130公里、农村桥梁改造740座。为解决农村地区老百姓"最后一公里"出行难问题出了力，加快了上海城乡一体化发展。上海在"十二五"期间开展了新一轮农村桥梁改造和经济相对薄弱村村内道路改造工作。2013年、2014年，农村路桥改造连续两年被列为市政府实事工程。

近年来，全市各区县还不断加强农村公路标准化建设，大力推广农村公路示范路工程、绿化美化工程，使农村公路PQI（路面质量指数）中等及以上公路比例达到93%以上，绿化率达到82.3%，处于全国领先水平。为了更好地推进"示范公路典型引领"发展战略，各区县通过创建文明示范路来提高农村公路的服务水平。

家住金山区吕巷镇马新村的何正权说，以前只有河边一条石子路通到屋后，雨天泥泞湿滑，晚上开车回家真有些提心吊胆，现在终于不再担心晚归了。随着上海农村路桥建设和改造工程的有力推进，越来越多农村老百姓切实感受到：郊区"最后一公里"出行不再难。上海农村路桥建设积极落实"七公开"制度，将建设计划、招投标、资金使用等重点环节及时向社会公开，主动接受社会监督，得到郊区老百姓一致好评。奉贤金汇镇金星村新建了汇中河三号桥和村内道路，原桥属于危桥，汽车无法通行，新桥建成后，两岸村民再也不用为过河发愁了。而与汇中路相接的一条新建村道，长约1000米，宽3.5～4米，开车行驶在路上非常舒适。金汇镇像这样的村内道路，仅 2014 年就改造了 13 条，极大地方便了村民的交通出行。"十二五"期间，全区计划改造 384 座农村桥梁、436 公里经济薄弱村村内道路，目前为止桥梁改造已经全部完成，村内道路完成了 291 公里。

根据项目完成情况统计，"十二五"期间农村桥梁改造项目数量共4014 座，已经全部完成，另外不占用市级财政补贴资金的桥梁改造共完成714 座；薄弱村道路改造项目计划数量为 4046 公里，已全部完成，另外不占用市级财政补贴的共完成 621 公里。

（二）修路护路成效显著

路桥建好后还要管养好，上海逐步建立"市—区县—乡镇三级农村公路管理养护体系"，确保农村村内道路桥梁设施"有建有养、管养到位"。全市九个郊区县共成立了 100 多个乡镇农村公路管理机构和 42 个乡镇农村公路路政中队，基本覆盖了全市农村路桥的管养工作。

近年来，各级道路管理部门和机构做了大量工作，从项目立项前期与横向部门积极沟通，路政行业纵向之间建立信息互通机制，到施工前后积极落实严格管理制度，有力确保了市政府实事项目目标的顺利完成。

1. 抓建设

根据目前农村道路现状，村庄道路在建设标准上存在较多短板，尤其是"十二五"期间推进农村路桥建设中参照的《指导意见》标准偏低，导致后期维护压力较大。为此，市路政局制定了《村庄道路建设规范》，在充分考虑农村实际的前提下，提升道路路面结构强度标准，明确桥梁建设标准荷载，并充分考虑安全保障设施和道路附属设施，为今后村庄道路建设奠定了基础。

2. 重管理

在进一步理顺农村公路管理体制机制的基础上，市路政局编制了《关于进一步加强村庄道路养护管理工作的通知》《上海市区、镇管道路设施移交接管指导意见》，2016 年已完成初稿，待征求意见后正式下发。这两个文件，一方面针对村庄道路，提出三类管养模式，并参照农村公路养护标准实施；同时，进一步明确责任、制度和考核机制，全面加强村庄道路管养。另一方面，针对目前缺管缺养的园区道路、大居配套道路，提出移交接管方式，规范农村地区服务公众的道路向农村公路、市政道路和村庄道路三种类型靠拢，以此逐步规范管理，杜绝因推诿导致道路失管的现象发生。

3. 精养护

针对农村道路养护从业人员水平参差不齐、缺乏规范的现象，结合养护市场化改革工作，会同上海城市建设工程学校，开展面向郊区农村公路、村庄道路养护企业的养护岗位培训。通过专业化培训、颁发岗位证书，农村道路养护市场进一步规范。据统计，今年总计完成 7 期培训，培训达 500 余人次。

4. 创示范

农村道路城乡一体化工作的重点之一就是缩小农村道路与城市道路服务功能之间的差距，从硬件上提升农村道路服务水平。因此，为更好地发挥示范引领作用，我委选取了 5 个镇共 11 条农村公路作为城乡一体化示范路，重点从标志标线、安全保障设施和附属设施着手，提升道路的服务功能和安全水平。

四　加快建设市郊快速轨道交通

上海结合新一轮城市轨道交通网络规划修编，借鉴国际大城市经验，通过利用既有及规划铁路资源、改造既有轨道交通线路和规划新建等多种途径建设市郊快速轨道交通，着力补强本市轨道交通网的快线功能。在重点城镇与中心城区之间建立快速的轨道交通联系，促进郊区和重点地区发展。2016 年，累计推进 46 公里盾构，8 号线三期、17 号线、9 号线三期东延伸三条线路开工建设 27 座车站，9 号线三期东延伸土建结构已贯通。市中心城区到郊区新城的快速轨道交通大部分已经贯通。

五　农林水联动治水使农村水清河通

为全面贯彻党的十八大精神，上海围绕推进城乡发展一体化，以推进农林水三年行动计划和农村生活污水处理为重点，以改善农村水环境面貌为核心，加快项目建设，加强设施管理，推动本市农村水利再上新的台阶。

根据上海市政府关于"农林水联动、田宅路统筹、区域化推进、编制和实施两轮三年行动计划"的要求，市水务局、市农委和市林业局联合组织编制了 2015～2017 年农林水三年行动计划，启动了农林水联动工作。各区县及时启动前期工作，按照"一次规划、分步实施"的要求，以三年为周期，编制了农林水三年行动计划实施方案。按照 2015～2017 年农林水三年行动计划要求，聚焦 16 个重点农业乡镇，实施完成了 4 万亩都市现代农业示范片区水利基础设施建设，结合村庄改造、美丽乡村建设、黑臭河道治理等项目，实施完成了 3 万户农村生活污水的收集处理，实施完成了 150 公里河道整治并启动 150 公里河道整治，实施完成了 2000 公里中小河道轮疏。

上海郊区现有 103 个乡镇，99.2 万户农村住户，每天产生生活污水约 27.3 万吨。截止到 2016 年底，全市累计实施农村生活污水收集处理 48.7 万余户，占全市总户数的 49%。2017 年，全市要完成 6 万户农村生活污水处理项目的任务。截至目前，农村生活污水治理的农户中，已经纳管将近 10 万户，其余 39 万户基本采取就地处理的方式。另外，还有将近 50 万户未实行污水治理，但已纳入规划中。对于农村污水处理装置，上海市水务局采取的措施主要有加强技术审核、加强过程监管、加强建设后的维护长效管理。整个"十三五"期间，全市将结合村庄改造、美丽乡村建设、黑臭河道整治等任务，继续推进 30 万户农村生活污水的收集处理，"十三五"末期，全市农村生活污水处理覆盖率要求达到 75% 以上。以闵行区为例，2017 年该区涉及农村污水收集的工程是 7300 多户，排污水收集支管大概在 500 公里。经过当年的整治，闵行区农村污水的收集率达到 85% 左右，明年还会继续采取对农村污水的收集处理，通过明后两年的收集处理，闵行区基本能够消除农村生活污水直排河道的现象。确保闵行区小河小浜水环境的清洁。

加强管理，持续加强农田水利设施配套建设。2015 年，市相关单位围绕"安全、高效、绿色、生态"的目标，以 3300 亩高水平粮田和 6000 亩设施菜田水利配套为重点，面上持续推进 12 万亩农田水利基础设施配套，点上结合农业生产规模化、专业化、标准化的要求，加强农田水利示范建设，进一步提高农田水利科技含量。结合"美丽乡村"建设和"城乡一体化发展"，实施了 50 个低洼圩区改造和 2 万户农村生活污水处理工程建设。

聚焦重点，有序推进河道水环境"三水"行动。按照推进城乡发展一体化的要求，上海市制定并印发了《关于本市开展河道水环境治理"三水"行动的工作意见》，明确了"洁水""畅水""活水"行动目标任务和措施要求，分别成立了市、区"三水"行动领导小组，建立了"三水"行动工作动态月报制度，积极推进"三水"专项行动。截至 2015 年底，清理河湖保洁盲点 4826 处，打捞河道垃圾 59 万吨，拆除违章搭建 16.4 万平方米，清除违规堆载 1.2 万平方米，清理阻水障碍物 2.4 万处，清理畜禽养殖 1606 户，清理违规停泊船只 114 艘，拆坝建桥 58 座，沟通河道 9 公里，完成中小河道轮疏 1170 公里。

积极推进，不断加强农村水利设施管理工作。一是深入推进排涝设施规范化管理工作。按照《关于开展农田排涝设施规范管理工作的实施细则》的有关要求，各区县全面推进农田排涝设施规范化管理工作。市级水务部门加强对区县规范化管理工作的检查，针对管理中存在的问题，进一步强化指导。二是逐步探索灌溉设施长效管理工作。根据《关于开展农田灌溉设施长效管理试点的通知》，探索本市农田灌溉设施管护体制机制，进一步建立健全农田灌溉设施运行、维修、养护、管理和考核的管理体制和工作机制。同时，编制完成《上海市农田灌溉设施维修养护规程》并征求相关部门及区县意见。

大力推进城乡发展一体化项目。一是全面推进农林水三年行动计划项目实施。围绕本市创建国家级现代农业示范区的目标，以 16 个农业重点乡镇农林水示范项目为抓手，重点实施 2 万亩都市现代农业示范项目建设，面上推进 2 万亩农田水利设施配套建设。二是加快推进农村生活污水处理。2017 年，农村生活污水处理项目被列入市政府实事项目。督促并指导各区结合村庄改造、美丽乡村创建、黑臭河道治理等，在闵行、嘉定、宝山、奉贤、松江、金山、青浦、崇明等区实施 6 万户农村生活污水的收集处理。

加快城乡中小河道整治。围绕 2017 年底"上海所有中小河道、断头河基本消除黑臭状态，水域面积只增不减"的目标，水岸联动，因河制宜，实施471条段631公里城乡中小河道综合整治，全力推进"一河一策"中的水利配套项目，确保2017年底完成631公里的河道综合整治中的水利配套项目建设。

加强排涝设施长效管理。在农田排涝设施长效管理方面，继续坚持"分类指导，逐步完善；引领示范，注重实效；强化制度，确保长效"三个原则，认真落实六个到位，继续稳步推进农田排涝设施的规范化管理工作，研究制定农田排涝设施考核制度，加强检查和监管，确保管养资金安全高效使用。

第八节　推进城乡教育资源一体化

上海积极贯彻国家要求，打破城乡教育分割、分离和分治的状态，促进城乡教育双向沟通、资源共享、优势互补、互动互助，缩小城乡教育差距，持续推动城乡基础教育均衡优质发展，促进城乡教育公平。

一　上海推进城乡教育资源一体化的主要做法

1. 优化基础教育资源配置

一是完善校舍建设标准，加快在城郊接合部配置校舍资源。将区县基础教育基建规划项目实施工作纳入区县政府绩效考核、市政府教育专项督导工作。修订《普通中小学建设标准》及《普通幼儿园建设标准》，根据新情况，明确校舍建设的基本标准，确保校舍建设的规范和适用。围绕"高标准推进上海基础教育均衡发展"要求，立足城乡教育发展特征，在预测人口、产业和城市形态变化的前提下，上海对全市基础教育发展进行科学规划，对中小幼学校进行合理布局，引导城乡教育形成各种特色，促进城乡教育互补互促。"十二五"期间，启动实施基本建设项目807个，其中85%的项目落户郊区。二是完善设施设备配置标准，为郊区农村学校配置设施设备。根据教育改革的新要求，进一步调整学校设施设备配置标准，推进各区县按配置标准配备设施设备，确保城乡统一标准配置实验器材、文体设施、图书资料等。三是完善教师配置标准，为郊区农村地区配足配齐教师。进一步完善中小幼学校的编制标准，确保城乡按统一标准配足配齐教师。

2. 完善教育经费统筹机制

一是坚持对教育经费的"三个统筹",完善教育转移支付拨款机制。按法定要求落实教育经费的"三个增长",进一步优化财政教育经费转移办法,对达到法定增长要求仍不能达到经费配备标准的区县,市级财政通过转移支付加大支持力度,进一步缩小城乡教育经费差距;对市级推进的重大工程,由市级财政列支经费,同时由市教委统筹个别生均教育经费较高区的部分财政教育资金,对口支援相关困难郊区发展基础教育。二是完善教育费附加转移支付使用结构,拓展使用范围与用途。根据《上海市国家教育综合改革试验区建设方案(2014－2020年)》关于"试点拓宽教育费附加使用范围与用途""根据区域教育发展实际,制定地方性的教育费附加管理办法"的要求,将教育费附加使用的范围从义务教育扩大至学前教育、职业教育,投入方向从硬件扩大到软件等。三是建立转移支付资金绩效评估机制,提高资金使用效益。建立与公共财政相适应、以提高教育质量为导向、以强化资金使用效益为核心的绩效评估体系,引导区县科学合理安排使用教育转移支付资金。依托绩效评估结果改进预算管理和经费管理,提高经费使用效益,并完善绩效问责制度。

3. 完善教师队伍建设统筹机制

一是完善农村教师激励机制。完善相关分配政策,对在农村工作教师,按年度给予奖励,稳定农村和崇明岛教师队伍。同时建立绩效激励机制,对在郊区农村工作的名校长名师,由派出区或郊区给予绩效奖励。鼓励郊区探索建立农村教师周转宿舍等,吸引优秀年轻教师安心在农村扎根。二是加强郊区校长队伍建设。鼓励郊区建立跨区选拔、聘用校长机制。为郊区从全市招聘校长创造条件,对愿意到郊区任职的优秀校长在待遇、评优等方面给予倾斜,并在科研、教研等方面给予切实的支持。完善郊区校长培训机制,积极探索建立中小学校长任用、管理、考核的制度和机制,完善中小学校长培养、培训机制。明确校长入职后的再学习要求,鼓励校长自主学习。要给郊区面广量大的普通校长提供更多的培训提高机会,并在经费上予以保障。三是推进名校长名师进驻郊区。在特级教师、特级校长以及中小学正高级教师等事项的评审中,注重申报人员的区域尤其是对农村地区的示范辐射作用，注重专业的影响力。同时在特级教师、特级校长评定中特设流动指标，完善流动机制，鼓励优秀教师校长向薄弱学校、农村学校流动。健全到龄延聘制度，每年选派一批在职或退休特级教师、高级教师和骨干教师到对口农村学校工作。四是建立基础教育初任教师"双证制"，提升郊区农村新进教师质量。健全中小学新任教师规范化培训制度。探索推行初任教师的教师资格证和规范化培训合格证书"双证"注册制度，建立见习教师规范化培训和教育硕士专业学位教育相衔接的教育硕士培养机制，从源头上进一步提高新进教师的师德修养和专业能力。对师范院校或其他高校优秀毕业生到郊区农村学校任教给予一定资助。五是加大对农村教师的培养培训力度。针对农村骨干教师缺乏的现状，对有潜力的农村骨干教师搭建专业成长平台，针对不同教龄骨干教师开展分层培训；针对农村学校英语、科学等学科建设滞后的现状，为郊区英语、科学等领域的教师搭建专业成长平台。针对郊区开展多种培训项目，设立市级教师专业发展评估与监测项目，重点跟踪郊区培训项目的统筹安排和整体布局、测评培训方式和培训内容的实效，通过评估建立郊区教师专业发展项目的预警、诊断、指导机制，及时发现和总结郊区师资建设的经验、积累符合郊区教师专业发展需求的优质教育资源。

4. 聚焦项目推动郊区教育内涵发展

一是继续组织中心城区优质品牌学校赴郊区办分校。做好市实验性示范性高中赴郊区办分校，对整体搬迁至浦东三林的上海师大附中，已经开办的向明中学浦江分校、上海中学东校（临港新城）、上海交大附中嘉定分校、华师大二附中紫竹校区、复旦附中曹路分校、上海师大附中浦江分校等，加大资金和政策支持力度，推进这些分校与总校实行师资统一调配、课程统一管理、考核统一实施，切实通过市实验性示范性高中办分校举措使得郊区居民得到实惠。同时，大力推进复旦附中、格致中学、市二中学、上海实验学校分别在青浦淀山湖新城、奉贤南桥新城、闵行梅陇、崇明陈家镇开办分校工作。推进义务教育和学前教育品牌学校赴大型居住社区、郊区新城等新建公建配套学校、办分校，聚焦规划面积大、入住人口多、社会关注度高的大型居住社区、郊区新城、郊区重点发展镇等地区新建的公建配套学校，组织中心城区选派高水平高质量有特色的义务教育学校和幼儿园办分校。通过中心城区品牌学校向新办分校输入管理团队和优质师资力量，实现郊区新城、大型居住社区等新建公建配套学校的高水平起步，为动迁人口解决适龄子女教育的后顾之忧，为郊区注入优质教育资源。二是继续大力推进郊区农村义务教育学校委托管理。在总结四轮郊区农村义务教育委托管理工作机制的基础上，深入推进实施郊区农村义务教育学校委托管理工作，进一步创新委托管理工作机制，丰富托管实践，拓展托管覆盖面，形成市区量价工作网络和推进机制，提高托管效益。三是建设上海"微校"，向郊区农村教师辐射优质资源。建设上海大规模智慧学习平台（"上海微校"），聚焦优质教与学的数字化资源，支撑城区教师和农村教师备课共享、在线研讨，支撑城区和农村学生自主学习、讨论协作，支撑本市师生之间布置和批阅作业、在线答疑。

二 上海推进城乡教育资源一体化的主要经验

围绕义务教育资源优质均衡发展目标，上海重点在"标准化""均等化"方面做文章。

1. 实施城乡一体化五项标准

全面实施《促进本市城乡义务教育一体化的实施意见（暂行）》，以义务教育资源配置标准化、均等化为目标，实施全市基本统一的义务教育五项标准：围绕满足教育教学的新需求，制定校舍建设标准，全面提升学校功能用房配置，推进学生剧场、室内体育用房建设和改造，统筹规划建设室内游泳池。适应学生培养的新需求，优化设施设备标准，加强学校图书馆、中小学创新实验室和学生公共安全设施设备配置。以互联互通、增进应用为终点，建设信息化环境，提升普通教室信息化配置，建设多功能数字学习中心，配置信息化移动终端。统一城乡教师基本配置标准，完善教师配置制度，均衡配置优质教师，保证教师工资逐步增长。在市级统一制定建设和管理标准的基础上，建立全市统一的教育经费保障最低标准，形成义务教育生均拨款基本标准动态调整机制，健全以区级为主体、市级统筹与区级投入相结合的义务教育投入机制。以"优质导向、专业引领、主体激发、创新驱动"为指导思想，全面推进学区化、集团化办学，推进全市基本形成学区化、集团化办学新格局。按照"办好每一所家门口的学校"要求，实施新优质学校集群发展计划，引领每一所学校在创新发展中走向新优质，创造上海"新优质教育"品牌。改革人才培育模式，实施个性化学程和学分管理，强化高中学生综合素养培育，推进高中特色多样发展。

2. 全面推进学区化集团化办学

以"优质导向、专业引领、主体激发、创新驱动"为指导思想，以体制机制突破创新为着眼点，开展多种形式的联合体办学实践。建设具有学区化、集团化特点和地域特色的优质课程开发、共享、配送机制，探索建立"骨干教师流动蓄水池"，创新学区化、集团化办学理事会制度、章程管理制度、项目责任制、联体评价制等制度，保障学区、集团整体质量提升。开展学区化集团化办学实践研究，研制学区化集团化办学评估指南，形成学区和集团办学的典型经验，不断提升联合体内各校的办学水平。

3. 实施新优质学校集群发展计划

通过新优质学校研究所凝聚100所市项目学校进行新优质学校设计，研制新优质项目学校测评标准。各区组织约250所区级项目学校，聚焦课程与教学、管理与文化、评价与改进等领域的瓶颈问题，组成实践研究团队，推进学校转型发展和内涵提升。创新集群内外学习与展示平台，培育核心经验、提升变革品质、辐射发展成果，培育和壮大新优质学校群，创造上海"新优质教育"品牌。

4. 实施城乡学校携手共进计划

研制城乡学校携手共进计划，推动城乡学校在委托管理、互助城乡项目、跨城乡教育集团、城乡对口办学等方面建立长效机制，促进城乡学校建立宽领域、多渠道、广覆盖的互助合作机制，实现城乡学校可持续、共同发展。

5. 完善多元参与办学服务机制

健全政府补贴、政府购买服务、助学贷款、基金奖励、捐资激励等五项制度。开展民办中小学、幼儿园非营利制度建设，实施分类管理，落实民办学校的办学自主权。深入开展特色民办校、民办优质园创建活动。建立公办学校与以招收随迁子女为主的民办小学协同发展机制，加强以招收随迁子女为主的民办小学督导、教研指导、检查和办学绩效评估工作。完善购买服务机制、公民办学校相互委托管理机制和第三方评估机制。

三　深入推进上海城乡教育资源一体化

近年来，上海通过实施加强教育经费"三个统筹"和义务教育城乡一体化"五项标准"，在加大对郊区教育经费投入支持力度、缩小区域差距等方面起到了积极作用。但由于部分郊区财力有限，教育投入的区域差异依然客观存在，远郊区教师流失、部分区域学校校舍资源结构性短缺、郊区内涵教育发展机制尚待健全等问题一定程度仍然存在。分析原因：一是郊区的部分学校和城区学校之间还存在教育观念的差异，郊区学校在接受最新的思想观念、探索新的育人形态上还存在一定的局限性，在学校发展中的定位有时候会出现一定的偏差；二是郊区有些学校的管理比较粗放，教学过程管理不规范，教师抢课时的现象较严重，郊区学校校本教研的质量要比中心城区低；三是相对于近年来中心城区大规模进行区域共享课程、拓展型课程开发而言，从总体上看，多样的丰富的课程资源还没有能够根植于郊区学校，郊区学生的学习生活较为贫乏，降低了学生在多种活动中发现自己的能力的机会，降低了学生对学校的认同度；四是中心城区有大量校外培训机构，这些培训机构也在一定程度上促进了学生综合素质的提升，而郊区学生综合素质提高的压力主要在学校。

促进城乡教育资源一体化要坚持政策倾斜与自主努力相结合，在转移支付、学校建设项目、教师队伍建设向郊区农村倾斜，优质教育资源向郊区辐射的同时，建立约束与激励并举的郊区自主发展机制；坚持硬件建设与内涵发展相结合，既要进一步加强教育硬件资源的配置，也要更加重视软件资源的建设，提高郊区课程建设、师资队伍和管理等软件水平；坚持政府履职和学校发展相结合，在政府履行公共服务职能基本到位的前提下，建立激励与约束并举的学校自主发展机制，以及政府托底机制；坚持共同要求与特色彰显相结合，在不抹杀城乡教育各自的特色与优势的基础上，考虑城乡教育在基础、条件和需求上的差异，鼓励区和学校根据自身实际，创造性办出符合自身特点的教育。

第九节　统筹城乡医疗卫生事业均衡发展

长期以来，上海高度重视发展郊区医疗卫生事业，不断缩小城乡差距，促进城乡一体化。

一　上海推进医疗卫生城乡一体化的主要做法

1. 公共卫生方面

上海连续实施四轮公共卫生体系三年行动计划建设，郊区公共卫生设施和服务能力得到普遍改善。通过市郊联动，上海加强公共卫生优质资源向郊区辐射，明确危重孕产妇抢救、危重新生儿抢救、脑卒中救治等各市级会诊中心与郊区的抢救网络对口关系，提升郊区县的救治能力。以郊区居民为主要服务对象，实施了农村妇女"两癌"筛查、农村孕产妇住院分娩补助和增补叶酸等国家重大公共卫生服务项目。上海将国家给予本市的基本公共卫生服务补助资金在分配上向郊区倾斜，各郊区每年多获得200万～300万元用于开展基本公共卫生服务。

2. 医疗服务方面

一是标准化的基层卫生服务网络已经覆盖城乡。目前郊区乡镇卫生院全部改建成标准化的社区卫生服务中心、完成了所有村卫生室的标准化建设，改善了郊区居民的基层就医环境。推进社区中医药服务标准化建设，全市社区卫生服务中心均规范开展中医药相关服务。二是城区优质医疗资源在郊区落户。十多年来，上海相继完成了仁济医院东迁浦东新区、曙光

111

医院迁建浦东张江地区、市一医院部分迁建松江新城、儿科医院迁至闵行区等工程；同时实施"5＋3＋1"工程，在浦东新区引入长征医院、市六医院，在嘉定区引入瑞金医院，在闵行区引入仁济医院，在宝山区引入华山医院，青浦区中心医院、奉贤区中心医院、崇明区中心医院通过加强建设并按标准评审达标后被提升为三级乙等医院，迁建金山医院，9家医院除长征医院外，均已建成并投入运营；"十三五"期间进一步加大对郊区医疗服务能力建设的投入，包括推进国际妇婴保健医院奉贤分院的建设、建设市六人民医院东院、瑞金医院北院、仁济医院南院、华山医院北院科研综合楼，提升郊区三级医院科研能力。三是加大城区优质医疗资源对郊区的支持。市级大医院与郊区医疗卫生机构结对挂钩，实施对口支援。全市三级甲等医院大多与郊区的医疗机构组建了医疗联合体，输出管理、品牌、人才和技术。实施健康信息网工程，已经实现市区两级平台、近600家医疗卫生机构的互联互通，为城乡、各级医疗服务的联动进一步创造了条件。

3. 医疗保障方面

整合城乡居民基本医疗保障制度，新农合与居民医保并轨，将城乡居民纳入统一制度框架；将本市被征地人员纳入职工基本医疗保险，与城镇职工享受同等待遇。

4. 卫生财力投入方面

近年来，无论是按总量还是按人均分析，郊区卫生事业费投入都逐年上升，政府对郊区的卫生投入力度持续加大。尤其在总量上，郊区卫生事业费的增长速率高于中心城区。然而，由于人口大量导入，一旦摊薄到人均卫生事业费，尽管郊区也在增长，但增长速率不及中心城区，且差距有拉大趋势。

5. 人才队伍建设方面

近年来，本市采取了一系列针对性的举措充实郊区卫生人才队伍。一是在编制上给予倾斜，明确郊区社区卫生机构人员编制可在基础编制上根据情况予以10%的增加。二是安排城市卫生技术人员到基层卫生机构定期工作。规定本市卫生专业技术人员晋升副高级专业技术职务之前必须到农村和城市基层卫生机构定期工作半年，其中到农村医疗机构定期工作的人员原则上不少于派出人数的 2/3。三是稳定乡村医生队伍。解决了乡村医生的养老、公共卫生服务补助问题；定点培养大专学历乡村医生，并探索将定向培养取得执业助理医师资格的乡村医生纳入社区卫生服务中心编制管理。四是通过住院医师规范化培训，实现城乡医师培养渠道的一体化。自 2010 年以来，本市在全国率先实施了住院医师规范化培训，大学临床专业本科毕业生进入全市统一认定的培训基地培训三年后再到全市各医疗机构就业，一定程度上保证了城乡医师具有相同的执业起点水平。

二　上海改善郊区医疗卫生条件的主要经验

第一，规划先行，推动基础医疗卫生服务资源均衡布局，提高基本医疗卫生服务可及性。2012 年，市政府出台《区域卫生规划（2011 - 2020 年）》，明确了区域医疗中心、社区卫生服务中心、康复机构、医疗护理机构等基础医疗服务网络的均衡布局要求，包括 30 万 ~ 50 万人设置一家区域医疗中心、5 万 ~ 10 万人设置一家社区卫生服务中心等，并明确政府承担对基层医疗服务网络的托底责任。针对历史原因形成的城郊间卫生资源配置的差异问题，区域卫生规划明确提出，推动资源向卫生资源短缺地区转移，同时还明确提出，中心城区三级医院床位原则上不再增加。中医领域，重点支持崇明、金山等偏远郊区中医医院能力建设和基层中医药服务人才队伍建设。在市级层面区域卫生规划的基础上，各区制定实施方案。随着区域卫生规划的实施落地，郊区农村居民就医的可及性将会进一步提高。

第二，政策支撑，加大卫生人才队伍建设力度，提高郊区岗位吸引力。完善住院医师规范化培养政策，将住院医师规范化培训作为全市医疗临床人才培养的主渠道；规范开展郊区定向培养全科医师、乡村医生等工作，制定乡村医生订单定向培养计划，缓解郊区医疗卫生人才短缺问题。加大市区政策联动，在发展机会上向郊区倾斜，调整卫生事业单位专业技术中高级岗位结构比例，提高基层卫生机构中高级岗位比例，对长期在郊区社区卫生服务机构工作的卫生人员，职称评审政策向其倾斜，同时，探索建立远郊地区固定服务期限的鼓励政策。

第三，规范管理，促进基本卫生服务均等化。制定社区卫生服务规范，出台《上海市社区卫生基本服务项目目录》，制定社区卫生基本诊疗、公共卫生、社区康复、社区护理、家庭医生、上门服务、社区检验等服务规范，使居民无论身处城或乡，都能享受到统一的、规范化的基本卫生服务。

第四，分工协作，改善郊区居民看病就医体验。依托体制机制创新和信息化手段，充分发挥价格政策、医保支付等经济杠杆调节作用，建立医院与基层卫生机构的分工协作机制，推进家庭医生和居民的签约服务。一是深化区域医疗联合体试点，优化联合体内部功能分工，实行急慢病分治，构建治疗—康复—护理服务链。二是做实家庭医生制度，采取签约服务、团队服务的方式，提供防治一体、全程连续的健康管理服务，建立与责任履行相应的薪酬激励机制。部分区制定出台了镇村卫生服务一体化管理文件，100家村卫生室将乡村医生作为家庭医生助手，开展家庭医生团队服务。三是加大医院对基层卫生机构的支持力度，建立区域性实验室诊断、影像诊断中心，为区域内各级医疗机构提供技术支撑和集约化服务，建立上级医院与基层卫生机构之间便捷的转诊通道，上级医院预约诊疗平台资源优先向家庭医生开放。远郊社区卫生服务中心，通过与二级医院的联动形式，适当增加服务内容和医疗功能。同时，通过家庭医生加强对农村居民的健康管理，帮助确有需要的居民到上级医院就医，改善远郊居民就医体验。

第五，加大投入，建立向郊区的倾斜机制。加强对郊区卫生事业发展的财力支持，加强市级财力对全市资金的统筹平衡能力，加大对财政困难郊区的倾斜和转移支付力度。一是明确基本医疗卫生服务的支出标准，建立按服务人口、卫生工作的数量和质量拨付经费的机制；二是在建立卫生经费支出标准的基础上，对卫生经费支出实施"三个统筹"，即统筹分解落实各区财政卫生支出目标、统筹安排市对区财政卫生转移支付、统筹个别卫生人均经费较高区的部分财政卫生资金；三是进一步明确各级财政卫生资金专款专用，并保证一定增长比例。

三　上海进一步改善郊区医疗卫生条件

在城乡发展一体化进程中，上海积极推进郊区医疗卫生事业的发展，促进城乡差距的缩小，但郊区发展基础差、历史欠账多的现象在一定程度上仍然存在。主要表现在：一是郊区卫生资源配置水平与中心城区仍存在差距，郊区常住人口占全市的 70%、区域面积占全市的 96%，但医疗卫生机构床位数占比不到 50%。二是人口导入带动郊区卫生事业建设压力进一步加大。郊区大型居住社区和郊区新城的建设，带来了大量人口导入，也带来了医疗卫生机构配套建设的压力。三是郊区与中心城区卫生财政支出不平衡。郊区由于地域广，部分在中心城区无须设立的区级机构在郊区需单独设立，区镇级财政相对于中心城区支出项目增加。郊区由于建设欠债较多以及人口导入等因素，新建医疗卫生机构的任务较重，导致建设和运营经费大量增加。四是郊区卫生人力资源配备不足。郊区普遍存在卫生人力缺口大、人员流失严重等情况；郊区尤其是农村地区由于收入水平相对低、生活环境相对差、发展机会少，在吸引人才上缺乏竞争力，卫生人力紧缺、源头补充不足已经成为制约郊区卫生事业发展的瓶颈问题之一。

"十三五"期间，上海要进一步优化城乡医疗卫生资源合理布局，以服务半径和服务人口为依据，完善基层基础医疗服务网络。根据郊区人口导入情况，增设社区卫生服务分中心、社区卫生服务中心或区域医疗中心。进一步加大郊区和农村卫生人才队伍建设力度，定向培养郊区和农村全科方向医学生，通过提高远郊和农村地区医务人员收入分配统筹层次、设立岗位津贴等形式，提高相关医务人员收入待遇和职业吸引力。发挥市级医学中心学科引领和技术辐射作用，与郊区区域医疗中心建立有效的合作机制，带动提升郊区医疗服务水平。

第十节　迈向城乡一体化的农村社会保障

新中国成立以来，我国城乡面貌发生了翻天覆地的变化，人民的生活水平得到了极大提高，但是由于长期以来受城乡二元结构的影响，在相当长一段时间内，城乡居民的收入差距没有得到根本改变。在农民看来，城乡差别体现在社会保障上而且特别明显：城市居民有养老金和医疗保障，而农村居民什么都没有，老年农民的养老主要靠家庭赡养。农民要解决社会保障问题，唯一的办法是改变身份，把农民的身份变为城市居民。一个时期以来农民把改变自己身份，追求城市社会保障作为自己终身奋斗目标。

一　农村养老保险的起步和探索

改革开放以后，上海郊区开始探索建立农民社会保障制度，但是基本处于单一的、低水平的养老保障探索阶段。到了 21 世纪初，特别是党的十七大提出城乡一体化发展之后，上海农村的社会保障发展开始进入快车道，并进入体系建设发展阶段。上海农村养老保险开始是有点自发性质，20 世纪 80 年代，随着改革开放的深入，乡镇企业异军突起，上海郊区农村集体经济快速发展，郊区农村一些经济比较发达的乡镇，如嘉定县的马陆镇、南翔镇，奉贤县的青村镇等开始考虑自筹资金搞农村社会养老保障，通过乡镇企业单位和职工缴费筹措资金，以乡镇为单位建立农村养老保险试点。1986 年 3 月，全国人大六届四次会议审议批准了国民经济"七五"规划，明确提出要抓紧研究农村社会保险制度，并根据各地的发展情

况进行具体研究。上海这些先行乡镇的探索和试点引起了领导部门的重
视，1987 年，国家民政部领导到嘉定县的马陆镇、南翔镇调研，召开座谈
会，并要求进一步规范和深化试点工作。上海市政府根据国务院要求，确
定由市民政局、市农委和部分专家组成《上海市农村社会养老保险制度改
革》课题组，并结合上海的特点，初步拟定了上海农村社会养老保险试点
方案，并继续在嘉定县马陆镇、南翔镇试点，并于 1991 年底在嘉定全面推
广。1992 年 8 月，在嘉定试点的基础上，经市政府批准，由市民政局、市
农委、市财政局、市体改委、市劳资委等部门联合下发了《上海市农村社
会养老保险制度的试点基本方案》，据此上海郊区各区县全面开展了试点
工作。1996 年，上海市人民政府正式颁发《上海市农村社会养老保险办
法》，并在 1996 年、1997 年两年，把该项工作作为市政府实事工程，使这
项工作在郊区农村全面推进。上海农村养老保险（简称农保）工作经历了
试点、扩大、全面推进几个阶段，参保人数从试点时的 20 万人，发展到
2003 年高峰期的 164 万人。到了 2006 年，上海郊区领取农村养老金的人
数为 25.54 万人，月平均养老金水平为人均 127 元。

上海农村养老保险是乘着党的十一届三中全会改革的东风，在乡镇企
业异军突起，农村集体经济飞速发展情况下发展起来的，它的基本制度实
行的是以劳动者自我缴费积累为主，企业集体补贴和互济为辅，以社会保
险与家庭养老相结合。乡镇企业职工一般以工资总额的 15% 缴纳养老金，
企业缴费不低于个人缴费的 40%；其他参保人员按上年度劳动力平均收入
的 5% 缴费。因此，农村养老金的发放也按照务工、务农两个标准发放。
由于农村养老保险在这一段时间内都是以乡镇为单位统筹，一些经济比较
发达的乡镇还拿出了一部分以工补农资金补充到养老基金内。因此，各区
县和乡镇对退休农民的养老金发放差异也比较大：到了 2006 年，近郊地区
的乡镇务工人员的每月养老金发放已达到 200～300 元，有的甚至还要高一
点。一般区县仍停留在 100 多元或者几十元。其中，养老金水平最高的是
闵行区，人均每月 289 元；最低的是崇明县，人均每月 52.3 元。务农人员
最低的区县养老金发放每月只有 5 元。

上海是全国第一个建立农村社会养老保险制度的省份，虽然这一制度
在刚刚建立时还不完善，保障水平比较低，但广大农民还是比较欢迎的，

因为农民养老的体制有了变化，农民的养老已经从家庭赡养转变为社会保障养老。农民从这种变化中看到了希望，农民以前是祖祖辈辈养儿防老，如今他们梦寐以求的社会养老保险制度终于得以实现。

二 建立广覆盖、多层次的农村社会保障体系

（一）100多万失地农民进入社会保险

21世纪以来，中央对"三农"工作的力度加大，实行"多予、少取、放活"的政策方针，开展了农村税费改革，出台了许多惠农强农政策，增加了对"三农"的各项扶持措施，促进了农业和农村经济社会的快速发展。根据中央的精神，上海在围绕城乡一体化推进过程中，出台了许多破除城乡二元结构、促进农村新发展、增加农民收入等方面的新政策，其中开展农村社会保障体系建设，是这一阶段郊区农民得到实惠最多的政策之一。

据不完全统计，到2003年底，上海郊区共征用土地177万亩，涉及失地农民170万人。其中办理农转非户口的农民103.4万人（劳动力70.56万人，养老人员32.84万人）；另有70.56万人为用地后失地农民，户籍没有农转非。随着养老金逐步上涨和养老人员平均寿命的提高，征地单位一次性上交给当地乡镇统筹金缺口扩大，又加上各乡镇的财政情况不一样，一部分财政情况比较困难的乡镇开始出现拖欠被征地农民养老金现象，解决失地农民社会保障的矛盾日益突出。

还有已经进入外资企业以及多种所有制企业的郊区农民工，其社会保障金的缴纳情况也不一致，企业为了降低商务成本，一般参加农村养老保险，缴纳农村养老保险金。于是在一些外资企业，也出现一个企业两种制度，即城市户籍的职工缴纳城市养老保险，农村户籍的职工缴纳农村养老保险。

在这种错综复杂的情况下，上海亟须从全市角度对农村养老保险政策进行统筹研究，解决几个相关的重大问题：一是上海郊区农村工业化、城镇化和农村现代化及农村经济已经发展到了相当水平，而农村的社会发展

相对滞后，农村的社会保障体制建设亟须全面提升。二是上海的社会保障体系建设需要提高层次，不能继续由各乡镇统筹，应该按照城乡一体化的要求逐步由市和区级统筹。三是农村养老保险不能停留在原来有缴费能力的人群，而是应该对农民全覆盖。

解决这些问题的时间和机遇终于到来：2004 年之后，党中央连续每年都发 1 号文件，提出了新农村建设、破除城乡二元结构、推进城乡一体化等一系列决策和意见。上海市委、市政府在贯彻落实中央精神的同时，研究了加快推进农村社会保障体系建设原则意见：上海郊区应该建立广覆盖、多层次的社会保障体系，按照当时上海郊区的经济发展水平，提出对失地农民和农村务工人员的社会保障，应该新建一种介于城市和农村中间的社会保险；另外需要进一步研究提升现有农保水平；对农村的无保人员要研究最低生活保障线和托底保等多层次的社会保险制度，实现广覆盖。

经过研究，针对失地农民和农村务工人员的社会保障，根据中共中央、国务院《关于促进小城镇健康发展的若干意见》（中发〔2000〕11 号）中积极探索小城镇社会保险的精神，上海提出新建的一种社会保险，定名为小城镇社会保险。

上海从 2002 年开始探索小城镇社会保险，2003 年颁布了《上海市小城镇社会保险暂行办法》，从此，拉开了农村社会保障体系建设序幕。小城镇社会保险的建立，在上海农村社会保障体系建设中，具有里程碑的意义：第一，它是第一次对郊区农民建立的全市统筹的社会保险，安全性可靠性强，参加小城镇社会保险的农民退休后，可以依靠上海市社会保障局统一发放的社会保险卡到银行直接领取养老金，解决了原来统筹层次低且多元，容易拖欠保障金的现象。第二，强制性，小城镇社会保险对失地农民实行强制参保，由征地单位和农民土地补偿金中扣缴，对已经征地的农民则由政府和农村集体经济组织帮助，另外从留给农村集体经济组织的土地补偿金中补缴一部分，短短几年之内，就解决了上海郊区 100 多万失地农民的社会保障问题。第三，在郊区农村建立了城乡一体的社会养老保险机构，原来只建在城市街道的社会保障中心，在推进小城镇社会保险中延伸到了每个乡镇。在小城镇社会保险推进阶段，市政府建立了"上海市镇保工作协调推进联席会议"制度，由市政府分管副市长负责，市劳动和社会保障局、市农委、市医疗保险局、市房土局、市财政局组成联席会议办公室。

实施小城镇社会保险，不仅解决了郊区的失地农民和务工农民参保问题，而且解决了农村中的许多历史遗留问题，如"小城镇户籍"人员、"自理口粮户"人员、按规定办理各类家属"农转非"人员、"农来农去"人员、郊区渔业村队"社（人民公社）统销"户籍人员、青浦等太浦河开挖失地农民参加镇保问题等，都是在推进小城镇社会保险中，各区县提出来的比较难处理的问题。这些问题社会各界关注度高，市政协也有不少这方面的提案。根据小城镇社会保险的政策要求，上海有关部门在平衡各类人员之间利益关切点后，本着既要解决历史遗留问题，又不能引出新的矛盾原则，在反复听取各区县和有关乡镇意见基础上，制定了相关政策，解决了涉及几十万人的历史遗留问题。

（二）加快郊区农民社会保障体系建设

小城镇社会保险推出后，上海农村的社会保险进入了广覆盖、多层次的体系建设阶段。

1. 农保提升为新农保

2003年上海推出小城镇社会保险办法后，解决了被征地失地农民和郊区农民在企业中的从业人员社会保险问题，农保参保人员逐步回归到务农农民。为此，农保参保人数急剧下降，从2003年的169万人下降到2009年的72万人，净减近100万人。

2. 农村最低生活保障制度进一步完善

1994年上海建立农村居民最低生活保障制度，1997年实施《上海市社会救助办法》，进一步规范了农村居民最低生活保障制度。2001年，将郊区原来分近郊、远郊、海岛三条最低生活保障线标准归并为全市农村统一的农村居民最低生活保障标准。2005年，又进一步提高了郊区农村居民最低生活保障标准，缩小了与城市居民的差距。农村与城市居民按1：1.5的比例实行城乡联动机制，城市居民最低生活保障水平提高，农村居民也按比例提高。2005年，郊区最低生活保障的标准已经调整到年人均2560元，全郊区享受最低生活保障救助的对象有9万多人，年人均救助额为

1069.9 元。

3. 新增了老年农民养老金托底保障

在实行以上三个层次的养老保险后，郊区农民社会保障基本上已经达到"应保尽保"了，但低收入家庭、贫困家庭、老年务农无收入家庭保障水平仍然较低。郊区农民享受最低生活保障救助的计算办法是以家庭（包括儿子家庭）为单位计算的，一般一对老年夫妇如果生了两个儿子，基本上是享受不到最低生活保障救助的。笔者在崇明县调研的时候就碰到过一条腿已伤残的老年农民，由老伴用劳动车推着来反映，他们生了两个儿子，都在务农，家庭也比较困难，老两口已超过退休年龄，而且已丧失劳动能力，但由于最低生活保障救助计算时把两个儿子家的收入也算在内，他们享受不到。另外，还有一些长期务农的老年农民，由于自己无法缴纳农保费，退休后只能享受到每月 5 元左右的退休金。了解到这种情况之后，笔者积极向领导反映，并且把苏州昆山市建立农民养老金托底保障经验写成专题报告送呈市领导，得到了市委市政府领导的重视和支持。2004 年，经市领导同意，由市农委会同财政局、市劳动和社会保障局颁发了《关于提高本市老年农民养老水平的实施意见》，决定从 2004 年 1 月 1 日起，凡具有本市常住户籍，年满 65 周岁（含 65 周岁）以上的农业人员，每人每月实际领取养老金低于 75 元的提高到 75 元，差额部分由市、区两级财政补贴。到 2006 年，全市共有 22.72 万人享受老年农民养老金托底保障。2007 年，农民的托底保障养老金又提高到每人每月 85 元。各区县对建立农民托底保障的积极性很高，事实上，农民的托底保障金又提高到每月 85 元后，只有财政条件较差的崇明县按 85 元标准发放，其他区县都提高发放标准，最高的浦东新区和嘉定区达到每月 190 元。一些老年农民拿到托底保障养老金后高兴地说："共产党又给我多生了一个儿子，有了老年农民养老金托底保障后，我们可以放心地安度晚年了。"

通过以上措施，到 2009 年上海郊区农村户籍人员养老保障覆盖率已经达到 98%。

（三）新型农村合作医疗添保障

合作医疗是农民的基本医疗保障制度，上海农村合作医疗创始于 1958

年，是全国最早建立合作医疗制度的地区之一，至今已经有接近60年的历史。合作医疗发展到21世纪初，遇到了三大问题：一是合作医疗筹资水平低，特别是1996年郊区乡镇集体企业改制后，原来主要依靠农村集体经济组织提供合作医疗基金的渠道受到影响，筹资难、水平低，跟不上农民对医疗保障日益增长的需求；二是乡村医生待遇低，人员老化、后继乏人；三是管理层次低、就医环境差。当时，中央也提出了要求，要在全国加快推进新型合作医疗建设。在市委市政府的重视下，经过市农委和市卫生局的多方努力和协调，基本解决了长期以来，困扰上海郊区农村合作医疗发展的这三个问题：一是政府加大扶持力度，进一步提高筹资水平，并建立了新型合作医疗筹资的长效机制，即加大政府扶持力度，继续发挥农村集体经济组织和相关组织作用，确保农民个人缴费同步增长。规定农民个人缴费按不低于当地当年农村人均纯收入2%水平，区县两级政府的扶持资金按农民个人缴费1:1配套。而且随着每年农民人均收入提高，建立按规定比例逐年增长的长效筹资机制。同时继续发挥农村集体经济组织在筹资中的作用，民政、慈善基金会、残联等组织继续对农村困难群众参加合作医疗给予补助。2004年，郊区257万农业人口中，有234万人参加了合作医疗，参保率为91%。加上参加其他医疗保险的人数，农民获得医疗保障的比例达到99.12%，基本做到"应保尽保"。二是加强了乡村医生队伍建设，74%的乡村医生获得了执业医师或助理执业医师资格，21%获得乡村医生执业注册资格。更为重要的是，解决了农村合作医疗乡村医生的小城镇社会保险，稳定了队伍，人心大快。三是加强了农村合作医疗卫生室的标准化建设，2006年有300所村卫生室标准化建设列入市政府实事工程，并用三年时间完成了全市1000所村卫生室标准化建设。加强了农村新型合作医疗的管理体系建设，建立市合作医疗管理办公室，区县完善了合作医疗管理委员会，加强了对合作医疗制度建设，建立了资金的监督管理制度，使上海郊区新型合作医疗制度走上了规范化、制度化的可持续发展道路。

三 迈向城乡社会保障一体化

21世纪以来，上海和全国一样，在推进农村改革，围绕破除城乡二元结构，构建城乡一体化的体制机制方面做了大量突破性的工作。但是，上海在农村社会事业发展中，率先破除城乡二元结构，建立农村社会保障体系，是具有里程碑意义的探索，并对全国建立城乡一体的社会保障体系产生了重要影响。但是，一项突破性的工作也不可能从一开始就做得十全十美，随着经济社会的发展，时代的进步，原来不具备的条件现在已经具备，原来办不到的事情现在能够办到了，如小城镇社会保险的实施，在体制机制上解决了农民进入全市统一的社会保障体系问题，在当时为建立上海农村社会保障体系做出了很大贡献。可是，小城镇社会保障的水平仍与城镇社会保障有很大差距。

从 2010 年以来，上海在推进城乡一体化的城乡社会保障方面又取得了许多突破性的进展，加快了城乡社会保障一体化体制建设的步伐。

（一）推进城乡一体的社会保险制度并轨

第一，停止执行小城镇社会保险制度，农村参保人员统一纳入国家社会保险制度体系。2017 年上海市十四届人大常委会第三十五次会议表决通过，上海将停止执行小城镇社会保险制度，小城镇社会保险参保人员将纳入国家社会保险制度体系。从此，上海郊区农民可以与城市居民一样享受城乡统一的社会保险待遇。

第二，农保与"居保"并轨。

从 2014 年起，对农村农业从业人员实行了多年的农村社会保险，与城镇居民的"居保"并轨。

第三，完成"综保"与"城保"制度并轨。根据国家《社会保险法》《城镇企业职工基本养老保险转移接续办法》的要求，用五年时间过渡，完成本市外来从业人员综合保险制度与本市户籍城镇职工保险制度的并轨。

第四，建立城乡统一的居民医疗保险制度。在实现新型农村合作医疗制度市级统筹的基础上，上海按照"统一对象范围，统一筹资标准，统一医保待遇，统一经办服务"的目标，2016 年合并实施城镇居民基本医疗保险制度和新型农村合作医疗制度，实施《上海市城乡居民基本医疗保险办法》，建立城乡统一的居民医疗保险制度，实现城乡医保制度的并轨，是全国首个实现城乡居保和医保制度统一的省份。在此基础上，上海进一步提高本市城乡居民医疗保险的保障水平。

第五，完善调整被征地人员参加社会保险制度的办法。上海市实施《上海市被征收农民集体所有土地农业人员就业和社会保障办法》，新被征地人员和已经参加小城镇社会保险的被征地人员的社会保障，将整体纳入国家基本社会保障制度，同时进一步提高保障待遇水平。

（二）构建城乡一体的社会救助体系

构建以最低生活保障、特困人员供养为基础，支出型贫困家庭生活救助、受灾人员救助和临时救助为补充，医疗救助、教育救助、住房救助、就业救助等专项救助相配套，社会力量充分参与的城乡一体社会救助体系。逐步扩大社会救助覆盖范围，2015 年，全市城乡低保标准实现一体化，2016 年 4 月 1 日实施调整全市低保、特困人员供养标准的方案，从2016 年 6 月 1 日起实现了帮困粮油制度的城乡统一，完善城乡居民申请社会救助经济状况认定标准，提高精准救助成效，切实保障城乡困难群众基本生活。构建与全面建成小康社会相适应的社会福利体系和慈善事业。推进城乡无障碍环境建设，进一步加强残疾人就业服务。

（三）加大促进离土农民就业工作力度

完善城乡劳动者平等就业制度，保障城乡劳动者平等就业权利。推进落实"离土农民促进就业专项计划"，建立离土农民信息库及动态跟踪机制。加强覆盖城乡的公共就业创业服务体系建设，完善城乡统一的就业失业登记管理制度。鼓励各地区因地制宜开发一批岗位容量大的市场化就业项目，拓宽离土农民的就业渠道，促进农村富余劳动力有序转移。进一步加大就业服务指导力度，有针对性地强化对离土农民的职业技能培训。加大对农村就业困难人员的扶持力度，通过完善失业保险参保及待遇享受制度、实施统一的鼓励创业带动就业机制、扶持就业困难人员就业和职业技能培训补贴等政策，出台面向农村富余劳动力的跨区就业补贴和低收入农户就业补贴政策，努力探索形成促进离土农民就业的多层次、全方位的政策服务体系，使离土农民就业环境明显改善，保障水平大幅提高。

第十一节　建设与国际大都市相适应的
都市现代农业

上海特大型城市郊区农业在全市经济中的比重虽然不到1%，但是，都市郊区的农业及其生态资源、绿色环境是这座特大型城市不可或缺的基础性和战略性产业。早在20世纪90年代，市委就把郊区农业定位于现代都市型农业，并按照中央要求，着力推进上海率先实现农业现代化。市委、市政府实施了一系列强农惠农政策，使郊区农业发挥了重要的菜篮子、米袋子作用，城市生态平衡作用，承接城市产业转移的作用。进入21世纪以来，特别是党的十八大以来，按照习近平总书记关于"三农"工作的新思想、新理念、新要求，围绕上海建设"四个中心"和世界级城市的目标，上海坚定不移推进创新驱动、转型发展，走中国特色、时代特征、上海特点的都市型现代农业之路；坚定不移按照城乡发展一体化战略，深入进行农业供给侧结构性改革，努力使农业成为适应都市新发展、满足市民新需求、符合市场新规律的新型产业；坚定不移深化农村改革，稳定完善农村基本经营制度，积极培育和发展新型农业经营主体，促进农业规模化、集约化经营；坚定不移走科技兴农之路，拓展都市农业多种功能，大力发展高效生态、绿色优质农业，全面提升农业为城市服务的水平，为提高农业的经济效益、社会效益和农民增收做出新贡献。上海都市农业正按照中央和市委、市政府的要求，砥砺奋进，开拓创新，加快实施"十三五"农业发展规划，至2020年全面实现农业现代化。

一 依托上海大都市优势，加快农业现代化进程

上海是一个拥有 2400 多万人口的特大型国际城市，也是我国农产品消费最大的城市。同时，上海作为特大型城市也具有科技、市场、人才、资金等多种优势。郊区作为上海都市经济社会的辐射带，其都市农业的发展受到巨大的推动作用，主要表现在，郊区依托上海城市大工业和科研机构、高等院校等，努力加快用现代工业和现代科技改造农业，提高农业现代化生产水平；依托上海大市场，构建农产品市场流通体系，推动农业产业化经营；依托上海资本市场和农业科技、经营人才，形成农业新型经营主体，成为农业现代化的新动能。因此，进入 21 世纪以来，上海农业现代化取得了新的成果。

（一）农业综合生产力水平进一步提高

农业综合生产力水平主要是指农业资源利用率、土地产出率、劳动生产率以及农产品加工率。2016 年，全市粮食播种面积 210.2 万亩次，粮食总产量达到 99.5 万吨。全年蔬菜供应充足，累计完成蔬菜播种面积 148 万亩次，"夏淡"期间绿叶菜种植面积保持在 21 万亩以上；地产蔬菜日均上市数量 7700 吨，绿叶菜日均上市数量 4100 吨。落实养殖业布局规划，郊区畜禽养殖业减量提质，全年本市生猪累计出栏 251 万头，家禽累计出栏 1746 万羽，鲜蛋累计产量 4.35 万吨，鲜奶累计产量 36.37 万吨。水产品产量总体保持稳定，全市水产品总产量为 29.73 万吨。切实抓好农产品质量安全工作，农产品抽检合格率不断提升，"三品一标"认证率达到 72.8%，上海食用农产品质量安全状况保持较高水平，总体可控，趋势向好。重大动物疫病防控和屠宰监管扎实开展，全年无重大动物疫病疫情发生。农业科技进步贡献率达到 60% 以上。设施农业覆盖率达到 60%，主要农作物耕种收综合机械化率为 72%。累计建成设施粮田 129.8 万亩、设施菜田 17.25 万亩、建成标准化畜牧养殖基地 120 家、标准化水产养殖基地 2.7 万亩和区域特色农产品基地 31 个。

（二）农业组织化规模化取得新进展

本市从 2009 年以来，开展稳定完善农村土地承包经营权工作，至 2016 年底，通过确权确地、确权确利，完善了二轮延包，新版土地承包权证发放率达到 99% 以上；在涉农乡镇先后建立了 74 家土地承包经营权流转管理服务中心；在 8 区 1 县建立了土地承包仲裁机构。同时还建立了土地承包、流转、仲裁网络化监管平台。

目前，全市土地流转面积达到 150 多万亩，规模经营面积占 70%。2003 年以来，本市着力推进农业组织化工作，至 2016 年底已累计组建家庭农场 4243 户，其中粮食生产家庭农场 3990 户。粮食生产全程机械化进程进一步加快，综合机械化率 87%；组建各类农民专业合作社 3000 多家、农业产业化龙头企业 402 家，合作社和龙头企业共带动农户 30 多万户，农业组织化水平达到 62.5%。农业组织化呈现多种形式，形成了以松江为代表的粮食家庭农场，以宝山、嘉定为代表的村办集体或合作农场。农业产业化得到较快发展。

（三）深化农村改革 促进农民增收

2003 年以来，本市着力推进农村集体经济组织产权制度改革，至 2016 年，全市已累计完成改制 1621 个村，占全市 1677 个总村数的 96.7%。镇级改革方面，全市共有 28 个镇正在推进改革，累计完成改制 25 个镇。闵行区农村集体资产股份权能完善工作的试点获得新突破，闵行区政府制定了《村集体经济组织股权管理暂行办法》，相关做法得到中农办、农业部的充分肯定。大力促进农村集体经济发展，制定了《关于新形势下促进农村集体经济转型发展的指导意见》。稳定完善农村土地承包关系，继续做好确权登记颁证的扫尾工作。全市已有 1068 个村基本完成确权登记颁证工作，占全市应开展登记总村数的 99.2%，全市农户确权登记率达到了 99.2%。

通过深化农村改革，采取综合措施，挖掘内外潜力，持续促进农民增收。2016 年上海农村居民家庭人均可支配收入达到 25520 元，同比增长 10%。同时，扎实推进农村综合帮扶工作，提前完成本轮农村综合帮扶项目申报，全市 5 个受援区共申报 21 个项目，项目总投资 33 亿元，涉及市级专项资金 9.96 亿元。全市 38 家帮扶单位捐赠资金全部到位。

（四）现代科技成为农业现代化的强大推动力

上海依托特大型城市优势，农业科技创新和推广历来走在全国前列。早在 20 世纪 90 年代，上海就实施了种子工程、温室工程、生物工程和绿色工程，从荷兰、以色列引进了 15 公顷智能化温室，建立了种质资源基因库和动物胚胎中心，获得一批自主知识产权和国内外领先的科技成果。逐步形成了以市农科院为中心，区县农技推广站为枢纽，各专业研究所和农业合作组织为承接基地的农业科技创新推广体系。以设施粮田、设施菜地为标志的农业设施装备现代化进入新的发展阶段。进入 21 世纪以来，上海以农业标准化为抓手，农业品牌化、技术推广、检测检验、质量认证、执法监督和信息网络等六大体系建设稳步推进，本市良种覆盖率已达到 90% 以上，全市农产品质量安全监管体系基本形成。"十一五"以来，各类农产品认证总数达到 2095 个，有国家和市级名牌产品 45 个、著名商标 40 个、地理标志 5 个。地产主要农产品质量安全始终处于可控状态。

（五）都市现代农业功能进一步拓展

根据世界都市农业和国内专家认定，都市现代农业功能主要体现在经济功能、生态功能和服务功能上。都市现代农业的这几种功能，是在农业现代化进程和都市对农业的需求中，逐步得到开发和提升的。都市农业的经济功能，集中体现在对城市的保障供给和对农民的增收上；都市农业的生态功能，主要体现在农业是城市的绿色生态屏障，是改善城市病、调节环境气候的重要手段，是城市居民旅游、观光、休闲、度假，享受大自然的最好去处；都市农业的服务功能，主要体现在生产性服务和对城市的综合性服务上。为此，本市通过政府扶持，实行"接二连三"，大力发展农业旅游、农家乐和农业节庆活动。崇明县前卫村等 4 家单位已经被农业部、国家旅游局正式列为全国休闲农业与乡村旅游示范点。已形成一定规模的农业旅游点达到 120 多家，其中年接待万人以上的有 70 多家，涉农旅游年收入达到 20 多亿元。

（六）新型农业劳动者队伍正在形成

农业后继乏人是各国经济转型时期的共同现象。农业从业人员老龄化、妇女化、低文化制约了农业的发展。本市从"十一五"、"十二五"以来大力培养农业新型劳动者。坚持以农民专业合作社、农业企业、种养大户为重点，实施专业农民"百、千、万"培训项目，开展农业经营者、农业职业资格、农业实用技术等方面的培训，提高农业生产经营者综合素质。2006～2010年，上海共有1462名高校毕业生赴9个郊区县的95个乡镇从事基层工作，其中支农1297人，为上海进一步推动新农村人才队伍建设输入新鲜血液。上海开展持证农民培训，结合行业发展需要，积极鼓励农民考取农业部职业技能鉴定证书，提高农民专业技能。2016年，全市对3641名新型农民进行了培训，全市累计有4693人被认定为新型职业农民。

二 适应城市需求新变化，推进产业融合发展

建设与特大型城市相适应的都市现代农业，必须按照城市发展的新需求，加快转变农业发展方式，推进农村一二三产业融合发展。近年来，中央把农村一二三产业融合发展作为指导"三农"工作的重要方针。2014年中央农村工作会议提出要大力发展农业产业化，促进一二三产业融合互动；2015年中央一号文件明确要求把产业链、价值链等现代产业组织方式引入农业，推进农村一二三产业融合发展，国务院还就此专门印发《关于推进农村一二三产业融合发展的指导意见》（国办发〔2015〕93号）进行具体部署安排；2016年中央一号文件再次强调"促进农业产加销紧密衔接、农村一二三产业深度融合，推进农业产业链整合和价值链提升，让农民共享产业融合发展的增值收益，培育农民增收新模式"。这是中央立足经济发展新常态，推进农业供给侧结构性改革提出的重大战略举措，是加快实现农业现代化的重要决策。

深入贯彻中央有关文件精神，促进一二三产业深度融合，是本市加快发展都市现代农业、加快农业转型发展的任务，也是本市"十三五"农村

改革发展的重点。近年来，在市委、市政府的重视和领导下，本市按照中央要求，加快转变农业发展方式，着力推进农村一二三产业融合发展，逐步从自发分散向系统推进演变，并在一些领域积累了一些有益做法和经验，如松江的家庭农场发展、金山的农业与二三产业融合发展等探索，得到了中央和国务院有关部门的肯定。

（一）推进农村一二三产业融合发展的重要意义

1. 有利于农民增收，分享产业融合的红利

推进农村产业融合发展，使农业生产经营活动在传统的生产环节之外，增加了农产品加工包装运输保管销售等环节，特别是发展农业休闲度假旅游业，形成强大的人流、物流、资金流，这样，将与农业产业链相关的二三产业增值收益留在农村，拓展了农民就业增收渠道。农村产业融合发展还可以激活农村土地、住宅和金融市场，增加农民财产性收入。

2. 有利于推进农业转型升级，促进农业现代化

推进农村产业融合发展，广泛应用现代农业技术成果，加快高端农业设施、农业资源、节约型农业发展，既有利于克服农业产业结构单一、农业发展空间相对狭小的局限，推进农业内部结构调整；又有利于减少农业生产对自然资源的依赖，农业发展更多地依靠科技和知识投入，增强农业可持续发展能力；还有利于更好地发挥服务业对农业发展方式转变的引领支撑带动作用，促进农业价值链升级，提高农业竞争力和附加值，促进农业现代化。

3. 有利于催生农村新业态，形成国民经济新增长点

推进农村产业融合发展，实现一二三产业在农村的优化组合和空间重构，将催生生物农业、智慧农业、休闲农业、创意农业、工厂化农业等新业态，以及农村电子商务、产地直销、会员配送、个性化定制等新模式，借此顺应或引领消费结构升级，更好地满足城乡居民多层次多样化的消费需求，并创造新的社会需求，带动形成居民消费新热点和国民经济新增长点，促进农业发展由生产导向向消费导向转变。

4. 有利于提高农业竞争力，推进美丽乡村建设

推进农村产业融合发展，有利于推动形成生态农业和循环农业的发展

模式，提高农产品和加工副产品的综合利用率，减少农业对水土气等自然环境的污染，促进农业生产和农民生活方式向绿色环保方向转变，更好地推动生态文明建设；有利于拓展城市资本和生产要素进入农业农村，强化农村产业发展的要素支撑，促进以城带乡和强农惠农、缩小城乡差距和实现城乡一体化；有利于通过发展休闲农业、创意农业等产业融合新领域，增加对农村基础设施、生态环境、居住条件等建设和投资，完善农村公共服务体系，更好地保存乡村传统文化和历史底蕴，保护绿水青山，推动绿色发展，推进美丽乡村建设。

（二）上海农村一二三产业融合发展的特点

上海农村一二三产业融合发展到目前为止共经历三个阶段：①起步于20世纪80年代的农业产业化经营，改革开放以来，重点推进了农工商一体化经营、产加销一条龙的农业产业化经营等等，由此逐步延长了农业产业链，拓宽了农业产业范围，提高了农业附加值，增加了农民收入；②发展于20世纪90年代的农产品加工、农产品市场体系建设等农业向加工业和市场化的延伸；③进入21世纪以来，以拓展和提升都市农业经济、生态、文化、旅游等功能为切入点，推进农村一二三产业深度融合发展，促进了上海农业竞争力的提升。主要特点如下。

1. 产业融合的主体初步形成

不断拓展农业领域，贯穿产业链上下游，多元经营主体迅速发展。一是家庭农场迅速崛起。全市已发展家庭农场3829户，其中粮食生产家庭农场3555户，经济作物家庭农场175户，水产养殖家庭农场59户，其他家庭农场40户。二是农民合作社蓬勃发展。全市已有农民合作社6302家，注册社员6.5万人，带动非成员农户12.3万户，实现经营收入86亿元；年销售额千万元以上的农民合作社已超过200家，农业组织化水平达到80%。三是龙头企业不断壮大。全市现有农业龙头企业387家，实现销售收入1059.68亿元，实现利润总额45.22亿元。其中，生产加工型龙头企业265家、专业市场型龙头企业29家，其他企业92家；年销售收入1亿元以上的龙头企业有84家，销售收入10亿元以上的企业有13家，50亿元以上有6家，100亿元以上的有4家。

2. 产业融合的载体形式多样

一是国家现代农业示范区建设步伐加快。2014 年，根据农业部有关要求，本市积极推进国家现代农业示范区建设试点，并在浦东、崇明、金山等区开展示范区创建的基础上，申报开展全市范围整建制创建国家现代农业示范区工作。2015 年，本市被农业部正式认定为国家现代农业示范区。着力推进会展农业、创意农业和休闲农业，促进农业与第二、三产业融合发展，不断提升第二、三产业服务农业发展水平，更好发挥示范引领作用。二是休闲旅游、乡村旅游发展态势较好。上海休闲农业围绕"城市让农业增效、农业为城市服务"的主题，积极拓展农业多种功能，促进一二三产业融合，实现都市休闲农业持续稳定健康发展。到 2016 年，本市已初步形成了农家乐、休闲农庄、观光农园、农业园区、人工生态林公园及民俗文化村等六大类休闲农业发展模式。其中有全国十佳休闲农庄 2 家，全国休闲农业与乡村旅游星级示范创建企业（园区）五星级 7 家、四星级 11 家、三星级 13 家，还包括众多 3A 级以上景点，全国休闲农业与乡村旅游示范点、示范县等。

3. 产业融合的形态种类丰富

一是一村一品稳定发展形成新特色。本市一村一品工作紧扣都市现代农业发展目标，创新一村一品发展模式，促进了以蔬菜、瓜果等为主导产业的一村一品专业村、镇快速发展，有力推动了特色产业培育和现代农业发展进程，促进了农业增效、农民增收和农村经济的持续、健康发展。截至 2014 年底，本市已有 18 个村镇获全国一村一品示范村称号，共涉及农户 10.7 万户，其中从事主导产业的农户 2.9 万户，主导产业收入 10.5 亿元。试点村镇的农产品品质、品位、品牌综合提升显著，示范带动作用突出，在技术支撑、人才培育、主体建设、品牌打造、营销创新等五方面的借鉴意义很强。二是农产品加工业快速扩张，形成产业集群。本市农产品加工企业规模化发展，整体盈利能力显著提升。截至 2014 年底，上海市农产品加工企业 2253 家，其中规模以上农产品加工企业 804 家，大中型企业 93 家，上市公司 16 家。2014 年，规模以上农产品加工企业资产总计 1356 亿元，比"十一五"末增长 82.5%；总产值达到 987 亿元，同比增长 72.3%；实现总利润 32.0 亿元，出口产品销售收入 42.7 亿元，行业的销售利润率达到 4.8%。三是乡村休闲旅游发展喜人。涌现出了崇明区前卫村、浦东新区书院人家、松江雪浪湖度假村、金山区廊下现代农业园区、奉贤区海湾国家森林公园等一大批乡村休闲旅游的精品和典范,已初步实现"季季有活动、月月有节庆、天天有游客"的繁荣景象。截至 2015 年底,全市已建成各类农业旅游景点 249 个,共接待游客 1765.9 万人次,直接带动各类涉农旅游总收入 14.4 亿元,解决当地农民就业 3.1 万人。

4. 产业融合方式多元化

一是农业品牌建设步伐加快。上海农业企业经过多年的经营发展,农产品品牌的知名度、美誉度和忠诚度有了明显的提升,主要体现在品牌溢价能力较强、市场占有率较高。"马陆葡萄"已成为嘉定区马陆镇的一张名片,培育了"传伦"牌有机葡萄、"管家"牌绿色葡萄、"文兴"牌无公害葡萄等多个知名品牌,其葡萄研究所研制的"传伦"牌有机葡萄以每公斤 70 元的售价成为葡萄中的"贵族"。"海丰"牌大米、"绿妮"牌西瓜、"军安"牌鸡蛋等也都是农产品中的"明星"。"爱森"牌猪肉比市场平均价高 10%~15%,年销售额近 4 亿元,其在上海品牌猪肉中的市场占有率高达 40%,在长三角地区占有率也达到 26%。截至 2015 年底,全市有"三品"生产企业 1631 家,7590 个产品获得农产品质量认证。其中,无公害农产品证书使用企业 1432 家,无公害农产品 7289 个;绿色食品证书使用企业 191 家,绿色食品 275 个。近两年,本市"三品一标"农产品的抽样合格率达到 99.8%,成为名副其实的品牌农产品。二是龙头企业带动力增强。本市农业龙头企业直接和间接带动农户 49.1 万户,其中,带动本地农户 14.5 万户。同时,龙头企业为保证农产品的质量和安全,实施标准化生产,从生产的最初阶段便介入管理和监控,逐步形成了较为稳定的订单采购基地,通过合同订单采购农产品达到 146 亿元。三是社会化服务供应能力有效提升,市场配置资源作用充分发挥。以规范化农机合作社建设为抓手,推广以松江区"粮食生产+农机作业"的"机农一体"家庭农场和机农互助点为代表的农机作业"小结合"、以嘉定区"大中型农机合作社+粮食生产+家庭农场农机作业"为代表的农机作业"大结合",开展"订单作业"、"复式作业"、"一条龙"服务等农机生产作业。

（三）上海农村一二三产业融合发展的主要模式

1. 农业内部产业整合型融合

鼓励多种类型家庭农场发展，粮食种植家庭农场中，机农结合家庭农场 561 户，粮经结合家庭农场 321 户，种养结合家庭农场 80 户。另外，家庭农场也与其他经营主体进行融合发展，如"农民合作社＋家庭农场"、"农业龙头企业＋农民合作社＋家庭农场"、"农业合作组织＋家庭农场"、"镇农投公司＋家庭农场"、"农机合作社＋家庭农场"等。松江区家庭农场发展至 1240 户，经营面积 15.28 万亩、占全区粮食播种面积的 90.9%，其中机农一体家庭农场 405 户、占家庭农场总数的 32.7%，种养结合家庭农场 73 户，全区机农一体和种养结合家庭农场总比例达到 38.5%。全区粮食家庭农场户均净收入为 11.3 万元，种养结合家庭农场户均种粮和养猪净收入约达 19.5 万元，机农一体家庭农场户均种粮和农机服务净收入约达 16 万元。

2. 农业产业链延伸型融合

以农业为中心向前后产业延伸，将种子农药肥料供应与农业生产连接起来，或将农产品加工销售与农产品生产连接起来，或者组建农业产供销一条龙生产服务。例如上海集贤虾业养殖专业合作社拥有自己的育苗场、加工企业，形成了集苗种淡化、成虾养殖、饲料销售、成虾收购、精深加工、冷藏保鲜、技术服务、品牌销售等于一体的产前、产中及产后一条龙的产业体系，基本实现了养殖一二三产业融合发展。2014 年，合作社养虾面积 1.6 万亩，辐射带动农户近 1000 户，实现产值突破 5000 万元。

3. 农业与其他产业交叉型融合

比如休闲农业，主要是利用农业生态资源、农事活动、农产品加工和农家餐饮居屋、农村乡土文化等，开展休闲观光和体验教育，实现农村一二三产业有机融合。2015 年"十一"黄金周，上海各农业旅游景点接待游客 90.87 万人次，直接带动各类涉农总收入 7434.23 万元，其中农产品销售收入 2512.07 万元，解决就业 5577 人。

4. 先进科技对农业渗透型融合

一是农业科创中心建设。重点打造浦东现代农业科技创新中心、崇明生态农业科技创新中心和上海现代农业科技服务平台，以企业为主体，以市场为导向，营造农业科技创新和推广的良好环境，着力培育农业物联网示范基地，支持企业研发具有自主知识产权的核心技术与产品。在农业部今年发布的 310 项农业物联网成果中上海占 63 项，排名第一。二是着力发展智慧农业。以物联网建设为抓手，大力推进电子商务、大数据建设、微信平台开发，积极探索信息化技术在现代农业建设过程中的应用，有效促进上海都市现代农业发展的科技化、智能化、信息化。截至 2015 年底，全市农业物联网云平台已整合接入 75 个业务系统与平台，有 63 项成果列入农业部发布的农业物联网产品展示与应用推介目录（全国共 310 项成果），已在 200 多家蔬菜园艺场、17 个区县动物卫生监督所、8 个市境道口、110 个产地检疫报检点、16 家屠宰场检疫点及 58 家动物产品集散交易单位，建立了信息管理系统，实现生产过程档案电子化，基本建立了农产品质量安全可追溯系统。三是推广生态高效农业技术。集成与示范设施绿芦笋生态安全综合技术，开展设施芦笋生态化、标准化、组织化、品牌化建设，示范推广面积 5955 亩，实现芦笋平均亩产量 1655.8 公斤，产品通过绿色食品认证，2015 年平均亩产值达到 1.2 万元。

三　围绕农业供给侧改革，探索发展"四新"农业

进入 21 世纪以来，上海农业正处在改革创新、转型发展的重要历史阶段，面临着产业结构、生产方式、经营主体三大历史性变革。2016 年中央一号文件提出要着力加强农业供给侧结构性改革，提高农业供给体系质量和效率，使农产品供给数量充足、品种和质量契合消费者需求，真正形成结构合理、保障有力的农产品有效供给体系。培育壮大农村新产业、新业态、新模式，创新发展新技术，更好地满足全社会对农业多样化的需求，更好地助力农业供给侧改革。上海市委、市政府高度重视农业的供给侧结构性改革，大力推进都市现代农业建设，上海围绕实现农业现代化和城乡发展一体化走在全国前列的总目标，提出力争在"十三五"时期率先实现农业现代化。

（一）"四新"农业：上海都市现代农业新阶段的重要标志

2014 年 5 月，习近平总书记在上海考察时指出，上海要努力在推进科

技创新、实施创新驱动发展战略方面走在全国前头，走在世界前列，加快向具有全球影响力的科技创新中心进军。党的十八届五中全会提出了"推动新技术、新产业、新业态蓬勃发展，加快实现发展动力转换"。2015年底的中央农村工作会议指出，"要做大做强农业产业，可以形成很多新产业、新业态、新模式，培育新的经济增长点"。从上海发展大环境看，由于新一轮技术革命、产业革命和信息化变革的交融对接，"新技术、新业态、新模式、新产业"的集成创新，"四新"经济成为上海各个产业领域实践"创新驱动发展、经济转型升级"的重要抓手和动力源泉，也是上海农业转型发展的必然选择。由市政府组织，市委农办、市农委具体编制的"十三五"现代农业规划提出，要促进农业"四新"经济发展，促进"新技术、新业态、新模式、新产业"在农业领域的运用与发展。至此，上海正式提出大力发展"四新"农业的战略目标，这是上海建设与国际大都市相适应的都市现代农业又一个发展新阶段的重要标志。

（二）上海"四新"农业发展途径与成效

"十二五"期间，上海农业积极转变发展方式、增强农产品供应保障能力、提升农业产业化水平，在农业科技进步、保障地产农产品质量安全、推进国家现代农业示范区建设、促进城乡统筹发展等方面取得可喜进展，形成了与上海国际化大都市相适应的多功能都市现代农业发展体系，为推进"四新"农业奠定了扎实基础。

1. 加快农业科技成果转化和推广，形成都市农业新技术

近年来上海高度重视重大农业科技项目攻关和管理制度创新，促进适用农业科技成果转化，加快农业技术推广，使一大批农业科技成果在国内具有较大的影响力和辐射力。一方面，通过大力发展种源农业，重点以生物技术为支撑，通过现代育种技术和常规育种技术相结合，开发优质水稻、节水稻和双低、杂交油菜新品种；另一方面，通过强化现代农业技术体系建设，重点在整合科技力量，组织攻关，实施水稻、绿叶蔬菜、西甜瓜、中华绒螯蟹等产业技术体系建设，实施管理制度创新，重点实施三大转变，即从单纯引进消化向自主创新转变，从单纯科研向产学研成果转化转变，从传统科技领域向前沿源头领域转变。目前已基本形成了以市农科

院为中心，区县农技推广站为枢纽，各专业研究所和农业合作组织为承接基地的农业科技创新推广体系；以设施粮田、设施菜地为标志的农业设施装备现代化进入新的阶段。农业品牌化、技术推广、检测检验、质量认证、执法监督和信息网络等六大体系建设稳步推进，良种覆盖率已达到90%以上。农产品质量安全处于可控状态，2015年本市"三品一标"认证率达到68%，农产品质量安全追溯体系覆盖率达到80%，地产农产品抽检合格率继续保持高位。农业科技支撑作用逐步显现，农业装备水平明显改善，主要农作物生产综合机械化水平达到83%，至2015年底本市农业增长技术进步贡献率达到70%左右，农业增长主要依靠科技进步和管理制度创新的局面基本形成。

以种源农业为代表的农业技术创新有序推进。上海市水产研究所的"长江刀鲚全人工繁养和种质鉴定关键技术研究与应用"和上海市农业生物基因中心的"水稻遗传材料的创制保存和研究利用"分别获得上海市技术发明奖一等奖和上海市科技进步奖一等奖。由市农技推广服务中心主持的上海市科技兴农推广项目"蔬菜水肥一体化技术集成示范"顺利通过专家验收，在全市推广蔬菜水肥一体化技术4.6万余亩次。

实现农作物高效环保智能水肥一体化栽培的农业新技术，在奉贤区南桥镇杨王村的农业新技术基地得到了成功的实践。实施这个项目的上海华御农业种植专业合作社，本着"让每一棵蔬菜回归自然的原味"的理念，以"保护生态环境、追求安心健康、品味自然真趣"为宗旨，以"生态农业、休闲农业、精准农业、智慧农业"为思路进行规划。该合作社通过全面引进有机生态型无土栽培技术，土壤修复技术，高效环保的智能水肥一体化灌溉系统（包含雨水回收系统），绿色防控技术和农业物联网控制系统等现代高效设施技术，致力于打造一个新型现代都市生态农业产业示范园。

2. 积极引进推广智能化设施，形成都市农业新业态

上海的农业新业态包括：新型的农业科技企业、产加销一条龙企业、农业营销组织、"互联网＋企业"、物联网企业、农家乐、民宿经济组织等，以及农业与旅游、农业与文化、农业与健康养生、农业与生态建设相结合产生的新型生态等。这些新型业态的产生，将极大地推动上海现代农

业的发展。一是"互联网＋现代农业"为都市现代农业插上腾飞的翅膀。位于沪郊青浦的新型农产品信托管理电商平台"货通天下"，是当下炙手可热的"互联网＋现代农业"（BAB）的时尚企业。"货通天下"农商产业联盟的平台，通过在全国建立省、市、县农商产业联合会，并且制定了 4 万多个产品交易标准和订单违约处罚机制，实行线上订单与线下交易相结合，确保了供需双方的利益，特别是减少流通环节，确保产品质量安全，促进了农民增收。这种做法得到了汪洋副总理的批示，目前已推广到全国十多个省市，年配置销售额达到 100 多亿元。二是智能自动售菜终端为市民提供了更多的方便。上海强丰实业有限公司建立"无人售菜"直销点这一新业态已有三年多，取得了令人满意的效果。上海强丰公司从 2012 年开始在市区标准化菜场内成功开设"无人售菜"直销点，发展至今已在静安等 6 个区开设智能售菜机 200 多台。强丰公司从农超对接到发展"无人售菜"直销点到开设新型菜场、网上销售和发展自动售菜智能终端机，在两年多的时间里，便民利民的销售新模式跨越式发展，这一新的业态得到了各级领导的肯定和社会各界的普遍欢迎。

3. 创新农业经营主体，形成都市农业发展新模式

2016 年 7 月，上海市委书记韩正在上海郊区调研都市现代农业发展情况时指出："通过近十年的探索实践，上海都市农业已经逐步形成了粮食生产以家庭农场为主、蔬菜生产以'合作社＋农户'为主的生产模式，进一步提高了组织化程度和市场竞争力。组织化程度提高，土地关系稳定，现代农业才能走出专业化生产经营的道路，科技为农业服务才有载体，农业现代化水平才能提高"。新模式主要有以下几种。

一是家庭农场模式。上海农业走适度规模经营之路，改革创新农业生产经营方式，在粮食生产上推广松江家庭农场模式，在蔬菜瓜果类生产上推广青浦弘阳"合作社＋农户"为主的模式。截至 2015 年底，全市累计发展家庭农场 3829 户，其中粮食生产家庭农场 2787 户，蔬菜生产家庭农场 800 多户。目前，本市粮田面积中粮食家庭农场经营的比重达到了 70% 左右，常年菜田面积中蔬菜家庭农场和农业合作社经营的比重达到了 80% 左右。家庭农场的发展，大幅度提升了农业生产经营的规模化、专业化、组织化水平，提高了土地产出率。

二是农民专业合作社模式。农民专业合作社成为带动农业增产增效、农民增收的重要形式。农业组织化水平达到69%。据统计资料分析，本市农民专业合作社中，种植业专业合作社占65.6%，其中粮食合作社占45.7%；畜牧业合作社占8.9%，其中生猪合作社占19.9%；渔业合作社占12.5%；服务业合作社占6.6%，其中农机服务合作社占79.9%。同时也涌现了一批竞争力强、效益好的合作社，如浦东的红刚青扁豆生产合作社、青浦的弘阳蔬菜合作社、崇明的芦笋合作社等。同时，大力支持农业龙头企业做强做大，全市各类龙头企业为387家，超额完成"十二五"规划的目标。

三是田园综合体模式。2017年中央一号文件指出："要支持有条件的乡村建立以农民合作社为主要载体，让农民充分参与和受益，集循环农业、创意农业、农事体验于一体的田园综合体。"近年来，上海都市农业大力拓展功能，创新经营模式，形成了形式多样的农民合作社、特色农庄、农家乐体验基地等，特别是市政府规划了七个郊野公园，在全国率先打造都市农业经营新模式。位于上海奉贤占地50平方公里的农艺公园已经全面启动。该农艺公园将打造具有郊野风情、农家生活、艺术气息的150个新型农业综合体。在发展模式上，农艺公园将农业经济与第二、三产业紧密挂钩，结合健康产业发展契机，形成"一个总部＋一个庄园"的总部经济。打造最现代、最时尚的国际化多元综合体，建设一批集自然教育基地、乡愁图书馆、公共厨房、生态茶室为一体的现代时尚公园，堪称农业转型发展的大手笔。

郊区各区、镇根据本地自然风光和产业特色，加快打造田园综合体。金山区吕巷镇旅游公司把观光农业与都市休闲旅游有机结合，成立吕巷水果公园，是集农业生产、特色农产品展示销售、市民观光于一体的现代农业新模式。吕巷水果公园是一个开放式的公园，随着被誉为"中国蟠桃之乡"的吕巷镇"皇母蟠桃"品牌的提升，各类果蔬的种植和扶持得以带动，现公园内有20多种特色水果，如蟠桃、葡萄、蓝莓、哈密瓜、火龙果、草莓、樱桃等，做到了季季有特色，月月有瓜果香，促成农业与旅游业"接二连三"的发展模式。金山区山阳镇"山阳田园"农庄，通过发展创意农业，让小朋友和家长组成"亲子家庭"来农庄拔草、剪枝、采摘，体验农家生活，享受农耕乐趣，每个"亲子家庭"还得付农庄一百元。农庄出售的不仅是农产品，而且是农业生产过程，出售的是当"一日农夫"的感受和体验。这种营销模式，使农庄一年的销售额可达 200 万元，而且订单应接不暇。

四是延伸农业产业链价值链，形成都市农业新产业。为适应上海大都市发展需要，上海农业在转型发展中努力构建新型产业体系，与农业相关的跨界产业迅速发展，主要有：由龙头企业引领的农产品物流配送产业，由田头研究所与科研机构结合的农业科技转化产业，由农家乐和乡村旅游相结合的农业旅游产业，由农业中央厨房带动的农产品深加工产业，由供销社、便民店、农机服务队等牵头的农业社会化综合服务产业，由物联网、大数据组成的农业信息化产业等等。上海各区县特别是金山区以发展"六次产业"为着力点发展"四新农业"，取得明显效果，在推进农村三次产业融合发展、促进城乡发展一体化方面，进行了一些富有成效的探索。金山区在发展"第六产业"中，鼓励农业经营者搞多种经营，不仅从事种植业、养殖业，而且从事农产品的加工与销售农产品及其加工产品、开展农业服务等，获得更多的增值价值，使原本单纯的第一产业——农业转变为综合性产业，提升了农业附加值，发挥了农业的经济、社会、生态、休闲等综合功能，也形成了许多新业态。

第十二节　创新农村基层社会管理

　　上海在推进特大型城市建设中，始终把加强社会管理作为重要内容。特别是2014年上海市委"一号课题"——《关于进一步创新社会治理加强基层建设的意见》发布以后，各级政府以创新驱动、战略转型为切入点，通过广泛深入调研，形成了创新上海城乡管理体制的巨大成果，进一步明确街道、乡镇和居村是基层社会治理的主阵地；进一步明确创新社会治理，加强以街道、乡镇和居村为重点的基层建设，是关系上海发展的一项基础性、全局性重要工作；进一步明确创新社会治理、加强基层建设，是适应全面深化改革新形势、落实中央社会治理新要求、回应人民群众新期待、实现社会治理新目标的必然选择。上海城市管理走向城乡一体、突出基层治理的新阶段。

一　探索特大型城市经济发展与社会管理新路子

　　上海从20世纪90年代起，就实行了"三级政府、三级管理"体制，极大地调动了区县政府的积极性，加快了城市建设和旧区改造，推动了区县经济、社会的快速发展，促进了社区建设与管理，为实现上海"三年大变样"起到了重要作用。党的十八大以来，上海经济发展进入了新时期，区县经济发展面临着新的机遇和挑战，按照"事权、财权下放与政策规范运作相结合，管理重心下移与财力适度下沉相结合，产业定位与政策导向相结合，规划协调与分类指导相结合"的原则，上海提出并实施了进一步完善"三级政府、三级管理"体制的若干措施。

（一）进一步明确区县产业定位

中心城区重点发展金融服务业、商贸流通业、中介服务业、房地产业等第三产业，加快发展高新技术产业，适度发展都市型工业，强化综合服务功能；郊区（县）着力发展生产加工型第二产业，形成一二三产业相结合的新型产业体系。同时，鼓励各区县依托各自优势，联手开发旅游资源，发展各具特色的都市型旅游业。

积极培育区县特色经济与优势产业。根据"一业特强、多业并存"的指导思想，以及扶强不扶弱、鼓励不限制，发展各具功能特点的特色经济的要求，对产品特色明显、市场前景广阔、经济社会效益良好的优势产业，在财税政策、工商登记、用地计划等方面给予支持。

引导区县商业合理布局、有序发展。鼓励区县发展超市、便利店、快餐店、专卖店和购物中心等商业业态。区县各种业态的商业项目由各区县政府按商圈布局的要求合理安排。在对市属大型连锁公司跨区域开设分支机构实行市与区县财力分成办法的基础上，对区县属连锁商业企业跨区域开设的分支机构试行区县之间财力分配办法，支持区县发展商业连锁经营。

（二）加大对区县工业发展的支持力度

市政府从专项转制基金中安排一定的额度，区县政府按1:1比例匹配相应资金，建立区县工业转制基金，用于区县"三有"产品生产企业的转制。市政府从专项技改基金中拨出一定款额，专门用于对区县工业技改项目的贴息。市有关部门积极帮助区县争取国家小企业创新基金，鼓励区县利用现有上市公司的"壳"资源进行资产重组，支持区县对资不抵债、扭亏无望的企业依法实施破产。

完善市与区县财力分配办法。继续对区县招商引资的外商投资企业和外省市企业试行税收就地征收办法，市与区县的有关地方税收收入，按规定比例分配。在没有财力转移的前提下，新办市级征管的企业新增地方财政收入按1:0.3转移给企业所在地的区县政府。支持发展符合国家和本市产业导向的重点项目。在地方收入增量范围内，通过财政预算安排、建立财政专项资金等形式，对符合国家和本市产业导向的重点项目给予相应的支持，并进一步完善有关财政支出管理办法。

建立高科技园区发展专项资金、高新技术发展专项资金、扶持企业发展专项资金、促进宣传文化卫生等事业发展专项资金等财政专项资金。对列入支出预算的资金，进一步明确使用效益的要求，并实行专项资金财政专职管理与各部门履行职责管理相结合的复合型管理，充分发挥财政政策的乘数效应。

加大财政转移支付的力度。在正确界定市与区县两级政府公共财政的事权与财权的基础上，进一步增加财政转移支付的资金总量，取消区县之间财力资金增量的横向转移，实行由市向区县纵向转移支付单一的办法，体现"补瘦不抽肥"。突出导向因素，加大对区县企业外贸出口、旧区改造、市政建设及其相关政府债务等功能性因素的分配力度。同时，完善区县中小企业贷款信用担保机制。

（三）积极探索新的市政建设融资和经营机制

将大市政建设带来土地升值中的部分级差地租，用于新的市政项目建设；因大市政项目而得益的经营单位，承担项目的部分建设费用；鼓励民间资金参与大市政建设投资；实行大市政项目建设与经营分开，促进项目运营成本自我平衡。

重视区县交界地区的规划管理。加强市与区县规划的衔接，建立本市国民经济与社会发展中长期规划、城市总体规划、土地利用总体规划、环境保护与绿化建设规划等与区县域规划的综合协调制度；结合区县交界地区的规划、投资、建设、管理，由市有关主管部门分别牵头，加强对其功能定位、形态规划、资金筹措、市政配套等方面的协调，搞好区县交界地区的详细规划，鼓励区县联手开发交界地区。

（四）促进社区服务有序发展

支持以区县为主，积极探索建立服务功能完善、服务内容多样和质量上乘、便民利民的社区服务体系。对符合条件的社区服务项目，按照市委、市政府有关加强社区建设的文件精神，在财税、用地、用房、收费标准等方面进一步给予扶持和照顾；鼓励街道、居委会、社会团体、经济组织和个人兴办社区服务业；支持条件成熟的地方采用现代信息技术，发展社区服务业。

形成社会救助、社区就业、社会基本保险的工作合力。按照管理重心下移的原则，区县政府被赋予对社区管理工作的试点权和整合权。街道要健全社会保障服务机构，使其集社会救助、社会保险、社区服务、优抚安置、就业服务、岗位开发、帮助特困人员就业等多种功能为一体；倡导规范高效的"一门式"服务，进一步完善社会救助和帮困的"一口上下"工作机制，积极推进社会保障"一人一卡"（IC卡）的网络建设。扩大社会养老整体保障的覆盖面，多渠道、多形式地增加对老龄事业的投入，进一步解决好老年人的养老问题。采取各种有效措施，推动社区社会保障工作向市场化、社会化方向发展。调动社会资源支持社区发展，促进社区建设多元化的投融资机制。

（五）完善城市建设管理综合执法体系

按照条块结合、以块为主，综合执法与专业管理相结合的原则，改革现行城市建设管理执法体制，优化执法资源配置，提高执法效率。以市容市貌管理为主要内容，结合机构改革，积极创造条件，逐步归并现有的专业执法队伍，组建区县城建综合监察队伍。

规范市对区县的政令行为。除市政府已有规定以外，市各有关部门和单位拟请区县出资和向区县下达指标性任务的事项，须经市有关综合部门归口充分协调后书面报请市政府批准。未经批准，任何部门不得擅自下达有关事项。

二 坚持财权事权配套，以"绣花"方式
加强基层社区综合治理

上海通过多年来实行"三级政府、三级管理"体制，形成了财随事

转、事随权转的管理新机制，创造了精细化、网格化的管理方式，基层社区治理取得了重大进展。

（一）明确基层社区管理责任主体

为加强农村基层社区管理，上海全市明确村党支部、村委会和集体经济组织的职能。村党支部是农村基层治理的领导核心，是实行综合治理、维护农村稳定、维护农民利益的核心主体；村委会主要是组织村民依法自治，开展村级公共服务和公共管理，实现村级民主自治的责任主体；村级集体经济组织主要是经营和管理村级集体资产，促进集体经济发展，增加农民收入的责任主体。同时，稳妥实施村经分离、分账管理。在基本完成村级产权制度改革的基础上，按照《关于本市开展村民委员会与村级集体经济组织分账管理工作的指导意见》要求，到去年年底，已完成村级产权制度改革的 9 个区全部完成"村经分离"工作，逐步理顺新型集体经济组织和村委会之间的关系，引导和推动村委会的工作重心从发展经济转向村民自治管理和村级公共服务、公共安全。通过明确主体，各负其责，协同推进。全市 90% 以上的村建立起了以村党组织为领导核心，村委会为主导，村民为主体，村务监督委员会、村级集体经济组织等共同参与的村级治理架构。提高村民的参与度，管理组织在村务公开栏和"村民一点通"以及其他载体上征询意见建议，公开事务以及村委会和村集体经济组织"三资"使用情况，扩大了村民对农村事务管理和农村治理的参与面与监督权。

（二）提高村级组织治理保障能力

改革开放以来，特别是 21 世纪以来，随着农村城市化和城乡一体化的快速发展，社会主义新农村建设和美丽乡村建设不断推进，广大农民对城乡公共服务均等化的要求越来越强烈，村级组织公共管理和公共服务的工作面越来越广，任务越来越重，经费支出越来越大。为此，2009 年，中办、国办印发了《关于完善村级组织经费保障机制促进村级组织建设的意见》（中办发〔2009〕21 号），明确提出了保障村级组织基本运转经费的要求。2010 年中央一号文件强调：建立稳定规范的农村基层组织工作经费保障机制。2010 年修改后的村民委员会组织法明确提出：人民政府对村民委员会协助政府开展工作应当提供必要的条件；人民政府有关部门委托村民委员会开展工作需要经费的，由委托部门承担。村民委员会办理本村公益事业所需的经费，由村民会议通过筹资筹劳解决；经费确有困难的，由地方人民政府给予适当支持。根据中央要求，2010 年，上海市委办公厅和市政府办公厅印发了《关于进一步完善本市村级组织运转经费保障机制促进村级组织建设的实施意见》（沪委办发〔2010〕1 号），明确了本市村级组织运转经费保障的范围、落实经费保障的责任、合理确定保障经费的标准等。该《意见》规定，本市村级组织基本公共服务运转经费保障标准一般不低于 30 万~50 万元或按村户籍人口规模不低于人均 300 元，并建立了农委、财政、民政等部门联动推进的工作机制以及村级组织基本运转经费保障标准的动态调整机制，制定村委会基本运转经费的预算管理制度。通过这些措施，村级组织的公共管理经费得到保障。鉴于土地减量化和村经分离的实际情况，2015 年浦东新区全区 208 个经济薄弱村财政转移支付 3.2 亿元，村均 88 万元。2016 年 7 月，新区农委和财政局印发了《浦东新区关于加强村级组织运行经费保障的指导意见》（浦农委〔2016〕107 号），提出了"基本保障、以镇为主、区镇共担、以奖代补"的村级组织运行经费保障机制。2016 年新区村均基本运转经费达到 208 万元，区财政转移支付覆盖了全区 365 个村，村均达到 140 万元。

（三）规范村干部报酬管理，稳定村干部队伍

根据市委办公厅、市政府办公厅《关于完善村级治理体系加强基层建设的实施意见》（沪委办发〔2014〕44 号），合理确定村干部工作报酬，适应本市农村改革发展和加强农村基层队伍建设需要。2015 年，市委农办和市农委组织调研，在基本摸清全市村干部工作报酬、社会保障基本情况及突出问题的基础上，形成了《关于进一步规范本市村干部工作报酬管理意见》，由市委农办、市委组织部、市民政局、市农委、市财政局联合下发《关于印发〈关于进一步规范本市村干部工作报酬管理的意见〉的通知》（沪委农办〔2015〕29 号），重点明确了以下事项：村干部工作报酬由履职社会管理和公共服务的基本报酬和工作业绩奖励构成，由区县确定

标准并建立动态调整机制；村干部因工作需要可按程序担任集体经济组织管理职务并获得一定报酬，但须合理确定总量，严格管理；村干部工作报酬资金来源由村集体经济自我积累和公共财政补助相结合，不足部分由区县、乡镇财政予以托底保障，市财政对财力困难区县加大转移支付力度；村级组织工作重心向社会治理和公共服务转变，取消招商引资工作考核，推行村干部工作报酬民主评议和公开制度；在国家和本市社保缴交规定范围内，提高村干部养老金缴交水平，关心退岗、退休后村干部生活和保障。村干部报酬管理新机制的实行，为加强基层治理发挥了重要的保障作用。

（四）切实解决基层治理中的短板问题

解决基层治理中的短板问题的措施主要有：一是加快村庄规划编制，加强"城中村"、"空壳村"和"空心村"综合治理。开展优化完善镇村规划体系相关工作，出台《关于进一步加强本市郊区镇村规划编制工作的指导意见》。全市对涉农区县开展"空壳村"梳理调查，基本摸清全市220个"空壳村"基本情况，为指导"空壳村"治理提供了依据。二是推进村委会电子台账建设、规范村居委协助行政事务管理。市农委、市民政局、市监察局、市经信委联合下发《关于推进居村委会电子台账建设的指导意见》（沪民基发〔2015〕10号），制定完善了《关于加强本市居委会和村委会协助行政事务规范管理的指导意见》及参考清单，为居、村基层治理创造更好工作环境。三是建立以村民评议意见为重要依据的村委会工作考核机制。推动村务监督委员会全面建立，组织村务监督委员会主任培训，推进村务监督委员会建设。四是进一步完善村民自治章程、乡规民约。通过修订新一届村民自治章程，推广建立"村规民约"，将政策法规之外、道德情理之中，与农民利益密切相关的事项，实行村民自我约束、自我管理，发挥"村规民约"在村民自治中的积极作用。

三 坚持问题导向，加强来沪人员集聚区的治理

上海是一个拥有2400多万人口的特大型城市，其中户籍人口1300多

万，来沪人员 1000 多万，其中在郊区的来沪人员达到 600 多万。改革开放以来，上海在全国人民的支持下，经济社会取得快速发展，来沪人员也做出了巨大贡献。但是，在来沪人员的集聚区也出现了较多的社会管理问题，使上海基层社区管理面临着新情况、新问题。上海市委、市政府高度重视来沪人员集聚区的社会治理，把它纳为全市社区综合治理工作重要组成部分，既维护来沪人员的合法利益，又解决不同地区来沪人员由于文化、职业、生活方式等方面差异而造成的社会矛盾、社会问题，形成了特大型城市管理的新创举。

（一）来沪人员集聚地区的突出问题

上海一些城郊接合部和郊区中心镇周边农村地区，近年来由于外来人口大量涌入，本地人口和来沪人口倒挂现象突出，随之出现一系列问题：一是村庄环境正在恶化。部分村民出于眼前利益，利用宅基地、自留地、竹园地违章搭建出租；部分来沪务农人员在田间地头随意搭建窝棚，村容村貌杂乱无章；部分无证小企业不具备生产条件，污染物随意排放，有毒有害气体、烟尘、噪声污染环境，对村庄水源也造成破坏。二是治安和消防隐患突出。来沪人员流动频繁，登记管理难度大，对当地治安造成影响。同时，大量来沪人员居住面积狭小，违规用电相当普遍，又缺乏必备的消防器材和安全知识，一旦引发火灾，后果不堪设想。三是服务设施难以承载。常住人口大量增加后，现有"三室一站一店"等设施远远不能满足需要，新建、扩建服务设施又受制于用地指标等。四是村级经济不堪重负。公共管理服务的人员经费、道路维修、设施维护，还有公厕、垃圾房、生活垃圾筒添置和维护，保洁员工资等，是村级一项很大的开支。随着来沪人员不断增加，村级服务和管理成本还在呈增长态势。

（二）加强来沪人员集聚区管理的主要措施

一是加强人口源头控制。加大农村违章搭建整治力量，建立治理违章搭建长效管理机制，落实网格化管理责任制。村级组织建立日常巡查队伍和巡查制度，及时发现并制止违章搭建行为，对劝阻、制止无效的，及时上报有关部门及时处理，确保村域不出现新的违章建筑。老的违章建筑要制订计划，逐步予以整治拆除。认真实施《上海市居住房屋租赁管理办法》，村级组织切实履职，查验出租房屋是否符合治安消防、安全卫生、最低面积等条件，查验来沪居住人员是否身份真实、符合"两个合法稳定"条件，并为流动人口管理部门做好居住人员信息登记，坚决控制违法、无业人员进入，控制低端服务、"六小"场所、无证经营点在村内滋生。村级组织还大力整治田间窝棚，清退农业违规经营者。对不规范流转行为进行教育引导，运用经济手段积极开展土地委托集中流转服务，通过统一公开市场向家庭农场、专业大户、农民合作社定向流转，发展现代农业。

二是加大来沪人员集聚地区公共服务的财政保障力度。来沪人员集聚地区环境卫生问题突出，村域生态趋于恶化。同时，村容环境保护需要配置大量公共厕所、垃圾房、垃圾箱，维护道路、河道、绿化保洁工作需要大量人力物力，造成了集体沉重负担。因此，将村容环境卫生作为村级公共服务基本内容，加大政策和财政支持力度，从根本上改变脏、乱、差现象。加强长效管理机制，确保基本公共服务资源有效管理、使用和维护。针对综合文化活动室现有面积不能满足需求的突出矛盾，在原有基础上扩建综合文化活动中心并将其作为提升"三室一站一店"建设的重点，将文化教育作为社会治理的抓手，增强村级公共服务的软硬实力。

（三）推广来沪人员集聚地区管理的成功典型

一些来沪人员集聚地区农村基层党政组织面对挑战，迎难而上，为本市创新社会治理积累了不少经验。

一是嘉定区江桥镇太平村。该村是全国民主管理示范村，对全村可出租房屋全面登记，与村民签订协议书，实行出租房屋托管制，"以房管人"效果明显，有效控制了非法行医、非法食品加工、没有正当职业和假冒身份等人员进入，从源头上遏制了人口增长。推行新村民行为规范积分制，对来沪人员从遵纪守法、环境卫生、邻里相处、文明礼貌、爱岗敬业和安全防范6个方面进行季度积分评比，从见义勇为、热心公益、学习深造、获各级先进及其他突出贡献等方面进行加分，从受刑事处理、违反计划生育政策、从事"六非"活动等方面进行扣分。每年对积分排名靠前者进行表彰，对积分在60分以下者终止租房协议。探索企业综合治理监管制，与企业签订《社会综合治理协议书》，落实社会治理、生产安全等责任；同时，成立10人协管员队伍专门联系企业综合治理工作。

二是浦东新区合庆镇的村民自治模式。该镇实行"1＋1＋X"治理模式，"1＋1＋X"分别指党组织的领导、《村民自治章程》和围绕《村民自治章程》的若干个"实施细则"，将"政策法规之外、道德情理之中"、与群众利益密切相关的事项，通过村民民主决策建章立制，成为村民自治的依据，充分体现以党组织为核心，群众为主体，发动群众和依靠群众的工作思路。目前实施细则覆盖征地安置、集体资产处置、农民建房、补贴发放、外来人口管理等内容，在规范村务管理、密切干群关系、加强组织建设、促进社会和谐等方面发挥了重要作用。

加强基层建设是加强基层社会治理的基础。要从实际出发，选择适合自身的基层组织建设模式加以复制应用，并在实践中不断完善。

三是学习借鉴村级管理的有效经验，如崇明县"班长工程"。编制向乡镇下沉，加大村党支部书记下派力度，不设年限，鼓励扎根基层，并给予政策保障，解决后顾之忧。崇明县是学习借鉴浦江镇"五日工作法"，每月一天理论学习日，走进群众谈热点、话发展、听意见，安排讲师为村民讲保健、学文化；每月一天民主议事日，组织老党员、村民代表、群众议事，了解百姓思想动态；每月一天民情走访日，对各类联系对象进行走访，慰问帮困；每月一天村居联动日，向结对党组织学习城区管理经验，开展各类文娱活动；每月一天阳光公开日，更新党务、村务公开栏内容，主动晾晒老百姓关心的事项。通过经常化、制度化安排，村民自治管理意识增强，村级组织公信力提升。

学习借鉴松江区泖港镇片区管理方法，以土地面积、人口规模、居住户数、产业户数等为标准，将一定区域划分为若干片区，形成"镇、村（居）、社区工作站、片区管理员"的四级管理网络体系，确保工作不留空白全覆盖。

第十三节 维护农民土地承包权益

以家庭承包经营为基础、统分结合的双层经营体制，是我国农村的基本经营制度，是党在农村政策的基石，是农村改革30多年来最重要的制度成果；只有稳定完善农村基本经营制度，保护好农民土地承包权益，才能实现农村经济持续健康发展、维护农村长治久安和社会稳定的大局。近年来，按照中央有关要求，上海毫不动摇地长期坚持这一基本制度，并在实践中不断加以完善，进一步提升了农村社会生产力，有力促进了农村经济社会的全面发展。

当前，农村社会面临着新形势新常态，根据市委、市政府的总体要求，进一步深化农村改革，特别是加快重要领域和关键环节的改革，着力构建充满活力、富有效率的体制机制，为促进城乡经济社会协调发展提供强大动力和制度保障。这些年，上海农业和农村发展呈现出良好局面，正是在坚持农村基本经营制度的基础上，不断推进农村改革的成果，为上海都市现代农业的发展奠定了良好基础。

一 稳定完善农村土地承包关系，维护农民根本利益

《农村土地承包法》规定，国家实行农村土地承包经营制度，并依法保护农村土地承包关系的长期稳定。农村基本经营制度的核心是家庭承包经营，家庭承包经营关键是要有稳定的土地承包关系，才能有稳定的经营预期和长远的经营打算，农民才能放心地在土地上谋发展、增投入，改善

生产条件，提高土壤肥力。否则承包地调来调去，农民就难以爱惜土地、养护土地，甚至会掠夺性地使用土地，农业就难以持续稳定发展。为此，根据中央有关政策，结合郊区农村实际，上海采取有效措施办法，依法落实农民的土地承包经营权益，维护农村社会的和谐稳定。

（一）进一步稳定和完善农村土地承包关系

根据国家政策，上海郊区于1999年全面开展农村土地二轮延包，农村土地承包关系总体稳定。近年来，随着农村改革发展的不断深入，强农惠农政策不断强化，农民对农村土地承包经营权日益关注，农村土地二轮延包中存在的问题和矛盾逐步显现，主要表现在：一是原暂缓延包地区，农民要求落实土地承包经营权；二是由于各种原因造成个别农户承包土地面积畸多畸少、矛盾比较突出；三是有少数农民延包时不要或少要承包地，现在要求落实土地承包经营权；四是少数农村因征地造成农村土地和人口变动大，土地严重不均或人地矛盾突出，农民要求调整；五是个别1999年延包时不在册的农业人口，现在户口迁回农村，要求落实土地承包经营权。这些问题，一定程度上影响了农村社会和谐稳定，制约了农村经济健康发展。

根据党的十七届三中全会、上海市委九届七次全会精神，上海市委农办、市农委组织人员力量，深入区县、镇村开展调研，深入分析本市农村土地承包中存在的主要问题，提出解决的思路和办法，并赴湖北、山东等地，学习农村土地承包经营权流转中的好的经验做法，形成了《关于进一步稳定完善农村土地承包关系建立健全土地承包经营权流转市场的调研报告》，受到了市委市政府主要领导的重视。2009年，市政府下发了《关于进一步稳定完善农村土地承包关系建立健全土地承包经营权流转市场的指导意见》（沪府〔2009〕34号），明确将稳定完善农村土地承包关系，维护农民群众的土地承包权益，作为全市"三农"工作的重中之重，同时要求认真做好土地延包后续完善工作，确保农村土地承包经营权证书到户。另外，这一政策对如何稳定和完善农村土地承包关系，确保农村土地承包经营权证书到户提出了明确要求：按照农村土地承包法规定，坚持有利于农村经济发展、有利于农村社会稳定、有利于维护农民利益的要求，在全国率先提出通过确权确地与确权确利相结合的办法，稳定和完善现有土地承包关系，确保土地承包经营权证发放到户，切实保障农民土地承包权益。具体路径：一是在人均耕地面积相对较多的地区，坚持确权确地；二是在人均农地面积低于半亩等原暂缓延包的地方，原则上按1999年延包政策和农村土地承包法的有关规定，落实农户的土地承包经营权；确权确地实在有困难的地区，也可按照一定的程序采取确权确利的办法；无论是确权确地，还是确权确利，农民的土地承包经营权证书一定要到户，这是做好这项工作的首要前提。同时，在具体工作推进中始终把握一个基本原则，那就是一定要坚持稳定现有的农村土地承包关系，是深化，是完善，不是推倒重来，特别要防止"翻烧饼"和一哄而起。

为认真贯彻落实市政府2009年34号文件精神，上海市委农办、市农委提出了"2009年开展试点、2010年全面铺开、2011年扫尾完成"的总体要求，2009年，组织全市9个郊区县，选择46个乡镇433个村开展稳定完善工作试点，针对基层工作中存在的突出问题，进行梳理、研究，先后制定了"13＋6"政策口径，有力地确保了稳定和完善农村土地承包关系的顺利推进。截至2016年底，全市农村集体农用地面积267.1万亩，其中农户家庭承包耕地面积175.4万亩，占比65.7%；家庭承包农户60.1万户，已签订承包合同的59.98万户，占比99.8%，已颁发农村土地承包经营权证59.92万户，占比99.7%。

（二）依法开展农村承包土地确权登记颁证

《物权法》明确规定，土地承包经营权是用益物权，属于不动产物权，由县级以上地方人民政府负责登记。中央也曾多次发文部署开展土地承包经营权确权登记颁证，主要目的是依法健全土地用益物权登记制度，明确土地承包经营权归属，强化对农村耕地等各类土地承包经营权的物权保护，发挥土地承包经营权效用、保护土地承包经营权个人权利，巩固完善农村基本经营制度。

近年来，上海严格执行农村土地承包法律政策，以现有土地承包合同、权属证书和集体土地所有权确权登记成果为依据，查清承包地块的面积和空间位置，建立健全土地承包经营权登记簿，妥善解决承包地块面积不准、四至不清、空间位置不明、登记簿不健全等问题，努力做到农村土地承包"四到户"工作，即土地承包合同到户、经营权证书到户、承包地块到户、承包面积到户，依法赋予农民更加充分而有保障的土地承包经营权，确保现有农村土地承包关系稳定并长久不变。据统计，全市应开展土地承包经营权确权登记工作的有 87 个乡镇、1076 个村，应确权登记承包地 168.2 万亩，农户 59 万户。从工作进度看，2011~2012 年，按照农业部统一部署，选择金山、奉贤作为全国试点单位先行开展确权登记，共完成了 57 个试点村的登记工作；从 2013 年起，根据中央有关文件精神，本市在 9 个涉农区县全面推进土地承包经营权确权登记颁证工作，共完成了 108 个村的确权登记工作；2014 年，全市共计完成 629 个村的确权登记工作；2015 年，全市将基本完成土地承包经营权确权登记颁证工作；2016 年，围绕土地承包经营权确权登记颁证重点加快推进后续扫尾工作，督促指导区、镇梳理核实原暂缓确权登记的村组和暂未登记的承包农户等情况，分别研究制定扫尾工作方案，并在妥善解决有关历史遗留问题、因确权而产生的矛盾纠纷的基础上，进一步提高全市农村土地承包经营权确权登记率；同时制定印发《上海市农村土地承包经营权确权登记颁证成果检查验收办法（试行）》，明确了市级检查验收机构、考核内容、具体指标及操作程序，同时督促区镇按照新制定的土地承包经营权确权登记颁证成果检查验收办法开展自查，并在金山、奉贤两区率先开展了农村土地承包经营权确权登记颁证成果的市级检查验收工作，进一步提高了农村土地承包经营权确权登记颁证工作质量。截至 2016 年底，全市已完成确权登记的农户数 58.6 万户，占应确权登记农户总量的 99.3%；承包土地确权登记面积 167.2 万亩，占应确权登记总面积的 99.4%。

在推进农村土地承包经营权确权登记颁证工作中，上海市注重结合自身实际，始终坚持"四化"。

一是管理制度化。根据农业部有关要求，结合工作实际，2011 年，上海市农委、财政局、规土局、市政府法制办、档案局联合下发《关于组织开展本市农村土地承包经营权登记试点工作的实施意见》（沪农委〔2011〕136 号），明确建立了登记试点工作指导小组，并建立了联席会议制度，定期沟通协调，统筹指导登记试点工作；2013 年，根据中央有关文件精神，上海市农委等五部门又下发《关于全面开展本市农村土地承包经营权确权登记工作的实施意见》（沪农委〔2013〕145号），继续发挥部门联席会议制度的作用，全面推进确权登记颁证工作。根据工作需要，市、区两级农经部门专门配备工作力量，重点建立登记工作分片联系、动态月报、定期交流等专项工作制度，有效加强工作的横向、纵向联系，及时跟踪了解工作进展情况，相互交流学习好的经验和做法，督促指导依法妥善化解登记工作碰到的矛盾纠纷，确保镇村扎实有序推进土地承包经营权确权登记颁证工作。此外，上海市还专门制定了农村土地承包经营权确权登记工作情况考核评分办法，设定了组织宣传发动、规范操作程序、登记工作成果、加强档案管理、群众满意度测评等重要指标，要求区县严格按照考核标准逐村开展登记工作自查，及时发现问题及时整改完善，以确保全市登记工作进度与质量。

二是工作规范化。根据确权登记工作需要，上海分别于2012年、2014年下发了《上海市农村土地承包经营权登记试点工作规范（试行）》（沪农委〔2012〕305号）、《上海市农村土地承包经营权确权登记工作规范》（沪农委〔2014〕144号）两个专门文件，进一步明确了建立工作机构、制定工作方案、开展调查摸底、组织宣传动员、采集二调地图、绘制地块草图、公示公开图表、地块信息录入、农户信息确认、打印登记文书、资料汇总梳理、审核建立登记册、编制登记簿、权证附图、登记资料归档、工作检查验收16项登记工作流程，特别注重农户登记信息、申请书、登记表、变更合同四次签字确认，并将农户公示确认的彩版地块位置图附在经营权证上，确保权证地块信息与附图地块信息的一致性。目前，全市已有近50万户农户的经营权证上附加了彩版承包地块位置图。

三是登记信息化。根据"制度＋科技"的要求，结合工作实际，上海专门开发建立了"上海市农村土地承包经营信息管理系统"，专门建立了确权登记管理模块，完善了登记管理功能，及时准确地将农户承包的地块编码、地块面积、地块权属等关键要素录入信息系统，严格对录入系统中的农户承包地块基础信息进行审核校对，并通过系统实时查询农户承包地块信息，打印农户的登记申请书、情况登记表、登记簿等核心资料；同时将农户承包地块位置图纳入信息系统，实现农户土地承包情况及其承包地块空间位置图的"双向"查询和村"一点通"查询登记信息的功能，切实将经营权登记工作纳入信息化管理轨道。目前全市已有49.2万户承包农户的地块公示信息、登记申请文书等资料通过系统进行了打印，已有1个涉农镇、8个村正在试点将农户承包地块位置图导入信息系统，实现承包农户、地块信息、权属关系的相互查询。

四是档案追溯化。按照农业部、国家档案局有关文件精神，上海专门下发了《上海市农村土地承包经营权确权登记颁证档案管理实施办法》（沪农委〔2015〕237号），督促区县、镇村坚持分级实施、分类管理、集中保管的原则，将经营权登记申请书、登记表、登记簿等相关资料进行整理归类，形成一户一本登记簿，一组一本登记册，将本组农户登记簿和农户承包地块位置电子图汇编成册，并将所有电子档案进行规范管理、科学归档。同时，按照有关要求建立了相应的登记档案管理制度，设立了专门的档案室、档案柜，确保管有人、存有地、查有序，确保农村土地承包经营权确权登记工作经得起历史的检验。目前全市已建立与工作资料、登记资料相关的档案册1.3万册，建立农户登记簿46.3万本。

（三）依法调处农村土地承包经营纠纷

《农村土地承包经营纠纷调解仲裁法》颁布实施以来，在农业部的指导下，上海市各级党委、政府高度重视，严格按照法律规定，制定政策文件，明确工作要求，落实工作措施，确保调解仲裁法在基层得到有效贯彻实施，切实维护了农民合法的土地承包权益。总体来看，本市在贯彻实施《农村土地承包经营纠纷仲裁法》过程中做了大量的工作，并取得了阶段性成效，积累了一些典型经验。

一是依照法规，制定政策。上海市委、市政府高度重视农村土地承包法律政策贯彻实施工作，要求职能部门切实加强调查研究，提出适合上海实际的配套政策措施。2010年，胡延照副市长多次召集市农委、市财政局、市编委等有关部门，专题研讨法律的贯彻实施意见；在此基础上，同年10月份，市政府办公厅转发《市农委关于本市贯彻实施〈中华人民共和国农村土地承包经营纠纷调解仲裁法〉工作意见的通知》（沪府办〔2009〕118号），指导各区深入开展调解仲裁法的贯彻实施工作。各区党委、政府根据农村土地承包法律精神和市政府有关文件要求，分别召开专题会议，研究制定相应贯彻落实意见，将建立健全调解仲裁体系与推进稳定和完善农村土地承包关系、建立农村土地承包经营权流转市场相结合，一并纳入年度重点工作内容，做到责任明确，措施到位，从而有效推进法律精神的贯彻实施。

二是组建机构，落实人员。各区采取有效政策措施，注重加强调解仲裁工作机构、队伍建设。各区均建立了由分管农业区长、区农委、司法、信访等部门负责人组成的农村土地承包仲裁委员会（组成人员共有 109 人，其中有 17 名为农民代表），设立仲裁委员会办公室，明确区农委为日常工作部门，明确农经站承担具体工作，落实仲裁场所，聘任部分长期从事法院民事案件审理的法官或退休的干部、长期从事民事诉讼的律师或法律援助工作者和长期从事农村土地承包管理的农经专家为仲裁员。奉贤、金山和崇明等区积极探索创新调解仲裁工作机制，区农委、区法院和区司法局联合建立农村土地承包纠纷三方联动调处机制，成立三方联动调处办公室，挂靠区农委，并在区农村土地承包仲裁委员会设立土地承包纠纷专项受理窗口，实行"一门式"服务，切实维护广大农民的合法权益。各涉农乡镇均建立农村土地承包经营纠纷调解委员会，由乡镇人民政府分管领导任主任，农业司法、综合治理、农经等部门组成，由乡镇农经部门明确工作人员承担的具体工作。各村也明确一名村干部从事农村土地承包经营纠纷调解工作。目前郊区仲裁部门严格按照仲裁法和仲裁规则等有关规定与要求，坚持依法办案、独立办案、调解优先等原则，严格把好案件仲裁的立案关、准备关、审理关和整理关等"四关"，确保实体公正、程序公正和结果公正，切实保障纠纷当事人合法权益。

三是积极宣传，营造氛围。其一，市、区两级农业行政主管部门召开中心组学习会，解读、学习领会《调解仲裁法》的精神实质和主要内容，研究贯彻落实工作意见。奉贤区专门利用"区长网上办公日"，分管区长带领区农委、法制办、规土局等相关职能部门参加现场办公，加强政策宣传，解答群众疑问。其二，市农委编印《农村土地承包法》和《农村土地承包经营纠纷调解仲裁法》宣传资料等 1 万余册，发放到各区县、镇村，组织有关工作人员及农村基层干部学习。同时在电视、报纸、网络等媒体进行法律相关内容的宣传，营造法律贯彻实施的良好氛围。其三，市农委、市司法局、市政府法制办以及部分区县农委、司法等部门组成联合宣讲小组，开展法律宣传活动，多次深入镇村开展法律宣传和政策问答，从而促进了基层干部依法依规办事、农民依法维护自己的合法权益。

四是创新手段，规范管理。为全面提高上海市农村土地承包的信息化管理水平，按照"制度+科技"的要求，上海专门设计开发了"上海市农村土地承包经营信息管理系统"，并根据业务需要，将系统分为承包合同、流转管理、调解仲裁和政策法规四大功能模块。在调解仲裁模块中，根据调解仲裁法的有关规定，系统设置了仲裁相关法律文书的示范文本，实现区县仲裁受理与裁决的网上办理，对案件的申请人、被申请人、纠纷类型、申请和受理时间等信息进行登记，并对结案情况进行跟踪。信息化管理系统实现了对纠纷受理、纠纷调解、纠纷仲裁等情况进行实时查询、分类汇总，进一步规范了调解仲裁工作程序，切实提高了基层职能部门纠纷调解仲裁办案的工作效率和质量。

截至2016年底，上海市已形成了"民间协商、镇村调解、区县仲裁、司法保障"的工作体系；9个涉农区均建立了农村土地承包仲裁机构，共配备仲裁工作人员47名，聘任专、兼职仲裁员185名。90个涉农乡镇（街道、开发区）建立了调解机构，聘请调解员288名。全市还在74家乡镇土地承包经营权流转管理服务中心引入调解功能，专门设立调解室；全市农村村民委员会成立了501个调解工作小组，全市聘用村级调解员1486名，依法开展农村土地承包经营纠纷调解工作。截至2016年底，本市共受理纠纷案件271件，其中较多的为：流转纠纷141件，确权纠纷138件，收回调整纠纷60件；累计调处271件，调处率达到100%。

二　规范农村土地流转，促进农业组织化规模化经营

近年来，根据中央有关要求，上海积极探索农村土地所有权、承包权、经营权三权分置，依法落实农户的土地承包权，鼓励引导土地经营权有序流转，积极培育新型农业经营主体，进一步巩固完善了农村基本经营

制度，为上海都市现代农业发展奠定了良好基础。截至 2016 年底，本市郊区农户承包土地面积 175.4 万亩，已流转面积 131.2 万亩，承包土地流转率约为 74.8%。从流转区域看，闵行、嘉定、宝山、松江四个区的土地流转率较高，均超过 99%；金山、青浦两个区的土地流转率已超过 90%，浦东、奉贤、崇明三个区的土地流转率也已超过 70%。从经营主体看，以农民合作社、家庭农场、农业企业等新型经营主体为主，共流转经营承包土地面积 97.3 万亩，占已流转面积 73.4%，其中，家庭农场流转经营面积 41.4 万亩，占比 31.2%。从流转价格看，以 800~1500 元/（亩·年）为主，涉及承包地面积 91.1 万亩，占比 68.7%；其中：1000~1500 元/（亩·年）的共有 65.6 万亩，占比 49.5%；800~1000 元/（亩·年）的共有 25.5 万亩，占比 19.2%。从流转用途看，以种植粮食、蔬菜为主，面积为 83.7 万亩，占比 63.1%；用于生态林、果林、苗木的承包土地面积 35.7 万亩，占比 26.9%；其他少部分土地用于水产、畜牧养殖。

在实际工作推进中，上海主要有以下几种做法。

一是规范农村承包土地流转行为。①规范委托行为。通过制定统一格式的《农户承包地委托流转书示范文本》，明确土地委托期限、价格及用途等关键内容，保证了委托手续依法规范完备，目前农户委托村集体统一流转的承包地面积 129.7 万亩，委托率已达到 97.8%。②规范流转合同。2016 年，市农委联合市工商局对原有的流转合同进行了修改完善，并向社会发布了《上海市农村土地承包经营权流转合同示范文本（2016 版）》；同时督促区农经部门、乡镇土地流转管理服务中心指导农户、村集体与农业经营者签订新版流转合同，以确保流转双方的合法权益，目前已签订合同的土地流转面积 131.1 万亩，占比 98.9%。③规范流转价格。9 个郊区根据农地产出水平、农产品物价变动等综合因素，合理确定并及时发布全区土地流转指导价，并注重加强对承包地流转价格的跟踪、监测和分析，了解掌握各种土地流转用途的价格差异和变化情况，在维护承包方的权益的基础上，注重保护农业经营者的生产积极性。据统计，2016 年全市农村承包土地流转均价为 1083 元/（亩·年）。

二是加强农村土地流转用途监管。①合同条款。在新版流转合同示范文本中明确流入方不得擅自改变土地流转用途或用于非农建设等条款，特别强调对擅自改变土地农业用途的流入方，解除流转合同并没收其风险保障金。②明确部门职责。市农委联合市规土局研究制定防止农村承包地流转"非农化"的监管机制，明确区、镇农业部门要将农村承包土地流转"非农化"防控工作摆上重要议事日程，纳入干部考核指标体系，加强基层干部专项工作考核，切实将土地流转"非农化"防控工作落到实处。③加强日常督查。督促区、镇农经部门加强对农村土地流转合同的日常管理和常态化监管，特别要依托土地承包流转平台，全面梳理已经签订的土地承包经营权流转合同，重点针对土地流转用途、面积、单价、起止期等方面进行逐项检查，对检查中发现可能出现"非农化"问题的地块进行重点摸排和实地检查，发现问题及时告知当事人、村集体经济组织、所属乡镇政府，督促整改，坚决防止农村土地流转"非农化"现象发生。

三是探索建立农地流转公开交易市场。①搭建流转交易平台。从2014年起，本市依托上海农业要素交易所的公开交易平台，在奉贤区先行试点建立农村土地承包经营权流转公开交易市场，并在原有的乡镇土地流转管理服务中心内增设上海农交所交易分中心，在乡镇层面开展农村承包土地进入市场公开交易，逐步探索建立规范有序、信息快捷、网络健全、公平合理的农村承包土地流转公开交易市场。目前，全市90个涉农乡镇已有74个建立了农村土地流转公开交易市场，已有218个村的承包土地进入公开市场流转交易。②完善流转交易规则。根据土地流转公开交易市场建设需要，上海研究制定了本市农村土地流转公开市场交易规则，明确进入公开市场进行流转交易的农地范围是已确权登记颁证且书面委托村集体的农户承包地；同时，制定印发了流转项目意向申请书、招（投）标文件、经营者承诺书、经营资格评分表等相关文书，并在市场建设实践中逐步修改完善，切实提高土地流转公开交易市场的可操作性。③规范交易操作程序。在推进公开交易市场建设中，逐步完善了农户委托流转、土地归并布局、流转信息发布、经营资格审查、项目公开招（投）标、签订流转合同等11项交易操作步骤，并分别明确了每项步骤的操作内容及具体要求，特别是强调了农户、村委会、乡镇土地流转管理服务中心（上海农交所分中心）、农业经营者在公开流转交易中的职责，有力确保了承包土地进场交易的公开、公平、公正。截至2016年底，976宗承包土地进入公开市场流转交易，涉及承包地面积 9.57 万亩，实现交易金额 2.59 亿元。④强化业务专题培训。结合业务工作推进实际，有针对性地组织开展农村土地流转公开交易市场专题培训会，注重对乡镇土地流转管理服务中心工作人员和招投标小组成员进行招标、竞标等涉及市场交易的业务培训，全面提升其业务能力。

四是升级完善农地流转信息系统。根据"制度＋科技"要求，结合本市农地流转实际需要，逐步升级完善了"上海市农村土地承包经营信息管理系统"功能：①委托流转信息管理。督促区、镇及时将梳理汇总好的农户委托流转基础信息录入系统平台，并通过系统平台对委托信息进行分类审查，为人保局、财政局等部门制定相关扶持政策提供可靠依据。②网上签订流转合同。根据《上海市农村土地承包经营权流转合同示范文本（2016 版）》条款内容，在"上海市农村土地承包经营信息管理系统"中设计开发了流转合同电子版本（含二维码），并通过二维码自动查询合同中议定的流转面积、流转价格、流转用途、流转期限等关键信息，同时要求区、镇对新签、续签的流转合同全部通过网上签订，有条件的地区逐步将已签未到期的纸质流转合同转为网络电子版合同。③跟踪监测流转情况。结合业务推进需要，增加系统中土地流转合同到期提醒、土地流转经营者的诚信度反馈等功能，定期汇总流转数据，及时发布流转信息，运用系统预警功能，实时监测流转动态，特别注重对流入方的经营进行事中、事后监管，进一步提高流入方流转合同履约能力。同时借助系统平台将本村承包农户委托的土地流转面积、流转价格、流转期限、流转用途和土地流入方相关资质等基础信息在农民"一点通"终端上进行公开，接受农民的监督，确保农村承包土地持续、稳定流转。

五是注重发挥政策鼓励引导作用。本市各级政府有关部门积极采取有效措施，切实加强农村土地流转管理工作，有效推进农业适度规模经营发展。①市级层面。2015 年，市人保局、市农委、市财政局联合制定出台《关于实施"离土农民就业促进专项计划"的通知》（沪人社就发〔2015〕18 号），明确对拥有土地承包经营权、书面委托村集体统一流转（委托期 5 年以上）、委托流转信息进入系统的"离土农民"给予一定的社会保障补贴，进一步提高农民就业社会保障水平，促进农村土地规范流转。2015

年，市农委专门安排资金对 15 个先行开展农村土地承包经营权流转公开交易市场建设试点的乡镇进行奖补，着力推进农村承包土地进入公开市场进行流转交易。②区级层面。崇明、金山和青浦等农业比重较大的远郊地区注重结合自身实际，因地制宜加强规范农村土地流转，分类指导培育农业适度规模经营主体。2016 年，奉贤区政府专门下发文件明确对承包土地全部委托村集体统一流转的退休老年农民给予每人每年 1200 元的土地流转奖补，同时对符合条件的家庭农场、农民合作社等适度规模经营主体给予每年每亩 300～500 元的考核奖励。浦东新区也通过财政扶持政策对已拿到土地承包经营权证、书面签订委托书、通过镇土地流转管理服务中心流转的承包农户给予 800 元/（亩·年）的补贴，鼓励农户将其承包土地进行委托流转。嘉定、宝山、闵行、松江等近中郊地区也注重发挥区域二三产业优势，积极为农民创造非农就业机会，切实增加农民的非农就业收入，进一步增强农民土地流转的积极性，为发展农业适度规模经营奠定了良好基础。

三 培育新型农业经营主体，激发农村发展活力

培育新型农业经营主体，发展多种形式规模经营，构建集约化、专业化、组织化、社会化相结合的新型农业经营体系，是深入贯彻中央有关要求、本市总体部署的具体体现，也是都市现代农业发展的需要。近年来，按照党的十八届三中全会精神，在市委、市政府的正确领导下，本市从强化政策扶持、推动规范化建设、提高综合服务水平、加强信息化建设等方面入手，在规范农村土地流转、创新农业经营主体和发展方式、创新农村金融服务、注重品牌整合效应、创新市场营销模式等方面进行了一系列的探索与实践，呈现出家庭农场、专业大户、集体（合作）农场、国营农场（公司）、农民专业合作社（联合社）、供销合作社、农业产业化龙头企业和农业股份制企业等多元主体发展格局。

（一）家庭农场成为提高农业集约化经营水平的重要途径

市委、市政府高度重视家庭农场发展，2013 年，市委、市政府在松江

泖港镇召开市农村工作现场会，韩正书记提出，走规模化、专业化道路，是上海发展都市现代农业的根本方向；杨雄市长要求大力总结推广松江粮食家庭农场的做法，努力提高土地产出率和劳动生产率。在2014年的市农村工作会议上，市委、市政府两位主要领导再次提出，要积极推广松江经验，大力发展粮食生产家庭农场，探索粮经型家庭农场、多种形式的种养结合家庭农场。2013年，市政府办公厅出台了《关于本市加快推进家庭农场发展的指导意见》，明确了家庭农场发展的总体要求和基本特征，提出了涉及土地流转、登记建档、财政、工商税费、金融保险电力、人才培育、社会化服务等7项扶持家庭农场发展的政策措施。为进一步规范农村土地承包经营权有序流转，加快推进现代农业适度规模经营，市农委、市财政局出台了上海市现代农业组织化经营专项奖补试点的意见，在奉贤、金山两区的部分镇开展现代农业组织化经营专项奖补试点。从本市家庭农场发展实践看，家庭农场最能激发农民生产经营的内生动力，主要表现在以下四个方面：一是促进了生产力发展，提高了土地产出率，家庭农场水稻亩产量高出全市平均水平7公斤；二是提高了劳动生产率，增加了农民收入，家庭农场亩均净收入883元，松江种粮家庭农场和种养结合家庭农场的年收入分别达到了10万元和16万元，按人均计算分别达到3万多元和5万多元，高于松江农民人均收入1.8万~1.9万元的水平；三是保护了耕地，改善了农业生产环境，家庭农场实施秋播二麦、绿肥和深翻"三三制"轮作，发展种养结合家庭农场，推进秸秆还田，改进和提高了肥料使用技术和效率，增强土壤肥力，减少了化肥使用量；四是解决了农业生产后继无人问题，松江家庭农场经营者的年龄以46~55岁年龄段为主，并出现了第二代农民从事家庭农场生产，比面上统计的农业生产经营者平均年轻5岁。

2016年，全市累计发展粮食生产家庭农场3990个，同比增长435个，家庭农场水稻种植面积52.2万亩，同比增长13.7%，占全市水稻实种面积的44.6%；经济作物家庭农场159个；水产养殖家庭农场57个；其他家庭农场37个。完成市政府要求的粮食生产家庭农场比2015年增加245个、家庭农场水稻种植面积占全市水稻实种面积的40%的目标。坚持家庭农场的基本原则，健全家庭农场认定考核制度和报备监测制度。落实家庭农场贷款担保和贴息政策，探索家庭农场经营者社保补贴政策，完善家庭农场政策扶持体系。注重对接市场需求，鼓励家庭农场经营品牌农产品，提高家庭农场经营效益。

（二）农民合作社成为农村经营体制创新的突出亮点

在市政府《关于本市扶持农民专业合作社发展若干政策的意见》的基础上，本市陆续出台了一系列扶持农民合作社发展的政策性文件，如，上海市市级财政扶持农民专业合作社项目和资金管理办法、上海市农民专业合作社贷款贴息资金管理办法、上海市农民专业合作社专项贷款信用担保管理办法等，建立专项担保资金，市和区两级财政安排资金，专项用于合作社的贷款担保；创新担保模式，实行银保联合，对贷款金额50万元以下的合作社，由上海安信农业保险股份有限公司提供合作社贷款信用保证保险，再由上海农村商业银行发放合作社专项贷款；对贷款金额在50万元以上的合作社，由中国经济技术投资担保公司上海分公司提供贷款担保，由上海农村商业银行提供贷款。严格农民合作社示范社的认定和监测制度，坚持优胜劣汰，2013年全市有179个农民合作社获市级示范社称号。以市级示范社建设为抓手，推进全市合作社由数量型发展转变为质量型发展。建立健全区县农联会和乡镇农民专业合作社辅导员队伍，全市已有8个区县成立农民合作社联合会，乡镇辅导员实现全覆盖。全市农民合作社中有77%的合作社设立了理事会、监事会或执行监事，81%的合作社建立了财务会计制度，65%的合作社统一销售成员产品，75%的合作社提供农资集中采购服务，87%的合作社提供技术信息服务。近三年内培训农民合作社理事长1320人，合作社管理人员2136名。

2016年，本市具有一定规模的合作社达到3202家，拥有注册成员47180人，带动农业从业人员20.71万人，合作社经营农田面积104万亩，全年实现经营收入81.41亿元，盈余6.19亿元，销售额1000万元以上的合作社213家，本市合作社在带动农户和提升效益上均有进步。农民合作社示范创建工作继续推进，全市认定区级以上示范社470家，其中市级示范社178家，国家级示范社78家。本市红刚青扁豆、集贤虾业、春鸣蔬菜、绿笋芦笋等4个农民合作社获"全国百家合作社百个农产品品牌"称号。

（三）农业龙头企业成为现代农业经营体系的重要主体

2012 年，市政府出台了《贯彻国务院〈关于支持农业产业化龙头企业发展意见〉的实施意见》，明确了本市农业产业化龙头企业发展目标和 15 项具体支持措施。根据《上海市农业产业化财政贴息资金管理办法》，落实专项资金，实行贷款贴息，支持农业龙头企业做强做大。农业龙头企业采取统一供种、统一农资供应、统一生产、统一品牌包装、统一销售等形式，与农户建立紧密型利益联结机制。农业标准化、品牌化水平逐年提高，2013 年本市农产品品牌化销售率达到 48%，"三品一标"认证总量达到 257.69 万吨，占地产农产品上市总量的 45.39%，市著名商标 69 个，市名牌产品 77 个，其中兼获市著名商标和市名牌产品称号的有 36 个。

2016 年，本市有各类农业龙头企业 383 家，带动农业基地面积 670 万亩，其中自建基地 70 万亩，订单基地 600 万亩，带动本地农户 12.36 万户，全年实现销售收入 1350 亿元，利润总额 23.33 亿元，其中销售收入 1 亿元以上的龙头企业 91 家。支持本市农业重点龙头企业做强做大，评定区级重点龙头企业 180 家，市级重点龙头企业 96 家，推荐上海鑫博海农副产品加工有限公司为国家级重点龙头企业，使本市国家级重点龙头企业增加到了 20 家。本市农业企业加快上市步伐，通过吸收社会资本迅速扩大生产规模。2016 年，闽申农业科技、雪榕生物科技、元盛食品、孙桥溢佳、多利农业、丰科生物科技等一批本市重点龙头企业在境内外证券市场挂牌或即将上市。鼓励企业"走出去"，扩大企业影响力，本市积极组织农业企业参加国内外农业展会，凭借农业企业的优秀表现，上海荣获第十四届中国国际农产品交易会最佳组织奖。

第十四节　深化农村集体产权制度改革

农村集体经济组织产权制度改革是我国实行家庭联产承包制后农村生产关系的又一次重大变革，也是农村经济体制的一项重大制度创新。稳步推进农村集体经济组织产权制度改革是应对城镇化、工业化过程中面临新问题的需要，也是发展农村社会生产力和完善农村市场经济体制的需要，更是维护好、实现好、发展好农民合法权益的需要。随着"四化同步"和城乡发展一体化战略的确定，中央高度重视农村集体经济发展和产权制度改革，始终把它作为稳定和完善农村基本经营制度的重要内容，作为创新农村经营体制机制的重要任务，作为探索农村集体经济发展有效实现形式的重要途径。

近年来，根据中央有关文件精神，上海市委、市政府始终将农村集体经济组织产权制度改革作为深化农村改革发展的重要内容，稳步开展农村集体经济组织产权制度改革工作，推进村级集体经济组织产权制度改革，探索镇级集体经济组织产权制度改革，创新了农村集体经济组织运营机制和分配机制，增强了集体服务功能，提高了农村社会治理水平，促进了农民增收、农村社会和谐及农村集体经济组织可持续发展。截至 2017 年 7 月，全市已有 1624 个村级集体经济组织完成了产权制度改革，占全市总村数的 96.8%；镇级产权制度改革累计完成 50 个镇，占全市总镇数的 41%，目前还有 11 个镇正在改革过程中。2016 年已有 379 家改制后的村集体经济组织、14 家镇级集体经济组织进行了收益分红，分红总额 15 亿元，涉及成员数 148 万人，人均分红 1015 元。村级集体经济组织产权制度改革基本实现"应改尽改"的目标，镇级改革正稳步推进。从总体来看，农村产权制度改革这项工作得到了基层农民群众的欢迎和拥护。目前本市农村集体产权制度改革工作正按照市委、市政府明确的目标和要求坚定、扎实、稳妥推进。

一 上海农村集体经济组织产权制度改革主要历程

上海是经济率先发展地区，也是城市化推进比较快的地区，因此也比较早启动了农村集体资产产权制度改革探索。总体上，上海的改革探索可以分为三个阶段。

（一）初步探索阶段

1955 年 10 月，中共七届六次全会通过《关于农业合作化问题决议》，明确多数人联合起来，采取共同劳动、集体经营的方式（1953 年至 1955 年底为初级社，生产资料尚未公有）。1956 年 6 月 30 日，第一届全国人大三次会议通过的高级农业合作社示范章程，则规定：把社会私有的生产资料转为集体所有，组织集体劳动，实行各尽所能、按劳分配、同工同酬。从那时候起，农村集体资产就开始形成了。伴随城市化地域扩张带来的村镇合并，上海制定出台了推进产权制度改革的相关政策，沪府发〔1996〕34 号文和沪府发〔1998〕55 号文对上海市撤制村、队的资产处置进行了相关政策规定。1995 年，闵行区虹桥镇虹五村等率先实行股份合作制改革。

（二）规范发展阶段

党的十一届三中全会后，中央连续下发了五个一号文件。这时期，主要是农业实行家庭联产承包经营，极大地解放了农村劳动力，乡镇企业崛起，农村进入工业化快速发展阶段。这一时期，全市改制了 18000 多家集体企业，盘活集体资产 300 多亿元。改制后，私营经济、外资经济得到了快速发展，农村集体经济发展相对缓慢。据统计，1992 年，郊区（县）、乡镇、村三级工业总产值达到 678.51 亿元，利润 43.48 亿元，分别比 1978 年增长 23.4 倍和 6.4 倍。

2003 年 5 月，市相关部门通过下发文件，明确规定改革试点的基本形式、主要条件和关键环节。2005 年 7 月，市政府召开座谈会并要求在条件允许的地方进行村级集体经济股份合作制改革试点工作。2006 年，市农委制定了进一步加强农村集体资产管理工作的意见，明确提出要进一步深化农村集体资产的改革，要坚持三个原则，即"依法、规范、公正"，通过明晰股权，让成员享受股金分配，建立农村集体资产新型法人治理结构，健全农村集体资产的民主管理制度和有效监督机制。要通过改革，不断巩固壮大农村集体经济实力，促进农民收入不断增长。

（三）加快推进阶段

这一阶段，主要是对乡镇企业改制后留下的厂房、仓库等不动产租赁经营及集体土地非农化过程中的补偿和租赁。主要是近郊地区、城市化地区集体资产增值积累较快。到 2011 年，5 个中心城区和 4 个近郊区集体经济组织总资产占全市农村集体总资产的 78.3%，全市镇级集体资产占农村集体总资产的 71.1%。

根据党中央十七届三中全会文件精神，2009 年市农委下发沪农委〔2009〕108 号文，进一步推进农村产权制度改革工作，根据市委、市政府部署，不少区县明确把农村集体资产产权制度改革纳入了"十二五"发展纲要。据调查统计，沪农委〔2009〕108 号文件下发后从 2010 年底，50 个村（队）集体经济组织建立了 46 个公司或社区股份合作社，发展到 2013 年底，15 个镇级、242 个村级集体经济组织建立了 237 家新型集体经济组织，推进工作进展顺利。

二 上海农村集体经济组织产权制度改革主要形式

由于上海城市化进程不同，导致农村集体经济发展水平、农村集体经济实力各不相同。上海农村集体经济组织产权制度改革根据实际情况和遇到的问题逐步探索了三种形式：一是有限责任公司，二是社区股份合作社，三是经济合作社。

20世纪90年代和21世纪初改革，以有限责任公司为主，为满足有限责任公司股东50人以下的要求，改革的村只能采取隐性股东的做法，大部分集体经济组织成员的权利难以得到法律的认可和保护。2009年，针对有限责任公司的弊端，市农委会同市工商局出台了文件，创新了社区股份合作社的改革形式，有效解决了股东人数限制的问题。但是经工商登记的有限公司和社区股份合作社，其股东享受的分红要缴纳20%的红利税，在一定程度上增加了改革后集体经济组织的负担（一般情况下，为增加农民收入，红利税由社区股份合作社代缴），影响了改革积极性。2012年，针对红利税的问题，市委、市政府出台了促进农村集体经济改革发展的文件，创新了社区经济合作社的改革形式，社区经济合作社不需进行工商登记，由政府颁发证明书，并可凭证明书申领组织机构代码证。由于社区经济合作社未经工商登记，分红不再需要缴纳红利税，但无法作为出资人对外投资，在一定程度上影响了社区经济合作社的可持续发展。

三　上海农村集体经济组织产权制度改革主要程序

农村集体经济组织产权制度改革是一项复杂的系统工程，必须按照《农业部关于稳步推进农村集体经济组织产权制度改革试点的指导意见》（农经发〔2007〕22号）和市农委、市发改委、市工商局《关于本市推进农村村级集体经济组织产权制度改革工作的指导意见》（沪农委〔2009〕108号）执行，要坚持依法依规、严格程序、规范运作，稳步推进。主要程序如下。

（一）建立班子，制订方案

1. 建立班子

实行改革的村集体经济组织，要在村党组织和村委会领导下，建立由村集体经济组织负责人、民主理财小组成员和村集体经济组织成员代表共同组成的村改制工作领导小组和工作班子。村改制工作领导小组成员不少于7人，其中，村集体经济组织成员代表一般不少于2人，由村集体经济组织成员代表会议推荐产生。区县和乡镇也要建立相应的领导班子和工作机构，加强对村集体经济组织产权制度改革的指导。

2. 制订方案

村改制工作领导小组在听取不同层次群众意见基础上拟定"村集体经济组织产权制度改革实施方案"。方案内容包括改制目的原则、工作目标、工作步骤以及清产核资、成员界定、农龄统计、股权设置、资产量化、收益分配、组建村级社区股份合作社等。在制订改制方案和具体政策时，乡镇人民政府和区县主管部门应加强监督指导，同时，改制方案必须张榜公布，经村集体经济组织成员大会2/3以上成员讨论通过，并报乡镇人民政府和区县主管部门备案。

在改革推进过程中，各改制单位始终坚持改革必须依法依规，有政策的按政策要求办，没有政策依据的，由村民集体经济组织成员代表大会讨论通过。从改革方案制定、讨论到实施，全过程都坚持重大问题由集体经济组织成员代表大会通过才能执行，确保了本市农村集体经济组织产权制度改革工作经得起历史和实践的检验。

3. 宣传发动

要充分发挥基层党组织的作用和党员干部的模范带头作用，以保障农民的基本权益为原则，大力宣传村级集体经济组织产权制度改革的目的意义，宣传改制方案，讲清政策，明确权利和责任，充分调动农民群众的积极性，营造良好的改革氛围。松江、闵行等区在改革全过程中坚持阳光透明，并将改革相关信息纳入全市农村集体"三资"监管平台供成员信息查询，充分保障了成员的"四权"。据问卷调查，100%的村改革方案都经过公示，七成的社员都知道通过"农民一点通"能查询产权制度改革情况。

（二）清产核资，摸清家底

实行改制的村，要在区县、乡镇农村集体资产管理部门、农村经营管理部门的指导下，由村改制工作领导小组组织清产核资工作，对村集体经济组织原有的各类资产进行全面清理核实。要重点做到"两个摸清"：一是全面摸清村级集体的总资产、净资产、总负债及贷款担保情况；二是全面摸清村级集体资产的主要构成情况，区分经营性资产、非经营性资产和资源性资产（包括无形资产），分别登记造册。要把握"三个关键"：一是资产评估和确认。从已经改制的实践看，分两种情况，对撤制村的改制，必须进行资产评估；对非撤制村的改制，原则上不进行资产价值重估。市农委〔2009〕108号文件明确要求，"实施清产核资时，如村集体经济组织成员大会要求进行资产评估的，可按有关规定请有资质的资产评估机构进行评估"。对清产核资或资产评估的结果要召开村集体经济组织成员大会进行审核确认，并在村务公开栏张榜公布，报乡镇主管部门备案。二是产权界定。改制村的集体经济组织资产所有权的界定，要依据《物权法》、农业部《农村集体资产清产核资资产所有权界定暂行办法》和《上海市农村集体资产产权界定暂行办法》等有关规定，按照"谁投资、谁所有和尊重历史、平等协商"的原则进行界定。由村清产核资小组提出产权界定结果报告报乡镇集体资产管理部门审核，通过审核，经村集体经济组织成员或成员代表大会确认后，再报乡镇集体资产管理部门备案。三是核销不实资产。通过清产核资，对不需支付的债务、不能回收的债权，有账无物的资产等要按财务制度规定做好核销手续。对核销的不实资产应由村集体经济组织成员或成员代表大会决议通过，然后报乡镇集体资产管理部门备案，并在村务公开栏公示。改制村的清产核资工作具体可参照《本市农村集体经济组织清产核资若干工作口径》进行。

从2010年起到2011年，上海先后对9个涉农区县和中心城区6个镇的村级集体资产进行了清产核资。坚持先按账内、后账外的原则对所属集体经济组织的所有资产进行清理核实；对产权关系不明晰的，依据相关政策法规规定，理顺产权归属关系；对清理出来的不实资产按有关规定和民主决策程序及时进行处置。从2011年起至2012年，上海先后对金山2个镇的镇级集体资产进行清产核资，嘉定对全区街镇级集体资产进行清理和界定，2014年，上海市要求对本市17镇先行试点清产核资工作，清核镇级集体经济组织所属的集体企业所有的资产和资源，镇级机关、事业单位使用的农村集体经固定资产和农村集体用地是本次清产核资的范围。

（三）界定成员，统计农龄

界定成员、统计农龄，是村级集体经济组织产权制度改革的重要一环。集体经济组织成员的界定，目前还没有明确的法律规定，根据各地经验，其成员原则上应该是在本组织所在地长期固定地生产、生活而形成事实上的权利义务关系和管理关系，并结合是否具有依法登记的本组织所在地常住户口来进行确认。特殊群体的成员资格认定，应经过民主程序，由集体经济组织成员（代表）大会认定。本市主要依据1996年市政府34号文件关于上海市撤制村、队集体资产处置暂行办法第十五条规定："撤制村、队集体资产处置中可以享受分配的对象是自农业合作化至批准撤制之日的期间，户口在村（队）、劳动在册且参加劳动累计3年以上（含3年）的集体经济组织成员。"对一些特殊成员的界定，可通过民主程序合理解决。农龄界定的具体做法，可实行"个人申报、组织核实、张榜公布、村民确认、再调整、再公布、再确认"等程序，一般由村民代表或老党员、老干部、老村民组成农龄统计工作小组，先进行摸底调查，实行一户一表申报，然后由农龄统计小组审核，通过审核、张榜公布，发现差错再次核实调整，再张榜公布，直至完全符合确认为止。

2012年底，上海郊区9个涉农区县，全部完成了农龄统计工作。界定成员和统计农龄工作是农村集体经济组织改革的重要一环，就目前来说法律并未对如何界定做出明确规定，上海在实际操作时，坚持三大原则，即依法依规原则、民主决策原则、实事求是原则。农村集体经济组织成员资格的取得与当地农村社会环境、集体经济发展、人口规模变化等情况相关。该资格一般通过两种途径取得：一是原始取得。1956年将私有财产归入合作社共有的农民，其是最原始的集体经济组织成员。目前，上海统一的口径是社员必须为在册在队成员，农龄计算时间从1956年算起。二是法定取得。原来并不是本组织成员，因履行法律法规和组织章程规定的义务而迁入并取得成员资格，如婚姻、收养、政策移民等，这些成员的农龄计算从法定迁入时间算起。

（四）设置股权，量化股份

在清产核资和农龄界定的基础上，村改制工作领导小组要提出资产处置方案和股权设置方案，合理确定折股量化的资产。对经营性资产、非经营性资产以及资源性资产的折股量化范围、折股量化方式等事项，应提交村集体经济组织成员大会讨论决定。根据试点经验，撤制村的改制应将全部集体净资产折股量化到人，非撤制村的改制，主要将集体经营性资产折股量化到人。

闵行区的资产处置方案内容：①集体资产管理部门界定的村属净资产总额；②提取不列入分配的净资产；③提取资产处置统筹基金；④可量化分配净资产数；⑤按农龄量化分配数；⑥兑现情况：股份分配数、现金分配数。

股权设置方案内容：①撤制村的改制，不设立集体股，只设立个人股，即按撤制村的全部集体净资产，按农龄折股量化到人；②未撤制村的改制，除个人股外，可设置集体股，但不宜设增配股、岗位股、干龄股。集体股的比例，由成员或成员代表大会讨论决定。集体经济组织成员的个人股，原则上可以继承，但不得退股变现，在一定条件下可以内部转让。个人股是集体经济组织成员获取资产收益分配的依据。

按照闵行区的做法，以上资产处置方案和股权设置方案，须报镇改革领导小组审核后，送区改革领导小组复核，通过后召开村改制第三次集体经济组织成员或成员代表大会，审议并通过这两个方案。

（五）　申报批准，实施改制

在经过上述程序后，村改制工作领导小组要形成村集体经济组织产权制度改革总体方案，包括村基本情况、村集体经济组织基本情况、资产清理情况、资产处置方案、农龄界定情况、股权设置和资产量化方案、收益分配方案、改制后村集体经济组织性质及村社区股份合作社理事会、监事会等组织机构和候选人名单等。该方案报镇改制领导小组审核，并报区县改制领导小组批准。

改制总体方案批准后，村改制领导小组组织实施以下工作。

1. 落实股权

村改制工作小组代表村集体经济组织与集体经济组织成员签订资产股份量化确认书，并发放股权证书（社员证），领取现金的签订兑现协议书。

2. 建章立制

根据国家有关法律法规和政策规定，制订村社区股份合作社章程；制订村社区股份合作社社员代表会议议事规则和选举办法；制订村社区股份合作社理事会议事规则和选举办法；制订村社区股份合作社监事会议事规则和选举办法等。

3. 召开成立大会

由村改制工作领导小组组织村社区股份合作社筹委会，并由筹委会召开第一次社员（股东）大会，通过股份合作社章程，选举产生第一届理事会、监事会，并做出社员（股东）大会决议。

4. 工商登记

按照本市关于做好农民专业合作社工商企业登记工作的要求（沪农委〔2004〕114号），办理工商注册登记手续，取得社区股份合作社的法人资格。

（六）加强监管，落实分配

落实股份合作社社员的收益分配，是村集体经济组织产权制度改革的根本出发点和落脚点。因此，在改制后，要加强股份管理，搞好资产运营，发展集体经济。村集体经济组织改制后，应按集体与成员拥有股权的比例进行收益分配。在收益分配后，应做好审计工作。改制后集体经济组织的年终财务决算和收益分配方案，必须提交村集体经济组织成员（股东）大会讨论通过。

各改制村在完成改制任务后，要及时收集整理改制的相关材料，并立卷归档。

四 上海农村集体经济组织产权制度改革主要特点

1. 发挥基层首创精神，探索改革试点

20世纪90年代初，为适应社会主义市场经济体制需要，上海市近郊普陀区长征镇红旗村、闵行区虹桥镇虹五村等在全国率先开展了村级集体经济股份合作制改革，将集体资产以股权形式量化到人，按股权进行收益分配，并建立完善现代企业治理结构。2003年和2009年，上海市分别出台《关于开展村级集体经济股份合作制试点工作意见》和《关于本市推进农村村级集体经济组织产权制度改革工作的指导意见》，对不同时期产权制度改革的基本形式、关键环节等做出了规定。闵行、嘉定、宝山、松江以及部分中心城区有集体资产的乡镇所属的村按照文件精神，结合实际情况陆续开展了村级集体经济组织产权制度改革试点。

2. 健全政策体系，夯实基础工作

2011 年，市委、市政府将推进农村集体经济组织产权制度改革列为重点课题进行调研。在调研基础上，市委、市政府及相关职能部门陆续出台了《关于加快推进上海农村集体经济组织改革发展若干意见（试行）》（沪委发〔2012〕7 号）、《关于推进本市农村集体经济组织产权制度改革若干意见》（沪府发〔2014〕70 号）等文件，明确了推进本市农村集体产权制度改革的总体要求、目标任务、基本原则、具体措施等，目前已形成了"1 + 1 + 15"较为完善的产权制度改革政策体系。各级农经机构重点在面上组织做好清产核资、农龄统计和"三资"监管平台等相关基础工作，为推进上海市农村集体产权制度改革奠定了基础。一是开展清产核资。重点围绕清查核实、明晰权属、健全制度、分账管理、整理归档、纳入平台等工作，对全市 9 个郊区县所有的村级集体经济组织的清产核资工作进行复核。二是开展农龄统计。重点围绕农龄计算、农龄公示、档案管理、纳入平台等环节，对全市集体经济组织成员界定和农龄统计工作进行复查。农龄统计时间一般自 1956 年 1 月 1 日至本集体经济组织认定的截止日期，户口在村、队的年满 16 周岁以上（含 16 周岁）的农业户籍人员。累计不满半年按半年计算，累计满半年不足一年的按一年计算。具体由集体经济组织成员民主讨论决定。三是开展集体资产产权界定工作。在试点基础上，以明晰国有资产和农村集体资产产权为重点，开展乡镇农村集体资产产权界定工作，并推进集体资金和财政资金分账管理，摸清家底。四是开展土地补偿费管理监督检查。重点围绕统一账户设置、建立台账档案、实行平台监管、规范用途和及时分配等工作落实情况，对各郊区县土地补偿费管理监督工作进行检查。五是规范股权设置。指导涉农区依据各地的实际情况，坚持以农龄为主要依据和程序规范的原则，综合考虑土地、人头等其他因素，确定股权的具体设置方法。六是健全分配制度。根据上海市出台的《本市加强农村新型集体经济组织收益分配监督管理的指导意见》（沪农委〔2013〕116号），指导改制后的新型集体经济组织建立完善具体实施办法。

3. 加大工作力度，积极稳妥推进产权制度改革

围绕农村集体经济组织产权制度改革的部署和要求，本市在充分尊重群众意愿的前提下，近几年不断加大工作力度，产权制度改革成效显著，在市委、市政府关于农村集体经济组织改革的纲领性文件出台后，2013年至2016年底，全市累计完成村级改革1474个，占已完成改革总村数的92.5%，并积极扩大镇级集体产权制度改革试点，不断总结和推广典型经验和改革模式。同时，各级农经部门按照法律法规和政策规定，坚持速度服从质量的原则，充分发挥了主动性、积极性和创造性，有力有序地推进产权制度改革工作。一是建立产权制度改革领导小组，形成组织合力。各级党委和政府对产权制度改革工作高度重视，市级建立由市政府分管副市长为组长，市政府分管副秘书长和市农委主要负责人为副组长、市有关部门负责人参加的改革领导小组；各区、各乡镇也按要求建立了由主要领导挂帅的改革领导小组，为本市产权制度改革的顺利开展提供了强有力的组织保障。二是强化业务培训，提升工作效能。为贯彻执行中央及上海市有关产权制度改革的会议与文件精神，市农经站每年都制定有效的培训工作计划，以各镇分管领导、区镇两级农经部门工作人员为培训对象，系统地从政策法规、业务知识和工作技能方面，统一组织开展农村集体产权制度改革工作培训，有效增强产权制度改革工作人员的责任感和自觉性，切实提高基层工作人员依法依规依政策办事的能力和水平，确保改革工作有序推进。三是建立月报制度，加强督促检查。为切实推动农村集体经济组织产权制度改革工作进程，上海市建立了产权制度改革进度月报制度，各区定期上报改革情况，市农经站形成汇总分析材料后上报市农委，由市农委及时向市政府报告并通报给各涉农区，自上而下推进改革进程。同时，市级农经部门定期组织产权制度改革工作检查，指导督促区、镇完善工作机制，稳妥扎实推进改革，既不能"翻烧饼"，又不能形成新的历史遗留问题。四是坚持因地制宜，加强分类指导。上海市各级农经机构逐级建立了工作联系制度，区级农经站定期到镇、村调研指导，严格按照"一村一

策"的要求，积极创造条件，努力做到"应改尽改"，对极少数负债和存在特殊历史遗留问题的村，坚持做好调查分析工作，不片面追求进度，不搞"一刀切"。市农经站也建立分片联系制度，指导督促区、镇因地施策，确保改革工作质量。

4. 完善运行机制，确保改革后农村集体经济健康发展

为进一步确保农民在农村集体经济组织中的资产权益，更好地行使当家做主的权利，并推动改革后的农村集体经济组织形成与市场经济相适应的运行机制，增强集体经济组织经营活力，各级农经机构认真贯彻落实上级有关精神，注重加强督促指导检查。一是注重建章立制。根据国家有关法律法规和政策规定，指导改革后的新型集体经济组织，制订合作社（公司）章程，将资产数量、股权设置、收益分配等写入章程。制订社员代表会议议事规则和选举办法；制订合作社理事会（董事会）、监事会议事规则和选举办法等。二是确保规范运行。针对改制为社区经济合作社的集体经济组织，由市农经站打印统一编号的证明书，经区县人民政府盖章后进行颁发；改制为社区股份合作社或有限责任公司的集体经济组织，到工商部门登记领取工商营业执照，确保规范运行。为破解本市新型农村集体经济组织因组织机构代码证等"三证合一"后无法向税务部门申请代开增值税普通发票从而影响集体经济组织正常经营的问题，上海市正在协同质监部门推进本市对改制后的集体经济组织进行统一社会信用代码赋码工作。三是建立健全内部治理结构。指导改革后组建的社区股份合作社、有限责任公司建立成员代表会议、董事会和监事会等法人治理结构；建立健全成员代表会议、理事会和监事会等组织治理结构，充分保障集体经济组织成员的知情权、参与权、决策权和监督权。四是实行新型集体经济组织与村委会职能分离。根据《关于本市开展村民委员会与村级集体经济组织分账管理工作的指导意见》（沪农委〔2015〕357号）的文件精神，指导改革后的集体经济组织与村委会的分账管理，形成了村民委员会自治管理、公共服务与社区经济合作社自主经营、服务成员的新格局。截至2017年4月，全市已完成改革的村全部实行了分账管理。五是促进农村集体经济发展壮大。2016年底，本市出台《关于新形势下促进农村集体经济转型发展的指导意见》，为促进农村集体经济转型发展起到了政策支撑作用。同时，

各区积极探索农村集体经济转型发展新路径，取得了较好成效，形成如以青浦区练塘镇和奉贤区为典型的购置留存楼宇物业、松江区新桥镇为典型的合作开发产业园区等五种发展模式。为进一步促进农村集体经济发展，上海市开展了建设用地减量化和环境综合整治对农村集体经济发展影响的有关调研，以全方位把握各区农村集体经济发展的相关文件政策与具体措施，进一步拓展农村集体经济发展空间，创新发展路径。

五 注重加强农村集体"三资"监督管理

截至 2016 年底，全市 122 个乡镇、1677 个村的农村集体总资产和净资产分别达到 5304 亿元和 1588 亿元，为保护农村集体经济组织及其成员的合法权益，上海市切实加强农村集体"三资"监督管理工作，在体制机制上提升监管水平。

1. 加强监管制度建设

本市在规范村级集体"三资"管理方面建立了一系列制度，有效规范了集体资金和资产的正常运行和运作。其一，健全完善财务管理制度。建立健全了农村组织财务收支预决算制度、民主理财制度、财务开支审批制度、资产台账制度、债权债务管理制度、票据管理制度、会计档案管理制度等财务管理制度。其二，健全完善农村财务公开制度。村级组织财务活动做到全面公开，重大财务事项逐项逐笔公开；涉及成员切身利益的重大事项，随时公开。其三，健全完善民主决策制度。凡集体经济组织重大财务活动和财务事项，必须经集体经济组织成员或成员代表会议讨论决定。其四，建立健全乡镇集体经济组织财务管理制度。建立健全民主决策、清产核资、台账管理、财务公开和审计监督等六项制度。一系列规章制度的出台和实施，为本市开展农村集体"三资"管理工作奠定了基础。

2. 建立健全基层监管体系

随着集体经济的不断发展壮大以及集体"三资"监管要求的不断深化，上海市在调研基础上出台了《关于进一步加强乡镇集体资产监督管理的意见》（沪府办发〔2012〕63号），要求乡镇层面建立集体资产监督管理委员会，在乡镇党委、政府领导下履行乡镇集体资产监督和管理职责，日常工作由乡镇农村经营管理站承担。目前，全市涉农乡镇基本建立健全了集体资产监督管理委员会，进一步加强了对集体资产运营的管理和监督。

3. 强化科技监管手段

为及时掌握本市农村集体"三资"管理情况，加强农村集体"三资"管理，创新"三资"监管手段，2011年上半年，在市纪委的牵头组织下，上海依托现代化信息网络技术，积极探索以"制度＋科技"预防腐败，推进农村集体"三资"管理工作科学化、规范化，经过各部门通力合作，2012年已全面建成农村集体"三资"监管平台，此后，因为业务工作需要，平台建设不断进行完善升级，平台已具备数据录入、查询分析、资产公示等主要功能，形成了领导查询、资金管理、资产管理、资源管理、合同管理、报表分析、预警预报等10大业务模块，农民可利用设置在村里的"农民一点通"查询到本村的资产概况、收入情况、支出情况、集体土地收益、预决算、农龄公示、农村分配、经济合同和政策文件等九个方面的内容，基本实现了农村集体"三资"的动态监管。

4. 推进村级集体资产公开租赁平台建设

为进一步创新农村集体资产监管机制，规范农村集体资产租赁行为，促进农村集体资产保值增值，上海市以奉贤区作为本市农村集体资产公开租赁平台建设试点单位，指导其建立农村集体资产公共租赁平台和运行规则，形成"制度健全、程序规范、过程公开、监管有力"的农村集体资产租赁机制，对本市加强农村集体资产监管起到示范、借鉴作用。

总体上看，通过明晰产权，长期存在的因土地征占、资产处置、收益分配等问题引发的社会矛盾得到有效解决。涉及农民切身利益的如投资、经营、收益分配等重大事项都由股东代表大会讨论决定，改变了原来由少数干部掌控和随意支配集体资产、监督缺位的状况，有效地遏制因资产处置不公、收益分配不平等等问题引发的上访现象，较好地化解了党群矛盾、干群矛盾，促进农村社会和谐稳定。改制后的村，没有发生过因改制而引发的集体上访事件。一些改制村不断加强内部管理，注重节约增效，各项费用大幅下降，仅公务招待费较改革前就下降60％以上，而农民分红每年都在增长。

第十五节　建设大都市郊区特色的美丽乡村

2007 年以来，上海市委、市政府按照中央加强新农村建设的总体要求，采取一系列措施加大对农业和农村的投入力度，开展了以保护修缮、改善环境、完善功能、保持文脉为原则的村庄改造工作，为农民生产、生活创造较好的条件。2012 年，党的十八大提出建设"美丽中国"之后，拉开了全国改善农村人居环境、推进美丽乡村建设的序幕。上海于 2014 年启动了以村庄改造为载体、以优化农村人居环境为目标的美丽乡村建设工作。

一　上海美丽乡村建设的进展和主要工作

上海美丽乡村建设以"美在生态、富在产业、根在文化"为主线，以项目整合为重要方式，以落实长效管理为重要内容，在保障农民基本生产生活条件的基础上，促进农村全面健康可持续发展。近年来，在各级政府的共同努力下，美丽乡村建设工作的组织机制、制度框架日渐完善，建设项目按计划实施，示范村创建有序开展，郊区农村人居环境面貌显著改善。

1. 建立领导小组，落实工作职责

市政府成立了由分管副市长任组长，市政府分管副秘书长和市农委主要负责人为副组长，市农委等 15 个部门为成员单位的美丽乡村建设工作领导小组，办公室设在市农委。各涉农区均建立了区一级美丽乡村建设工作领导机构，大部分区的区长担任领导小组组长，明确了牵头部门和相关部门责任，狠抓工作落实。2014 年至今，市政府已召开 6 次美丽乡村建设工作专题会议，对各阶段工作要求做出部署。

2. 形成工作意见，明确目标任务

2014年3月，市政府办公厅下发了《关于本市推进美丽乡村建设工作的意见》，明确本市美丽乡村建设以农村人居环境改善为目标，以村庄改造为载体，到2020年，全面完成基本农田保护地区村庄改造、累计评定100个左右的市级美丽乡村示范村，不断扩大美丽乡村建设成果，促进农村人居环境的持续改善和村民素质的整体提升的工作目标。各区按照市级工作意见，研究出台了美丽乡村建设相关实施意见和工作方案。

3. 编制建设规划，保障项目落地

各区完成了2015～2020年美丽乡村建设规划编制工作。以村庄布点规划为指导，以地区经济社会现状和发展要求为基础，统筹兼顾宅基地置换、村庄归并、村庄改造等新农村建设模式，确定规划保留的基本农田保护区为美丽乡村建设范围；按照分类推进的原则，因地制宜地确定了建设内容；制定了工作措施，落实了资金来源；建立村庄改造六年建设项目库，将建设计划全部落地。

4. 出台制度规范，引导项目建设

市农委会同市相关部门先后出台《上海市美丽乡村建设导则（试行）》《关于进一步加强美丽乡村建设项目整合工作的通知》《上海市农村村庄改造项目资金管理办法》《上海市农村村庄改造建设指南》等一系列政策意见，形成项目管理、项目整合、示范建设的制度规范，构建起美丽乡村建设的基本制度框架，引导各地区和相关部门对照具体标准和要求有序开展项目建设与管理工作。

5. 实施目标管理，落实考核督查

从2016年起，本市对农村村庄改造工作开始实施目标管理，按季度细化分解工作任务，明确项目申报、批复、立项、招标、开工、完工等重要环节时间节点。建立目标考核制度，通过制定考核办法，对各区年度项目推进情况开展量化评分考核，考核结果通报各区人民政府，并纳入各区"三农"工作考核、政府绩效考核范畴。建立进度报送和通报制度，各区项目推进情况按月报送市农委，市农委分析汇总后每月定期通报区政府主要领导、分管领导，并对照工作目标对各区推进进度进行评估，要求查找滞后原因，补齐工作短板。

6. 加大资金投入，推进项目建设

围绕至 2020 年全面完成基本农田保护区、规划保留农村地区的村庄改造工作的工作目标，从 2015 年开始，村庄改造工作在资金投入上改变过去以预算资金量定计划量的工作做法，实行以需求量定计划量，保障财政资金投入，大力推进行政村整建制改造。全市村庄改造工作，尤其是奉贤、金山、崇明等远郊地区进入快速推进阶段。截至 2016 年底，全市已累计完成涉及 50 万户农户的村庄改造，占全部改造农户数的 2/3。

7. 开展项目整合，强调整体改善

从 2015 年起，本市建立了以村庄改造年度项目为平台，以区政府为主体的美丽乡村项目整合机制。按照"渠道不改、用途不变、统筹安排、集中投入、各负其责、形成合力"的原则，将各条线项目资金整合聚焦于同一建设区域，同步实施、合力推进。确立了农村村庄改造、河道生态治理等 7 大类美丽乡村市级重点整合项目。整合资金总量 2015 年约 10.5 亿元，2016 年达到了 11 亿元，极大地发挥了各级财政资金的使用效益，使农村地区的人居环境面貌得到整体改善。

8. 推进示范建设，发挥引领作用

以村庄改造工作为基础，以"美在生态、富在产业、根在文化"为主线，各地区按照美丽乡村建设导则的要求，进一步提升农村生态品质、促进农村产业发展、挖掘乡村文化元素，开展了美丽乡村示范村建设。闵行、嘉定、宝山、浦东、金山、青浦、崇明等区对示范村建设还形成了专项的区级奖补政策。截至 2016 年底，全市已累计评定出 45 个市级美丽乡村示范村。

二 上海美丽乡村建设取得的成效

1. 完善了村内基础设施

近年来，上海按照中央对美丽乡村建设的总体要求，不断加大郊区农村基础设施建设，通过成片规划、连片实施，开展道路硬化、危桥改造、路灯和监控安装，村民出行变得更加方便和安全。部分地区还改造了供水管网、安装了燃气管网，提高了农民生活质量。经过多年的持续建设与发展，本市农村地区的交通基础设施日趋完善，郊区城镇之间的等级公路网络基本建成，轨道交通服务向郊区城镇逐步延伸，公交镇村贯通和村村通基本实现全覆盖。对规划列入保留的村庄，开展村内基础设施建设、村庄环境整治和公共服务设施建设三大工程，推进农村人居环境持续改善，预计到 2020 年，全市将基本完成规划保留地区村庄改造工作。

2. 村庄改造美化了村容村貌

2007 年以来，全市已累计对 884 个村进行了村庄改造，受益农户超过 50 万户，达到规划改造总任务量的 2/3。中央和市级财政已累计拨付专项奖补资金 38 亿元，加上区镇投入资金，带动其他新农村建设资金的聚集整合，全市村庄改造建设累计投入已超过 60 亿元，其中，2016 年在 116 个村实施了村庄改造项目，项目纳入年度市级财政奖补范围，受益农户约 7.2 万户；共批复中央、市级财政奖补资金 10.2 亿元，是村庄改造有史以来投入量最大的一年，项目的数量达到了"十三五"规划中改造总量的 22%。

3. 村居环境质量明显提升

从 2007 年本市村庄改造开始，上海市始终坚持以改善民生为主要目标，重点推进了道路建设、危桥整修、水环境整治等项目，进一步优化了农村人居环境。改造后村庄的村内道路连通，路面实现硬化，危旧桥梁整修，主要道路两侧和桥头都安装路灯，农民出行条件大大改善；生活污水纳入市政管网、生活污水科学处理、三格化粪池修缮，特别是一些淤塞河流得到疏浚，岸坡重新修整，庭院绿化美化、农宅墙体白化，家庭养殖规范，生活垃圾及时处置，违章建筑逐步拆除。改造后的农村"路平、桥安、水清、岸洁、宅净、村美"，村民生产生活条件显著提升，村庄环境大幅改观，为美丽乡村建设提供了重要的审美基础。截至 2016 年底，全市累计实施农村生活污水的收集处理 48.7 万余户，占全市总户数的 49%。2017 年，全市要完成 6 万户农村生活污水处理项目的任务。截至目前，农村生活污水治理的农户中，已经纳管将近 10 万户，其余 39 万户基本采取就地处理的方式。预计"十三五"期间，全市将结合村庄改造、美丽乡村建设、黑臭河道整治等任务，继续推进 30 万户农村生活污水的收集处理，农村生活污水处理覆盖率要求达到75%以上。

4. 特色美丽乡村逐步涌现

围绕"美在生态、富在产业、根在文化",不断提升农村生态品质、促进农村产业发展、挖掘乡村文化内涵,从2014年起,上海开始创建"美丽乡村示范村"工作,每年评选15个左右的美丽乡村市级示范村,引导和推动本市农村地区注重提升农村生态品质、促进农村产业发展、弘扬优秀传统文化和培育乡风文明,带动面上美丽乡村建设工作,提升上海市美丽乡村建设水平,不断吸引广大市民了解新农村、体验新郊区,共同参与城乡一体化建设。截至2016年底,全市已累计评定出45个市级美丽乡村示范村;预计到2020年,全市将全面完成基本农田保护地区的村庄改造工作,并建设100个左右宜居、宜业、宜游的美丽乡村示范村。

5. 促进了乡村产业发展

上海的美丽乡村建设通过与农林水行动计划的整合,加强农业基础设施建设,促进现代农业发展;通过与农村产业结构调整工作紧密结合,逐步淘汰落后产能,积极发展养老、休闲、旅游等环境友好型产业,给乡村发展带来新的动力。比如,青浦朱家角镇的张马村,从2014年开始美丽乡村建设,村容村貌发生了翻天覆地的变化,在此基础上发展了寻梦园香草基地、蓝莓特色水果基地、农情园基地、有机水稻生产基地四大产业基地,乡村旅游快速发展。

6. 推动了乡村文化建设

一方面,积极挖掘乡村历史文化元素,保护、传承非物质文化遗产,修缮农村历史民居,彰显乡村人文魅力,推动优秀传统文化传承体系的建设;另一方面,积极组织开展形式多样的科技普及、思想教育、文体娱乐活动,丰富农民文化生活,营造文明和谐的乡村新风尚。通过开展家训上墙、村规民约修订、自治管理等活动,最终实现由"物的新农村"向"人的新农村"的转变。

7. 增加了农民群众的获得感

村庄改造项目纳入村级公益事业建设一事一议财政奖补范围,维护了农民的知情权、参与权和监督权,有效推动了基层民主建设。解决了农民群众最关心、最直接、最现实的急愁难问题,为发展现代农业,拓展农业综合功能打下了基础，使农民群众得到了实惠。活动室、健身场、小公园、农家会所等场地的建设，丰富了农户的业余生活，增强了广大农民群众的获得感。

三 因地制宜探索美丽乡村建设的多种模式

上海的美丽乡村建设已将生态、产业、文化协同发展作为重要方向，主要发展模式大致可分为集中改造型、就地改造型、综合改造型等三种模式。

1. 集中改造型模式

为进一步加快郊区城镇化和农村现代化，推进三个集中（工业向园区集中、土地向规模经营集中、农民向城镇集中），早在2004年，市委、市政府就决定在郊区农村进行宅基地置换试点，全市第一轮一共有11个试点，每个试点单位一个或者两个村合并后，选点进行集中建设。新建农宅为多层住宅，并有比较配套的绿化和公共服务设施。宅基地置换由政府主导，用农民老新房，在宅基地置换中结余的建设用地指标由政府收回，用于商业性开发，以此来解决建设农民新村的资金。农民可以户口转性，转为城镇居民户口，交出农村承包地，政府给农民解决小城镇社会保险问题。经过5年左右的建设，到2009年底宅基地置换基本结束。宅基地置换极大地改善了农民居住条件和生态环境，取得了多方面的成效，成为推进上海农村现代化和美丽乡村建设的一条重要途径。2009年12月9日，市政府常务会议专题审议并通过《关于本市实行城乡建设用地增减挂钩政策推进农民宅基地置换试点工作的若干意见》。2010年2月22日，市政府召开了农民宅基地置换试点工作会议，分析总结了第一轮试点工作经验和教训，结合最新形势对新一轮试点工作开展做了总体部署，并制定了相关政策，继续进行推进。但是，近年来由于宅基地置换中的资金平衡问题，宅基地置换农民交出土地后的就业问题，随着农村城镇化的快速推进，宅基地置换的农民与在城镇建设中动拆迁农民的补偿相比有较大的差距等比较利益的问题，农村基层干部和农民的热情和积极性下降，推进工作难度增加。

2. 就地改造型模式

这种模式就是不合并村庄，对原有村庄实行升级改造，解决路、桥、河、交通等基础设施，完善村民的燃气、厕所等生活设施，改善村容村貌，保留原来的村庄风格，美丽乡村建设的进度相对比较快。例如嘉定的毛桥村，2006年3月，毛桥村开始了村庄综合改造。为突出"生态建村、产业富村、民主治村"的理念，体现鲜明的地域特色和时代特征，毛桥村坚持规划先行，邀请区有关部门和专家对整个毛桥村进行总体规划，并广泛听取了农户对改造的意见，力求既保持毛桥原有生态特色，又体现新农村新气象，在实施改造中，毛桥村以传统的青瓦白墙为主，保留农村大灶、柴垛、老井、水桥、青石板路等当地农村原始设施，充分展现了江南水乡的自然风貌。同时进行村庄综合改造和整治，毛桥村实现了外墙白化、道路硬化、河道净化、环境美化、生活优化。毛桥村的新农村建设获得很大成功：蜿蜒平坦的乡间小道环绕着白墙黛瓦的农家小楼，老树青藤、小桥流水，整个村庄就是一座优美的农家园林。2006年6月被国家农业部评为全国社会主义新农村建设35个示范点之一。毛桥村开设的"农家书屋"等农村文化建设项目，被联合国教科文组织列为"农村社区学习中心"项目实验单位。

3. 综合改造型模式

这种模式主要是村庄、农田、生产设施、公共场所联动改造，打造村庄的特色产业，美丽乡村建设有广度和深度，村域面貌变化大。这一模式又可以分为三种类型。

一是现代农业型。美丽乡村建设最根本的就是在改造村容村貌的基础上，因时因地制宜发展农村产业。这一类美丽乡村，主要分布在纯农业地区。他们通过品牌农产品或特色农副产品带动农业产业发展，形成一村一品特色产业，并促进一二三产业融合发展。浦东新区祝桥镇新如村，凭借航空产业区内的特色区位优势，建成了占地1280亩的浦东国家级农业示范区五大基地之一——祝桥镇"名特优"农产品示范基地。围绕精品农业和观光休闲农业，新如村将举办花卉展览、城市农庄、开心农场、小动物欢乐牧场等特色项目，依托祝桥与浦东机场毗邻的地理优势，打造祝桥航空名特优农业品牌。目前，该基地已有四个项目引进投产，实现了涉农就业岗位 120 多个。

二是生态旅游型。这一类型的示范村注重将农业的生态气息充分体现，富有趣味性和可参与性，从而带动旅游经济发展。在崇明港西镇北双村，一年四季蔬果飘香，春冬两季盛产草莓，夏季葡萄成熟，到了秋季又有黄金梨、芦笋、菜薹、冰菜等绿叶菜常年种植。有了生态农业做基础，北双村开始培育农业、旅游业，与特色文化结合发展，截至 2016 年，该村已连续开展了四年草莓文化艺术节，北双村的名气逐渐变大，吸引越来越多岛内外游客到访。打造生态旅游村，不仅使村容村貌、生态环境得到了改善，而且带动了农业转型发展。地处上海西南的青浦区朱家角镇张马村，改革开放以来，呈现了翻天覆地的变化，农副产品不断得到发展，从以前单调的水稻、小麦、油菜等种植发展到多样性的种植，如茭白、花木、藕等各类种植作物。近年来随着改革的深化和美丽乡村建设，农民自愿有偿流转承包责任地，发展规模化经营。由美籍台商温在兴租赁 386.8 亩土地，开发投资兴建以香草为主题的观光农业休闲园区，是世界上首屈一指的农业休闲区。镇龙头企业巷农公司建立了泖岛茭白合作社，以公司带动农户，保障了农民的利益。生态旅游与现代农业相得益彰，确保了农业增效、农民增收。2016 年集体经济可支配收入 425 万元，农民人均可支配收入 21000 元。

三是乡土人文型。这一模式中，农味乡味是亮点。一方面，积极挖掘乡村历史文化元素，保护、传承非物质文化遗产，修缮农村历史民居，彰显乡村人文魅力，推动优秀传统文化传承体系的建设；另一方面，积极组织开展形式多样的科技普及、思想教育、文体娱乐活动，丰富农民文化生活，营造文明和谐的乡村新风尚。金山区山阳镇渔业村，抓住美丽乡村建设的有利时机，立足"海特色"，做足"海文章"，打造了一个集休闲、美食、观光、文化为一体的综合性滨海旅游度假胜地，百年渔村换新颜。同在金山区，枫泾镇中洪村是金山农民画的发源地，区镇两级精心保护和发掘农民画非物质文化遗产，在村里建立了农民画创作、展示、参观基地，成了郊区一道独特的人文景观。

下一步，上海将根据党中央国务院和市委市政府的要求，进一步改善农村人居环境、推进美丽乡村建设，补短板、促提升，开展以下四方面工作：一是加快以村庄改造为载体的农村人居环境建设速度。依照"规划为先导，农林水联动，宅田路统筹，整区域推进"的思路，进一步加大村庄改造、农田水利设施建设、水环境整治、污水处理等农村人居环境保障性建设项目的整合力度。二是研究和探索美丽乡村示范镇、示范区建设有关工作。在继续开展美丽乡村示范村建设的同时，上海市调研美丽乡村示范镇、示范区创建工作，引导有条件的地区成片推进美丽乡村建设，实现美丽乡村由点到面的建设突破。三是进一步完善管理体制和工作机制。进一步理顺市、区、镇三级工作机制，突出区政府责任主体地位，加大市级培训、指导、督查、考核力度，充分发挥区级美丽乡村建设工作领导小组的统筹协调作用，加强基层队伍建设，完善目标管理制度。四是切实落实美丽乡村长效管理工作。将长效管理工作纳入美丽乡村建设重要内容，开展检查和考核，督促相关区加快制定长效管理制度，落实长效管理资金，建立村容管护队伍，切实巩固完善好美丽乡村建设成果，努力使郊区逐步形成村庄是可以阅读的，田野是可以欣赏的，乡愁是可以记忆的良好氛围，使郊区农村成为都市现代文明的又一象征，使上海城乡一体化水平迈上新台阶。

第三章

案例篇

第一节　城乡公共服务一体化案例

义务教育均衡发展呈现新面貌

《国家中长期教育改革和发展规划纲要（2010－2020年）》明确指出，"均衡发展是义务教育的战略性任务"。上海市是全国加快推进义务教育均衡发展的典范，经过十多年的不懈努力，到2014年，国家督导检查组认定上海市17个县区已达到国家规定的义务教育发展基本均衡县区标准，基本实现了"让所有孩子获得公平、高质量教育"的教育目标。

（一）优化决策，成立上海市教育决策咨询委员会

因地制宜、高效科学的教育决策是上海市在全国率先实现县域义务教育均衡发展的重要保障。为促进各项教育决策的科学化和民主化，上海市专门成立了教育决策咨询委员会，并将其作为城乡义务教育一体化发展决策制定的"总指挥"。上海市教育决策咨询委员会是一个广泛集聚海内外专家的平台，为上海城乡义务教育高位均衡发展和一体化发展的政策制定和实践开展提供智力支撑。

（二）因地制宜，统筹规划城乡义务教育一体化发展目标

针对郊区优质教育需求的持续大幅增长与其本身优质教育资源严重不

足的矛盾，以及城乡义务教育内涵建设难题，上海分别在中长期规划和五年规划中，进一步明确上海市城乡基础教育一体化的未来发展目标。

（三）加大投入，稳步提升城乡基本公共教育服务均等化水平

在城市发展和财力不断增强的背景下，基本公共教育投入，尤其是面向远郊区县、农村和不利人群的基本公共教育投入更是增长迅速，对于推进公共教育服务均等化发挥了基础保障和支撑作用。上海建立健全义务教育阶段生均公用经费拨款标准动态调整机制。从 2008 年起，上海市不断地提高生均公用经费拨款标准，上海市义务教育阶段小学和初中生均拨款标准处于全国领先水平。大力建设配套商品房基地学校，使得上海市新城地区与人口高度集聚地区教育资源严重不足的问题得到了有效缓解。通过对全市中小学实施达标工程，上海市顺利完成并扩大了基础教育的供给能力，优化了教育资源，使中小学校整体办学条件跃上了一个新的台阶。实施"加强初中建设工程"，加大对初中教育的投入，改善办学条件，加强学校的内涵建设，充实初中学校领导班子，实行优质学校与薄弱学校强弱结对，有效缩小了城乡间、区域间、学校间的办学差距，初步形成了初中教育均衡发展的新局面。

（四）提高效率，改革城乡义务教育一体化办学机制

为突破城郊教育资源流动的壁垒和限制，上海市创建了农村义务教育学校"委托管理"和"捆绑办学"机制——由上海市教委出资购买专业化的服务，然后委托优质学校或教育中介组织机构对相对薄弱的农村中小学校进行管理，在这些学校"体内"植入先进的教育理念和优良的学校文化，使其办学水平和教学效率得到迅速提升。学校委托管理是指在农村学校公办性质、经费来源、产权隶属关系、收费标准不变的前提下，把管理责任转移给城区学校或教育机构来扩大学校办学自主权。实践表明，委托管理突破了现行管理体制下教育资源跨区域流动的障碍，通过团队契约的方式，明确目标、途径、期限和绩效考核方式，实现了优质教育资源向郊区农村的辐射。随着上海市城市空间布局的不断优化，入住群众对优质教育资源的需求不断增长。在此背景下，除委托管理外，上海市教委组织中

心城区甄选出一些品牌学校到新城区和大型居民社区开展"捆绑教学"。城区品牌学校和新城、大型居住社区公建配套学校实行师资统一调配、课程统一管理、考核统一实施，实现了新城和大型居住社区公建配套学校的高水平起步。

（五）加强辐射，建立区域城乡优质教育资源共享机制

为加快促进城乡义务教育均衡发展，上海市各地区均建立了与自身实际情况相符合的优质教育资源共享机制，有效扩大了优质教育资源的辐射面。杨浦区以备受家长赞许的优质学校为龙头，携手实力相对薄弱的学校共同组建了4个小学集团，在每个集团学校内部实行师资、课程、考评、考核的统一管理和调配。浦东新区实行"一校多分部"，即一个法人、若干个分部，倡导由品牌实力学校对新建成的学校进行管理。普陀区以打造优质教育圈为特色，把本区域划分为东西南北四块，每一块区域内皆重点构建一个优质教育资源圈，通过圈与圈的合作，锻造优质教育链，最后形成错落有致的优质教育资源群，从而拉动本区域内学校实现"快跑"。青浦区则将精力放到了构建教育发展共同体上，在共同体内实行师资结对、课程共享、教研互助等。奉贤区以组建教育优质资源联盟为重点，在联盟内部支持品牌学校带动农村学校发展，同时鼓励招收随迁务工子女创办民办小学，实现了联盟内部优质资源的自由流动。总之，上海市建立和完善区域优质教育资源共享辐射机制有效地使"办好每所学校"成为老百姓看得见、摸得着的"实惠"。

（六）以评促改，构建城乡一体化素质教育评价机制

教育评价指向对教育质量的改进和提升会产生直接的影响。自2011年起，上海市实施了中小学生学业质量综合评价办法，又称为"义务教育质量绿色评价指标"，正式建立了城乡一体化的素质教育评价机制。该指标体系由10项指数构成，包括学生学习动力、学业水平、学业负担、师生关系等指数，其核心价值是追求学生的健康成长。该指标体系在内容上由原来的一维评价变为多维评价，在手段上由单一评价变为综合评价，在功能上由结果证明变为过程改进，通过定期对义务教育进行"健康体检"，为

学校素质教育的开展和学生身心健康的发展营造了良好的氛围。特别是在各县区的城乡学校，中小学生学业质量绿色指标得到了推广，引导学校科学地管理和评价教学质量，把课程标准实施情况作为考核教学质量的重要依据，同时重点关注对学生学业质量产生重要影响的因素，从而建立起以学校为本的教育质量评价体系，形成让每一个学生都能快乐成长成才的学校。

（七）内涵提升，深化城乡中小学课程教材改革

为了确保教育过程的公平，使每位学生都能获得适合自己的教育、得到很好的发展，教育部门需要通过开展拓展性课程和研究型课程满足学生多样化和个性化的学习需求。因此，上海市大力实施和推进"新优质学校"的项目改革，一批新学校应运而生。特别是随迁子女比较集聚的低收入群体生活区域内的学校，通过课程、教材改革，使学校每一层楼面和区角都有适合学生发展的丰富教育元素，可供学生选择的课程也非常多，并且全天候对学生开放。这些学校虽然条件比较简陋，但处处散发着人文关怀，无论是校长还是教师无不对学生充满了关爱和理解。通过内涵提升，以往弱势学校的办学水平得到了提升，学校有能力给贫困家庭学生提供一个较好的教育环境，这已经超出学校区域内群众的期望，他们外出择校的愿望显著下降。

（八）把握关键，提高城乡义务教育阶段师资的专业化水平

提高师资专业化水平是城乡义务教育一体化发展和城乡义务教育高位均衡发展的关键所在。建立城乡一体化的农村教师补偿与发展制度，一方面，探索并实施绩效工资制度，统一全市教师工资标准，在确保全市教师收入基本均衡的基础上，对赴农村任教的教师在职称评定和岗位聘选上给予优先优惠政策，并实施郊区农村教师津贴和奖励政策；另一方面，建立并完善城乡之间教育对口合作交流机制和教师培训学分互认以及聘任优秀专家共享等制度，并实施郊区教师专业发展培训项目，设立奖（助）学金，鼓励上海市高校毕业生到农村中小学任教。构建全市教师教育资源联盟，以本市的师范大学作为牵头单位，联合其他高校和机构等组建教师教育机构联盟；组织相关教育专家成立专门委员会，对教师教育精品课程进行开发和评估；联合高校教育学者、各中小学优秀校长和教师成立专家资

源库，对教师进行教育培训以及定期开展基层巡回指导等；加强校园信息平台建设，充分利用数字化网络整合相关信息资源，实现优质教育资源的互联共享。建立国内外名师、名校长培训基地和培养计划，依托区域优势，上海市统筹校长培训、教师培训工作，确定教育部中学校长培训中心、江苏省教育行政干部培训中心、浙江省教育行政干部培训中心为"长三角中小学名师名校长培训基地"，共同组织实施培训工作。为开阔基础教育领军人物国际化视野，上海教育委员会和美国加州学校董事联合会进行合作交流，"上海—加州影子校长"培训项目就是其中一个重要的教育合作项目，是上海、加州中小学校长双边交流的一种新形式，也是上海市教委相关部门共同合作推进上海市中小学"名师名校培养工程"建设的一项举措。

案例二

以"五个统一"提高农村教育水平

2015 年上海市以实现城乡基本公共教育服务均等化为目标，开展全市义务教育阶段学校建设、学校配置、信息化建设、教师配置与收入标准、生均经费等标准统一，加大公共资源和财政投入支持郊区农村义务教育发展的力度，促进城乡义务教育一体化发展，提升全市基本公共教育服务水平。

（一）统一义务教育学校建设标准

以"集约用地、统筹功能、综合利用、资源共享"为原则，根据市政府有关用地标准等文件，进一步完善上海市《普通中小学建设标准》（DG/TJ08 - 12 - 2004），加强义务教育学校体育卫生设施建设和使用管理，全面提升学校功能用房配置。做好"一场一馆一池"（学生剧场、室内体育馆、室内游泳池）建设和改造。

1. 推进学生剧场建设

既有学校通过多功能教室改造，增设小舞台和改造灯光、音响设备，实现功能复合利用，满足学生剧场需求，为学生综合性活动开展创造条件。新建学校学生剧场建设方案纳入多功能教室统筹考虑。

2. 加强室内体育馆建设

既有学校在具备建设条件的情况下，通过扩建室内体育用房、风雨操场，改建室外体育场地等方式，增加学生室内体育活动空间。新建学校应按建设规模配建室内体育馆，满足雾霾、阴雨等天气状况下学生"每天一小时校园体育活动"的基本需求。

3. 统筹规划建设室内游泳池

区县教育局要充分利用社会游泳池（馆）资源，根据需要统筹合理布局设点、建设，满足义务教育阶段学校开设游泳课程需求，提升学生综合素质。

（二）统一义务教育学校教育装备配置

为进一步优化城乡义务教育资源配置，促进城乡学校优质均衡发展，制定基于城乡学校一体化发展的上海市义务教育装备配备指南，构建基于学生发展需求、以学生为中心的学习内容、学习特征和设施设备深度融合的学习环境。

1. 加强中小学创新实验室建设

学校要建设基于课程的创新实验室，创设融合学习内容、学习方式和设施设备为一体的学习环境，充分满足学生探究、体验、个性化学习和发展需求。创新实验室宜划分为教学区、学生自主学习区、学生实验操作区、作品（成果）展示区以及仪器设备存放区等，各功能区域可根据需要灵活调整，并配备与课程相匹配的仪器设备。

2. 加强中小学图书馆建设

加强中小学图书馆现代化建设，使中小学图书馆成为师生获取信息资源、开展学习研修和文化活动的场所，为培养学生阅读素养、开展自主学习提供良好的学习环境。在原有图书馆功能区域的基础上，增设研修交流、影音欣赏等拓展功能区域，并配备相应的仪器设备，满足学生个性化学习的需求。

3. 加强安全教育共享场所建设

围绕"消防安全""交通安全""现场急救"等主题，以体验、实践、互动为主要教育方式，各区县教育局在具备条件的学校内，合理布置若干安全教育教室和基地，并组织区域内学校共享安全教育体验设施。同时，为所有学校配置用于消防、逃生演练以及紧急救护的基本的设施设备，提升学生的安全意识和生存技能。

（三）统一义务教育学校信息化建设

1. 优化中小学信息化基础设施环境

实现所有中小学校园网络主干带宽和接入带宽不低于千兆，实现所有中小学教学和办公区域的无线网络全覆盖，支持校际教研协作和教育资源高速获取；推进市、区两级教育数据中心建设，促进信息化基础设施、业务流程、数据的整合、优化和共享。

2. 提升中小学普通教室信息化配置

实现所有中小学所有普通教室具备互动式信息化教学环境，配置多媒体电子白板（或投影机或大屏幕电视或组合使用）、数字视频展示台、中央控制系统、音响、计算机终端等设备及宽带网络支持，满足各学科课堂多媒体互动教学需求。

3. 建设中小学多功能数字学习中心

有条件的中小学新建或改造传统计算机专用教室时，宜建设集计算机教室、电子阅览室和数字语音教室等为一体的综合类数字学习中心，为信息技术与其他学科课程的整合教学、语言听说训练、在线考试、教师培训、学生利用课余时间学习等提供良好的信息化教学环境。

4. 统一中小学信息化移动终端配置

实现所有中小学教师移动终端配备达到师机比 1:1。所有学校配备满足全校学生信息技术课程及日常信息化教学活动所需数字终端（台式计算机或移动终端）。

5. 深化信息化应用和教学资源共建共享

促进信息技术与教育教学、教育管理和公共服务的深度融合，推动全市中小学开发、引进、共享优质资源。

6. 加强中小学网络和信息安全规范化管理

推动全市中小学建立网络和信息安全管理制度，落实安全责任，保障网络、系统和信息的安全，确保各学校信息化设施的高效利用和校园网络信息资源的绿色健康。

（四）统一义务教育学校教师队伍配置和收入标准

1. 统一城乡教师基本配置标准

学校教师配置不得低于规定的标准，即小学的师生比为 1:20.7（农村学校的师生比不应低于 1:18.4）或每班配备 3~3.1 名教职工；初中的师生比为 1:17.6 或每班配备 4.1~4.3 名教职工。区县和学校根据本区域和学校的实际情况，相应增加教师配备。区县教育局加强指导并加强附加编制的统筹管理与调配。

2. 均衡配置优质教师

学校按照岗位设置管理有关规定，设置各级教师职务的岗位。区县教育局应加大优质教师的统筹，缩小学校之间的师资水平差距，要确保每所小学至少有 1 名高级职务教师，每所初中至少有 5% 的高级职务教师。引导优秀校长和骨干教师从中心城区学校向郊区学校、从优质学校向薄弱学校流动。

3. 完善教师培训制度

保障教师培训经费，加大农村中小学教师培训力度，培训经费向农村中小学教师倾斜。区县每 10 所学校中至少有 1 所市级或区级教师专业发展学校。在中小学首次任教的人员必须经过一年的见习教师规范化培训并考核合格。

4. 保障教师工资逐步增长

保障义务教育学校教师的工资收入，并做到逐步增长。采取多项措施，完善农村学校教师激励机制，绩效工资总量向农村学校教师倾斜。

（五）统一义务教育生均拨款基本标准

1. 探索建立全市统一的义务教育生均拨款基本标准。以推进城乡一体化为主要目标，在全市义务教育学校建立基本统一的学校建设标准、学校配置（设施设备）标准、信息化建设标准、教师队伍配置及收入标准的基础上，推进全市统一的义务教育生均拨款基本定额体系建设，发挥支出标准在各区预算编制和管理中的基础支撑作用；结合财力状况、办学需求和物价水平等因素，形成义务教育生均拨款动态调整机制。

2. 健全市级统筹与区县投入相结合的义务教育投入机制。各区县落实保障义务教育办学基本标准的主体责任，将义务教育经费纳入财政预算，在生均拨款基本标准基础上，根据学校的学生规模、校舍面积、建校时间、共享任务量等实际情况合理确定调整系数，及时足额拨付义务教育经费。对事关社会公平、外部性强及跨区域的基本公共服务事项，逐步提高统筹层次，市级财力按照明确的投入标准和配置标准，结合对区县的绩效考核情况，加大对财力薄弱区县转移支付的力度。

案例三

城市三甲医院落户郊区

加强社会事业建设是当前国家扩大内需、促进经济增长的重要措施，也是本市保障民生、推进城乡一体化发展的重要内容。郊区新建三级医院是市委、市政府促进本市城乡医疗卫生事业均衡发展、优化全市优质医疗资源配置、着力改善民生的重大战略布局，对改善郊区医疗卫生水平、提高郊区居民享受优质医疗服务的可及性具有重大意义和深远影响。在市委、市政府领导下，在市有关部门和相关区委区政府的大力支持下，申康中心按照《关于本市 4 家郊区新建三级医院公立医院改革试点实施方案》（沪府办〔2012〕97 号）等文件精神，立足"两个责任主体"职责，紧紧依靠母体医院，全力推进上海第六人民医院东院（浦东临港）、上海交通大学医学院附属仁济医院南院（闵行浦江）、上海交通大学医学院附属瑞金医院北院（嘉定新城）和复旦大学附属华山医院北院（宝山顾村）等 4 家郊区新建三级医院（以下简称"新院"）项目、开业运行和公立医院综合改革试点各项工作。2012 年 4 季度，4 家新院先后开业试运行。五年来，新院总体运行安全平稳有序，为提高郊区医疗服务能力和水平做出了积极贡献。通过推进郊区新建三级医院项目，上海每个郊区逐步实现了设置 1 家三级医院，郊区居民在 1 小时左右可到达三级医院的目标。

（一）坚持一切以病人为中心，探索建立医疗服务新模式

新院贯彻"以病人为中心"的服务理念，把改善服务、提高质量、合理控费、便民利民作为加强新建医院内部管理的出发点和落脚点，形成持续改进和完善的内部管理体系。按照面上市级医院改善服务的总体要求，新院全面推进了开设便民服务中心、开展预约诊疗、实行门诊一站式付费、开展临床路径试点、开展优质护理等服务项目，将改善服务、提高质量、控制费用、便民利民十六字方针落到实处。

4 家新院积极探索了 20 余项服务创新和管理创新项目，进一步方便患者就医。组建新型区域医疗联合体、实施门诊标准化接诊路径、实行门诊"零"补液、创建一站式住院服务中心、成立多个 MDT 诊疗中心、实施急诊—综合 ICU 一体化管理，推进院前急救和院内急救无缝衔接。这些便民利民举措有效提升了郊区居民的获得感，受到当地群众的广泛好评。

首先，保证医生接诊时间，推进《门诊医生标准化接诊路径》。为保证医疗服务质量，新院要求门诊医生接诊首诊患者时间不少于 10 分钟，在此基础上，积极探索门诊标准化接诊路径，医院研究制定并实施《门诊医生标准化接诊路径》，在保证患者门诊"10 分钟诊疗"时间的基础上，规范接诊的医疗行为。该项工作覆盖所有首诊患者，提高了患者满意度，患者满意度达到 98.76%。

其次，探索出入院一站式服务。建立出入院服务中心，通过实行人性化全程可陪护的一站式服务，实现了管理流程的整合，避免患者在多部门办理就医手续造成的不便，减少了患者无效等候及往返时间，大大节约了患者住院手续的办理时间。服务中心的建立也将病房护士部分工作前移至宣教中心，既减少护士劳动强度，又提高工作效率和服务质量，深受患者及医务人员的好评，提升了住院服务品质。同时，为提高床位使用效率，打破旧有"科室床位"概念，通过出入院服务中心统一调配全院床位，极大提高了医院床位使用效率。

最后，推进门诊 MDT 建设。积极探索以患者为中心的疑难疾病整合门诊，患者以 1 个专家号的费用，获得多个科室专家协同服务，包括疑难甲状腺疾病、糖尿病并发症、妊娠期营养代谢疾病、老年病、消化道恶性肿瘤等疑难疾病整合门诊。同时，针对郊区慢性病患者健康知识缺乏，医嘱依从性差，晚期生存质量不高的问题，探索建立以关注慢性病患者在疾病延续期生存质量为主的，提供全方位照护的服务型整合门诊，把药师指导用药、营养师提供膳食指导、健康指导师提供运动指导服务纳入整合门诊服务中，形成完善的慢病患者全程服务体系，提高医疗服务质量。

（二）主要成效

第一，业务量快速良性增长，儿科等区域内患者迫切的医疗需求得到极大满足，4 家新院依托母体医院的学科、专科和技术优势，业务发展各具特色，市六东院骨科、瑞金北院普外科、仁济南院妇科、华山北院神经外科等科室业务发展优势明显。

第二，较好发挥了为区域居民诊治急危重症的功能。业务结构符合新建医院特点，新院的医保病人占比、急诊病人占比和专家门诊占比均高于市级医院综合医院平均值，病种结构符合新院开始运行时的发展特点且呈优化趋势，较好发挥了为区域居民诊治急危重症的功能。

第三，患者费用负担较轻，新院门诊均次费用、住院均次费用和医保患者自付金额明显低于母体医院和市级综合医院均值，有效减轻了患者的经济负担，为缓解郊区居民看病就医难题发挥了积极作用。

新型医联体建设提升农村医疗服务水平

——"新华—崇明"医院联姻在探索发展

县级医院作为农村三级医疗保障网的龙头和枢纽，是承载医疗服务快速增长的主要平台。为加快提升县级公立医院服务能力，2011年4月，全国最早的医联体"新华—崇明"区域医疗联合体成立。试点医联体建设是上海医改方案的重要内容，主要基于卫生投入总量不足、卫生资源分布不均、卫生资源利用效率不高的背景，通过以社区首诊为基础，双向转诊为途径，分级医疗为体系，实现医疗资源纵向整合，优化资源配置，提高资源利用效率。

（一）抓住医改机遇，积极推进医联体试点工作

区域医疗联合体试点工作是上海市医改新政的一项重要举措。上海"新华—崇明"医联体是"3+2+1"的组织构成，核心医院是上海新华医院崇明分院，联合5家二级医院和18家社区卫生服务中心。上海新华医院对崇明分院进行对口支援，帮助其创建三级医院。设置阶段性目标，即提高基层的技术水平、规范各级医疗机构的职能定位、改善服务体系效率、控制医疗费用不合理上涨。经过试点，医联体取得了一些经验。医联体定期开展健康直通车"五个一"活动，即组织专家每月下乡举行一次医疗义诊活动、一堂健康科普讲座、一场群众意见征询会、一项院前急救演示、一次社区业务指导，进一步增强医患互动，促进医患和谐关系建设。充分发挥县级公立医院龙头作用，为医联体内其他医疗单位提供技术支撑，到新海镇社区卫生服务中心、崇明第二人民医院等开展门诊、带教查房、业务讲座等。崇明开展卫技人员3年轮训计划，新华医院作为培训单位，有效利用医、教、研资源，切实落实带教任务，严格考核管理，确保轮训质量。

（二）依托新华医院，人才梯队基础日渐巩固

加强医院人才队伍建设，是医院发展的根本，是医院核心竞争力的体现，是关系医院可持续发展至关重要的战略。依托新华医院，坚持派遣、引进和培养原则，不断夯实人才梯队基础。目前新华医院已派遣专家46名，其中常驻专家32位；正高职称30位，占65.22%；博士学位27位，占58.70%，博导、硕导22位，占47.83%。引进高级专家11位，其中硕士8位，博士3位，为学科发展提供了人才资源保证。青年医学人才是学科持续发展的后劲和希望。医院通过建立遴选培养机制，为青年医学人才搭建了成长、施展才华的舞台。启动优青人才培养计划，每位培养对象在培养期内可获得 10 万元的资助资金，并由导师一对一带教，确保培养质量。医院还积极鼓励青年医师参加在职学历教育，先后有 70 位医生取得交大医学院等高等院校的在职研究生学历。在新华医院的支持下，已有 25 人完成导师制培养。

（三）抓好内涵建设，不断提升医疗服务质量

医疗质量是医院管理水平和医疗技术的综合反映，是医院的生命线。提高医疗服务质量是医院管理永恒的主题。医院以提升等级为契机，按照《上海市三级综合医院评审标准》要求，严格执行医疗卫生法律、法规和诊疗规范，认真落实十三项核心制度，进一步强化"三基三严"训练。院领导定期参加临床科室早查房、三级查房，督查病历质量、核心制度落实等内容。院长办公会每月听取医疗质量专题汇报，全院医疗质量讲评每季度举行，医疗质量管理委员会会议每半年至少召开一次，研究质量管理相关问题，提出改进措施，并落实整改。为进一步强化临床路径质量管理，有效提高医疗资源利用效率，借助信息平台使临床路径管理与信息化建设接轨，完善对病种的精细化、标准化和程序化管理。为满足群众日渐增长的医疗服务需求，使百姓不出岛就能享受到三级医院的优质服务，根据崇明患者疾病谱特点，医院积极开展了椎间盘突出射频消融术、膝关节镜等30 余项医疗适宜技术。医疗安全是体现优质医疗服务的重要前提。医院依照《进一步推进上海市医疗机构依法执业行动纲要》，严格三类医疗技术临床应用的审核和管理，定期对妇科腹腔镜、骨科关节镜、ERCP 等适宜技术的质量安全、疗效等情况，实施全程追踪管理和评价，最大程度降低医疗风险。

（四）注重科学管理，加快推进信息化建设

信息化技术是实现医院精细化管理的重要手段，是改善医疗质量、增强医疗安全、提高医疗服务效率的关键因素。医院按照三级医院信息化标准，加强和完善了临床和管理部门信息化建设，包括 PACS 二期、OA 办公系统、部分病区无线移动查房系统、手机危急值报告系统、手术麻醉系

统、电子病历、电子医嘱等，为实现数字化医院，提高医院科学管理水平做出了积极努力。放射科、检验科利用医联体信息平台，率先与全县基层医疗卫生机构完成信息对接，初步实现化验与影像检查结果互联互通，极大方便了群众就医。同时，积极发展面向基层的远程诊疗系统，逐步开发远程会诊、远程（病理）诊断和远程教育等。依托全区卫生信息化建设，由医联体牵头、覆盖崇明全区的检验、影像、心电3个诊断中心业已建成，实现了区域内医疗资源的整合。为全岛16个社区提供除"三常规"以外的检验诊断服务，"检验诊断中心"设在新华医院崇明分院和市十医院崇明分院，由专业物流负责将检验标本运送至检验诊断中心。"影像诊断中心"借助社区的信息平台，通过PACS影像系统将社区卫生服务中心拍摄的X光片传输至新华医院崇明分院，经该院的医生阅片后出具诊断报告并传回相应的社区卫生服务中心。"心电诊断中心"则设在新华医院总院，由三级医院专家对各基层医疗机构内的心电图等进行集中诊断。截至2017年2月，三大诊断中心为社区提供放射、检验、心电诊断服务，共计达81.12万人次。患者不仅在家门口享受到了三级医院的医技诊断服务，而且诊断结果在区域内得以互认，减轻了重复检查造成的就医负担。

（五）关注患者权益，持续强化便民惠民服务

"看病难、看病贵"成为医疗卫生领域群众关心的首要问题，医院要真正从患者角度出发，采取相应措施方便群众看病就医，为患者创造良好的就医环境，进一步提高社会满意度。医院积极开展"关爱患者，从细节做起"主题活动，以十大举措服务患者，受到群众广泛好评。为进一步服务好病人，整合便民服务中心，医院集预检分诊、导医服务、行政办理、报告发放、自助挂号等于一体，减少了群众就医过程中的诸多不便。同时，医院深入推进预约诊疗服务，为患者提供电话预约、网络预约、当场预约等，实现口腔科（正畸、修复、口腔内科治疗）、产科门诊预约率60%以上。医院还克服人员紧张困难，调整充实门诊力量，方便患者双休日、节假日看病就医，并规定副高及以上职称医师，每周专家门诊至少两个半天，有效缓解了群众"看专家难"问题。医院推进以责任护士、分级护理和整体护理为核心的优质护理服务。

第二节 乡村振兴案例

在传承与创新中发展

——记金山区枫泾特色小镇建设

金山区枫泾特色小镇建设起始于 2010 年，定位于探索国际化大都市郊区的小城镇特色发展之路，探索以行政区划为单位，具有一定人口和经济规模的建制镇的特色小城镇发展之路。到 2016 年，枫泾镇先后创建成为"全国文明镇""国家卫生镇""全国百强镇""全国环境优美镇"，取得了明显的阶段性成果。2016 年 10 月，住房城乡建设部、国家发展改革委和财政部联合评选了全国首批 127 个中国特色小镇，枫泾镇名列其中。枫泾特色小镇建设站在新的历史发展起点上，在推进上海大都市郊区特色小镇建设的过程中，迎来了千载难逢的历史性机遇。

（一）瞄准"短板"强化规划的有效性

枫泾特色小镇建设起始于 2010 年，金山区委三届十二次全会通过了金山区域发展战略规划纲要，明确了金山区"1158"城镇建设体系，其中第二个"1"就是指枫泾特色镇建设。从特色镇提出至今虽然只有 6 年多，但在城镇发展体系背景下的小城镇建设，枫泾已经有了 20 多年积淀。从

20 世纪 90 年代中期，枫泾被列入全国 500 家小城镇综合改革试点镇，到"十五"初期，列入上海"一城九镇"建设试点镇，到 2010 年启动特色镇建设，枫泾逐步加速形成了产业与城镇融合发展的空间与功能布局，为枫泾特色小镇建设不断积蓄着发展的经验。

枫泾打造特色小镇有着诸多的自身优势，包括区位优势、历史文化优势、城镇品牌优势、产业规模优势等，但也面临着较多现实问题亟待破解。比如，枫泾特色小镇发展战略定位的持续性不强，产城融合发展能级不足，产业对于城镇发展的支撑力还不够，古镇保护与开发能级不高，产业集聚度不高等。"十二五"以来，枫泾特色小城镇发展充分考虑了自身所面临的"短板"问题。

城镇产业支撑力不强。虽然枫泾已经初步形成了以汽车及汽车零部件、黄酒及特色食品、新能源为重点的产业集聚发展基础，支柱产业和特色产业比较鲜明。但枫泾现代服务业集聚区、工业园区等产业平台的产业支撑力不强，具有较强经济实力的企业较少，体现枫泾特色的产品还不多，全镇产业、企业和产品的知名度有待进一步提升。

综合服务功能不完善。由于距离中心城区较远，枫泾的商贸服务、社会事业、基础设施等功能能级不高，还存在较大短板，对人才、企业等要素的吸引力、集聚力不强。一方面，连接区域内外的交通设施较为薄弱，使其还无法成为区域城镇的"节点"；另一方面，社会事业、现代商贸服务业发展还比较缓慢，基础设施建设薄弱和功能性设施滞后发展。

城镇对外辐射能力较弱。枫泾对外辐射能力有限，跨区域联动发展不足，影响了特色镇的知名度提升。一方面，亟须通过统筹规划布局，在资源要素、交通网络等方面，真正融入成为大城市发展的有机组成部分，形成优势互补的良性互动关系；另一方面，需要加强省际交通连接，补足跨区域合作的交通短板。进一步加快建立跨区域协调机制，着力推进与沪浙毗邻地区的一体化发展。

为此，金山区坚持以建设新型特色小镇为目标，又从枫泾镇的自身优势与"短板"出发，注重统筹推进，突出规划的有效性、针对性。金山区是首家上海纳入国家新型城镇化综合试点地区，区委区政府把枫泾特色小镇建设作为金山区推动新型城镇化建设，促进城乡发展一体化的重要抓手，作为金山区加快打造"三区""五地"，全面建设"三个金山"的重要抓手。按照"一城一带一圈"的发展思路，金山区枫泾镇携手第三方专业机构，研究制定了《城镇总体规划（修改）（2010 - 2020）》，明确了"生态宜居、特色制造、总部商务、休闲旅游、文创教育"五大功能区规划设计。枫泾入选中国首批特色小镇之后，进一步优化完善枫泾特色小镇发展战略规划，因地制宜、与时俱进地推进枫泾特色小城镇建设。

（二）围绕传承与创新建设特色小镇

枫泾古镇，位于吴越交汇之处，素有吴越名镇之称，是上海通往西南各省的最重要的"西南门户"。枫泾为典型的江南水乡古镇。古镇周围水网遍布，镇区内河道纵横，桥梁有 52 座之多，现存最古老的为元代致和桥，距今有近 700 年历史。镇区规模宏大，全镇有 29 处街、坊，84 条巷、弄，总面积达到 48750 平方米，是上海地区现存规模较大且保存完好的水乡古镇。枫泾人杰地灵，自古名人荟萃，历史文化悠久，我国著名书画大师程十发、漫画家丁聪均出生于枫泾。近代以来，枫泾又以市井繁荣、商贸发达，古镇保存完好而成为旅游胜地。因此，如何把厚重的历史文化与现代经济结合起来，正确处理传承与创新的关系，是枫泾建设特色小镇的关键问题。

明确功能定位，狠抓项目落地。根据规划，枫泾特色小镇的定位是"历史名镇、商贸重镇、人文古镇、科创小镇"，并聚焦五大功能区，按照"先易后难、先急后缓、先功（能）后形（态）"的原则，投资 80 多亿元，建成一批基础性、功能性、标志性项目，为枫泾特色小城镇建设奠定了坚实基础。其中，生态宜居项目包括镇区（东片）水系调整主体工程、污水处理厂二期、枫泾交通枢纽、新镇区农贸市场、天然气贯通工程、中西医结合医院新建病房大楼、枫香名苑和枫岸华庭三期动迁安置基地、正荣房产、长城国富房产等。特色制造项目包括康迪新能源汽车、石库门酒厂扩建、汉钟精机二期、上海漕河泾开发区枫泾先进制造业基地、都市型园区标准厂房等项目，以及普睿玛、盖普电梯、富朗特等一批工业项目。总部商务项目包括开太鱼文化、景泰建设、劲霸服饰等。休闲旅游项目包括波兰倒置屋工程、古镇视觉涂鸦艺术、房车营地、张慈中书籍装帧设计艺术馆、新义村五秀湖景区等。文创教育项目包括"科创小镇"运营平台、农创路演平台、"三三枫会"沙龙平台、枫叶国际学校、华东师范大学附属枫泾中学文体综合楼等。

突出创新创业，推动特色发展。立足于枫泾自身产业特色、文化特色和生态特色，以科创小镇建设为抓手，突出创新创业，推动特色小镇健康发展。以科创促进经济转型升级。与临港集团、漕河泾开发区合作，枫泾在全市率先启动建设上海临港·枫泾科创小镇，共有 14 个孵化空间、160 个工位，注册企业 67 户，入驻项目 35 个。重点培育和发展战略性新兴产业、高新技术产业化项目，其中，枫泾新能源汽车列入上海"四新"经济创新基地建设试点单位。"上海临港·枫泾科创小镇"众创平台被评为首批上海市级众创空间，被科技部纳入第二批国家级众创空间。以文创打造枫泾人文古镇。与上海建工正式签订框架协议，以枫泾古镇 1515 年的历史底蕴、"江南水乡"的形态特征、"吴越古镇"的建筑风貌为基础，以打造人文古镇为目标，以江南粉墙黛瓦建筑为"形"，以人文历史传承为"魂"，努力复原一个"活着的古镇"。注重业态提升与民宿开发相促进，星巴克和三桥别院精品客栈正式对外营业，丁聪艺术馆正在积极筹建布展。引入法国街头艺术家柒先生画作，为"新沪上八景"——"枫泾寻画"内涵注入新元素。举办"吴跟越角"枫泾水乡婚典、上海枫泾灯谜艺术节等节庆活动，五年来，枫泾古镇共接待游客逾 639 万人次。以农创提升"三农"发展水平。以江浙沪三地农科院为技术支撑平台，以上海临港·枫泾科创小镇为运营平台，合力打造了"3 + 1 + 1 + 1"长三角农创路演模式，拓宽了农创路演活动的参与群体和辐射范围，延伸了农业产业链和价值链，打通了农业技术供给侧与需求侧两端，推动了农业创新创业项目落地应用。自 2015 年底以来，枫泾共举办农创项目路演 18 场，解决农业生产经营实际问题十余个，成果转化项目 14 个，成交金额 1400 多万元，相关做法经验被中国政府网国务院 APP 及《农民日报》《新华每日电讯》《解放日报》等主流媒体报道。2016 年，科创小镇入围科技部首批国家级"星创天地"备案名单。

（三）特色小镇建设初见成效

一是产业体系逐步形成。枫泾镇经济社会持续保持健康快速发展态势，经济总量和发展质量连续多年处于金山区领头羊位置。"十二五"期间，枫泾镇成为金山区首个税收总量突破20亿元的街镇，税收完成101.28亿元。特色产业体系逐步形成，枫泾工业区集聚企业近500家，形成了以汉钟精机为龙头的关键基础部件产业、以金枫酒业为龙头的生命健康产业、以普睿玛3D金属打印为龙头的高端装备制造产业、以康迪电动车为龙头的新能源与智联网汽车产业等四大主导产业。

二是生态质量明显提升。城乡生态环境管理水平不断提升，枫泾镇建成区绿化面积124万平方米，绿化覆盖率30.20%，成功创建"国家生态镇"。二、三级污水管网建设改造全面完成，顺利通过国家卫生镇第二次复审及金山区创建上海市第二轮文明城区工作。优美的生态环境、美丽的田园风貌、如画的江南水乡，枫泾具备创建特色宜居小城镇的良好条件。

三是城乡面貌持续改善。枫泾镇地处沪浙五区（县）十镇（乡）交界处，是上海"西南门户"，其门户交通枢纽的地位和优势得到强化和凸显，中南部有S36、G60高速公路连接浙江省东部和南方沿海城市；中部有沪杭铁路和沪杭铁路客运专线；北部有S32高速公路连接苏南和安徽地区。以道路建设、园林绿化为重点的基础设施建设不断完善，公共服务设施体系不断完备，初步形成三所幼儿园、三所小学、三所初中、两所高中，一家二级甲等医院、两家敬老院的公共服务体系。中洪村被评为"中国农民画村"，新义村被评为"中国故事村"。

四是文化品牌效应凸显。枫泾注重深耕本土历史文化。金山农民画乡土气息浓郁、艺术风格独特，蜚声海内外，被誉为"东方毕加索"。枫泾通过中国农民画村建设，汇聚全国农民画家来此创作，传承并弘扬中国传统民间绘画艺术。非遗文化小镇立足非遗传承和发扬，汇聚国内外具有代表性的非物质文化遗产，形成具有一定规模的非遗文化展示、保护、传承、交易和体验平台。工匠精神提倡精雕细琢、精益求精，枫泾镇培育了4名上海市工匠，并通过推选枫泾镇"十大小镇大师"，弘扬工匠文化，着力打造枫泾的能工巧匠。枫泾镇加快建设中长三角路演中心的"演艺中心"，量身打造富有"吴跟越角"文化特色的沉浸式演出——《吴越春秋》。枫泾2012年被评为长三角十大古镇之一，2014年入选中国最具价值文化（遗产）旅游目的地，基于旅游产业的文化效应日益凸显。

"十二五"期间，枫泾镇吸引各类投资超过 80 亿元，完成 30 多项基础类、功能类和产业类项目，这些都为枫泾特色小城镇新一轮的发展夯实了坚实基础。

（四）探索建设特色小镇的启示

1. 特色小镇建设要联动周边大中小城市与小城镇发展

作为大都市发展的有机组成部分，小城镇发展要与之联动。特色小城镇建设应与周边大中小城市发展战略融为一体。小城镇若游离于城市格局之外，缺乏整体上的协调和呼应，这种"孤岛式"发展将使小城镇处于城镇发展的最边缘。国际化大都市不仅需要大城繁华，更需要小镇美丽。

2. 特色小镇建设要结合自身资源禀赋和条件特色发展

每个小城镇都是独特的，其发展切忌"小而全"，规划要"量身定制"。就像国外的小镇，一个大学就是一个小镇，一个跨国公司就是一个小镇，什么都想做、都想建的小城镇会不堪重负。打造特色小镇，一定要综合现有资源和条件，做出理性选择，切忌"求大求洋"式盲目发展，更忌"东施效颦"式模仿发展。

3. 特色小镇建设要承接大城市的功能转移和功能分工

特色小城镇的特色体现于承接中心城区的功能转移和功能分工，错位发展、特色发展。从中心城区、新城转移而出的产业，不是基于中心城区、新城自身转型升级的转移，而应是基于小城镇的自身基础和发展需要，通过统筹规划布局，集聚特色功能。有了功能，才有产业集聚；有了产业，才有人气；有了人气，才有城镇。产城融合，无"产"则"城"空。通过功能转移和分工，实现城市功能效益的最大化。

4. 特色小镇建设要配套推进行政体制改革

当前小城镇建设多呈现出"小马拉大车"，依靠"小政府"来治理"大城镇"的情况，小城镇的行政体制权限与现实所需不相匹配。需要赋予小城镇与其行政职能相对应的建设、发展、治理权限，通过"强镇扩权"，形成与小城镇发展相适应、权责一致、运转协调、便民高效的行政管理运行机制。

5. 特色小镇建设要鼓励和探索社会资本和政府合作（PPP）开发的模式

由镇级政府担当城镇建设的主体，其开发专业性非常有限，缺乏对市场运营机制的了解，在开发过程中往往不顾及开发成本，片面追求形象，易造成政府负债过高。特色小镇建设需要建立有效的资金保障机制，重点探索实施基础设施及公共服务领域的 PPP 模式，鼓励社会资本以特许经营等多种形式参与项目建设和运营。

6. 特色小镇建设要在土地资源及财政政策上给予倾斜

当前，由于土地利用计划年年从紧、新增建设用地总体规模偏小、用地审批时间过长等因素，加剧了小城镇建设用地资源紧张。在土地规划方面，根据小城镇建设自身发展现状和特点，适当增强规划弹性，优先安排土地供指标等。在财政政策方面，需要设立特色小镇建设专项扶持资金，用于特色小镇的社会事业完善、产业功能提升、各类平台建设及体制机制创新等。

7. 特色小镇建设要健全基层社会治理体制

城镇运行三分靠建设，七分靠管理。小城镇管理一定要发挥群众的主体意识和主体作用，引导群众自我管理、自我教育，让群众从管理对象变成管理主体，构筑起"社区管理靠共治、社区事务靠自治、社区秩序靠法治、社区文明靠德治"的"四治"体系。

案例六

水乡文化江南特色走心入眼

——青浦区朱家角特色小镇成休闲旅游好去处

上海市青浦区朱家角镇，位于淀山湖畔，东与盈浦街道、夏阳街道接壤；南与练塘镇、松江科技园区、佘山镇交界；西依淀山湖，与金泽镇相连；北与江苏省昆山市淀山湖镇毗邻。交通便利，处于上海市与江苏省交界处，是上海通往江苏、浙江的重要通道。东西向有"318"国道、沪青平高速公路、沈砖公路，南北向有朱枫公路，依傍同三国道，南接沪杭高速公路，北通沪宁高速公路，村村通道路。水路交通横有淀浦河，纵有拦路港、西大盈港、朱泖河，均为 6 级航道，可通行 100~500 吨船只，直通黄浦江，并与太湖水系相通。全境总面积 138 平方公里（含水域），其中，耕地面积 2110.84 公顷。朱家角镇下辖 28 个村民委员会及 11 个社区居委会。全镇共有 21120 户，户籍总人口 60503 人，其中农业人口 20543 人。

（一）历史名镇换新貌

古镇朱家角历史悠久，早在 1500 多年前的三国时期即形成村落，宋、元时期形成集市，名朱家村。明万历年间正式建镇，名珠街阁，又称珠溪。曾以布业著称江南，号称"衣被天下"，成为江南巨镇。明末清初，朱家角米业突起，再次带动百业兴旺，当时"长街三里，店铺千家"，老店名店林立，南北百货，各业齐全，乡脚遍及苏浙两省百里之外，遂又有"三泾（朱泾、枫泾、泗泾）不如一角（朱家角）"之说。清嘉庆年间编纂的《珠里小志》，把珠里定为镇名，俗称角里。

1991 年，朱家角镇被列为上海市四大文化名镇之一；2001 年，被上海市委、市政府列为重点发展的"一城九镇"之一。2002 年 4 月 30 日，总体规划 8.14 平方公里的中心镇建设启动，新镇区道路网格、绿化形成，基本设施建设初具规模。2004 年，古镇旅游区顺利通过国家 4A 级景区验收。2006 年，朱家角先后获得上海市文明镇、"中国最值得外国人去的 50 个地方"、全国小城镇建设示范镇、全国环境优美镇和国家卫生镇等荣誉称号。2007 年，朱家角通过中国历史文化名镇评审；2008 年，获得国家园林城镇、国际花园城市等荣誉称号；2009 年，获得全国创建文明村镇工作先进镇、上海市食品安全宣传示范街（镇）、上海市民族团结进步达标街道（乡镇）等荣誉称号；2010 年，获得全国"上海世博会先进集体"和国家卫生镇（复审）等荣誉称号；2011 年，获得第三批"全国文明镇"、全国民兵先进工作单位、全国爱国拥军模范单位、全国妇联基层组织建设示范镇等荣誉称号；2012 年，获得全国"爱国拥军模范单位"、全国妇联基层组织建设示范镇、国家特色景观旅游名镇、国家级生态镇、上海市文明镇、上海市社区建设示范镇、上海市拥军优属模范街镇等荣誉称号；2015

年，获得国家卫生镇、上海市优秀基层团建示范乡镇等荣誉称号；2016年，朱家角镇入选首批（127 个）中国特色小镇，获得全国百佳最美志愿服务社区、上海市爱国拥军模范乡镇等荣誉称号。

2016 年，朱家角镇经济和社会保持健康、持续发展，完成地区生产总值 76.2 亿元，同比增长 6.3%（其中：第一产业 1.2 亿元，第二产业 27.3 亿元，第三产业 47.7 亿元）。社会消费品零售总额实现 40.6 亿元，比上年增长 8.4%。完成固定资产投资 21.1 亿元（其中属地 17.6 亿元）；合同外资 1114.5 万美元，实到外资 2395.2 万美元。完成税收收入 21.29 亿元，比上年增长 9%，其中区级税收收入 7.01 亿元，比上年增长 17%。农村居民家庭年人均可支配收入 24875 元。朱家角镇基础设施完备。供电来源属华东电网，镇内建有 11 万伏变电站 2 座，3.5 万伏变电站 3 座。朱家角处于太湖流域下游，淀山湖水源丰富，水质二级，辖区内有供水站 1 座；有污水处理厂 1 座，日处理污水 3 万吨。应用光缆电话通讯总装机容量约为 4 万门。西气东运的新疆天然气通到朱家角。

（二）旅游资源丰富吸引中外游客

朱家角镇旅游资源丰富，休闲设施闻名中外：淀山湖畔的上海水上运动场是具有国际现代化水上设施的活动中心；东方绿舟是全国一流的上海市青少年校外活动营地；上海太阳岛国际俱乐部是集商务、度假、休闲为一体的娱乐旅游基地；古镇区开发开放课植园、城隍庙、园津禅院、童天和药号、放生桥、北大街、大清邮局、朱家角人文艺术馆、延艺堂等，共有 20 多个景点。古镇九条老街依水傍河，千余栋民宅临河而建，其中著名的北大街，又称"一线街"，是上海市郊保存得最完整的明清建筑第一街，其东起放生桥，西至美周弄，长达三百多米，是最富有代表性的明清建筑精华所在。这里，旧式民宅鳞次栉比，粉墙灰瓦错落有致，窄窄街道曲径通幽，石板条路逶迤不断，老店名店两旁林立，展现一幅古意盎然的江南水乡风情画卷。2016 年，以古镇旅游为依托的第三产业蓬勃发展，完成增加值 47.7 亿元，比上年增长 8.41%，古镇旅游区全年接待游客 567.6 万人次。

苍苍九峰北麓，茫茫淀山湖之滨，方圆 138 平方公里的江南古镇，镶嵌在湖光山色之中，恰似淀山湖畔一颗璀璨的明珠，她就是闻名遐迩的千年古镇朱家角。朱家角历史源远流长，据史料记载，在宋、元时这里已形成集市，名朱家村，由于贯穿全镇的漕港河水运方便，商业日盛，烟火千家。朱家角以她得天独厚的自然环境及便捷的水路交通，商贾云集，往来不绝。朱家角，水之美，桥之古，街之奇，园之精，酒之醇，花之香，让人心旷神怡、流连忘返。

朱家角素有"上海威尼斯"及"沪郊好莱坞"之誉。镇内小桥流水，古意盎然，有"江南明珠"之称。朱家角内36座古桥，古朴典雅，9条长街临水而建，民居宅地依水而建，一式明清建筑，古风犹存。尤其是横跨于漕港上的明代建筑五孔石拱放生桥，建于明代万历年间，造型优美，极为壮观，是上海地区最古老的石拱桥之一，是朱家角十景之首。朱家角西北有马氏课植园，亭台楼阁，风格各异，布局稀疏得体，有望月楼、五角亭、逍遥楼、宴会厅、打唱台、书城、书画廊等。还有城隍庙、珠溪园等多处胜迹。

"小桥流水天然景，原汁原味明清街"。全镇占地47平方公里，镇内河港纵横，九条长街沿河而伸，千栋明清建筑依水而立，三十六座石桥古风犹存。有沪上第一石拱放生桥、"长街三里，店铺千家"的北大街，集江南豪富人家建筑之大成的席氏厅堂、清代"吴中七子"王昶纪念馆、更有古色古香的"江南第一茶楼"和极具江南水乡风情的水上"游船茶馆"……石板老街、深巷幽弄、拱形石桥、咿呀小舟无不折射出古镇朱家角的水之美、桥之古、街之奇、弄之幽，真可谓"船在水上行，人在画中游"。

朱家角古镇的景区核心是"放生桥"，这是一座建于明代中叶的石拱桥，气势宏伟，构造匀称，是朱家角的标志性建筑。站在"放生桥"上，可一览古镇全貌。朱家角也因为"放生桥"，于纤细之中透露出几分豪气。

朱家角有北大街、东井街、西井街、大新街、东市街、胜利街、漕河街、东湖街、西湖街等几条老街。其中最有名的是北大街，北大街是上海市郊保存得较为完整的明清建筑街，又称"一线街"。街上民居、店铺鳞次栉比，粉墙黛瓦，错落有致，曲径通幽，古意盎然。

课植园，江南官人马文卿的家宅，典型的古代江南大户人家的别墅，这里汇聚了江南古建筑的大气豪华和苏州园林的小巧精致。小桥、流水、檐廊、假山错落有致，相映成趣。相机镜头里，随处可取的风景，铺天盖地的蝉鸣更衬托出这里世外桃源般的宁静、清幽与古远。

石板老街、黛瓦民宅、深巷幽弄无一不展现朱家角典型的江南民居风貌。全镇九条老街，漕港条条支流贯穿其中，使得朱家角看似一把张开的大折扇。那临水而建、密密稠稠的民居宅第，一式灰瓦叠叠，白墙片片，黑白相间，布局紧凑而典雅；那些迂回曲折、鳞次栉比的旧居店铺，又将朱家角勾勒出多角、多弯、多弄、多巷的独特建筑布局。前街后河，隔岸相望是一条条平行的"姐妹老街"，有时老街处会出现一道"过街廊棚"，古风犹存，专为来往行人遮风挡雨，显得古色古香，俊秀清雅。

江南第一茶楼，建于清代。游客登上此楼，既能领略其三面环水的秀丽风光，也可欣赏明清建筑楼群。临河百米长廊，东眺放生桥，西望小淀山。在品茶之余，游客还能欣赏茶楼中具有江南水乡特色的民间文艺表演。

朱家角大清邮局遗址是目前上海地区唯一保存完好的清朝邮局遗址，颇具研究价值。现经修整后对外开放。

报国寺，上海玉佛寺下院，原址关王庙，也是淀山湖畔一座著名的古庙，建于明崇祯十三年（1640）。寺内有千年银杏、汉白玉释迦牟尼、观世音佛像，合称报国寺三宝。

（三）彰显江南文化特色的民间节日

农历七月初七，是旧时朱家角镇上独有的民间节日，称"泥河滩香讯"，也称"珠里兴市"。为何将民间节日取名"珠里兴市"呢？原来朱家角几百年来一直叫"珠里"，朱家角不过是后来改名沿袭至今，"珠里兴市"原本是讨个口彩，祝愿古镇生意兴隆，人气旺盛，岁岁平安。那么，珠里兴市有何热闹场景呢？用今天的通俗话来说，是旧镇上一年一度的摇快船比赛，或曰赛龙舟。只不过古镇上赛龙舟非同寻常，其起源与由松江、浦东一带进香船日自泥河滩三官堂进香归来，途经朱家角镇歇夜有关。据老一辈称，几百条船汇聚淀山湖口，恰似三国曹军舟连舟，人挤人，煞是壮观。每到节日，在一星期前，各地商贾都赶来镇上，设立临时店铺，还有拉洋片、卖膏药、玩猴戏等，各种杂耍也都来此赶集。生意兴隆，盛况空前。到农历七月六日晚上，达到高潮，是夜，松江等地进香船主留宿本镇大小客栈，四乡农民都集于镇上，外地乡民也都纷纷前来投亲赶集，街上行人如潮，摩肩接踵，各商铺店面灯火通明，通宵达旦，顾客盈门。沿街小吃，吆三喝四，香气四溢，令你垂涎三尺。镇上庙宇大门敞开，香烟缭绕，不少善男信女，手持香篮，或肩背香袋，双手合十，进香礼拜。整个朱家角一片歌舞升平。

放风筝在朱家角镇上少说也有上百年的历史，也是镇上民间娱乐活动重要内容。先由镇上一些孩子自己扎起简易风筝，有六角形、八角形、圆形，然后再请大人们在风筝上画些西游记、梁山伯祝英台、八仙过海等人物造型，待得清明节前，田埂郊外春暖花开，全家出动一起到空旷地放风筝嬉戏。大人们也会在此时此刻，向孩子们讲些关于风筝的民间故事，使下一代从小就受到中华民族悠久文化的熏陶。自然，镇上几户头面人家放风筝又有另一种情趣。他们专门请了竹匠，劈竹扎鹞，制成硕大的百脚鹞、蜈蚣鹞、蝴蝶鹞。放飞那天，主人选择在日落西下的傍晚，先用好酒好菜请客，而后烧香点烛三叩九跪，祈求上天保佑平安，十分虔诚，最后，主人点亮密密的鹞灯，打开自家的后园大门，慢慢将风筝放上天，让左邻右舍共同赏玩。空中，一头飞天蜈蚣张牙舞爪，翘首摇尾凌空而起，百脚鹞、蝴蝶鹞争相在空中争艳；几百只纸鹞灯齐放光彩，天上地上笑语连天，掌声四起，确有一番不凡气势。

早在清初顺治年间，七月七日被定为神诞节，泖南乡民均信焚香，先两天经朱家角，停泊舟楫相衔迤逦里许，待香市散，回珠里有彩船数十，金鼓沸腾，拨桨如飞，名曰"摇快船"。后成习俗，每年举行一次。快船上搭起花棚，披红挂彩；前棚悬挂彩灯、插彩旗，中棚坐锣鼓手，后棚为摇橹手遮阳。前棚与中棚竖一方塔伞，顶上安葫芦，每艘船有彩衣七八套，上面绣花，下有流苏，有绣鹤立鸡群、八仙过海图案的，有绣狮、猴、娃等图案的，装饰华丽。船上备大橹、矮槽置于船体左右，大橹旁搁跳板于舷外，伸出水面，掌橹扯绷共10人，均为身强力壮青年，穿紧身衫衣，脚蹬绣花鞋，在碧波荡漾的水面，从三汾荡至无主堂单程1000米左右往来如梭，相互竞赛。篙橹对峙，一有机会，抢着争前，橹手犹如龙腾虎跃，把橹出跳气宇轩昂，拉绷人臂碰碰水面，如飞燕掠水，有"力拔山兮气盖世"之势，时而跺脚比唱，时而猫腰挺胸，二三四合，橹手接力，把橹推艄扳艄，撑篙屹立船头，使尽绝招，点篙调向指挥自如。此时参赛之船在铿锵锣鼓声中，似飞箭出弦备勇争先，船上锣鼓响彻云霄，岸上人山人海，呐喊助威，精彩纷呈，场面壮观，赞声不绝。快船云集漕港大显身手，镇上各路商贾云集大街、茶馆、饭店，顾客络绎不绝。摇快船乃江南水乡特有的传统体育水上文化。

案例七

小桥流水寄乡愁

——嘉定区毛桥村美丽乡村建设

华亭镇毛桥村位于嘉定现代农业园区北端，全村土地面积 1272 亩，共243 户农户，总人口 690 人。毛桥自然村落相对集中，其农宅保留了传统江南民宅的特色，村庄内河流交错、道路纵横、环境清幽、民风淳朴。2006 年 3 月，毛桥村开始了村庄综合改造。为突出"生态建村、产业富村、民主治村"的理念，体现鲜明的地域特色和时代特征，毛桥村坚持规划先行，邀请区有关部门和专家对整个毛桥村进行总体规划，并广泛听取了农户对改造的意见，力求既保持毛桥原有生态特色，又体现新农村新气象，综合提升村庄的基础设施水平，改善公共服务设施条件，切实提高村民生活质量。

在实施改造中，毛桥村以传统的青瓦白墙为主，保留农村大灶、柴垛、老井、水桥、青石板路等当地农村原始设施，充分展现江南水乡的自然风貌。同时，该村从八个方面对村庄环境和基础设施进行综合改造。对建筑年代较久远的住宅进行适当整修；对建筑年代较近的住宅进行立面粉饰；对影响整体环境的部分建筑予以拆除；对原有的路网进行适当拓宽和改造；对河道进行疏浚、驳岸等；对农户的卫生间进行新建和改建；对农户的厨房进行改造，但保留原有的农村大灶；对整个自然村的自来水管道进行重新铺设，并新建生活污水收集系统和污水生化处理系统；在宅前屋后及道路两侧增建绿地，并体现本地自然风貌；对电网、通信网、有线电视网进行改造，并为每一户农户新装分时电表，在干道上安装路灯。经过综合改造和整治，蜿蜒平坦的乡间小道环绕着白墙黛瓦的农家小楼，老树青藤、小桥流水，整个村庄就是一座优美的农家园林，实现了外墙白化、道路硬化、河道净化、环境美化、生活优化。毛桥村被农业部定为全国社会主义新农村建设35个示范点之一。

村庄综合改造在毛桥村是颇具成效的。这里，没有大拆大建大动干戈，把墙刷白，路铺平坦，桥修得规整，更显得自然朴素。走在村里，"毛桥大食堂"陈列了许多旧时的农具，这里曾经是人民公社的食堂，热闹的开饭场景仿佛就在昨日。"知青小屋"保留了原有的房屋摆设和旧照片，感慨珍贵的记忆得以保留。生活富裕的毛桥村民没有丢掉传统文化，本土文化氛围不断提升。上海首家"农家书屋"在此诞生，7000多册图书被收藏在这幢20世纪60年代的老宅里，80岁的胡国忠每天驻守于此，服务前来借阅的村民。这个书屋已被联合国教科文组织确定为"农村社区学习中心实验单位"。借助农宅改造的成功经验，毛桥村成为嘉定区爱国主义教育基地，成为广大学生了解农村、认识农村、感受农村的一本生动教材。在毛桥村，民间文艺创作随处可见，在村内一些白色院墙上，村里美术教师绘上了村民插秧、挑水等劳动场景，以及孩童跳绳、打陀螺等游戏画面，生活气息浓厚。这里，民间文体活动也广泛开展，月月赛、月月演等群众性文化体育活动成为毛桥村民业余生活的必修课，各类大小文体活动也成为村民提升自身素质、展现个人才华的平台。

毛桥村抓住村庄改造的机遇，利用都市近郊的区位优势和独有的自然风貌，结合华亭镇现代农业园区的旅游资源，大力发展观光旅游业，开设农家乐餐饮、休闲、垂钓、蔬果采摘等项目，并开展特色农副产品供应，为农民增收打开了新渠道。多年来，毛桥村注重打造都市型休闲农业。整合现代农业园区核心区"华亭人家"的旅游资源，毛桥村打造农业特色产业。村民用自家的房子办起了农家乐，草头塌饼、毛芋艿、蛋饺肉皮、时鲜蔬菜，野生鲫鱼……毛桥人以农家特色的菜和饭招待慕名前来参观的人，农家餐馆生意红火，毛桥竹林鸡、草鸡蛋等农副产品更是供不应求。鳄龟养殖、兰花种植、优质果蔬加工销售……在农业特色产业发展基础上孕育的农业休闲旅游具有更强的生命力。

毛桥村在新农村建设的基础上，又开展了美丽乡村建设，建设"规划布局合理、经济实力增强、人居环境良好、人文素质提高、民主法制加强"，具有鲜明地域和时代特征的社会主义郊区示范村，并带动和促进周边地区新农村建设。基本实现"主导产业形成规模，村容村貌整洁靓丽，村民生活富裕安康，农村社会文明和谐，村务管理民主有序"，达到"高起点、高标准、高效益"建设要求。

在产业发展方面，毛桥村将做好二次开发工作，高起点规划，高标准实施，以毛桥村二期改造区域为核心，开发集吃住游购娱为一体的乡村旅游聚集地。届时，文化长廊将以全新面貌亮相，修葺一新的"毛桥工坊"展示各种农副产品酿造工艺。在村庄面貌方面，毛桥村将进一步完善基础设施和生态环境建设，目前全村污水纳管已经基本完成，村里的生活污水收集系统直接接入嘉定区城市管网系统，还将把天然气管道铺设好，方便村民使用更加清洁的燃气。

在乡风民俗方面，毛桥村进一步提高农民科技文化素质，让"有理想、有道德、有文化、守纪律"成为村民自觉遵守的行为准则。

在村务管理方面，建立新机制。实现民主选举、民主决策、民主管理和民主监督，使得村民对村级管理满意率达到95%。

最大程度保留乡土文化是毛桥村发展的灵魂。毛桥村在美丽乡村建设中应突出文化主题，强调多样性，乡土文化不可或缺，是城市文化的母体，要保护好这个根和源。毛桥在发展中最大限度地利用农业资源，发挥了农民积极性，适应了都市人体验农业生活、寻找和安顿"乡愁"的需要，走出了一条美丽乡村建设的新路子。

案例八

寻梦张马村

——青浦区张马村美丽乡村建设纪实

小桥流水，炊烟人家，漫步村庄，宛若置身江南水墨画卷。张马村地处市级农业保护区，坐落在享有上海"后花园"美称的青浦区西南的古镇朱家角，具有江南水乡特色。这里融合传统水乡诗情与现代种植画意，平衡生态环境保护与农业旅游发展，是一座沁着乡情的"美丽乡村"。2015年初张马村，入选首批15个"上海市美丽乡村示范村"。

村庄水陆两路交通便捷，村内小河纵横，有11条内河，3条外河。陆路距G50高速5.6公里，沈太路贯穿全村。村区域面积3.12平方公里，全村有6个自然村，17个村民小组，总户数602户，户籍人口2018人，流动人口400人左右。目前该村有耕地2930亩，以种植水稻、茭白为主，此外还有500亩水源涵养林。

上海文明始于"三泖九峰"，张马村就形成于悠悠三泖（圆泖、大泖、长泖）汇合之地，三国时期属于吴国领地，其水兵演练基地，便是现今村庄内的太阳岛国际俱乐部。这里也是上海地区母亲河——黄浦江的水系源头，水质优良，属于国家二级水源保护区。在唐乾符年间，有僧在泖河中筑台建塔寺，泖塔既是佛塔，又是灯塔，泖河浩渺宽广，塔顶挂灯作为来往船只的航标，1962年9月被公布为上海市文物保护单位，1997年10月被国际航标协会列为世界历史文物灯塔。

自唐朝起，这方宝地便积累了悠久的历史文化，商旅墨客在此云集，陆龟蒙、宋庠、王安石、朱熹、董其昌、林则徐等历代名人慕名来游，吟咏不绝。1994年至今，每天到这里学修佛法或者旅游观光者川流不息，对张马村乃至青浦的社会经济、文化发展起到了积极的促进作用。

世代生活在泖河边的张马农家，民风淳朴，东吴文化、泖塔文化长期惠泽村民，张马人讲文化、爱文化、传文化。广为流传的田山歌、摇快船等非物质文化遗产得以传承，唱田山歌、小河摇快船已经成为农家人耕作之余的娱乐节目。文化历史村——张马村建有文化长廊、农家书屋、农具展示屋、文化墙、家训墙等。这些年，张马村先后荣获了上海市"文明村"、"生态村"，"我最喜爱的乡村"，"全国最美休闲乡村"，"全国生态文化村"等殊荣，于2005年被授予青浦区田山歌传承基地。

（一）美丽乡村建设凸显江南水乡风情

张马村以开展农业生产、农业观光、果品采摘、生态体验、花卉种养、休闲养生、会议接待、旅游度假等围绕生态农业旅游的系列活动和服务，打造具有江南水乡风情的上海大都市郊区"美丽乡村"为发展总目标来建设村庄。

从 2014 年 4 月张马村开始了如火如荼的"美丽乡村"建设。以村庄环境整治为突破口，借助市区镇各级政策，从圩区生态堤防、生态林、生态长廊、农田水利、生态河道、环境综合改造、道路桥梁、环卫设施、庭园经济、薰衣草与樱桃生产基地建设这十一个方面提升村庄整体环境。党员干部带头，村民代表紧密配合工作，掀起环境卫生整治热潮，全村拆除与美丽乡村创建不相宜的建筑，面积为 7500 平方米，清运乱堆物、影响环境卫生垃圾 6500 吨。铺设黑色路面 6150 平方米，602 户人家全部进行硬化隔弄。

张马村在"美丽乡村"建设之前，河道大多淤积严重，行船困难；沿河两岸居民多搭建有鸡棚、鸭棚等民用建筑，严重影响了河道运输安全与河道水质。此次水环境综合整治清理 318 条沉船，拆掉 158 座鸡鸭棚；同时，疏浚全村 14 条河道，在两岸建起生态护坡，并种上花花草草。张马村的村民们开始到河边洗菜、洗衣服。人们的眼里又看到了江南水乡的美景。"美丽乡村"建成后的张马村景致令人心旷神怡。阡陌交通，水田纵横，丰茂的菱叶丛宛如青纱绿帐，不时有白鹭水鸟低飞掠过。清澈的小河小浜、整齐的护岸河堤紧接着 1150 米的生态长廊，脚边波斯菊在缤纷绽放。游船水路将村里的农事景点联成一线，人行桥串起了户户农家，临水楼舍小巧精致，绿篱菜园流露着最质朴的乡情。

2014 年 5 月开始，张马村又被选定为部级村庄规划试点村并进行设计，旨在探索符合新农村建设要求、符合村镇实际、具有较强指导性和实施性的村庄规划。村庄规划试点建设与"美丽乡村"建设的结合为张马村带来更具合理性和长远性的发展，破解农村建房方面的实际问题，提高农村养老、农村基础设施的配套，提升村民生活质量。

（二）美丽乡村建设重在美化生态环境

张马村建设"美丽乡村"本着"美在生态、富在产业、根在文化"的理念，在"美在生态"方面，基础建设完毕后，要加强长效管理来维持建设成果，张马村出台了村卫生长效管理制度和《村民公约》，提高村民的卫生意识，改善不良习惯，让村民责任与福利挂钩，通过村民共建来维护村庄环境。

洁净的水源、肥沃的土壤是张马村最大的优势。张马村在1991年引进休闲度假胜地——太阳岛，2005年引进400亩薰衣草等不同类型香草的观赏园——寻梦园，2010年引进100亩左右自由采摘农家乐——泖塔农情园，2013年引进300亩蓝莓生产基地——浦江蓝莓园，2015年引进500亩集四季蔬果采摘、水上森林、湿地公园、野生动物保护区为一体的上海市首家开放式的农村公园——蓝美庄园，构成张马村"四园一岛"农事旅游格局，有效融合"美丽乡村"一、二、三产业链，形成了新型旅游农业产业链。张马村旅游资源丰富，观光农业已相对成熟，十分适合忙碌的城市人感受和体验农村生活。

（三）美丽乡村建设迎来产业蓬勃发展

现今张马村本身的村落环境、水环境吸引了众多参观者，村庄将继续朝着农事旅游方向深入发展，提出"第三产业+"的概念，每个自然村有不同的定位，共同打造"农旅+民宿+文化产业"的综合体。有机融合"根在文化"的理念，张马村把杨家埭自然村作为艺术区，整合社会资本，引入一个文化公司，旗下有100多位艺术家，把民房打造成工作室进行艺术创作和沙龙活动，吸引相关人士到这里活动。同时，艺术家会每周为村民上一堂免费的艺术课，包括绘画、音乐、戏曲、手工艺等艺术门类，为张马村民和孩子带来艺术的熏陶，提升精神文明。莫家村以商业为主，利用160栋民房，装修成民宿，让住客吃灶头饭，品尝小菜园中即采即煮的新鲜食物；有的民房开设商店、餐馆、花房、书店、咖啡店、农产品销售中心等；前期在"美丽乡村"建设中，根据游客需求，莫家村布设了人行桥2座、亲水平台4座、凉亭2座、步道2公里，并拓展文体休闲功能，打造公共亲水空间；建设4座码头，通过水路串联5个景点，打造出一条创新的旅游线路。打造14.2公里的观光河道，游客可以通过游船进入莫家村，以水路的形式探究各活动点，这些也契合了张马村作为坐落在泖河边的村庄的水文化和农耕文化。施家浜自然村以拓展区为主，开设木船俱乐部、房车俱乐部、慢跑俱乐部。

"美丽乡村"创建是张马村发展的关键转折点，在短短一年时间内，集中建设后的张马村从默默无闻的小村庄崛起成为市级"美丽乡村"。2016 年张马村围绕产业转型从特色农业适度规模经营和民宿产业上发力达到农民富的愿景。

每年 7、8 月，游客到张马村来旅游，寻梦园里看看花，蓝莓园采摘蓝莓，农情园吃农家乐也可采摘蔬菜。今后，生态园、民宿、文创俱乐部建成之后，张马村会成为郊游的绝佳选择。

案例九 ○--

强村富民建设都市里的村庄

——奉贤区杨王村振兴之路

杨王村是上海市奉贤区新农村建设中心村建设试点村和领头羊村，位于上海市奉贤区南桥镇东南 3 公里处，东依金汇港，南邻柘林镇，西连六墩村，北隔曙光村。杨王村的地理位置优越，莘奉金高速公路、金海公路、平庄公路构成了"井"字架，交通十分方便。全村东西长约 3500 米，南北长约 1680 米，面积 5.75 平方公里，约 8415 亩土地。其中耕地面积2661.93 亩，工业园区用地面积 2840 亩，全村总户数 1190 户，共有 8 个村民联组，总人口 3659 人，外来人口在册约 4500 人，流动人口约 10000 人。其中 60 周岁以上老人 1000 多人。

杨王村经济在 20 世纪 80 年代末 90 年代初有过一段辉煌的历史，工业、农业生产均处于全乡的前列。但到 1996 年全村经济处于瘫痪的边缘，村级企业负债 1360 万元，平均每个村民负债 13076 元。讨债人员结队而来。1999 年，村委会换届选举，全村村民真正以主人翁的姿态认真负责地挑选出一套好班子。在镇党委政府的关心和支持下，杨王村开始起步发展。村党支部、村委会抓住机遇，转变观念，把经济发展作为村级发展主课题，把改革开放和科技作为发展的动力，2001 年集中加大了招商引资力度，通过走出去、引进来的以商引商招商的方法，吸引了一大批有志之士投资杨王村。经过三年的艰苦奋斗、集思广益、拼搏进取，2003 年，杨王村走出困境，跻身富裕村的行列。

近年来，杨王村在两委班子的带领下，紧紧围绕建设社会主义新农村的主题，以党建促进新农村建设，积极发挥领头羊的示范和引领作用。在强有力的村领导班子的带领下，十几年的时间里，杨王村发展迅速。2014年，全村一二三产业实现销售额 128 亿元，完成税收 3.2 亿元，村可支配收入 4119.49 万元。

全村村民居住条件比原来明显改善。自 2001 年开始，杨王村结合工业园区开发，经区规划部门批准建设了杨王苑，至今已形成了杨王苑连体别墅群。别墅群内，天然气、有线电视、网络等配套设施一应俱全；污水处理等生活设施配套周全；而且在附近设有商业设施和娱乐休闲设施，菜场、超市、健身房丰富了村民的休闲生活；不仅如此，为了满足村民求富、求知、求乐的需求，在村民居住区内建设了具有多功能的农家会所，村民接受文化的熏陶，综合素质得到了很大程度的提高。杨王村基本做到了"人人有岗位；人人有房产；人人有保障；人人有股份"。

（一）科学规划实施"三个集中"

20 世纪 70 年代末至 90 年代中期，杨王村由于地理、环境、交通、人才等一系列因素的制约，经济发展极其缓慢，基本处于停滞状态，是全县有名的穷村。村里的企业由于资金、技术和人才的缺乏，加上日趋激烈的竞争纷纷倒闭，大多数村民只能维持简单的生活。

1996 年以来，在村党支部和村委会的领导下，杨王村经历了以下三个阶段的经济社会转型发展。

第一阶段：村级经济起步发展

首先，农业方面，杨王村从农业产业结构调整入手，鼓励农民开始种植黄桃。通过这一措施的实施，农民的收入增加了。1998 年杨王村在确保粮食生产面积不减的情况下，调优经济作物，发展黄桃、花卉、蔬菜等，黄桃种植面积达到 810 亩，总产量达到 765 吨，产值达到 612 万元。年生产蔬菜1000多吨，产值达到300多万元。其次，工业方面，杨王村对企业产权制度也进行了改革，通过对村办企业实行改制，放下包袱，使得产权逐渐清晰，企业的生机和活力重现；此外，杨王村从整合村级资产入手进行了招商引资，实现了资产重组。通过这一系列改革，到2000年底，杨王村已经彻底摆脱了贫困，还清了债务。这个阶段，村领导主要抓住解放思想、更新人才的观念，对集体企业实行转制，使产权更加清晰。杨王村抓住形成工业园区的大好机遇，大力招商引资，引进建设了数十家知名的高科技企业，包括超日太阳能公司、德惠特种风机公司，埃瑞卡电缆附件公司、上海佳途太阳能公司、德朗能电池公司等。杨王工业园区已成为上海奉贤区发展最快的经济园区。

第二阶段："三个集中"战略推进

2000年，杨王村按照上海市委"农业向规模经营集中、工业向园区集中、农民居住向城镇集中"的要求，充分利用原光明镇党委、政府将杨王村规划调整为光明镇第二经济园区的发展机遇，自筹资金开发了首期1000亩工业园区，走上了园区化工业发展道路，壮大了村级集体经济。

自此杨王村进入发展的第二阶段"三个集中"战略推进期，基本实现又好又快发展。这一阶段充分贯彻"三创"精神。所谓"三创"就是指创新、创优和创效，即工作思路和机制创新，工作质量创优，经济创效益。杨王村提出了经济工作争创全区农村第一，各项社会事业争创全区农村一流的目标。2003年，上海市委、市政府提出了加快农村"三个集中"的步伐，在上海郊区实行"宅基地置换"试点，虽然杨王村未被列入试点村，但他们认准了方向，自筹资金建设"杨王苑"，极大改善了农民的居住环境，提高了农民的生活质量。这个阶段由招商引资向招商选资转变，引进科技含量高、新兴产业和规模大的企业；工业用地由原来的敞开供应向限量供应转变，工业生产由原来的注重外延发展向内涵发展转变，主要依靠科学技术发展生产力，提高经济效益。

第三阶段：经济结构调整

在经济结构调整阶段，首先，村领导班子按照上级党委政府的要求，在发展特色经济的实践中，深深认识到在目前必须转变经济发展方式，调整经济结构；必须由过去的侧重经济外延发展，转变为重视经济内涵发展；必须依靠科学技术，发展生产力；必须改变由过去的侧重经济的数量增加，转变为经济的质量提高。认识统一后，村委领导采取了一系列举措，首先是增加土地亩均产出率的考核，把土地产出率与扶持企业政策挂钩，实行优胜劣汰、奖高罚低的政策。在区镇两级的支持下，村里筹备了"上海杨王现代农业种源创意园"，规划面积近4000亩，已经完成规划设计，2010年被上级政府列为重点推进的农业项目。建成后的"上海杨王现代农业种源创意园"将集果林种源、果林生产、果林文化、旅游休闲等功能为一体，为新城居民提供一个休闲观光的好去处。

其次实行"腾笼换鸟"政策，杨王村对一些技术装备差、能耗高、市场竞争力低的企业，实行行政干预、经济和法律的手段，予以淘汰。通过招商引资，把厂区置换给高新大企业，杨王工业园区每年"腾笼换鸟"两至三家企业，在转换过程中各企业加大了科技创新、技术改造的力度；此外开展全民招商，尤其突出招不占用土地的注册型商贸企业，从而加快了产业结构调整、盘活了存量资源；不仅如此，杨王村不断改进工业园区管理服务，成立了工业园区主任咨询会，不断完善民主管理。全村先后出台了十六项菜单式服务，使企业能够引得进、留得住、发展好。2006年以来，杨王工业园区发展势头强劲，管理服务优质，企业的满意度较高，2009年被列为区管镇级园区。

（二）"三个集中"推进转型发展

1. 农业向规模经营集中

杨王村在实施农业向规模经营集中的过程中，村领导强化为农服务意识，通过举办农业培训班，印发宣传资料等手段，使农户及时掌握农业生产信息。2007年，农业经济总量达到1600万元，比上年增长了0.4%；2008年，村领导做好水稻品种的更新和农机具的保障工作，水稻单产达到615公斤，果树、花卉等其他经济作物也取得了良好效益。2008年，全村农业经济总量达到1900万元，比2007年增长了18.75%。

2009年，杨王村的新农村建设和改革发展也有了长足的进步，农业产值达到了7800万元。建立起了第一个农业生产合作社，加强了农业生产组织化程度。水稻实效亩产量在580公斤。尽管如此，但杨王村也遇到了诸多困难。例如田块分散，不便管理；农户对水稻种植不感兴趣，抛荒现象严重等。针对以上情况，村委会提出了一系列解决办法：一是成立专业合作社，利用国家补偿款来增加农民收益；二是村民把土地流转给村委由村委统一管理进行集中流转，村民也可以从中分享收益。此外，杨王村还成立了杨王田头学校，向农民普及科技知识。随着经济的快速发展，杨王村农业生产组织化程度得到了提升，发挥了两个农业生产合作社的作用，保持了农业稳定增长的好态势。2010年农业总产值7800万元，村水稻种植总面积180亩，花卉110亩、鱼塘131亩、果树430亩，其他经济作物420亩，村直接流转的200多亩土地取得了实效，实现了土地流转有序规范。水稻种子进行更新换代，对新农药进行推广应用。清除350亩"一枝黄花"草，26吨有机肥以及3吨BB肥入户使黄桃品质得到了改良，同时土质资源得到了改善。

2010年，为了整合土地资源，实现规模化种植，提高农业生产的组织化程度，杨王村逐步对前几年收回的集体农用土地进行推土平整，由村种植农业合作社负责管理和利用。对于土地整合对居民生活的影响也做了调查，发现土地整合后，被调查的居民中有74.3%的人认为自己的生活好于土地整合前，只有8%的居民认为自己生活不如整合前。从这些数据可以看出，土地整合对于改善居民的生活还是有积极影响的。

除此之外，蔬菜基地是杨王村农业的标志。由于土地集中规模经营，首期520亩大棚蔬菜基地列入市政府实事工程，已于2007年投入生产。目前蔬菜基地是成片的大棚，大棚里各种蔬菜如青菜、黄瓜、莴苣、西红柿、菠菜等蔬菜长势十分喜人，等到收获的季节，这些环保蔬菜将会给村民带来实实在在的经济收益。

杨王村以黄桃为主的果林园以及花卉园也逐步形成规模，并且规划将在"十二五"期间建成一座集旅游、休闲、娱乐为一体的农家乐。在区镇两级政府的支持下，杨王村筹建了"上海杨王现代农业种源创意园"，坚持生态、经济、社会效益统一发展的原则。对居民关于建设"种源创意园"的看法进行调查后发现，大多数的居民对"种源创意园"还是比较看好的。有62.1%的居民对"种源创意园"进行了肯定，同时只有1.5%的居民不看好这个项目的建设。

现代农业种源创意园坚持以循环生态农业为基础，以果林为主导原则，坚持以"种源"为立园之本，以"农业"为开发之根，以"科学"为发展之翼。植根循环生态农业，立足种源产业，开拓科技农业、开发旅游农业，发展服务农业，该创意园将通过发展高产优质特色果林、盆景种源和多功能涉农服务产业等，促进基地增效，农民增收；同时，坚持经营利益回馈农民，与农民分享增利的原则，通过增加就业岗位，安排流转土地的农民就业，建立以基地为龙头的农民合作社，与农民进行紧密合作，示范、推广新的生产方式、新技术和新苗种源，加速发展当地和周边地区农业生产，提高农业生产效益，增加农民收入。该农业种源创意园将展示四季有绿、四季有花、四季有果、四季有景的美丽画卷，为拓展农业产业链，农业增效，农民增收，提供持续发展后劲。

2. 工业向园区集中

杨王村从当年负债 1760 万元的落后村，发展成为 2014 年村集体可支配收入达到 4119.49 万元、全村人均可支配收入达到 24000 元的富裕村，发展速度惊人，特别是杨王工业园的发展直接带动了整个村的发展。2009年杨王工业园区被上级定位为区管镇级园区和上海市 104 个产业园区之一。

从 1997 年起，杨王村按照"农业现代化、工业园区化、农民居住城镇化"的政策要求，从企业产权制度改革入手，对村办企业实行改制，让企业放下包袱，整合村级资产，实现资产重组。1999 年，原光明镇党委、政府利用 4 号线交通便利优势，将杨王村规划调整为原光明镇第二经济园区，并由杨王村自筹资金开发首期 1000 亩工业园区。村党支部、村委会在领会上级政策的同时，认真分析形势，克服困难，抓住机遇，立足"改革开放、开发引进、招商引资"理念，于 1999 年 8 月 18 日建立杨王工业经济园区。经过三年的发展，园区初具规模，到 2003 年底，园区已拥有 117家企业，其中实业型企业 52 家。

杨王村的发展就是对上海市"三个集中"政策的理解和执行，杨王工业园就是实践"工业向园区集中"的政策而发展壮大的。杨王村执行"三个集中"政策，改变了以前工业点分散、工业经济效益低、土地资源浪费的情况，使工农业用地得到了合理规划，为村集体经济的快速发展打下了基础。随着工业园区的发展，园区规模的扩大，园区用地也越来越多，势必会征用农民承包的集体用地。为了进一步发展工业园区，解决工业园用地问题，2003 年村委在经镇政府批示后，对村民实施了动迁，增加了 30 亩左右的土地用于开发。此后，为响应市委、市政府关于加快"三个集中"步伐、在郊区实行"宅基地置换"的要求，自筹资金建设了 680 亩的杨王苑小区，使村民集中居住，不仅大大提高了村民的居住条件，而且为村里节约土地 1100 余亩，同时，村里还对域内的荒地进行平整，将部分河流的支流河道填平，又得到可供工业使用的土地 1900 多亩，这为工业园的发展保障了土地资源。

3. 住宅向农村新型社区集中

制定置换方案，组建置换办公室。在农民住宅的置换问题上，村党委提出以农民宅基地置换的方式，对农民住宅进行分期、分批的集中建设的方案。在确定这一可行方案后，村委会召开村民代表大会，讲清了农民住宅集中建设的目的、意义以及具体的实施方案，提交村民代表大会讨论决定。其具体实施方案：采取政府、村集体与个人共同出资的模式，即村委出资投入一部分基础设施建设，村民自负房屋的建造费用，拆除的旧房统一由村委管理。这种方案得到了村民代表的广泛同意和赞成，这使得随后的工作得以更加顺利地进行。由于置换工作的复杂性，村委专门成立了置换办公室，以处理日常的具体工作。其后的成功改造这一事实说明，先期的规划是科学而正确的。

做好前期准备工作，着手置换工作。杨王村在实施农村新型社区规划的过程中，先期做好了宣传工作。首先对工业区规划迁出，使广大村民了解规划方案的科学合理性，随后又通过对村民宣传新农村建设的好处，使村民更加深入了解旧住宅置换新住宅的益处。在具体置换过程中，村委会充分发挥党员的先锋模范带头作用，动员全村村民积极参加置换。由于政府的大力支持、详细考虑及精心规划，村民在建设新区和置换中，反响积极，使整个居民区的置换工作顺利进行。

按照方案安置村民、组建新型社区。在具体置换过程中，住宅集中工作组发挥了重大作用。宅基地置换工作环节多、农民关注度高，是一项事关农民切身利益的大事。工作组把好旧房评估关，做到公平公正，减少了纠纷与矛盾，在安置前与农民签订协议书，确定了每户 3000 元的搬迁费用，并严格按照法规程序对每户之前的旧宅基地进行合理的评估并给予相应补贴，最终每户按照既定方案入住新区。

在居民区建成之后，整个居住区进行了系统的改造建设，因此，除住房这一基本条件外，各种基础设施建设也随后跟进。另有其他生活设施，如食品供应市场，休闲娱乐中心以及杨王村的农家会所等都是新型社区的基本组成部分，在合理的规划安置后，这些有机统一的职能区域为居民提供了更好的服务，村民在新型社区的生活更加舒适、美好。

(三) 围绕绿色生态建设都市里的村庄

根据奉贤区经济社会发展规划，杨王村处于奉贤新城的南缘。为了给奉贤新城营造一个"都市里的农庄"和新城后花园，杨王村研究制定了一个建设都市农庄的发展规划，进一步提升杨王村现代农业和生态旅游的水平，目前正在逐步推进之中。

1. 加大基础设施建设力度，改善生产生活条件

伴随着综合经济实力的不断增强，杨王村的生产、生活基础设施也越来越完善。在杨王工业园成立之初，杨王村利用政策优势，自筹资金开发工业园区用地，按"高起点、高标准"的要求建立工业园区的各项基础设施，其后，也始终按照这一标准不断完善园区各项基础设施。在加强园区生产性基础设施建设的同时，杨王村不忘改善村民生活基础设施和农业生产基础设施。自2001年起，结合杨王工业园区开发与农民住房动拆迁的机遇，杨王村启动以农民宅基地置换的方式，对农民住宅进行集中建设。按照村财力投入一部分（主要用于公建配套，包括道路、绿化等公共设施）、村民自负一部分（主要用于新建住宅的建造成本）的筹资原则，建立起由多栋连体别墅构成，道路、供排水、绿化、天然气、有线电视、网络等相关设施配套齐全的新型农村社区。后来，杨王村还在居住区逐渐增建各种商业和娱乐休闲设施。依托工业园区走向富裕之路的杨王村，按照"工业反哺农业"的原则，通过加强农业规划、加强和扩大蔬菜基地建设等途径加大对农业生产基础设施的投入力度，为农民创造良好的农业生产环境。

经过多年对基础设施的持续不断投入，杨王村的生产、生活基础设施都得到极大改善，村内道路开阔、功能区划分明，环境优美。工业园区

内，工厂整齐清洁，配套更加健全、功能更加完善、凝聚力不断增强；杨王苑内，连体别墅崭新，宅前屋后干净整洁，路旁绿树成荫，地面草坪成片，鸟语花香，各种配套设施完善，好一幅小桥流水人家的现实美景。

2. 大力推进现代农业建设，不断拓展农业多元功能

虽然杨王村是依靠工业走向富裕之路，但作为上海远郊区的农村集体经济组织，农业对杨王村经济的重要性仍是不容忽视的。20 世纪 90 年代中后期，杨王村正是首先从农业产业结构调整入手，鼓励农民进行黄桃种植，使农民增加了收入，也为工业园区的建设打下了必要的基础。此后，依托工业园区走向富裕的杨王村，在上级政府的支持下，按照"工业反哺农业"的要求，加大了对农业的投入。2005～2007 年三年间，杨王村用于现代农业建设的总资金 4600 万元，分别用于土地整治、河道疏浚、河坡整治、蔬菜和黄桃基地等农业基本设施的建设，以推动农业的规模化生产，夯实农业发展的基础。近年来，为进一步突出现代农业建设，杨王村以改造传统农业为抓手，成立了两个农业生产合作社，以不断提高农业生产的组织化程度；同时在上级政府的支持下，正积极谋划筹建现代农业种源创意园，规划通过多元渠道筹集所需资金，立足种源产业，开拓科技农业、开发旅游农业，提高农业的总体水平，夯实产业基础。伴随着现代农业建设的不断推进，农业在杨王村社会经济发展中的地位也不断提升，农业所能发挥的功能也日趋多元，从最初单一的经济功能扩展到生态功能、服务功能等。

3. 大力发展村级特色产业，实现以工富村反哺农业

无农不稳，无工不富，杨王村的富村之路正是践行了这条经验。以工业园区为依托，以招商引资为园区工作主线，杨王村走上了以工富村之路。以工业经济为支撑点的杨王村，为了更好地发挥工业的支柱作用，在发展过程中，不断探索和培育园区优势企业和支柱产业。园区先后通过亩均产出率考核、明星企业评比等活动，培育出一批如上海超日太阳能科技有限公司这样的上规模、技术含量高、品牌影响大的优势骨干企业。伴随着骨干优势企业的不断增多，工业园区以这些优势企业为依托，逐步确立了电子汽配业、电控设备业、机械制造业、环保产业等在园区的支柱地位。除了优势企业和支柱产业的培育，工业园区还通过多种措施，鼓励和

扶持园区企业加大科技创新和技术改造的资金投入，提高科技含量，增强企业自主创新能力，提高产品附加值、降低能耗、节约资源。上海超日太阳能股份有限公司、上海永铭电子有限公司、上海德惠空调设备厂、上海德惠特种风机有限公司四家企业正是园区科技创新的成功典范。优势骨干企业和支柱产业的形成，以及高新技术项目的支撑，进一步夯实杨王村经济发展的基础，同时，为建设国际农庄提供了强大的经济支撑。

4. 积极谋划现代服务业，实现产业提升融合发展

在杨王村经济起步和快速发展过程中，第三产业虽然没有发挥如农业那样的基础性作用，更没有像工业那样发挥支柱作用，但当杨王村经济进入转方式、调结构的关键阶段，第三产业正呈现出后来者居上的趋势。近年来，第三产业对杨王村经济增长的贡献率较大，2014 年第三产业的增长率达到了 145.44%，远远超过了以往几年的增长速度，第三产业正在为杨王村的经济发展注入新的活力。杨王村利用第三产业的后发优势，规划在先，一方面结合本村已有的工业基础，积极规划 2.5 产业区，重点发展介于第二产业和第三产业之间的生产性服务业，涉及金融、保险、法律、会计、管理咨询、研究开发、工程设计、房地产、工程和产品维修、运输、通信、广告、仓储、人事、行政等众多行业，连接起整个产业的价值链，促进产业融合；另一方面，突出科技创新，鼓励企业科技进步和自主创新，优先发展电子商务、信息服务、软件业等新兴服务业，以科技为支撑，高起点发展第三产业。

5. 坚持经济发展与环境保护并重，走低碳环保生态之路

在重视经济效益的同时，杨王村对环境保护总体上也比较关注。尤其是在走上富裕之路以后，杨王村更加注重环境治理和生态文明建设。杨王村提出"要金山银山，更要绿水青山"的理念，在发展工业经济的同时，严把企业导入关，拒绝高排放、高能耗、高污染的企业进入工业园区，把低碳、绿色、环保、循环经济作为发展方向；每年还在园区开展企业"安全建设五星""环境建设五星"评选活动，通过评选活动，增强企业的安全意识、环保意识、卫生意识；按上级要求加强对园区企业的节能减排考核以及对工业区生活污水的纳管排放；重视园区绿化和园区环境的综合治理等。

在村民居住区，低碳、节能、环保的目标追求也处处得以体现。杨王苑道路照明（杨王苑内140个庭院灯和30个大功率路灯）和部分村民生活用电来自风力发电，而目前运行的风力发电装置主要元件的80%是来自本村工业园区的企业（如成套装置的主要电储能是采用瑞达电源生产的蓄电池，风力发电机头的线圈是德惠风机生产加工的，整个风力发电装置和变电站综合自动化系统是山勇电力公司设计和建设的），实现了工业园区和居民区的互惠互利；村民家庭的供热系统大多采用太阳能；杨王苑内绿树成荫，草坪成片，绿化良好；生活垃圾无害化处理率达到98%。

在环保上的长期坚持，使得杨王村实现富裕的同时，也拥有了优美的环境：村庄绿化覆盖率达到44.6%；空气质量一直保持在优良状态；村域内保持着天蓝、水清、地绿、空气清新，呈现出一派生机勃勃的江南水乡生态景象。2010年杨王村被评为上海市级生态村，这是对杨王村在环保方面所做工作的肯定。杨王村，在推进"三个集中"、建设国际农庄道路上，将变得更加美好。

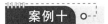

案例十

在城市化进程中发展壮大

——闵行区九星村建设中国市场第一村

长期以来，在我国城乡二元结构体制和现行法律政策制度下，城市化犹如一把双刃剑，一方面，城市化通过城市对农村的辐射延伸，扩大了城市发展空间，使农村在与城市融合中实现了经济社会的转型；另一方面，在城市化过程中，农民被征地、被安置、被补偿，这种被动城市化对农村发展和农民利益带来的负面效应和历史遗留问题，成为影响城市化和现代化的主要因素。

上海市闵行区七宝镇九星村在城市化进程中，主动把握城市化的机遇，坚持不懈走"市场兴村"之路，赢得了发展主动权，维护了农民的根本利益，探索了以主动城市化建立国家、集体、农民共赢机制，走出了一条城市化进程中保障农民利益的成功之路。

（一）坚持改革创新，以"市场兴村"实现三大历史飞跃

九星村位于上海城郊接合部闵行区七宝镇，自1994年至今，九星村人秉承"创新是发展的关键，求实是腾飞的根本"理念，抓住上海改革开放、旧城改造和快速城市化的机遇，依托大交通、大市政、大商贸的发展环境，利用本村原有村队办企业、国企联营企业、集集联营企业、中外合资企业、独资企业（上述企业土地属性均属集体建设用地）；由村集体适时地调整产业结构，创办了九星综合市场，成功探索出一条主动融入城市化潮流，自主发展集体经济维护农民利益的城市化道路，实现了三大历史性飞跃。

1. 从一个贫穷的负债村转变为上海"百强首富村"

九星村原是粮、棉、菜夹种地区，全村共有19个村民小组，1117户，4750多名村民，村域面积1.23平方公里。至1994年底，由于没有打破过去干活"大轰隆"、分配"大锅饭"等旧体制机制的束缚，致使集体经济面临"红灯"高照，陷入严重困境。全村负债1780万元，负债率高达84.8%，劳均年收入不足3000元，退休村民连续23个月领不到退休金，两年半报销不了医药费，经济位于七宝镇倒数第二。村级经济到了"山穷水尽"的境地。

1994年底，九星村的村级经济处于崩溃的临界点，新班子成员挖穷根、析村情、定村位、转观念、理思路、抢机遇、出新招。以主动城市化的理念，掌舵把向，实行"调二、进三"的产业结构大调整，大刀阔斧改革创新。

首先，新班子燃了三把火：一是切断原有村、队办部分企业"名为集体，实为个人"的挂羊头卖狗肉的村企关系。二是改变原国集联营、集集联营，"名为捆绑式经济合作，实为附庸"，跟随在他人后面，村集体经济承担着巨大经营风险的"替罪羊"角色。三是改变"名为引进中外合作，实为为落后淘汰企业提供转移场所"的情况，这些企业不是给农民解困，反而占着土地不产生效益，污染环境，禁锢村级集体经济发展。

其次，走了三步路：一是独创了一条合作形式、租赁性质，独资管理，创新发展村集体经济的新思路。二是探索出一条"以市兴村"的符合本地区经济发展的产业路子。三是实施了滚动式开发，循序渐进，使村级集体经济不断地发展壮大。

最后，做了三大贡献：一是寻找到了一条出路：既适合产业转型，又使当地农民在城市化进程中有了适应本土就业的工作岗位。二是在城市化进程中使农民享受与城市居民同等的公共设施和居住条件。三是为广大农民提供了"一站式"的特大型购物场所。

从创办"三场一路"到建设九星综合市场，经过十七年的努力，九星村创造了连续 17 年高位增长的业绩。统计资料显示，九星村从 2003 年起至今高居上海"百强村"之首。从 1998 年创办九星综合市场至今的十七年间，九星村累计上缴国家税收 24.19 亿元。2014 年，实现净利润 3.6 亿元，净资产 23.17 亿元，劳均收入达 7.69 万元。

2. 从一个落后的农业村转变为"中国市场第一村"

经过十几年的不懈努力，九星村从一个名不见经传的农业村，逐渐打造成为上海最大的综合性一站式商品交易市场，2009 年 1 月被中国商业企业管理协会授予"中国市场第一村"称号。

到目前为止，九星市场成功开设了五金、灯饰、家具、机电、茶叶、钢材、地板、电器、石材、橱柜、墙纸、胶合板、防盗门、不锈钢、菜市场、陶瓷卫浴、酒店用品、电线电缆、装饰玻璃、名贵木材、油漆涂料、文具礼品、消防器材、窗帘布艺、红木家具、PVC 管材、文化收藏品、危险化学品等二十八大类专业商品分市场区。经营面积达到 80 余万平方米，进驻商户 10000 多户，市场外来务工人员 25000 余人，日均客流量超过 50000 人次，年交易总额近 280 亿元。与九星市场相关联的产业上游企业超过万家，相关联的下游批发零售企业超过 5 万家，涉及全国各地的产品供应商和批发零售商。

十七年来，80% 以上的经营户在九星市场积累起了自己的财富，九星市场已培育千万富翁 1000 多个，百万富翁不计其数。九星市场是目前上海最大的综合市场，华东地区最大的村办市场，在上海乃至全国的建材产业链中具有举足轻重的地位。

3. 从一个传统的城郊村转变为城乡一体化的新社区

对于九星人来说，城市化不是被动等待，而是主动适应、主动对接、主动争取。更重要的是观念的转变。九星村两委班子在一手抓发展经济的同时，一手抓社区基础设施和公共事业建设，致力于推进城乡一体化发展。着力做到"三个破除"：一是破除小农经济部落式的生活方式，不建连体式的农民"别墅"，鼓励农民进城购房，融入城市生活方式，与城市居民同质化。全村已有80%的村民因征地、旧宅改造，居住商品房小区。二是破除狭隘封闭的地域观念，做到每个新老九星人都能共享九星发展成果和公共设施。十七年来，九星村依靠自己的资金财力，根据市场发展需要，先后修建了23条总长20多公里的道路、8座桥梁、84座标准化公厕。2008年，九星村又新建了沪郊一流的占地3000多平方米的文化教育活动中心，形成了村办书场、图书馆等一大片文化设施，并做到网络时时上、书场天天听、电影周周放、活动月月有，使生活工作在九星这块土地上的人们安居乐业、幸福和谐。三是破除传统的集体经济管理体制，通过村级经济股份制改革，股权量化，资产明晰，变集体资产共同共有为按份共有，使村民"带股进城"，为全村村民建立了长效的财富积累机制。

九星村的发展，得到了上级政府和领导的关心和支持。先后获得了"全国文明村"、"全国民主法治示范村"、"中国十大名村"、"中国特色村"、"中国十佳小康村"、"中国最具影响力品牌村"、"中国幸福村"、"中国经济十强村"、中国名村影响力排行榜第4名等荣誉。九星控股集团被中华全国总工会授予"全国五一劳动奖章"。九星市场也被国家工商总局授予"全国诚信示范市场"称号，还先后荣获"中国品牌市场"、"中国竞争力百强市场"、全国十大装饰材料交易市场第二名、"全国文明诚信市场"、"AAAA级全国名牌市场"、"改革开放三十周年全国著名品牌市场"、"上海市示范市场"等荣誉。村党委书记吴恩福先后被授予"中国十大杰出村官""中国功勋村官""中国农村改革30周年功勋人物""中国建材家居流通行业终生成就奖""中国乡镇企业30年功勋企业家""全球华人杰出企业家"等荣誉称号；两度被评为"上海市劳动模范"；2010年被评为"全国劳动模范"。

（二）坚持改革创新，产业发展努力实现战略转型

"十二五"时期是上海建设"四个中心"，实现"四个率先"，加快经济社会转型的关键时期，也是上海发展现代服务业的创新时期。上海大虹桥国际商贸中心的建设，为九星村的发展赢得了难得的历史机遇。按照上海现代服务业发展规划和闵行区"十二五"产业功能定位，九星村要倾力打造上海西南地区的现代化商业服务中心，为此，要努力实现产业结构战略转型。初步规划"五个进一步"。

一是进一步做大九星市场规模。九星地块由于受南北 9 号线、12 号线和两个卫星接收站限高的影响，建筑物向上发展空间受到了一定的限制，但是地下空间的利用却是前景无量。目前，106 万平方米的地下空间尚未开发，尤其是土地归属集中，便于整体大面积开发；南北两个地铁口紧靠，可以形成便捷的地下交通。九星的地下空间不仅可以设立宏大的停车场，从而缓解地面的交通压力，还可以布局仓储解决经营户对仓库的迫切需求，更可以开发地下购物商场，形成超大型的地下购物场所，使其商业业态上下呼应，更加繁荣、兴旺。作为一个有着十分广阔发展前景的地区级商业中心，九星市场充分利用地下空间，不仅是集约、节约土地的需要，更是决定商业中心可持续发展的重要战略性的宏观决策。目前九星的产业尚属于一层平面式的布局，容积率低，交通拥挤，经营房的布局和结构都比较零乱，交通布局也不尽合理，这种布局不利于市场的进一步发展。因此，五年内，九星市场将平面式的经营方式逐步向立体式的市场布局方向发展，增加经营面积，解决交通拥堵，聚集更多的人气，改变村产业低层次的面貌，是市场发展的根本出路。通过提高容积率，使市场的经营面积从现有 80 万平方米增加到 160 万平方米。

要进一步扩大市场的功能。要跳出九星，站在服务长三角乃至全国的角度去思考、谋划新九星。要以九星市场为母体，率先在上海东南西北各选择一个点作为九星市场的物流配送基地，扩大市场的辐射面，增加市场商品的销售份额，从而建立九星市场的龙头地位，逐步在全国建立网络式的九星物流配送体系。只有这样，才能提升九星市场的功能，同时，也缓解了市场的交通压力。

二是进一步提升九星市场的经营业态。九星市场将从现在的平面式的铺面经济向立体型的卖场式的展示商场转型，形成地上、地下遥相呼应的商业布局。九星是销地型的市场，商业的成败在人气，人气决定市场的命运。目前，九星市场有80万平方米的经营面积。许多经营商铺利用原来的老厂房、老仓库改建而来，因此，投资成本比较低，市场基础设施建设也是本着简便、实用的原则。资金投入也不大，经营用房基本上是平面布局，建造成本低。可以说，九星最大成功在于没有建造高楼大厦。这可为今后其提升业态节约大量的动迁成本。九星市场宜进行上天入地的立体式经营，在市场经营业态上，要实现五大转变：其一，从传统的商品交易向电子商务远程交易转变；其二，从粗放的摊位式经营向楼宇式商场交易转变；其三，从单纯的商业市场向购物、旅游、休闲、观光等综合性商业服务中心转变；其四，从简单的商场物流向第三方物流转变；其五，从地区性商业中心向国际性商贸城转变。因此，九星市场犹如一块实实在在的"处女"地。现在，九星106万平方米的土地处于九星村级集体经济掌控之下，这对将来统一开发创造了极大的有利条件。目前，可以说，九星市场人气旺，商业价值高，发展潜力巨大，开发的掌控权在自己手中，具备得天独厚的优势，可谓金不换的"处女"宝地。

三是进一步拓展九星市场的经营范围。九星市场要在现有28个商品大类的基础上，经过几年的努力，扩大到40多个商品大类。九星前几年已经引进茶叶、酒店用品、文化用品、艺术玻璃、石才、红木家具、橱柜等，为市场发展提供了更为广阔的需求，从单一的生产资料型市场向单一的生产资料型市场与生活消费品市场相结合延伸。要把销地市场与产地市场结合起来，建立现代市场产业链，拓展市场的经营范围。在未来五年内，九星市场要重点开拓生产性服务市场和国际名牌消费品市场，引进国际商业总部、航母、巨头，扩大商品的交易种类和范围，进一步做大做强九星市场。

四是进一步发展和壮大衍生产业。九星市场的迅速崛起，人流、车流、物流、信息流、资金流的汇聚，为衍生产业的发展提供了广阔的空间。市场的发展，为仓储业、物流业、餐饮业、旅游业、金融业等产业发展，带来了商机，搭建了一个蓬勃发展的产业平台。目前，九星市场已经开拓了财务记账、广告制作、小额贷款、典当服务、物流配送、旅游服务、电子商务、建设工程、口腔门诊等业务，为经营户提供了服务、资金、信息、旅游、广告、物流、工程等产业的需求，促进了市场功能的完善。但是，在会展、餐饮、住宿、娱乐等服务行业上九星市场尚不适应市场功能的需求。现在，九星市场每天来往车辆 2 万多，全年商品成交额达到 250 多亿元。面对如此强大的需求，五年内，九星市场要发展更多的衍生产业，如村镇银行、现代物流业等；发展衍生产业可谓前景广阔，空间无限，它必然为未来九星地区商业中心的形成插上腾飞的翅膀。

五是进一步提高九星市场商品的档次。九星市场正在进入新一轮的发展时期，从原来的本土化市场向中外接轨全覆盖市场过渡，除了商业业态从平面式经济向立体式楼宇经济转型以外，更重要的是商品结构的优化，要不断引进国际著名品牌，提升国际著名品牌和高档次商品的市场份额。发展楼宇经济的关键是培育楼宇商业。九星市场的楼宇商业尚处于试行阶段，碰到的问题和困难还很多，引进和培育适应在楼宇中生存的商业是九星发展战略的一门重大课题，建设楼宇容易，发展楼宇经济难。因此，九星市场要顺应互联网＋的时代大潮，向智能化市场前行，打造升级九星的"4.0 版"，即线上商城 ＋ OTO 智能终端店 ＋ OTO 操作系统，让九星的OTO 交易平台化成为中国建材行业的第一次颠覆性变革，让一个中国最大的建材移动 OTO 超级平台在九星崛起，实现商业＋商务集聚区、生产＋生活商品集散区，线上＋线下交易融合区的九星梦。

（三）坚持改革创新，进一步实现强村富民质的提升

九星村在"以市兴村"的发展实践中，也形成了促进九星发展的基本经验，概括起来说，就是理念上的"三个坚持"、措施上的"四个常"和目标上的"五实现"，即坚持村级集体经济发展不散伙、坚持农村土地集体使用不动摇、坚持农民在主动城市化进程中的主体地位不含糊；常思强村方略、常想富民计策、常办为民实事、常抓民主自治；让村民"人人有工作、人人有保障、人人有股份、人人讲文明"。实现了依靠村级集体经济的发展来摆脱农村困境的目标；实现了依靠村级集体经济的发展带领农民共同致富的目标，尤其是城市化背景下城市边缘群体不被边缘的目标；

实现了依靠村级集体经济的发展促进农民融入城市生活、形成市民化生活方式的目标；实现了依靠村级集体经济的发展来建设和谐社会的目标；实现了依靠村级集体经济的发展来巩固基层政权和促进社会稳定的目标。

1. 依托市场发展，实现"人人有工作"

在就业方面，一是本村农民人人有工作，二是非农（征地农民）人人有工作，三是周边部分村因征地而失业的人员的工作也得到一定程度的解决，四是为大量具有经商理念的外来经商务工人员搭建起了施展才华的舞台。2009 年以延伸产业链的发展，新增加的九个公司提供了更多的就业岗位。九星村依托九星市场的发展，不仅使本村村民充分就业，还为来自全国各地的 25000 多的外来务工人员提供了就业岗位。这些举措使全体九星人体会到在九星市场"人人有工作"的一种踏实感。

2. 依靠集体经济，实现"人人有保障"

九星村始终遵循"强村富民"的发展路径，保证村民共享集体发展成果。全村村民都被纳入社会保障体系，福利支出成倍增长。1998～2014 年村民福利支出累计达到 28003 万元，其中 2014 年福利支出 6826 万元，比1998 年增长近 54 倍。

3. 通过产权改革，实现"人人有股份"

2005 年 10 月，上海九星物流股份有限公司挂牌成立，拉开了集体资产股份制改革的序幕，特点是实行先入股后量化。第一步首先对约 20%的经营性总资产按收益法进行评估（评估价为人民币 8000 万元）；第二步是鼓励村民人人入股，凡原住民都可以按份入股（包括因征地而转居的原住民以及老人和小孩），简称人头股和劳力股；第三步是量化，即将入股的所有资金按农龄进行分配，分配对象为所有具有农龄的成员。对于村干部则设立风险责任股，且实行"在岗入股（现金），离岗退股（不计未分利润）"。2009 年，九星村又将 3.46 亿元村集体资产进行股份制改革，并以股份合作形式，使每个参股的九星人成为实名股东。

4. 创建精神文明，实现"人人讲文明"

九星村一手抓市场建设，发展经济；一手抓创建文明活动，提高村民素质，成立了精神文明建设委员会，每年开展各种形式的文明创建活动，并以创建全国文明村为目标，引导村民及经营户积极参与精神文明建设实践，促使民众自我教育、自我提高和自我完善。2009 年 12 月，九星村成功创建"全国文明村"，2015 年 2 月，全国文明村复审通过，中央文明委继续保留九星村"全国文明村"称号。九星村创办市场十七年来，已获得国家、市、区、镇以及社会各方面颁发的荣誉 1300 多项。

第三节　农村改革案例

案例十一

田野的希望

——松江区家庭农场形成农业经营新体系

2007 年中央一号文件提出要培育现代农业经营主体，上海市松江区开始在全区推行以农民家庭为生产单位、经营规模在 100～150 亩的粮食家庭农场建设。2010 年中农办主任陈锡文来松江区调研家庭农场并给予充分肯定，2013 年中央鼓励发展家庭农场并将此写入中央一号文件，同年 4 月中共上海市委书记韩正在松江区召开市农村工作现场会，要求在全市推广松江区家庭农场发展模式，这是对松江区家庭农场发展的极大鼓励。回顾这 10 年的发展历程，松江区家庭农场在不断探索实践中提高，取得了生产发展、农民增收、生态改善、农业可持续发展的显著成效。

（一）家庭农场产生的背景

1. 工业化城市化初期与农业边缘化现象

农村实行家庭联产承包责任制，极大地调动了农民的积极性，农业生产力水平大幅提高，农民温饱问题得到解决、收入有所增加，但人多地少小康富裕仍难以实现。随着改革开放的深入，松江区工业化、城市化步子不断加快，每年近万亩土地用于非农建设，松江农民就业门路拓宽，农村劳动力大量转移，非农收入远远高于农业收入。同时，物价上涨、粮价偏低（水稻计划内 0.79 元/斤，计划外 0.59 元/斤），而农业税、村提留、公积金、公益金、管理费每亩要分摊到 100 多元，再加上耕作费用、种子、化肥、农药等成本，种田效益十分低下。这在 1998 年第二轮延包时充分反映出来，农民纷纷放弃土地，全县延包土地不到应延包土地的 50%（这也给近年的确权确地留下了后遗症），与第一轮农民都要承包土地的情况截然相反。仍然承包土地的农户也是粗犷经营，有的出租给外来农民，农业生产力水平开始倒退。地方领导将精力倾注在工业发展和城镇建设上，农村基层干部由于经济增长指标考核的压力也纷纷招商引资，农业出现边缘化倾向。当时出现了这样几种情况：一是农民承包土地变相为农民私有，想出租给谁就给谁，只要租金高，不管种什么，村委睁一只眼闭一只眼，表现出无奈。二是农民放弃延包的土地与村机动田，村里也出租给工商业主用于种苗木、草皮、果树等，有的挖鱼塘、虾塘，粮田种植面积减少，基本农田保护受到影响。三是农田荏口不能连片，影响机械耕作与农水排灌。农村不规范种植养殖现象严重，大量外来户圈地搭棚、种瓜、养鸭，有的实行掠夺性经营。对此，松江区从 2003 年起大力清退不规范种养户，探索承包田流转制度，限制苗木鱼塘侵占粮田，逐步把外来户承包的土地收回，积极发展种粮大户、集体农场、农民专业合作社，建立了土地管理平台。在工业化城市化快速发展的同时，农业如何打破小农格局，抓住农业劳力大量转移的机遇，积极推进农业规模化现代化发展，这是迫使当时松江"三农"工作者思考和探索的问题。

2. 从兼业户、种粮大户、集体农场到家庭农场

农村工业化后，农业劳力大量转移到镇、县工业区，白天在工厂，晚上住在农村，早上傍晚或休息时兼种几亩承包田，这是农村工业化初期的普遍现象。在日本，农民收入最高的是兼业农户，农产品价格高，田也种得好，土地私有制、政府有补贴、机械化程度高与农协社会化服务到位，不过近年日本也在减少兼业农户、扩大规模经营。但我国当时由于农民负担重（税、费、以资代劳、公积金、公益金等）、农产品价格低，第一轮承包时兼业农户普遍没有放弃田地，没有流转或转包给外来户，但在第二

轮延包时都纷纷放弃土地，即使不放弃也是广种薄收或是转租。2000 年松江纯农户只占农户的 9.3%，大部分是兼业农户，纯农户也不愿多种田，与兼业农户一样只是经营着自己的承包田，只不过纯农户是自己种田，兼业农户有的自耕，但更多的是转租。

为了改变这种状况，松江积极探索农田向种粮能手集中的规模经营方式，发展种粮大户。当时碰到两个问题：一是机械化水平不高，种田还是靠人力，种粮大户请大量帮工，农民指责村干部帮种粮大户。二是土地问题，种粮大户的田地绝大部分是被农户放弃的田与村机动田，农田很少直接流转给大户，大户要田非常困难，有的农民把流转出去的土地要回来，种粮大户由于土地经营权不稳定等因素，也不敢投入，高产粮田广种薄收、资源浪费。后来松江又探索集体农场。集体农场仍然类似原生产队模式，虽然把田集中起来了，但种田积极性、效率仍是个问题。有个好场长，生产就好，效益就高，若是场长能力不强则成为村里的负担，因为搞不好会亏损。集体农场的优点就是把村民放弃的土地掌握在集体经济组织手里，并能组织当地农民进行生产，但效率问题、专业化问题、种田后继乏人问题都不能从根本上解决。要在工业化、城市化的同时，农业不被边缘化、走向现代化，还要从农业生产方式、土地流转与经营上突破创新。

为了进一步推进土地规模经营，在前几年土地流转与规模经营探索的基础上，2006 年松江区政府制定了《规范土地流转促进规模经营若干意见》。松江从 2004 年开始探索土地流转，到 2006 年底 1 公顷以上规模经营面积已占粮田面积的 75%。

2007 年中央一号文件提出培育现代农业经营主体，松江区委新任主要领导对"三农"工作十分重视，并要求加快现代农业发展，松江农业部门开始注重探索培育现代农业经营主体。但是应该培育什么样的经营主体？兼业户、种粮大户、集体农场都曾经是粮食生产的主体，但生命力都不强。家庭联产承包制是我国农村的基本制度，历史上我国农业生产经营也是以家庭为主的，发达国家的现代农业也是以家庭经营为主体。所以以家庭为经营主体，根据生产力水平、土地资源条件、农村劳力转移程度，扩大生产经营规模，把农户发展成农场，即家庭农场，于是 100～150 亩适度规模的家庭农场在松江产生了。这个规模，既是综合考虑现有农机装备条件下以家庭自耕为主的生产能力，又是分析当时粮价、政策补贴、生产成本、规模效益以及农村劳力非农状况后确定的。100～150 亩规模的土地完全可以由一户人家两个劳动力自己生产经营，在当时稻谷价格每斤不到 1 元、土地租赁费每亩在 600 元的情况下，使家庭农场经营者全年能有 5 万～7.5 万元的净收入，高于当地务工收入，农民是有种粮积极性的，这个规模及规模效益有利于家庭农场经营者队伍的稳定。而且，家庭农场经营者具有多重角色，除了是劳动者，还是投资者，也是管理者，三者的收入理应高于务工收入。

松江区家庭农场发展坚持经营者自耕，即家庭农场经营者必须依靠家庭成员来完成农田的耕、种、管、收等主要农业生产活动，除季节性、临时性聘用短期帮工外，不得常年雇用劳动力从事家庭农场生产经营活动（这个规模也养不起常年雇工），不得将土地转包、转租给第三方经营。这样的设计，主要是为了避免家庭农场规模过大而出现生产靠雇工以及圈地、转包等现象发生，有利于农业生产稳定和农村社会和谐。同时，松江强调要培育新型农业经营主体、培育专业农民，让农民专心致志地搞好农业经营，能够亲自学会驾驶现代农机，提升专业化生产水平，从而让真正从事农业生产的劳动者收入得到提高。

经过 10 年的努力，至 2016 年末，松江家庭农场发展至 966 户，其种粮面积占全区粮田面积的 95%（其余粮田是种子场、集体经营的镇保田等），户均经营面积 143.3 亩；2016 年全区家庭农场水稻平均亩产 585 公斤，亩均净收入 973 元、户均年收入达到 12.2 万元；家庭农场的经营期从开始的一两年到现在 5 年以上，5 年以上的农场占总数近 70%，有 20% 左右优秀年轻经营者的经营权在 10 年以上。在松江，粮食生产从播种到粮食入库全程机械化，松江的农民基本职业化，50 岁以下农民绝大多数会使用各种农机，一支收入体面的现代职业农民队伍已经形成。

（二）家庭农场实践的成效

10 年来，松江家庭农场从起步探索到基本成熟，取得了良好效果，不仅稳定了粮食和生猪生产发展，而且有效地保护了基本农田，改善了农业生态环境，提高了劳动生产率和资源利用率，促进了农业发展方式转变和农民持续增收，同时还培育了一批有经验、有技术、会经营的专业农民。家庭农场模式创新，对松江推进农业现代化、实现"四化"同步具有积极而长远的意义。对农业来说，家庭农场扩大了规模、实行专业化生产，使现代科技和农业机械广泛应用，使农业找到了走出传统农业、走向农业现代化的载体。对农民来说，通过扩大规模经营，提高劳动生产率，增加农民收入，找到了通过提高劳动生产率实现可持续增收的道路。对农村来说，可持续的生态环境也由此得以保护。从农村土地制度看，所有权、承包权、经营权三权分置得到充分体现。从农业后续发展能力看，既保护了耕田又解决了"谁来种地、谁来务农"的问题。同时，松江家庭农场从起步到基本成熟主要表现在以下几个方面。

1. 制度不断完善

一是建立了土地流转制度。以"依法、自愿、有偿"为原则，土地承包户将土地委托村委会统一流转，经公开民主程序，再由村委会统一发包给真正有志于从事农业、有能力从事规模化生产的家庭农场经营，并建立了全区农村土地管理平台，改变了过去土地在农户间随意无序流转的现象，规范了土地流转行为。及时调整土地流转政策和价格，发挥政策杠杆调节作用，将土地流转费由固定的 600 元/亩调整为以 500 斤稻谷实物折价，土地流转费随粮食收购价变动而变化，使流出土地农民和家庭农场之间的利益由市场调节，平衡好土地承包户与家庭农场经营者之间的利益关系。目前，全区农户土地承包经营权流转率达到 99.8%，确保了家庭农场健康稳定发展。

二是健全了民主准入机制。在家庭农场探索发展之初，为发动组织农户发展家庭农场，农户只要符合一些简单条件（当地农民、以家庭为经营单位、会农业生产）即可报名成为家庭农场经营者。之后，随着家庭农场经营收益逐年提高与机械化服务能力不断提高，农民种田的积极性不断高涨，出现了一个家庭农场有几户竞争的现象。对此，松江逐渐形成了一套较为成熟规范的家庭农场民主准入机制，即家庭农场经营者必须是具有相应生产经验和经营能力、主要依靠家庭成员劳动完成主要农业生产活动的本村农户；在农民自愿申报的基础上，通过本村几十个村民代表民主表决，选出家庭农场经营户，既体现民意，又能把土地交给真正想种田、能种好田的农民。这样，既有利于农业生产，又做到公开、公平、公正，而不是将土地发包权掌握在少数村干部手中。这也促进了当地村民遵守村规民约，搞好邻里关系，崇尚公德和礼仪文明。

三是完善了补贴政策。家庭农场发展之初，由于粮价低、成本高、种粮效益差，为鼓励家庭农场发展，区级财政给予家庭农场经营者200元/亩的土地流转费补贴；之后，根据粮价与家庭农场收益情况，逐步减少土地流转费补贴；从2013年起又将补贴全部改为奖励，鼓励家庭农场进行高产竞赛，推广秸秆还田、机直播及一些新农艺、新技术，不断提高家庭农场生产经营水平。

2. 专业化水平不断提高

一是健全了家庭农场配套服务体系。家庭农场发展之初，松江农业服务体系尚不健全，仅有50多家个体农机户、60多家集体农机服务队为家庭农场的收割、耕田等提供简单服务。随着家庭农场发展不断加快，围绕家庭农场的生产需求、围绕人机作业效率提高，松江不断改进完善家庭农场配套服务体系。2008年探索农机服务方式，2009年组建了30家农机合作社服务全区农业，2011年推进"大机互助化、小机家庭化"机农一体模式，到目前建立了涵盖良种繁供、农资配送、烘干收购、农技指导、农业金融和气象信息等内容的专业化服务体系，全区水稻生产实现全程机械化。

二是家庭农场经营者生产能力不断提高。通过组建机农一体家庭农场，加强家庭农场农机操作培训等措施，全区家庭农场从建立之初的农机操作主要依靠农机服务队到现在70%以上的家庭农场都能自主操作生产机械，并且还有一部分家庭农场能结合自身生产需求搞一些农机小改良、小发明，不仅提高了农机利用率，减少用工成本，减轻了劳动强度，还使农业劳动生产率大大提高。目前，松江966户家庭农场中近70%是机农一体、种养结合户，像李春风这样既种田，又养猪，还能开农机的机农一体、种养结合家庭农场已有近百户，他们既会熟练操作耕、种、管、收等全过程的农业机械，还能对机械进行简单日常维护保养，具备了现代农业机械的综合运用能力，专业化生产能力大大提高。

3. 可持续能力不断增强

一是土地生产能力可持续。在落实最严格的耕地保护制度的基础上，一方面不断改良耕作制度，将原本的一年稻麦二熟调整为三三轮作制再逐步改为"深翻—绿肥—水稻"一年一熟，同时坚持秸秆还田、种养结合、减肥减药等生态循环措施，做到用地与养地相结合，有利于土壤质量改善、地力提高，促进农业可持续发展；另一方面通过推行家庭农场模式，加强对家庭农场的培训与宣传，鼓励保护家庭农场长期稳定生产经营，农民保护土地的意识不断增强，珍惜土地、用地养地、注重长期投入的自觉性不断提高。

二是农民收入可持续。松江家庭农场发展 10 年来，家庭农场经营收入从刚开始户均四五万元到现在户均十多万元，亩均净收入从 500 多元持续提高至去年的 900 多元，其中有政策性的因素，更重要的是劳动生产率的提高导致生产成本降低，促进了收入提高，使农民找到了通过提高劳动生产率实现可持续增收的道路，而不是靠政策补贴实现增收。

三是农民职业队伍可持续。家庭农场依靠高度机械化、规模化和社会化服务，大大提高了农业劳动生产率，使经营效益和农民收入大幅提高。松江家庭农场 10 年的实践使农民得到了体面收入，看到了种田的前景和希望，种地热情高涨，许多青壮年农民和一些受过高等教育的年轻人纷纷加入，成为新生代专业农民，如子承父业的李春风、女白领沈万英等，城市化、工业化后谁来务农种田的问题不用担心了。目前，松江家庭农场中年龄在 50 岁以下的占到 37.6%，其中 45 岁以下的占到 25%，子承父业后继有人。这些农二代对土地有感情，又能得到父辈的经验传承，在他们父母从事农业生产时，他们多少有帮忙，因而耳濡目染，并且他们在接受新技术、新机械、应对市场能力方面又胜于父母辈，他们青出于蓝而胜于蓝。

4. "三权分置"得到有效落实

妥善处理好村集体、承包户、家庭农场主及农田之间的关系，也是松江这几年家庭农场实践中认真探索的重大问题。农村土地集体所有、农户承包经营，相关法律与政策把两者关系表述得非常清楚。随着农民就业居住的转移，大部分农民不种田了，但要承包权，这次承包田确权与第二轮延包情况完全相反，而与第一轮承包情况一样，农民纷纷要田。虽然农田通过流转由专业农民规模生产经营（松江农地流转近 100%、粮田 95% 以上由家庭农场经营，其余为种子场、集体农场和小规模专业户），但经营者有哪些权利义务，没有政策规定，更无法律保护。松江从 20 世纪 90 年代就提出土地向种田能手集中的规模经营思路，但规模经营发展并不顺利，其中的一个重要因素就是经营权没有从承包权中明确分置。所以，将土地经营权从承包经营权中分离出来，并把相应权利界定清楚具有十分重要的现实意义，对于农业发展、农民利益保证及农村稳定影响深远。松江在家庭农场发展过程中逐步探索土地三权之间的关系，并在实践中不断完善。

土地所有权属于村集体经济组织，体现在守土有责、保护耕田、优化土地资源配置、决定土地流向。村集体所有权在土地流转中具体表现在：一是方案制定与发布，根据本村实际情况确定家庭农场户数、规模经营者条件。二是根据农户申请，村委会审核并公示，经村委组织老党员、老队长、村民代表对申请者审定并表决，按得票数确定经营者人选，再签订土地流转协议。所有方案制定审核是由村民代表民主商定或表决通过的。三是根据土地流转合同与家庭农场准入要求，村集体收取土地流转费，监督农场经营者，如出现土地转包、损坏耕田、违反农产品安全等情形，终止流转收回土地，行使所有者权利。

土地承包权归农户。具体体现在：一是农户按土地流转出去的面积收取土地流转费，按每亩 500 斤稻谷市场价格，粮食涨价流转费提高、降价流转费下降。二是农户有权申请取得土地流转权，本集体成员优先取得流转权。三是有知情权，对本集体经济组织土地流转情况、流转费村民可到村委土地管理平台上查询，同时部分农户被推荐为村民代表的，可参与所有的决策表决过程。

土地经营权归家庭农场主。具体体现在：经营者必须是本集体经济组织成员才有申请经营流转土地的权利，按照村集体经济组织要求取得土地经营权后，一是按照合同期经营土地，村集体与承包户不得随意收回土地；二是有权取得政府对粮食生产的各种补贴和服务；三是经营好的家庭农场到期之后有优先继续经营的权利，在经营期内子女可继承经营权，也鼓励优秀经营者到退休年龄后子承父业；四是经营者在经营期内根据经营规模及生产需要到本区农村商业银行贷款。

村与村民代表代表着土地所有者对土地进行处置，承包户是集体所有土地的具体拥有者，承包户进城搞第二、三产业或在农村从事他业，把土地流转给村集体，村保证承包户的土地权益，不与土地经营者发生关系，同时承包者有知情权、有参与决策权。

经营者也可安心从事农业生产，不用与所有的土地承包户打交道，土地流入转出、田租交付，价格都由村委统一操作，村也把相关数据与过程公示给广大村民。三者权利义务界定清楚，相互关系理顺后，集体的代表——村委的责任更重，承包户可离土离乡不离利益，经营者与承包者的纠纷没有了，经营者队伍稳定了、素质提高了。

（三）家庭农场的展望与思考

农业生产以家庭为生产单位在我国有几千年历史，家庭农场作为最直接的农业生产主体在欧洲也有200多年历史，家庭农场也是松江要长期坚持的现代农业生产方式。展望谋划松江家庭农场未来发展，不仅要结合松江农村土地资源条件、本地农村劳力转移情况和农业生产力发展水平，也要借鉴世界现代农业发展经验，适应世界农业现代化发展趋势，才能更好地提升松江家庭农场发展质量与水平。因此，下阶段松江家庭农场发展重点如下。

一要不断提高劳动生产率。劳动生产率就是家庭农场的生命力，逐步减少户数、适度扩大规模，这也是世界农业发展的总体趋势。今后 5～10 年，随着本地城市化水平提高、农村劳力进一步转移、部分家庭农场主到龄退休以及农业科技水平发展，家庭农场经营规模还可以进一步扩大。松江区家庭农场完全可以在现有基础上减少一半户数、扩大一半规模，通过提高劳动生产率来增加农民收入与农业市场竞争力。

二要继续提高农民专业化水平。通过开展家庭农场生产经营、农机操作培训与交流、自身学习与自家经验传承，进一步提高家庭农场现代农机操作能力和科学种田素质，提高单位面积产量，提升农产品品质，增加经营效益，促进家庭农场职业队伍素质提升，使经营者成为真正的现代职业农民。

三要继续完善区级政策。在中央、市委市政府的大政方针下，松江区从更加有利于家庭农场健康发展的角度出发，延长经营期，确保经营权，并根据家庭农场发展中出现的新情况、新要求，不断调整完善区级政策，如设立耕地可持续保护政策、地租稳定政策、调整农机补贴政策等，促进家庭农场稳定可持续发展。

农村"第六产业"兴起

——金山区推进农村一二三产业融合发展

近年来，金山区围绕建设都市现代农业总目标，大力发展一二三产业融合的"第六产业"，做大做强"优质稻米、绿色蔬菜、名优瓜果、特种养殖"四大主导产业，着力推进"品牌农业、休闲农业、生态农业"建设，金山区先后获得"全国粮食生产先进县""全国休闲农业与乡村旅游示范县"等称号，金山区农委先后获得"全国农业先进集体""全国社会扶贫先进集体"等荣誉。

（一）初步实践

1. 注重规划引领，夯实"第六产业"发展基础

金山区从 2010 年确定"十二五"规划时就对金山农业发展提出了农业要"接二连三"的发展战略，出台了《关于做亮精致农业，推进农业"接二连三"的实施意见》，在此过程中，金山区总结提炼出"品牌农业、休闲农业、生态农业"的三个农业发展路径。经过五年的努力，金山区在"接二连三"的发展理念上，更深入研究提出了金山发展"第六产业"的战略举措，2015 年 8 月区政府印发了《金山区关于转方式、调结构，大力推动"第六产业"发展的指导意见》，全区各镇都制定了发展"第六产业"的三年行动计划（2016 - 2018 年），全区上下形成了发展"第六产业"的共识与合力。

2. 围绕发展"第六产业"，着力推动农业调结构、转方式

金山区根据市场需求，大力发展特色农业和培育品牌农业，着力推动

获得国家农产品地理标志保护的金山蟠桃、枫泾猪、亭林雪瓜等品牌产品发展；着力打造"一葡二桃三莓四瓜"为核心的农产品品牌，形成特色农业产业带，吕巷镇打造蟠桃、葡萄、蓝莓产业核心区，枫泾镇打造黄桃产业区，廊下镇打造草莓产业核心区，朱泾镇、张堰镇、漕泾镇打造西甜瓜产业核心区，亭林镇打造树莓、雪瓜产业核心区。目前全区种植葡萄、蟠桃、黄桃、蓝莓、树莓等果树面积 3.5 万亩，种植西甜瓜、草莓等面积1.5 万亩，涌现了一批具有较大影响力的农产品品牌和农业品牌企业，如获中国驰名商标"石库门及图"的上海金枫酿酒有限公司；入选上海市著名商标甜瓜、葡萄的上海珠丰甜瓜合作社、上海施泉葡萄合作社；入选上海市名牌产品的上海银龙蔬菜公司、上海珠丰甜瓜专业合作社；"中华老字号"的上海丁义兴食品有限公司等共计 23 家。金山"小皇冠"西瓜、"鑫品美"草莓、"金山岛"大米等品牌农产品深受市民欢迎，多次获得上海市乃至全国的评比金奖。农业调结构、转方式，既实现了农业增效、农民增收，又丰富了市民的"米袋子"、"菜篮子"和"果盘子"。

3. 加强农业与第二产业对接，进一步增加农业的附加值

金山农产品加工业特色显著。一是粮油产业，全区从事粮油加工的区级以上龙头企业有 5 家，主要涉及稻谷碾米、小麦制粉、玉米加工、油料加工、淀粉加工、饲料生产等，如上海融氏企业有限公司以融氏玉米胚芽油为基础业务，重点发展高端营养食用油等健康食品业务，其产品先后被评为上海市名牌、上海著名商标等。上海金杉粮油食品股份有限公司已成为百事食品（中国）有限公司、好丽友食品有限公司、上海味好美食品有限公司等著名休闲食品企业的原料供应商。上海农好饲料有限公司年生产畜禽配合饲料 25 万吨、水产配合饲料 3 万吨，带动 23988 户农户实行畜禽水产养殖。二是生菜及其加工，金山区种植生菜主要有结球生菜和散叶生菜两大类。结球生菜产量 1200 吨，产值 2400 万元，占上海市生产总量的90%；散叶生菜主要配送大型超市、百胜、肯德基、麦当劳及市区大型批发市场。三是畜产品加工，有上海山林食品有限公司、上海双汇大昌有限公司等龙头企业，其中双汇大昌有限公司由河南双汇集团和香港大昌行共同投资建设，总投资 2.4 亿元，每年产值 3 亿元左右。

金山现代农业园区农产品加工区是全国农产品加工示范区，目前已形

成了以中央厨房为特色的系列加工农产品，如上海鑫博海农产品加工有限公司，每天能解决 12 万人次的吃饭问题，形成了年加工生产配送能力 4 万吨，年产值近 4 亿元的规模。

4. 推进农文、农体、农旅结合，进一步延长农业产业链，发挥农业的综合效益

金山区地处江南水乡，农耕文化历史悠久，乡土文化资源丰富，具有丰富的农业旅游资源。习近平任上海市委书记期间，曾指示要把金山建设成为百里果园、百里菜园、百里花园，成为上海的"后花园"。一是大力开展农业旅游集聚区建设。目前全区已经集中打造形成了 4 个年接待能力50 万人次的农业旅游集聚区，即枫泾古镇文化农业休闲旅游区、廊下生态园农业休闲集聚区、吕巷农耕文化万亩水果公园休闲区、山阳金山嘴渔村滨海文化农业休闲区。二是结合农事，举办系列农业节庆活动。金山区每年先后举办草莓节、田野百花节、西甜瓜节、施泉葡萄节、蟠桃节等一系列农业节庆活动，做到"季季有节庆，月月有活动"。2016 年金山田野百花节期间，全区各景区（点）及赏花点共接待游客 73.15 万人次。围绕"田野百花争艳、乡村魅力无限"的百花节活动主题，四个核心赏花区营业收入超过 1300 万元，带动农产品销售 200 余万元，金山"赏花经济"效应初显。农业节庆活动，吸引了大批市区居民到草莓、葡萄等果园进行采摘、品尝农家菜，享受田园风光。2016 年全区农业旅游接待人数 381.2万人次，比上年增长 26.2%。

5. 围绕"互联网 + 农业"，推进传统农业向现代农业转变

一是积极推进本区智能农业应用示范基地建设。金山区水产研发中心、金山区蔬菜研发中心两个智能农业示范基地作为 2015 年"互联网 +农业"上海高峰论坛的现场考察点，受到与会者较高评价。二是推进农产品电子商务。金山区农委与 1 号店、菜管家、苏宁易购等开展战略合作，把金山优质农产品搬上知名电商平台，开设优质农产品金山馆。2015 年全区农产品电商销售 8600 多单，带动合作社基地电商销售 500 多万元。三是探索电视购物销售新模式。金山区农委与上海东方 CJ 电视购物合作销售金山"小皇冠"西瓜、施泉葡萄等金山优质农产品，2015 年 6 月 13 日晚 8点，在半个小时的电视购物时段，共销售金山"小皇冠"西瓜 1860 箱，

销售金额达到 38.68 万元。四是建立上海强丰无人售菜机创新销售模式。金山强丰合作社在全市范围内设立 31 台无人售菜智能终端机，并开设网上超市，用户线上下单预订支付后就近到自动售菜机、新型菜场取货，创新了农产品销售的线上线下互动模式。五是创新农业旅游 APP 销售模式。目前已有 150 家休闲农业企业入驻该平台，范围辐射长三角，涵盖餐饮、住宿、农产品营销。

（二）主要成效

1. 农民增收致富效果显著

从"十二五"时期的农业"接二连三"，到"十三五"时期的"第六产业"，金山都市农业发展跨出了新的一步。在这个过程中，农民真正得到了实惠，如与传统蘑菇种植相比，在金山区廊下镇"联中一号"蘑菇工厂里，蘑菇年产量是传统种植的 20 倍。每到周末，还会有上百名家长和孩子来参观采摘。目前，这座蘑菇工厂亩产值已达 200 万元，甚至高于市郊一些工业企业的土地亩均产出。又如廊下锦江中华村农家乐，依托农民空置房屋，改建成民宿，农民在农家乐区域内开办农家饭店、特色小吃店，在增加店主收入的同时，带动周边农民销售农副产品，制作特色小吃增加收入。那里的农民被称为有"五金"收入的农民。廊下镇整合中华村 13 家农家饭店、小吃店等，成立了农家乐专业合作社，统一由旅游公司管理，全年收入超过 700 万元，带动 65 名村民走上致富道路。再比如金山通过每年举办农业节庆活动，借助农村综合帮扶的资源，把"鑫品美草莓""皇母蟠桃""施泉葡萄""小皇冠西瓜"等金山知名农产品搬到市中心，供市民选购，销售价格比普通农产品增加了一倍多，农民收入得到了有效保障。

2. 新型农业经营主体全面培育

"第六产业"的发展，离不开各类经营主体的大力培育。近年来，金山区通过培育龙头企业、专业大户、专业合作社、家庭农场等经济组织形式，通过"新型职业农民"培育、专业农民培训、农业职业技能培训等，提高"第六产业"从业人员的整体素质。2016 年，全区农民专业合作社1077 家，并从中评选出 12 家市级示范合作社，成立农民合作联社 16 家。

全区农业龙头企业销售收入 36.7 亿元，带动农户发展 8.7 万户。全区发展家庭农场 858 家，其中粮食、粮经型 817 家，水稻种植面积 11.5 万亩，占全区水稻种植面积的 37.7%。作为农业部新型职业农民培育工程示范县，2016 年金山全面推进"新型职业农民"培育工作，全年培育新型职业农民 454 名，对新型职业农民开展继续教育并进行认定，其中 494 名取得上海市新型职业农民证书，大大提升了新型职业农民的整体素质。

3. 综合效益不断提升

一是发挥了农业的宣传功能。区委、区政府高度重视农业发展，通过特色农业的培育和农业品牌的建设，让更多的市民了解金山、宣传金山，既提高金山知名度，又增强了金山在广大市民心目中的美誉度。二是发挥了农业的科普、教育、休闲功能。近年来，金山与上海农科院、浙江农科院、江苏农科院、中国农科院郑州果树研究所、新疆农科院、中国林科院等合作，先后成立了上海市蟠桃研究所、上海市蓝莓研究所、金山区葡萄研发中心、金山区草莓研发中心等 15 个农业科技研发中心，这些研发中心既承担着农业科技研发和科技成果的转化任务，同时也为市民认识农业、参与农业提供了很好的平台。金山正朝着建设"上海后花园"而努力。三是发挥了农业的生态功能。围绕"第六产业"的发展，金山区一方面清理整治不规范种养行为，推进减少农业面源污染，计划 2016～2020 年化肥和化学农药亩均施用量减少 20%；另一方面加强农田林网化等植树造林建设，推进秸秆等农业废弃物的综合利用，积极发展稻鸭共作、稻虾共作、稻蟹共作等多种种养模式，逐步改善生态环境。

（三）以更高标准推进"第六产业"发展

发展"第六产业"是发展都市现代农业的重要载体，也是农村一二三产业发展的融合体。要真正使"第六产业"发展助推农业增效、农民增收、农村发展：一要强化农业规划引导，注重生态产业融合。发展"第六产业"是转变农业发展方式的新理念，依照产业基础、区位特色、优势资源、人文禀赋等，设计本地区第六产业的发展目标和总体任务，做好规划编制，强化规划引导，注重生态产业融合，以规模化、标准化、精品化、电商化、专业化为目标因地制宜发展第六产业。二要强化政策扶持，促进产业融合发展。要在土地、项目、品牌培育、金融贷款、人才引进等方面制定相关政策措施，推动"第六产业"发展。三要强化服务引导，注重体制机制创新。要加快发展农业服务业，加快形成种养、加工和营销的大产业链条。四要强化经营主体培育，提升从业人员素质。构建"集约化、专业化、组织化、社会化"相结合的新型农业经营体系，鼓励家庭农场、农民专业合作社、龙头企业和社会组织共同参与到"第六产业"的发展中来。五要强化技术创新，建设资源节约型、环境友好型农业。六要强化农文旅养相结合，提升农业的休闲功能。要重视农村文化资源挖掘，推进农业与文化、旅游、疗养的融合，拓展农业功能。

创新农村集体产权制度实现形式

——闵行区农村集体产权制度改革实践

随着城市化进程的加快推进，大量农村土地被征用，多数农民转产转业转居，农村面临集体资产处置、产权不明等问题，亟须解决集体经济组织内部利益分配、主体缺位产权虚置等制度性矛盾，亟须解决是否保留和发展壮大集体经济组织、实现农民持续增收问题。实践证明，建立以股份合作制为主要形式、具有独立法人地位的新型农村集体经济组织，是现实农村发展的最佳选择。

（一）闵行农村集体产权制度改革的动因

1. 切实解决集体资产产权不明、主体模糊问题

经过多年发展后，闵行区已经积累相当规模的集体资产。农村集体资产虽然名义上归农民所有，但实际上资产的使用处置权主要集中在少数村干部手中。由于缺乏一套公开透明的运行机制，多数农民对村集体有多少"家底"、怎么经营管理并不清楚，农民群众作为资产所有者地位虚置，造

成许多地方的集体资产经营，实际上变成了一种特殊的"干部经济"。正如一份调研报告反映，有的村一年各种管理费支出达数百万元，而广大农民基本得不到资产经营增值收益；有的村总资产已达几亿元，但农民近10年来的增收幅度仅有200元左右。因此，要从产权制度层面把原来"共同共有、产权虚置"的集体合作体制改为"按份共有"的股份制产权模式，使农民真正共享集体经济和改革发展成果。

2. 完善管理制度建立市场经济体制

多年以来，农村集体经济组织一直沿袭《六十条》的"三级所有、队为基础"的经济体制，无法实行工商登记，是非独立法人，因此无法独立地走向市场，也无法形成理事会、董事会、监事会等现代企业治理结构和管理制度。这导致农村集体经济理论权责不明、管理不严，而主要依靠镇、村、组三级干部管理，集体经济组织成员缺乏知情权、参与权、监督权和表达权。例如，有的街镇政企不分，集体经济成为政府的第二财政；有的街镇将大量社会公益性项目向下摊派，搞"钓鱼"政策，由集体经济组织承担建设配套资金。在集体土地征用、使用过程中，农民缺乏话语权、谈判权；部分集体经济组织的投资、资产租赁处置等缺乏民主决策程序等。因此，需要开展农村产权制度改革，明晰产权关系，实行政资、村资分离，建立科学的集体资产管理体制和运行机制。

3. 健全监督机制，保全和扩大集体资产

目前，农村集体资产由村民委员会代表村民拥有所有权和行使经营管理权，具体的经营决策大多由村干部主要是村党支部书记（其中不少是乡镇委派的事业编制人员）来执行。近年来，尽管采取了村务公开、成立村民理财小组等多种举措，但集体资产监督乏力的问题一直没有从根本上得到解决。同时，现有的集体资产要想实现良性发展，靠传统的单一集体所有的产权制度运行不适应发展需要，必须提高资产的运行效率，实现资源的优化配置。因此，要创新产权制度，完善监督机制，建立既相互制衡监督，又密切配合的管理体制，不断增强集体经济发展和竞争能力。

4. 完善民主决策机制，建设和谐社会

在集体资产的经营管理、交易出让和收益分配中，许多地方是由少数干部说了算，侵占、挥霍、浪费集体资产的现象时有发生，一些投资决策失误导致了集体资产大量流失。由此引发的如资产不实、坏账和不良资产较多、干部多吃多占、上级平调等问题矛盾逐渐增多，这种决策独断、分配随意的管理体制造成集体经济组织成员对管理层和经营者不信任、不满意。矛盾逐步积累，造成干群关系紧张，极易引发农民上访、集体上访量攀升，影响了社会稳定，制约集体经济发展。因此，要推行农村产权制度改革，创新民主决策机制，密切党群干群关系，维护农村社会和谐稳定。

5. 建立发展机制，促进集体经济可持续发展

农村集体经济组织既要承担农民的社会保障、各种福利等支出，又要承担修桥铺路、水电设施维护、公共事业建设等项目的费用，社会管理费用逐年增加。据统计，上海近郊一个村的年可支配收入须在200万元左右，远郊村也要50万~100万元，才能维持村组织的正常运转。以往闵行农村依靠交通便利、开发成本低廉的优势，通过楼宇经济、厂房出租、仓储周转、小工业园区等项目取得经济效益，但随着土地的征用，其不仅发展空间受阻，而且原有的生存基础也逐渐削弱。加之有些干部能力和水平不高，只顾眼前利益，缺乏长远规划，小农意识严重，使集体经济发展长期停滞不前，甚至破产倒闭。而且，在城市化进程中农村虽然实施了征地留用地制度，但土地指标、规划选址远远不能满足农村集体经济发展需要。因此，要建立发展机制，促进集体经济可持续发展。

综上所述，现行的集体经济合作体制已经越来越不适应城市化中经济社会发展的客观要求，迫切需要创新完善体制机制，根除原有的产权不明、主体虚置、决策独断、监管不善、分配随意等制度性问题，开展农村产权制度改革，探索农村集体经济有效实现形式，维护好、实现好和发展好农民权益。

（二）农村集体产权制度改革进程与主要做法

闵行农村集体产权制度改革经历了三个发展阶段。

1. 探索试点阶段（1993~2002年）

1993年，在闵行区各级党委政府关心指导下，虹桥镇的虹光村为了解决撤制村队中集体资产处置问题，率先探索实施了村级股份合作制改革；2000年又继续在虹五村开展村级产权制度改革试点，主要在虹桥等集中城

市化地区针对集体资产处置问题，开展集体经济组织产权改革试点，改革政策也处于探索阶段。2002 年区委二届十四次全会和区第三次党代会正式提出实施村级集体经济组织产权制度改革。区委政策研究室牵头，组织有关部门深入基层调研，走访深圳、济南及江浙等国内先进地区，结合闵行实际情况，开始研究制定有关政策文件，并加强具体的工作指导。

2. 扩大试点阶段（2003~2010 年）

区委、区政府 2003 年出台《关于开展村级集体经济组织产权制度改革工作的意见》，同时制定了《闵行区村级集体经济组织产权制度改革实施规则》。这标志着全区村级集体经济组织产权制度改革进入完善政策扩大试点阶段。随后，区、镇都成立了村级集体经济组织产权制度改革领导小组和工作小组。根据改革实践中出现的新情况、新需求和新问题，区委、区政府重点在七宝镇九星村探索研究了集体经济发展好及资产量大的村改制、是否设置集体股和是否保留干部岗位股等有关问题。在九星村分步改革取得一系列成功经验基础上，为进一步稳妥推进村级集体经济改革工作，区委、区政府分别于 2005 年和 2009 年，相继发布了完善村级集体经济组织产权制度改革工作的相关补充文件。

3. 全面推进阶段（2011~2016 年）

在经过充分调研论证的基础上，2011 年区委、区政府组织召开了全区农村集体经济组织产权制度改革推进大会，并下发了改革指导意见和实施规则，明确提出"采取多种形式，全面推进我区各村、各镇（新虹街道、莘庄工业区）农村集体经济组织产权制度改革，争取 3 年基本完成，5 年全面完成"的改革目标。这标志着闵行农村集体经济组织产权制度改革工作进入全面推进阶段。2010 年底新一轮全国农村改革试验区启动后，闵行区两次被列为"全国农村改革试验区"试点，承担着采取多种形式开展农村产权制度改革试点、赋予农民对集体资产股份权能的试验任务，不断地完善改革和深化改革。到 2016 年底，闵行区共有 137 个村级集体经济组织完成产权制度改革工作，占全区应改革总量 144 个的 95%，有 29 万余成员变成股民，持有集体资产股份 75 亿元。改革组建新集体经济组织 133 个，其中公司制 17 个、社区股份合作社 13 个、村经济合作社 97 个、土地股份合作社 6 个。另外，虹桥镇探索完成了镇级集体资产改革。

闵行区农村产权制度改革的主要做法为以下几种。

一是组建工作班子设计改革方案。根据实际，闵行区组建以村民和基层干部为主体的工作班子。分析研究应改革镇、村的情况，深入村组加强调查研究，梳理改革思路，制定改革方案；加强政策解读，发放通俗易懂的宣传材料，让基层干部群众了解改革精神和政策要求。改革方案经镇、村民代表大会通过后报上级审批。在执行中，闵行区加强监督检查，严肃查处和纠正弄虚作假、侵害集体经济组织及其成员权益等行为。

二是开展集体资产清产核资。对集体所有的各类资产进行全面清产核资，摸清集体家底，健全管理制度，防止资产流失。清产核资以镇、村、村民小组三级的经营性资产为主，以集体建设用地、非经营性资产为辅。对于全部土地被征用并撤村改制的村，将经营性资产和非经营性资产通过评估作价，实行全部资产量化。对于不撤村改制的村，实行经营性资产量化，集体土地和非经营性资产入台账但不量化。经营性资产与集体土地的收益纳入分配。

三是确认农村集体经济组织成员身份。依据有关法律法规，按照尊重历史、兼顾现实、程序规范、群众认可的原则，闵行区将集体经济组织成员资格分为两类：①原始资格，资格主体为1956年将私有财产投入高级合作社的农民和其后出生并户籍在本村的农民。②法定迁入资格，资格主体为因婚姻、收养、政策移民等迁入集体经济组织的自然人。这些成员是集体资产的享有者。此外还有另一类成员，他们曾经是集体经济组织成员，后来由于征地、考学等原因转为工人和市民，他们离开的时候并没有带走集体资产，闵行区对这类成员也通过农龄股的方式让其分享集体资产。通过明确成员资格与股份，集体资产实行由集体经济组织成员按份共有、收益共享。

四是组建新型农村集体经济股份组织。经过产权制度改革，闵行区根据不同的适用范围将集体经济组织改制为三种形式，虽然形式不同，但本质上都是集体经济组织成员的股份合作制。①村经济合作社。对于没有撤销村委会建制、资产主要为农田、二三产业经营性资产较少、不存在资产量化分配的村，实行"村社分离"，成立村经济合作社，负责集体经济运行。新成立的经济合作社向农业行政主管部门登记。②社区股份合作社。

有些村还拥有一些集体建设用地，以及在此基础上形成的经营性或非经营性资产。为保护原村集体经济组织的资产和村民利益，这些村集体经济组织改制为社区股份合作社，农民称之为"撤村不撤社"，社区股份合作社的集体资产仍由原村集体经济组织成员按份共有、共享收益。按照上海市政策，此类社区股份合作社比照农民专业合作社向工商部门登记，取得法人资格。③公司制企业。对于一些集体资产体量较大、实力较强的村，集体经济组织改制后成立了以集体成员为股东的公司。

（三）农村集体产权制度改革在实践中不断创新

1. 拓宽改革思路

（1）由改制向改革推进。闵行由通过资产量化、投资入股、按股分红、设立为工商登记的企业法人的改制，与通过资产量化、明晰产权、由政府发放登记证书的非法人企业改革相结合，就从根本上解决了集体资产"人人有份又人人无份"和集体资产缺乏群众监管的问题。对于资产总量小、资产质量差的村集体经济组织，也可采用改革的模式实施，即进行资产量化，明晰产权，组建由政府发放登记证书的农村经济合作社。

（2）由局部试点向全区推进。实际运行中，改革由以往的集中城市化地区试点向全区所有的镇、街道推进；由单纯的村级集体经济组织产权制度改革向镇级或镇村结合的改革推进；由侧重于净资产1000万元以上且年净资产收益率达10%以上村的改革向全区所有村推进。对一些资产数量较少、资产质量较差或没有发展空间的村进行以明晰产权为主的改革，也就是确定农民各自在集体经济中所占份额，而不再单纯以货币形式量化资产。

（3）由单纯的经营性净资产量化改制向经营性＋资源性资产量化改革推进。农村集体资产包括土地和林权等资源性资产，物业和厂房等经营性资产，行政办公楼和学校等非经营性资产。现实中的农村资产资源，大量以非经营性形态存在着，往往处于没有监管的死角。闵行改革资产的范围不仅涉及经营性资产，而且包括土地等资源性资产，对农业地区尝试组建土地股份合作制改革。

（4）由存量资产改制向存量＋增量资产改革推进。集体经济组织要不断发展壮大，需要源源不断的增量资金或资产。总结闵行区部分镇、村的前期改革经验，农村集体经济组织产权制度改革，不仅要对存量资产进行量化，而且根据集体经济组织的发展需求，农民可出资共同参与产权制度改革，解决集体经济发展中资金不足的矛盾。

（5）由以撤制村改制为主向全方位改革推进。撤制村改制，往往是在"撤村"临界点处置集体资产时的"被动"状态。闵行农村改革要以"主动"姿态迈进，开始走出以往存在的不撤村不好改的认识误区，以明晰产权为改革目的，较好地处置好村队集体资产以及适度保留或发展壮大集体经济，为进城农民多一份生存和发展的保障。

（6）由村级改革向镇村改革联动推进。村级集体经济是解决农村社会问题和实现农民持续增收的物质基础。后期的改革，要突出镇级集体经济与村级集体经济组织改革的联动作用，要突出市、区、镇各级政府在政策、规划、土地利用、金融、项目等方面的多渠道支持，要动员各级政府及社会的方方面面力量对"难点村"、"城中村"、"经济薄弱村"、基本农田和水源保护区域村级集体经济组织予以大力帮扶。

2. 丰富改革内容

（1）扩大资产量化范围。以往的改制主要对经营性净资产量化折股，现在将有明确权属的资产，包括经营性资产、非经营性资产及资源性资产（主要是土地），都列入资产量化范围。

（2）涵盖镇、村二级。目前，闵行区主要以村为对象进行改革，可探索镇级集体资产改革。在完成虹桥镇的镇改基础上，启动七宝镇的镇改工作，同时开始摸清其余乡镇、街道的有关基本情况。

3. 创新改革形式

闵行区实行"因地制宜、分类指导，形式多样、一村一策"的工作方针，实现了"四个多样性"的创新。

（1）组织形式多样性。闵行区在改革中，涌现出社区股份合作社、股份有限公司、有限责任公司、村经济合作社、土地股份合作社等许多不同的组织形式。

（2）入股方式多样性。①按量化的资产全额入股；②按成员资格全额或部分入股；③按农龄分档入股；④存量资产与增量资产合并入股。

（3）资产量化多样性。①全部资产量化；②部分资产量化；③承包土地折股量化。

（4）股权设置多样性。主要有股份制与份额制两种。前者以货币化的股权为主，后者主要以集体资产资金资源的百分比测算。有些集体明确了股份份额但没有折价量化，有些则进行了折价量化，但无论是否折价量化，农民的股份是确定的，都按股分红。

（四）农村集体产权制度改革取得的基本成效

经过 20 多年的改革实践，闵行区基本形成了有利于农村集体经济持续发展的体制机制，基本形成了每个成员公开、公平、公正的利益保障机制，基本形成了促进农民增加财产性收入的长效机制。

1. 制度成效

改革后，一是明晰每个村民在集体经济组织中的产权份额，集体资产由村民共同拥有变为村民按份共有，产权制度发生了根本变化；二是由单一的按劳分配变为按劳分配与按股分红相结合，分配制度发生了根本变化；三是农民群众成为集体经济的投资主体、决策主体和受益主体，治理结构发生了根本变化。例如改革以前，条件好的镇村会经常发些实物或现金福利给农民。但七宝镇号上村村民魏德兴说："作为集体经济产权的主人，农民只有变成股民，把福利变成红利，才是公开公平公正的最好体现，名目繁多的福利，其实质是对股东合法权益的侵犯。"

2. 经济成效

（1）农村集体经济总量增长。通过改革，一方面村集体经济组织建立起现代企业制度，形成与市场经济相适应的运行机制，为村级经济发展创造了良好的体制环境；另一方面，农民在集体经济组织中的资产产权得以明晰，可以更好地行使当家做主的权利，积极性和创造性得到充分调动。据调查，2015 年，30 个公司制改革的净资产由改制时的 19.66 亿元增长到 47.57 亿元，翻了一番多。梅陇镇原华二村 2005 年改制时净资产为 8500 万元，2015 年达到 2.05 亿元；年合同收入也由改制时的 3300 万元增加到 8100 万元。

（2）农民收入水平提高。改革明晰了产权，改变了集体资产看似"人人有份"、实际上"人人无份"的状态，真正做到"资产变股权、农民当股东"，农民开始享有分红，财产性收入持续增加，初步建立起农民长效增收机制。据调查，2015年全区有62家新的村集体经济组织实施了分红，分红总额达到4.4亿元，人均分红3764元。虹桥镇的镇级改革分红2000万元，每个退休农民拿到1000元。

3. 社会成效

（1）农村社会和谐稳定。通过改革，农村集体经济组织建立了"三会四权"的制衡机制，集体资产实行"村财镇管"，把权力关进制度的笼子。涉及农民切身利益的如投资、经营、收益分配等重大事项都由股东代表大会讨论决定，改变了原来由少数干部掌控和随意支配集体资产、监督缺位的状况，有效地遏制因资产处置不公、收益分配不平等问题引发的上访现象，党群矛盾、干群矛盾得到有效化解。据调查，村民入股率由改革初期的70%上升到目前的90%以上（入股率高一分、稳定就多一分）；村民满意度达到95%以上。改革村无一集体上访事件发生。同时，改革也促进社区管理建设，改变了城中村面貌。例如，虹桥镇试行"村居共建"，村党支部书记兼任社区党支部书记，实现村居和谐稳定。

（2）示范引导效应明显。闵行区农村改革工作得到了中农办、农业部、国务院发展研究中心等部门领导的好评，并得到汪洋副总理的肯定。国内多家媒体如《人民日报》《解放日报》《农民日报》等先后介绍了闵行区农村改革工作，在宣传的同时也对改革工作进行了有力地监督。改革示范效应明显，近4年接待区内外交流团队64批、646人次。

（五）闵行区集体产权制度改革的主要经验

1. 党委书记是推进改革的第一负责人

农村集体产权制度改革涉及数以万计的组织成员的切身利益，事关农村未来经济社会发展的大局，区委领导非常重视。2003年，闵行区就成立了农村集体经济组织产权制度改革领导小组；2011年进行了调整完善，组长由原来的区分管领导担任调整为区委书记担任，成员由原来10个部门的副职调整为21个部门的正职，镇、村也建立健全了相应的工作机构。全区自上而下形成了党政主要领导亲自挂帅、各相关职能部门全面参与的改革氛围。实践证明，党委书记亲自推进农村改革，有利于统一思想认识，形成工作合力，整体谋划各项工作。

2. 尊重农民意愿是推进改革的关键

农民群众是集体经济组织的投资主体、经营管理主体和受益主体，是集体资产的主人。推进农村集体经济组织产权制度改革，是对现行农村集体经济制度的重大变革和原有利益格局的重新调整，可能成为历史和现实各种矛盾集中的焦点。因此，在改革中必须充分尊重农民意愿，把改革的决策权不折不扣地交给农民群众。凡是涉及农民群众切身利益的问题，都要严格履行民主程序。确定成员身份、农龄核实、资产处置、股权设置等必须经村集体经济组织成员大会或代表大会讨论通过；对没有现行法律、法规和政策依据的问题，必须提交村民（代表）大会讨论通过后方能实施。尽最大努力做到取信于民、还权于民，赢得广大群众的理解和支持，才能确保改革工作的顺利推进和成功。

3. 让农民真正当家做主是推进改革的目标

农村集体产权制度改革的目标是促进村级集体经济的发展壮大、保障农民的根本利益，通过明晰产权，让农民真正当家做主。因此，农村集体产权制度改革是触及农村根本利益的系统性改革，需要配套"三资"监管等工作，打出组合拳。在 2012 年全面推进农村产权制度改革以前，闵行区绝大部分经营性集体资产相对集中，为强化集体资产的运行和有效监管创造了良好的条件，同时，出台了一系列农村集体"三资"监督管理政策和机制，建立了覆盖资产、资源、资金等农村经济发展重要部分的"三资"监管平台，所有建制村开展了村级财务管理规范化建设，村级公务消费改革实现全覆盖。"三资"六项管理制度、村级重大事项"四议两公开"等举措，深入民心，制止了利益群体的"非分之想"，从而为改革的推进打下了扎实基础。

4. 公开、公正、公平是推进改革的保证

这项改革涉及利益以及利益调整，一定要坚持公开、公正、公平，要在阳光下改革。实行改革的集体经济组织成员要全程参与，过程要公开透明。改制工作要实行全过程公开，接受群众监督。比如农龄核实实行"三榜公布"，资产清查成员全程参与，集体资金、资产和资源全部纳入市区"三资"监管信息平台，村民可通过农民"一点通"触摸屏查询本村经济发展的主要信息。闵行明确实行"一村一策",不搞统一行动,其本质是让农民当家做主,集体资产有哪些有多少农民说了算,集体资产该怎么分怎么兑现农民说了算,折合股份后怎么入股还是农民说了算,成为公开公平公正的最好注解。同时,切实履行集体资产监管体系职能("村财镇管")、认真开展社会审计、强化经营行为风险管控、实行镇级国有资产和集体资产分账管理、全面推进农村集体资产公开招租,也是促进公开、公平、公正的有效举措。

5. 分类指导是推进改革的工作方法

从实践看,由于各镇、村之间差异较大,有撤制村、城中村,也有农业村;有经济强村、也有经济薄弱村;失地农民多,农民利益和农村稳定矛盾突出。因此,不改革不行,"一刀切"也不行,大家要根据各自的情况,因地制宜,分类推进。闵行区的改革:一是先村后镇,村级改革完成了再稳妥推进镇级改革;二是先城市化地区后农业地区,对农业地区一些资产量小、收益低、负资产村要先扶持其发展,为改革创造条件;三是先经营性资产后非经营性资产,比如资源性的承包地,主要通过确权登记颁证以解决,公益性资产进行保全管理,能带来效益的经营性资产优先股权量化;四是股份权能试点,全面推进股份的占有权、收益权试点,有条件地推进股份的有偿退出与继承,审慎推进股份的抵押担保。

6. 规范操作是推进改革的前提

改革必须程序到位、规范操作。每一个环节都必须得到老百姓的认可,绝不能仓促行事或在某些环节上走过场。一般而言,规范的程序有以下几个环节:一是宣传发动并成立相应的改革组织机构,其中必须有村民代表占一定比例,镇集体资产管理部门和人大、纪检成员参加;二是清产核资,镇资产经营管理部门对清产核资结果审核,出具产权界定意见,村民代表会议审议通过;三是每个人的量化份额都应公开并无异议;四是确定合理的经营运作方式等。为确保改革质量,闵行区在政策、考评、监管等方面给予保障,先后出台改革政策7项、配套政策29项进行规范引导,对完成改革的村集体经济组织实施百分制考评,对镇村主要领导实行改革工作政绩考核,建立健全农村集体"三资"监管组织体系和各项管理制度。

案例十四

农民有了财产权

——松江区农村集体产权制度改革纪实

松江区从 2008 年下半年起探索农村集体所有权的实现形式，2009 年在部分镇试点，2011 年起在全区全面推进农村产权制度改革。至 2013 年末，全区 14 个涉农街镇、107 个村通过摸清家底、资产评估、人员界定，明晰了产权，明确了集体经济组织人员的资产份额，并成立了村集体经济合作社、镇集体经济合作联社，这标志着松江区农村产权制度改革取得了既是阶段性又是历史性的成果。

农村集体产权制度改革是对农村生产关系的一次历史性变革，也是农村基本经营制度在新的历史条件下的改革与完善，其政策性强，涉及时间长，面又广，牵涉千家万户的利益。因此，改革一定要既尊重历史，又从实际出发，改革方案要切实可行。究竟怎么改？全国各地虽然已有十几年的农村集体产权制度改革实践，但都停留在村一级，而农村集体经济组织资产应该涉及队、村、社三级。松江通过调研、座谈、咨询，明确了"明晰产权、规范管理、壮大发展、农民得益"的改革目标。首先把从高级社到现在所有集体资产家底摸清并界定后统一评估。其次是把农村集体经济组织成员界定好。这两项工作非常复杂，工作量非常大，又要经得起法律和历史的检验。所以还是走群众路线，基础的、基本的成员资料从群众中来到群众中去，几上几下进行公示、界定。在资产界定、人员界定中碰到特殊情况时，有法律的按法律办，没法律的按法规办，没法规的按文件办，没文件的按案例办，都没有的则通过村民代表大会表决通过，最后成立村集体经济合作社、镇集体经济合作联社。

松江区集体资产产权制度改革与全国其他地方的改革相比，具有两个鲜明的特点：一是改革彻底，把所有集体资产全部评估，并以份额形式全部量化到人，而不仅仅着眼于村级资产改革。因为松江区属于工业化、城市化发展比较快的地区，随着农村土地出租、转让、增值，镇级集体资产大幅增长，是集体资产的主要方面（占80%左右）。二是在给农民分配份额时，以土地份额为主，即在改制时只有还留在这块土地上的集体经济组织成员，才能拥有土地份额（占60%），而不是以单一的农龄来认定份额（占40%）。因为农村集体经济组成的基础是土地，改革开放后集体资产快速增值聚富也是靠土地。原高级社、人民公社集体所有的积累，基本上被当时社员分配（劳动报酬）用完了，所存的是些破旧仓库、水泥场地及过时无用的生产设施，所值无几。而且以土地份额为主的做法有利于保护现在还留守在土地上的农村集体成员利益，这些成员往往是农村弱势群体。再说按过去的惯例，农民户口迁出农村进入城镇后，他们的身份就不再是集体经济组织成员了，所以也没有土地承包的资格。

经过多年改革实践，松江区农村产权制度改革取得了初步成效：一是家底摸清了。队、村、镇集体经济到底有多少资源、资产、资金，通过界定、评估，摸清了家底，并登记在册，有效防止了集体资产流失。二是产权明晰了。把集体资产评估以后折成份额，按土地与农龄6:4全部分配给每个集体经济组织成员并发了社员证。三是成员已分享到改革的成果。各镇集体经济联合体根据每年经济效益都进行了分红，2015年全区共分红2.55亿元，改制后全区已累计分红7.39亿元，体现了农民所有、农民得益，同时也使农民把这份财产牢记在心，使改革不可逆转。四是建立了管理制度。农村集体经济是一种特殊的经济形式，计划经济时有严格的管理制度，人民公社解体后，集体经济还在，但没有一个专门的管理制度。这几年松江区先后出台了《松江区农村集体资产管理暂行办法》《村民委员会与村集体经济合作社分账科目》《关于加大财政转移支付力度、保障村级组织运转的实施意见》《关于进一步加强当前农村集体产权制度改革工作的指导意见》《松江区关于加强街镇农村集体资产监督管理队伍建设的意见》《松江区关于加强农村集体资产规范管理的工作意见》《松江区关于规范村干部工作报酬管理的指导意见》《松江区农村集体经济组织财务管理制度》等，这些制度正在落实中完善。五是摸索到了适合松江区农村集体经济发展的有效形式。松江区工业化、城市化快速发展，为农村土地增值、集体经济发展提供良好的契机。改制后,松江区集体经济发展坚持"只做地主,不做资本家"的原则,主要利用集体建设用地、盘活存量资源、回购部分开发区内的地产,实行二次开发,降低经营上的风险。截至2016年第三季度,全区镇村两级集体资产总额524.31亿元,比2013年底改制基期的328亿元增长近60%,并在松江区经济结构调整、升级转型中发挥了重要作用。

农村集体经济是我国特有的一种经济形式,形成的时间长,资产、成员组成都比较复杂,涉及千家万户的切身利益,关系农村的发展与稳定。松江区敢于破解这个重大难题,并妥善地解决了历史遗留问题(撤村并镇、工业区、度假区、新城区集体成员利益平衡问题,移民、知青利益等问题),极其不易。这主要是区委主要领导对深化农村改革的意志坚定,职能部门制定的改革方案切实可行,使广大农民真正得到了改革所带来的实惠,是他们坚决拥护、积极参与的结果。

诚然,松江区农村集体产权制度改革,从改革总体目标来说只能算是取得了阶段性的成功,即明晰了产权。从规范管理、发展壮大来说还是刚刚起步,所以还有很多问题要探索、突破,从近期来说主要是这几个方面:一是关于集体资产监督管理问题。尽管松江区已制定一些管理办法,但从政府角度来说还是没有一个专门监督机构,也没有集体资产监督法规。从集体经济合作联社内部看,现在管理层、决策层大部分还是地方行政干部,如何建章立法实行有效监督,如何使农民参与做主,使集体经济充满活力实现稳定健康发展,这是改制后首先要面对的问题,需要探索实践。二是关于集体经济发展问题。集体经济发展一般在原集体组织区域范围内,集体经济发展好,最得益的是当地群众。但现在集体经济发展缺乏配套政策,国企、民营中小企业都有扶持政策,唯独集体经济没有扶持政策。一方面集体经济组织在本地区经济转型升级过程中,回购一些土地、厂房进行二次开发,涉及的税收负担重,融资也困难,失去了一些发展壮大的好机会;另一方面工业化城市化的土地级差使集体经济发展不平衡,如松江区浦南地区是农业和黄浦江水资源保护区,靠工业化、城市化发展不动产的机会较少。所以制定鼓励不同地区集体经济发展的扶持政策也是当前使集体经济健康持续发展的关键。三是关于集体经济组织与镇村关系问题。人民公社是政经合一的，人民公社解体以后，镇政府财政从集体经济中独立出来，但镇村经济发展运行仍然政经合一。农村集体产权制度改革后，出现了分账和分类："分账"即镇、村行政及政府行为收支与镇村集体经济组织账户要分开，运作要独立；"分类"即镇政府一些公益服务公司，如环保、物业、保洁等公司，从集体经济组织中分离出来，不能再靠集体经济组织来养活这些公司，应由财政支付。政经分离后，镇村原来很多开支和运作依托集体经济，特别是村干部人员经费、日常运行经费等，如今难以为继，需要上级补贴，有的镇政府财政也不宽裕；同时政经分离后，集体经济运行总不能与改革前一样仍由镇村行政干部包揽，但由谁来决策运行，这些都是要探索的问题。四是关于农民股权的处置问题。农村产权制度改革后，集体财产真正体现了农民所有、农民做主、农民得益。但目前，针对农民如何对自己的财产行使处置权，处置的条件、程序、范围还没有规定。虽然合作社章程规定了农民股权份额可以继承，但不得变现、出售或转让，不得作为其他用途使用。这主要考虑到目前集体资产的潜在价值尚未真正体现出来，农民若轻易转让股权会使其利益受损。同时在集体经济监督管理制度尚未成熟之时，允许股权转让，对农村集体经济长远发展不利，集体资产也易被外来经济组织掌握、侵吞。但从长远看，股权作为农民的一项财产权，农民有权根据自己的意愿进行处置交易，这样才能让农民实现财产处置权，体现农民所有，也符合市场经济规律，有利于企业在市场的长远发展。所以探索农民对集体经济股份有偿退进机制，对交易条件、程序、定价、对象等都是目前迫切要研究并试点的问题。

案例十五

落实农民对集体资产的知情权和监督权
——上海建立农村集体"三资"监管平台

农村集体"三资"（资金、资产、资源）是广大农村集体经济组织成员辛勤劳动积累的成果，是发展农村经济和实现农民共同富裕的物质基础。由农村集体经济组织派生出来的集体资产管理、集体财务管理等问题，是农村工作的一项重要内容，也是社会各界十分关注的一个热点、焦点问题，更是诱发农村干部腐败的一个重要因素。加强农村基层党风廉政建设，必须紧紧抓住这一关键。为进一步规范农村集体"三资"管理，松江区按照市委、市政府总体要求，在本市各级纪检监察部门的支持下，运用"制度＋科技"模式，设计建立了农村集体三资监管平台，进一步加强规范农村集体"三资"管理，有效落实广大农民群众的知情权和监督权，切实维护农村集体经济组织和成员的合法权益，有力维护农村社会和谐稳定。

（一）基本概况

1. 背景

目前，上海农村集体资产已具有相当的规模。本市共有 122 个镇级集体经济组织、1677 个村级集体经济组织，农村集体总资产 5304 亿元，净资产近 1588 亿元。同时随着城市化进程日益加快，作为农村集体资源的土地价值急剧上升。应该说，上海在加强农村"三资"管理方面采取了不少措施，但也存在着不少薄弱点和软肋，少数农村干部违纪违法现象还不同程度存在。鉴于此，上海在完成农村集体资产的清产核资工作的基础上，提出了运用"制度＋科技"建设农村集体"三资"监管平台，也就是通过把"制度＋科技"融入相关的制度设计和执行流程中，优化权力运用模式，使之越来越接近"结构合理、配置科学、程序严密、制约有效"的要求，并使之公开透明阳光运作。

2. "平台"概念

"平台"全称为上海市农村集体"三资"监督管理平台，将加强农村集体"三资"监管制度规定转化为电脑执行程序，以电脑来辅助制度的执行，有效消除制度落实中"合意的执行，不合意的不执行""上有政策，下有对策"等现象。通过严格的分级监督，真正做到将各类农村集体"三资"信息全部进行网上公开、网上运行、网上监管，实现"权力在阳光下运行，资产在改制中增值，资金在网络上监管，资源在市场中配置"。

3. 平台建设与应用

（1）平台功能。上海农村集体"三资"监管平台包括资金管理、资产管理、资源管理、合同管理、报表分析、预警预报、"三资"公开和领导查询等九大模块。

功能分别是：

①资金管理模块，主要包括财务处理、预决算管理、票据管理等。

②资产管理模块，主要包括资产登记（卡片式管理）、资产变动登记、资产折旧及相关账表输出和投资管理等。

③资源管理模块，主要包括集体经营用地、集体建设用地基本情况登记、资源变动登记及账表输出等。

④合同管理模块，主要包括经济合同管理以及工程项目建设合同管理等。

⑤报表分析模块，主要包括财务会计报表、集体资产年报、清产核资报表、收益分配明细报表等。

⑥预警预报模块，主要包括账务处理进度、大额资金使用、合同执行情况、资产处置及自定义预警预报等内容。

⑦"三资"公开模块，主要包括纸质报表公开和触摸屏（一点通）公开等方式。

⑧领导查询模块，主要包括"三资"总量、收支情况、资产的结构及分布、集体经济组织资产处置及产权制度改革等情况以及自定义查询等。

⑨产权制度改革模块。

（2）平台架构。三资平台架构分为市、区、乡镇、村四级，各级功能各有侧重。乡镇一级是农村集体"三资"监管平台的核心，负责六个方面的具体操作管理；市、区两级设置了查询分析功能，可对全市"三资"总量、收支情况、资产结构分布、集体经济组织资产处置以及产权制度改革等情况进行查询监管分析；村级设置了公示功能，农民可利用"农民一点通"查询到本村的资产概况、收入情况、支出情况、集体土地收益、预决算、农龄公示、农村分配、经济合同和政策文件等九个方面的内容。

（3）实施情况。2011年上半年，在上海市纪委的牵头下，市委农办、市农委会同市财政局、市经济信息委员会研究制定了监管平台建设的工作方案，制定下发了工作意见，分别召开了平台建设工作会、推进会、培训会和现场会，对各区明确了工作目标和任务，确定了监管平台建设的目标内容、功能作用、软件开发、政策梳理、数据收集、专题培训、经费保障、监督检查等工作。2012年6月，整个监管平台全面建成。平台建设共分三个层面：一是业务管理系统，分资产管理、资金管理、资源管理、合同管理、报表管理、三资预警等六大功能模块，行政村会计管理从原来的单机操作转变为网上操作，并规范了资产登记格式、统一会计科目、规定了村级财务结算周期，规范了合同管理，将集体资产登记造册，拍照存档，所有财务进、出账实现在平台网络化记账，实时传递。二是查询监管系统，从业务管理系统中抽取资产负债表、预算表、收入支出表等基础报表，重新按主题编排关键指标显示方式。横向显示会计科目，纵向显示行政区域，从宏观到微观、从主要到次要，层层获得详细数据。三是公开系统，选取与农民利益密切相关的九项内容在"农民一点通"上公开，显示方式符合农民操作习惯，让农民"喜欢看、看得懂、懂得全"，落实集体成员对"三资"总量和运行情况的知情权、决策权、监督权。

（二）监管内容

腐败的实质是权力的滥用。运用"制度＋科技"加强农村集体"三资"监管的核心就在于加强监管。通过严格的分级监督，实现"权力在阳光下运行，资产在改制中增值，资金在网络上监管，资源在市场中配置"，全面推进农村基层党风廉政建设，有效消除制度落实中"合意的执行，不合意的不执行""上有政策，下有对策"等现象。

1. 监管原则

运用"制度＋科技"加强农村集体"三资"监管必须坚持五项原则。一是坚持简便易行的原则。在推进过程中，充分考虑农村的实际情况，按简便、实用、有效的原则，既解决突出问题、突出矛盾，又不增加无谓的麻烦，让农村干部群众乐意接受，使复杂的工作具体化，具体的工作程序化。二是坚持维护农民权益的原则。要坚持农村集体资产归全体成员的原则，切实维护农民的合法权益，防止集体资产流失，努力使农民通过改革拥有长期而又稳定的财产性收入。三是坚持民主管理的原则。所有资金、资产、资源的管理严格按照民主决策的程序办事，严禁个人说了算。坚持实行"三重一大"（重大决策、重大事项、重大项目安排和大额度资金使用必须经村民代表大会通过）代表会制度，所有"三重一大"事项决策，必须按规定的民主决策程序进行，确保集体经济组织成员的知情权、参与权、表达权和监督权。四是坚持配套推进的原则。农村"三资"管理工作是一项牵扯面广、比较复杂的工作，在推行过程中，首先从资金监管入手，逐步向资产、资源延伸，认真解决运行过程中出现的每一个细节、每一个问题，建立健全农村基层干部任期目标责任制、农村集体经济审计办法、农村干部离任和任期经济责任审计办法等一系列配套管理制度，使每个环节、每个过程都有章可循，用配套的制度保证工作稳步推进。五是坚持促进经济发展的原则。在加强"三资"管理，使其走上规范化轨道的同时，积极探索农村干部奖惩激励机制，激发村组干部工作的原动力，提高农村干部干事创业的积极性，使他们能干事、想干事、干成事。

2. 监管路径

一是建立"三资"监管平台。为加强对集体"三资"运行情况的管理和监督，及时掌握本市农村集体"三资"管理情况，需要依托现代化信息网络技术，积极探索以"制度＋科技"预防腐败，推进农村集体"三资"管理工作科学化、规范化。二是推进农村集体产权制度改革。探索推进村级集体经济股份合作制改革，将集体资产以股权形式量化到人，并按股进行收益分配。建立"归属明晰、权责明确、利益共享、保护严格、流转顺畅、监管有力"的农村集体经济组织产权制度，将集体资产变"共同共有"为"按份共有"，通过"资产变股权、农民当股东"，使参与改制的农民享有稳定的集体资产分配收益。三是健全相关政策制度。建立健全改革政策体系，为改革工作提供了强有力的政策支撑。

3. 平台创新点

项目建设内容借助现代计算机技术创新建立了监管平台，通过市、区、乡镇、村四级联网，实行农村集体"三资"网络化监管，推进农村产权制度改革，实现"三资"管理及运行情况的实时查询、实时分析、实时监管。目前，全国除安徽、福建部分市有类似探索外，其他地区尚不多见，上海市已在3年前完成全市四级联网模式，居全国前列。

第一，创建市级监管平台：市级监管平台是在区级业务平台基础上形成的一个为集体资产管理部门和领导提供查询分析功能的平台。平台主要对全市"三资"总量、收支情况、资产结构分布、集体经济组织资产处置以及产权制度改革等情况进行查询监管分析。

设计业务数据标准。在原有业务管理模式基础上，重新制定了一系列适合"三资"信息化管理的业务表格式，并进一步明确了数据报送制度，在此基础上，最终形成了监管平台展现的业务数据标准，完成了与区级业务平台实现数据对接的平台接口。

设计开发平台功能。市级监管平台系统主要设置了概况、总资产、总负债、净资产、本年收入、本年支出、情况分析等主要指标栏目的查询分析。通过层层点击，领导用户可以方便地查询到市、区、镇、村四级的集体经济组织的资金、资产、资源、合同等情况。平台提供的文字表格和三维图表等形式，可以形象直观地反映出各类经济指标。

汇总整合平台数据，主要包括组织类和企业类两部分数据。其中组织类（村、队）数据来自上海市资产负债表、上海市收入明细表、上海市支出明细表、上海市收益及收益分配表、上海市收入预决算表、上海市支出预决算表、村民福利分配表、年终收益分配表、资产台账、集体资产资源租赁合同台账、工程建设合同台账、上海市年度村干部工作报酬明细表、上海市集体土地收益、上海市农龄统计基础表、上海市农村集体经济组织产权制度改革情况、上海市撤制村队集体资产处置情况、上海市村集体土地补偿费情况调查表。企业类（村、队）数据来自企业资产负债表、企业利润表。

第二，创建区级业务平台：区级业务平台建设的主要内容包括，对6个已建区级平台的升级改造、原有数据的整合导入；3个未建的区平台的安装部署，以及单位初始设置和软件操作培训。对金山、闵行两个区异构平台进行系统集成和接口开发。开展平台软件培训工作。完成各级软件操作培训超过50期，参训人数超过2800人次；投入培训师资累计超过100人次，培训时间超过90个工作日。根据不同地区的实际情况，通过集中培训、分散培训或现场培训等方式，以及部分地区的二次培训，参训人员在接受培训后，能迅速掌握软件的操作技能，培训效果良好。

第三，创建村级"三资"公开平台："三资"公开平台依托在全市
1600 多个村设置的"农民一点通"优势资源，设置了"三资"公开专栏。
农民通过触点栏目，可方便查询到本村的资金、资产、资源等信息。农村
集体"三资"公开平台设置了十个模块，依次是：资产概况、收入情况、
支出情况、集体土地收益、预决算表、农龄公示、农村分配、经济合同、
产权制度改革以及政策文件。

第四，整合平台网络和数据：针对以上三个不同层次、不同作用的子
平台系统，分别在网络系统、数据交互方面予以整合和控制。

网络系统。建立农村经营综合管理系统所需的网络，在保证各业务实
现和数据安全的前提下，降低成本，并保持可维护性。根据现有政务网络
现状，本系统网络建设将充分利用现有政务外网资源，政务外网内部用户
直接通过政务外网访问系统服务器，部分非政务外网用户（不在镇办公楼
办公的会计服务中心和行政村）通过 VPN 虚拟专用网络访问系统服务器。

数据交互。由于各区存在自己独立的分平台，区级分平台涉及内容为
基础数据的填报和各区自己内部的流程（例如审批等操作）。在市级层面
有一套市级的平台网络节点，应用系统内容涉及领导查询监管等业务操
作。在两个级别的平台之间，两层的应用系统采取数据接口的方式，由各
个区的业务系统按照市级业务系统的接口规范，进行市级所需要数据的传
输，随后通过市级平台进行数据整合和汇总，以此达到各区平时自己管
理，减轻市级服务器压力，市级需要的数据来源由区来提供的这种分布式
模型。

硬件与软件环境。本项目应用系统的数据平台包括业务的服务部署、
数据的管理、数据的存储、数据的备份等内容，属于业务开展最基础的支
撑平台，因此数据平台在系统中具有重要的地位。本系统采取 RAID 模式
来进行数据的实时备份和存储，同时还会利用系统定时对数据进行备份和
异地存储。

（三）推广应用情况

总体看，目前全市已基本实现集体"三资"监管的全覆盖。本市 122
个镇级农村集体经济组织、1677 个村级集体经济组织所有的集体"三资"

和产权制度改革情况全部纳入监管平台进行监管。

1. 监管平台建设的社会效益十分显著

通过建设平台，上海在全国率先探索了一条预防农村腐败的有效途径。通过建立监管平台预警机制，包括对大额资金变动、费用支出和合同等预警，有效预防农村集体"三资"管理中的不规范行为，资产在改制中增值，资金在网络上监管，资源在市场中配置，上海在全国率先探索了一条预防农村腐败的有效途径，起了先行先试、示范带头作用。农业部在上海召开推广应用会议，农业部农经司充分肯定上海的做法。乡镇管理部门、村民通过网上监管平台或农民"一点通"查询和监管村级大额资金使用，招待费、差旅费、会议费等预算执行情况，发现问题及时进行整改。与往年关于农村集体"三资"方面的信访居高不下相比，2013～2016 年三年的信访量大幅下降。市、区监管平台可及时对农村集体资金、资产、资源情况进行动态地查询、监管，通过平台系统对农村集体资产产权制度改革、村级收入分配、村干部报酬等进行监督管理。

2. 监管平台建设的经济效益显著提高

上海通过全面建成农村集体"三资"监管平台，对农村集体资金、资产、资源进行全方位的监督管理，节约了大量管理费用，大大提高了工作效率。集体资产总量不断增加。近年来，本市农村三级集体经济组织总资产比上年同期增长 8%；净资产比上年同期增长 4%～5%。降低了日常管理成本。各类财务数据由原先每季度上报变成实时传递，对经营支出、管理费用、支农支出、公共福利支出、其他非生产性支出科目进行实时监管。实现村级网络化记账后，严格控制非生产性支出，降低管理成本，有力杜绝铺张浪费现象，村级非生产性支出大大降低。

3. 集体资产相关政策制度不断健全

上海起草形成了加强农村"三资"监管、推进农村产权制度改革的"1＋1＋13"政策体系，为强化监管和推进改革工作提供了强有力的政策支撑。上海指导镇级重点建立了民主决策、清产核资、台账管理、财务公开和审计监督五项制度；指导村级在开展财务管理规范化建设时，建立健全了财务开支审批、资金管理、票据管理、收支预决算、财务公开、村干部经济责任、村干部离任等 20 多项财务管理制度。

第四节　农村基层治理案例

· 案例十六 ○·

浦东新区完善村级组织运行经费保障机制

在城乡一体化进程中，浦东新区在全面推进建设用地减量化、深化农村产权制度改革的背景下，通过完善村级组织保障机制和村干部报酬奖励机制，重点扶持经济薄弱村，切实保障了村级组织基本运行经费，对加快推进城乡一体化进程，维护农村社区稳定，提供了重要保障。

（一）组织基本运行经费

1. 保障村级组织基本运行经费的政策

村级组织主要是村党组织、村民委员会以及村集体经济组织。2010 年全国人大常委会修订的村民委员会组织法规定：村民委员会是村民自我管理、自我教育、自我服务的基层群众性自治组织，办理本村的公共事务和公益事业，调解民间纠纷，协助维护社会治安等。村党组织按照党章进行工作，发挥领导核心作用，领导和支持村民委员会行使职权，支持和保障村民开展自治活动等。

长期以来，在农村产权制度改革之前，村级组织的公共管理经费主要来源于村集体经济组织的收入，不足部分由上级财政给予补偿支持。改革开放以来，特别是 21 世纪以来，随着农村城市化和城乡一体化的快速发展，社会主义新农村建设和美丽乡村建设的不断推进，广大农民对城乡公共服务均等化的要求越来越强烈，村级组织公共管理和公共服务的工作面越来越广，任务越来越重，经费支出越来越大。为此，2009 年，中办、国办印发了《〈关于完善村级组织运转经费保障机制　促进村级组织建设的意见〉的通知》（中办发〔2009〕21 号），明确提出了保障村级组织基本运转经费的要求。2010 年中央一号文件强调：建立稳定规范的农村基层组织工作经费保障机制。2010 年修改后的村民委员会组织法明确提出：人民政府对村民委员会协助政府开展工作应当提供必要的条件；人民政府有关部门委托村民委员会开展工作需要经费的，由委托部门承担。村民委员会办理本村公益事业所需的经费，由村民会议通过筹资筹劳解决；经费确有困难的，由地方人民政府给予适当支持。根据中央要求，2010 年，市委办公厅和市政府办公厅印发了《〈关于进一步完善本市村级组织运转经费保障机制促进村级组织建设的实施意见〉的通知》（沪委办发〔2010〕1号），明确了本市村级组织运转经费保障的范围、落实经费保障的责任、合理确定保障经费的标准等。该意见规定，本市村级组织基本公共服务运转经费保障标准一般不低于 30 万～50 万元或按村户籍人口规模不低于人均 300 元。调研数据显示，浦东新区鉴于土地减量化和村经分离的实际情况，2015 年全区 208 个经济薄弱村财政转移支付 3.2 亿元，村均 88 万元。2016 年 7 月，新区农委和财政局印发了《浦东新区关于加强村级组织运行经费保障的指导意见》（浦农委〔2016〕107 号），提出了"基本保障、以镇为主、区镇共担、以奖代补"的村级组织运行经费保障机制。2016 年预计，新区村均基本运转经费达到 208 万元，区财政转移支付覆盖了全区365 个村，村均达到 140 万元。

2. 组织基本运转经费落实情况

根据沪委办发〔2010〕1 号文件规定，本市村级组织运转经费保障范围包括村干部报酬、村办公经费和其他必要支出。村干部报酬是指在任的村"两委"干部的基本报酬和工作业绩奖励（包括社保缴交额），一般按照 3～6 人核定。村办公经费主要包括村办公用品费、水电费、报刊征订费等维持村级组织正常运转所需开支。其他必要支出主要包括：村综合治安管理、卫生防疫、环境保洁等村级社区公共管理和服务支出。意见还指出，对于村组管理人员误工补贴和离任村干部待遇等费用，各区县可根据实际情况确定。农村五保养老经费列入区县、乡镇财政预算专项保障，不再列入村级组织运转经费保障范围。新区浦农委〔2016〕107 号文件规定，村级组织基本运转经费包括公共管理费用、公共服务费用。公共管理费用主要包括村干部工作报酬和办公费、维修费、培训费、差旅费、邮电费、印刷费、宣传费、会议费等办公经费；公共服务费用主要包括党团组织建设、文化教育、医疗卫生、计划生育、义务献血、综合治理、环保服务、扶贫帮困和公益项目等工作支出。

根据以上界定范围，2015 年，新区 365 个村的村级组织总收入 19.23 亿元，总支出 15.31 亿元，其中村级基本经费 8.87 亿元，村均 243 万元。2016 年预计，365 个村基本运行经费 7.58 亿元，其中公共管理费用 3.64 亿元，公共服务费用 3.94 亿元，村均 208 万元。

（二）组织基本运行经费面临的新问题

近年来，新区村级组织基本运行经费呈现以下特点：一是趋于常态化，而且有不断上升的趋势。特别是新农村建设以来，村级公共管理和公共服务的经费支出有增无减。二是地区差别化明显。北部原浦东新区城市化地区的村级组织年基本运行经费平均在 200 万元左右，而南部原南汇区的农业地区村年均在 100 万~150 万，其中主要是村级规模和公共服务的范围有明显差异。三是经费来源也有不同。一般来说，村级集体经济强的村，对村级基本运行经费的支撑力度大，而经济薄弱村，主要靠财政转移支付，随着农村城镇化的不断扩展，新区农村建设用地不断减量化，村级农村集体经济收入逐年减少。同时，随着农村集体产权制度改革的深化，村级集体资产以股份形式量化到农民，村级组织基本运行经费来源全部依靠农村集体经济收入格局被打破，出现了许多新情况新问题。

1. 建设土地减量化明显影响了村级集体经济的收入

浦东新区建设用地减量化工作主要聚焦在集镇和规划调整后工业区外的村级集体建设用地，这样一来，造成村级集体建设用地大幅下降，打破了长期以来一直由村级集体经济组织承担村级公益事业经费的自我平衡，形成了较大的资金缺口。调查显示，实行"五违四必"建设用地减量化后，2014～2015年，仅产业结构调整和土地减量化共减少企业506户，影响村级收入3728.32万元。

随着新区深入推进建设用地减量化，短期内农村集体经济发展失去了长效增收的途径。从收入结构情况来看，新区村级集体自营收入主要来源于集体建设用地厂房等物业出租收入。据统计，2015年浦东新区村级组织自营收入共10.98亿元，其中，建设用地厂房等物业出租收入约8.05亿元，占73.4%；上缴利润等其他收入约1.01亿元，占9.2%；投资收益约0.37亿元，占3.3%；利息收入约1.55亿元，占14.1%。

随着浦东新区村级产业结构调整、集体建设用地减量，到2016年底，已减少村级集体收入1.57亿元，对村级集体经济收入影响巨大。例如合庆镇29个村共减少村级集体租赁收入3890.16万元，其中，产业结构调整减少集体收入299.72万元，建设田地减量化减少3371.72万元，环境综合治理218.72万元。航头镇沈庄村2016年建设田地减量化面积198亩，关闭企业78家，年租赁收入减少228万元。在3～5年内，随着土地减量化的推进，无论城市化地区还是农业地区，村级集体经济收入大幅度下降已经成为必然趋势。按照目前的体制，城镇居民委员会的日常运行经费都由公共财政负担，而村级组织日常运行经费则主要由农村集体经济提供。村级组织造血机制丧失，对村级组织日常运转经费和日常开支将带来很大的困难，直接影响农民利益和农村稳定。

2. 村级组织收支逆向运行加大村级组织的压力

另外，这几年来农村地区公共管理和服务的需求在不断上升，农村居民对公共管理和服务的需求逐步提高，特别是村民福利、环境治理、维护社会治安、农村基础设施建设、公益事业建设等需要村级组织承担的资金越来越多。还有，近年来外来人员的大量流入，引发环境卫生、计划生育、基础配套设施、社会治安等管理需求不断加大，村级组织负担的经费日益增多。据统计，2015年，新区365个村，村均总支出419.67万元，其中日常运转经费村均243万元，占58%。其余为村级公益事业服务费用，如环境治理、保洁保安等支出，占了很大比重，而且呈上升趋势。尽管这几年来上海已经通过公共财政加大了对村级组织的扶持，但保障村级组织正常运行的经费缺口仍旧很大。因此，保障村级组织运行经费已经成为刻不容缓的问题。根据浦东新区调查统计，2015 年村委会基本运行经费大部分来自村级集体经济收益。2015 年村委会基本运转经费村均 243 万元中，新区财政平均每村支持 80 万元，占 33%；村集体经济组织每村支持 163 万元，占 67%。

（三）进一步完善村级组织运行经费保障机制的构想

根据以上情况，浦东新区在调查研究的基础上，按照市委、市政府《关于进一步创新社会治理加强基层建设的意见》（沪委发〔2014〕14 号）和市农委《关于本市开展村民委员会与村级集体经济组织分账管理工作的指导意见》（沪农委〔2014〕70 号）精神，浦东新区根据各乡镇经济社会发展水平和村级组织承担的公共管理和服务任务，对确保村级组织运行经费重新进行了研究，做出了许多新的规定，进行了一些新的探索。

1. 提高认识 完善政策

建立村级组织基本运行经费保障机制是进一步创新社会治理、加强基层建设的重要措施，必须从政治和全局的高度，充分认识完善村级组织基本运行经费保障机制的重要性和紧迫性。同时，对原来的政策进行完善。

（1）公共财政对保障村级组织基本运行经费全覆盖。根据中央和市委、市政府的要求，鉴于村级基本经费具有社会公益性，是城乡公共服务均等化的重要组成部分，因此，新的保障机制从原新区经济薄弱村扩大到全区 365 个村，实行全覆盖。2016 年，浦东新区农委出台了《关于浦东新区村级组织运行费用补贴政策的实施细则》（浦农委〔2016〕196 号），对全区所有行政村（根据区民政局上年度末统计数据确定）的社区公共管理和公共服务基本运行费用予以区级财政补贴。补贴办法：安排村级组织运行费用补贴资金 5.1 亿元，用于村级组织开展社区公共管理和公共服务基本运行。公共管理费用主要包括村干部工作报酬和办公费、维修费、培训费、差旅费、邮电费、印刷费、宣传费、会议费等办公经费；公共服务费用主要包括党团组织建设、文化教育、医疗卫生、计划生育、义务献血、综合治理、环保服务、扶贫帮困和公益项目等工作支出。补贴标准为：补贴资金的 85% 用于对全区村级组织基本补贴。在每个村级组织补贴 50 万元的基础上，再按村域人口、土地面积、队（组）数和上年村集体经济组织自有收入 3∶2∶2∶3 测算补贴。补贴资金的 15% 用于村级组织"一事一议"补贴。

（2）从实际出发实施分类指导。鉴于新区村级经济发展的不平衡性以及村域规模和人口的差异，保障村级组织基本运行经费要综合考虑村域面积、人口等因素，实行差别化政策，对于纯农地区、经济薄弱村给予适当倾斜。蒲农委〔2016〕196 号文件规定，按区政府每年初确定的重点工作和改革创新工作完成情况核定，并向经济相对薄弱镇的纯农地区村倾斜，由区农委、区财政联合审定。

（3）建立逐年递增机制。随着土地减量化的逐步推进，村级组织任务不断增加，新的保障机制对财政转移支付要设置递增机制，以不断弥补缺口，确保村级组织正常运行。

2. 建立保障机制确保可持续性

（1）基本经费，列入预算。前几年，浦东新区对村级组织的基本运行经费主要以"以奖代补"的方式下拨，存在着多条线多部门分散下拨，监管难度大等问题，不利于发挥资金使用效率。新的保障机制拟将"以奖代补"改为"村级组织基本运行经费"专项资金统一纳入区镇两级财政预算体系，作为财政经常性支出，进一步加强区镇两级财政转移支付的力度。

（2）区镇共担，明确责任。对村级组织的基本运转经费，按照区镇共担的原则给予基本保障，合理界定区镇共担标准。要综合考虑建设用地减量化造成的损失、镇村经济情况、土地面积、人口数量以及人均占有公共服务经费数量等，确定更为合理的区镇共担标准。根据各乡镇经济发展水平的实际情况，分类指导，对不同地区的乡镇确定不同的区、镇财政经费负担比例。

3. 搭建平台，发展经济

在输血的同时，加快建立造血机制，创新村级经济发展方式，让失去发展资源的村集体，形成新的发展机制。按照全市减量化"拆三还一"政策，参照其他区的做法，对在完成减量化任务后获得新增建设用地的指标，应留给原村级组织使用，其他任何单位不得侵占。该指标可以由区或镇统筹安排，在异地规划区内，开发建设厂房、仓库、商铺等不动产物业，收益归村。没有条件异地开发的村，可以实行指标转让，转让所得资金作为村集体经济组织新增资金，折股量化到集体经济组织成员，使其享受红利分配。

4. 建立制度，科学管理

（1）建立村级组织基本经费预算申报制度。村级组织每年要编制基本运行经费预算申请报告，报镇政府，统一纳入区镇财政预算。平时按月将财政资金使用情况建立台账，镇将所属各村的财政拨付资金使用情况按季度汇总后报区主管部门备案。

（2）建立财务监督制度。村级组织基本运行经费严格按照相关规定进行使用，镇政府及相关部门要对资金使用情况加强监管，村级基本运行经费也要作为村务监督委员会重点审核内容，对使用不符合有关要求的，坚决予以退回，审核结果要按月在村务公开栏、"村民一点通"上进行公示。

（3）建立村干部绩效评估制度。在实行村级组织基本经费财政托底保障后，要加强对村级组织人员教育管理和履职考核，区委、区政府要责成有关部门依法依规制定村级组织工作评估考核办法，明确村级公共管理、公共服务的考核标准，落实村干部的报酬和社会保障。通过建立村干部新的报酬考核体系，进一步提高村级组织的民主自治和社会治理能力。

案例十七

"村美、人和、民富"的中国特色村

——金山区东方村社区治理之路

一轮旭日，跃出东海，给杭州湾畔的东方村抹上了一层层瑰丽的金光。位于东海之滨的金山区山阳镇东方村，地处金山新城核心区域，全村区域面积3.3平方公里，现有耕地面积977亩，辖9个村民小组，746户，2061人。东方村地处金山新城规划区，随着城市化进程加快，全村75%的农户动迁，城镇化率达到99%。几年来，东方村先后被评为上海市村务公开民主管理示范村、上海市卫生村、上海市民主法治村、上海市平安小区、上海市"五好"基层党组织。自 2001 年起金山区连续 13 年创建上海市文明村，2012 年被评为中国特色村。2015 年 2 月被评为"全国文明村"。

（一）融合家园美

近年来，东方村因地制宜、综合规划，丰富内涵，提升品位，新农村建设取得了显著成果，用一份"村美、人和、民富"的答卷诠释出美丽乡村建设的丰富内涵。

村容环境整洁美。走进东方村，一幢幢漂亮的高楼呈现在眼前，小区内绿树成荫、道路整洁。穿过现代住宅区一片绿色映入你的眼帘，在大片水稻田的那头，精致的农村小洋房错落有致，一条条白色水泥路连接着村落和社区，让城市多了份宁静，乡村多了份繁华。村容整洁是新农村建设的重要内容之一，东方村结合区、镇的工作要求，着重落实村容整洁工作方案，成立领导小组，由村两委班子成员具体负责村容整洁工作，精心挑选工作认真、吃苦耐劳、有事业心的 20 名同志负责保洁工作。同时还组织村民组长、党小组长、信息员三支队伍对农村环境设施、卫生死角等进行日常巡防和检查，如发现问题立即向村委会上报，村委会则组织人员对其整改。在每月的 15 日，村干部都会来到村里宅基地开展卫生清洁工作，确保村民宅前屋后干净整洁。村里还进行了一系列卫生设施改造，出资建造 7 座公厕，2 间垃圾房，为每户村民配备一只垃圾保洁桶，做到小桶翻大桶，垃圾不落地，村容村貌整洁悦目。

经济增收生活美。时间追溯到 20 世纪六七十年代，东方村刚刚从单一的农耕生活转变到成立村办企业，开始了工农结合的生产方式，一路摸索一路成长。到了 21 世纪初，村办企业逐步转制，城市建设步伐加快，面对可利用资源日益减少，东方村积极探寻村级经济新的增长点，合理运用金融杠杆，探索投资增值，如向振村公司入股 100 万元；向市慈善基金会投资 150 万元，获得定期收益。东方村又适时购买了工业区一栋 3500 平方米闲置厂房，对外进行招租，为村里带来了年近 50 万元的租赁收入。此外，东方村还购买了多处中心商铺，组建了上海思清物业管理有限公司，在帮助失地农民获得就业的同时，也为村级经济发展开辟了一条新路子。同时，村招商引资工作在强调"量"的情况下更加把握"质"，不仅配备了专业的招商工作人员，还利用好网络、村内企业等优势资源，扩大招商引资渠道，加大工作力度。截至2014年底，已有185家企业落户东方村。在土地被大量征收的情况下，东方村不忘借地生金，使用好新城区征而未用的闲置土地，使其最大限度地产生经济效益，将240亩闲置土地进行整理，聘请村民代表组建成立"永贤果蔬合作社"，实施杭白菊、水稻、蔬菜等种植，并获成功。

栽好梧桐树，引得凤凰来。2014年，全村完成税收1841.85万元，实现村级可支配收入681万元，农民人均可支配收入20200元，综合经济实力在全区名列前茅。2014年，东方村成立了村级经济合作社，进一步保障了村集体经济组织成员的权利。

幸福家园生活美。迎着晨曦，三三两两的老人走进村老年活动中心，端着茶杯读报、看电影、嘎讪胡。伴着日落，村里的姑娘、阿姨们早早地来到小区广场，旋转起优美的舞姿；村文体中心的排练室里时不时地传出优美的民乐声和动听的歌声。近年来，东方村不断满足广大农民群众"求乐、求健康"的需求，扩建文体场所，打造健康路，丰富群众文化活动内容，形成了积极、健康向上的村域文化氛围。村民们告别了日出而作、日落而息的农耕生活，过上了悠闲惬意的新农村生活。

现如今，全村处处彰显着城市开发带来的喜人变化。一个经济富足、生活幸福的社会主义新农村初步形成，村民们正沐浴在温煦的阳光里，快乐地生活着，用他们那欢快的笑容诠释着美好的生活。

（二）民主管理和谐美

近年来，东方村围绕"村务民晓，村事民决，村财民理，村绩民评"的基本内涵，积极探索基层民主、村民自治的方法和途径，逐步形成民主管理、民主决策和民主监督的管理特色，进一步推动了村级经济、美丽乡村、民生事业和党的建设全面发展，不断提升社会主义新农村建设综合水平。

一是村里的家，村民来当。东方村地处城乡接合部，经济发展快，如何让村里的集体资产保值增值，村党总支感到，众人拾柴火焰高，群众的智慧能胜天，村里的"家"，只有让村民共同来"当"，才能最大限度地减少决策失误，也才能避免少数干部在管理经济中的暗箱操作。

在党总支部、村委会工作实践中，东方村探索建立了"四议两公开一表决"工作法，充分发挥党总支和村委会的作用，村级重大事项决策、重要项目安排、大额资金使用以及相关民生事项，必须经过"两委会提议、党员议事会商议、党员大会审议、村民代表大会决议、涉及事项所在村民小组户代表表决，决议内容和实施结果公开"。

这"四议两公开一表决"，真正让村民当了"家"、做了"主"。比如2013年3月，由于村的办公场所比较陈旧，卫生设施等需要改造，因此，村委会提议内外墙也粉刷一次，580多平方米房屋修缮费在20万元左右，这一涉及村的重大开支，必须走"四议两公开一表决"程序，结果在党员议事会上该提议就未获通过，原因是村部已经签订动迁协议，外墙和村干部办公室能省则省，但四个厕所和涉及群众办事场所可做适当修缮。这民主监督管住了集体的钱袋子。现在村部简单修缮已经结束，厕所和村公共办事场所焕然一新，村干部办公的地方还是老样子，而整个修缮费用却节约了十多万元。

二是村里的事，村民来管。东方村在发展面临新机遇、村民得到实惠的同时，动迁安置、集体资产管理分配等方面的矛盾比较突出。村干部认为，许多问题都是因为沟通不畅造成的，光凭村里几位干部毕竟力量有限，必须发挥好广大党员的桥梁纽带作用。针对部分党员群众有意见"不愿提""不会提""不敢提"的现象，建立了"民情沟通日"制度。每月的第一个星期六，村"两委"班子召集党员和村民在茶馆"摆龙门阵"，面对面商议村级发展良策、倾听群众意见，变灌输式的工作通报为沟通式的商量征询，在宽松的环境中，党员和村民畅所欲言。白色道路户户通是一件利民惠民的实事，也是"民情沟通日"上大家热议的一个话题。八组党员吴永权从该组实际出发，提出了筑桥改道、优化线路的方案，被村里采纳，不仅节约了近万元的费用，更大大方便了村民的出行。

一件涉及征地补偿的事，又考验着东方村干部的管理智慧和能力。二组有一位村民在2005年征地时已获得补偿，次年城区道路建设又涉及其已征用的土地，他又一次提出要补偿，为此上访不断。在民情沟通会上，村干部把这一案例提出来让群众议论，还提出让他在民情沟通会上说说自己的理由，这位村民自知理亏没有到场，就此也不再提二次补偿的事。

近年来东方村通过"民情沟通日",解决村民们的大小诉求数百件,真正做到了"上情下达,下情上传"。现在的民情沟通日也由原来的每年一次改成了每月一次,村民们可以随时随地说说村里事。

三是村里的干部,村民来评。党员干部工作好不好,老百姓心中有杆秤;党员干部要敢于向村民做出承诺,还要敢于接受村民的评议并将评议结果进行公开,才能赢得村民的信任。于是,东方村建立了"两承诺、两公开、两评议"工作法,就是每年初村党总支各成员以身作则,向党员和村民做出承诺;党员向党组织和村民做出承诺;年中和年末村干部和党员对做出的承诺由党员和村民做出评议,评议结果通过公开栏进行公示。这一民主监督举措进一步把村干部的权力关进了"笼子"。

党员在承诺中掂量出了责任。"管好自家人和身边的人,争取不闹矛盾,尽量多做好事",这是党员吴志余的朴实承诺。老吴是这样说的,也是这样做的。村里为七组修建宅前道路,有几户村民要求对原路基给予补偿,老吴挨家挨户上门说服村民理解支持村里工作;修路时压路机压坏了路边的排水管,老吴又自己掏钱购买了水管,顶着烈日进行了更新填埋。"多关心村里事,多关心困难人群",这是党员陈亚宝的追求。作为一名退休在家的无职党员,陈亚宝几年如一日地充当起了村里的义务"文明巡防员",帮助调解邻里纠纷,及时制止秸秆、垃圾焚烧等。

干部在承诺中找到了价值。在春节前贫困户慰问的时候,村书记得知独居老人朱银龙家中的抽水马桶不好使,马上和村里的水电工老葛找到症结所在,并自己掏钱为老人买了修理用的配件帮忙修理,抽水马桶很快正常运转起来了,朱银龙老人感动得不知说什么好。

还有一次在征地中,村委负责农业的同志的亲弟弟有 3 亩土地被征用,田里的青苗费补偿费在"两委会"上"过堂"时,那位负责同志主动提出,这几亩土地青苗费补偿标准过高了,应该降低;其他同志对此也有同感,当即审定减去 1 万多元。

在此基础上,东方村制定了村干部述职评议制度,每年的年中和年底村干部向党员和村民代表进行述职述廉,接受评议,2013 年又由此衍生"百姓评官"活动,"两委"班子成员将"考场"搬到了"民情沟通日"现场,主动接受村民的"半年考",把成绩讲给村民听,把不足和问题也摆到台面上讲，村里的事让老百姓知晓，工作成效让老百姓直接评议，民主氛围浓厚。村民对村"两委"的工作和村干部的满意率达到95%以上。

四是村里的制度，村民来定。随着农民"市民化"进程不断加快，农民各种意识不断增强。村"两委"班子成员通过收集民生民意，根据不断出现的新情况和新问题，不断细化民主管理工作，制定出各种规章制度，目前共制定了66项制度（财务26项），如落实民主理财制度等。2009年东方村经过村民代表大会推选，5位村民组成了民主理财小组，负责对财务管理的审核和监督。每月6日为理财小组工作日，该小组对村委会执行村民代表大会的决议以及村重大项目投资、土地征使用、资产租赁、财务收支情况等进行审核。理财小组在审核过程中，严格把关，坚持"五不入账"，即没有经手人、证明人、审批人签字的不入账；未经理财小组审核的不入账；大额开支未经村民代表会议讨论决定的不入账；违反审批权限和开支规定的不入账；未经镇经管所审核的不入账。理财小组每年两次向村民代表大会报告民主理财情况，每月理财结果及时在"墙上"（公开栏）和"网上"公开，随时接受村民监督。

又如制定困难补助审核公示制度。为了规范困难补助工作，村领导班子在充分调查研究的基础上，制订了困难补助"三原则"和"五环节"。"三原则"就是大困难多补，小困难小补，不困难不补。"五环节"就是推荐、初核、审核、公示、补助。实行困难补助审核公示制度以来，东方村杜绝了极少数村民夸大困难要求补助的现象，改变了过去"凡申请就补助"的操作办法，一些确实困难但未提出申请的家庭也因有了这项制度而拿到了困难补助。

在党的群众路线教育实践活动开展的过程中，村干部即知即改，认真贯彻党的十八大四中全会精神，又制定完善了《东方村工作奖惩制度》《东方村岗位责任制度》《东方村办公室管理制度》《"365"走访制度》《"5+2"工作责任制》5项具体制度，有了一套行之有效的制度，才能治愈顽症痼疾；牢固树立规矩意识，自觉按制度办事，才能取信于民。

（三）村风文明精神美

一是完善文化设施，文艺队伍逐渐壮大。近年来，东方村在发展经济的同时，努力打造精神文明软实力，深化理想信念教育，丰富群众文化生活，弘扬社会新风正气，共同打造美丽家园。2006年7月正式启用了老年活动中心，2007年3月，建成了区里首家村级文体活动中心。该活动中心占地7200平方米，开设了乒乓室、棋牌室、阅览室、音乐室等场所。同年9月，村里扩建了篮球场和露天舞台。同时，村里出资添置了音乐器材、扩音设备、多媒体显示仪、图书架、书籍等，安装了数字电影。村级文体中心的建成，不但受到了村民的热情欢迎，也为山阳的文化建设闯出了一条新路，受到国家文化部，市、区文化、宣传等部门的重视，市、区领导多次前来观摩指导。在硬件设施齐全的情况下，东方村着力建设群众文娱队伍。在民乐爱好者的提议下，东方村成立了村民乐队，乐队刚成立时，只有七八名队员，仅仅几个月，就发展到33名，大部分是村内退休人员，他们除了每个礼拜天定期排练外，还经常下茶馆为老年朋友演出。2009年，在村文艺骨干的组织下，村委会又成立了"星期四乐队"，固定成员12名，主要是挖掘历史文化和排演反映东方村改革开放的成果的节目，根据时代特征和需求，排演较高质量的文艺节目，进行对外宣传，提升东方村的整体形象。几支民乐队各展所长，对村级精神文明建设起着举足轻重的作用。"一花引来万花开"，除了民乐队，东方村还相继成立了腰鼓队、表演唱队、老年健身操队、舞剑队、舞蹈队等十多支群众文娱队伍。

二是开展多彩活动，村民生活乐陶陶。"不仅要让老百姓吃好、穿好、住好得也要让他们玩好"。在村干部的参与和带领下，东方村文化工作开展得红红火火。从2007年起，村委会组织文艺骨干和村民自编自导自演，每年夏季在露天舞台上开展一次演出活动，村干部和村民共同联欢纳凉。每年发动故事爱好者参与新故事创作，鼓励摄影爱好者参与作品比赛，组织学生参加暑期读书活动，组建队伍参加镇里的龙舟比赛，其中两次获得四等奖。东方村还关注弱势群体的文体活动，邀请老师为他们编排节目，登上村居一台戏的舞台和村民同乐，每年举行残疾人小型运动会。2013年4月，东方村"众达杯"运动会在结对单位的赞助下隆重举行，村6家结对单位、两家注册企业代表和东方村9个村民小组的268名运动员齐聚一堂，共同进行了12项运动项目的角逐。运动会的举行为全面推动全民健身运动开创了新局面。

丰富的文体活动，结出了累累硕果。2007 年，自编自演的表演唱三句半《农村大变样》，应邀参加区"百万家庭礼仪行"的表演，获得优胜奖。2008 年更是东方村文体活动创作高峰，说唱《四德教育树新风》、表演《幸福生活乐陶陶》受到了百姓和镇有关部门的好评。由东方村民乐队周卫星老师创作的《乡村情》一炮打响，其曲调被多个乐队改编使用，并代表区、镇老年团体参加上海电视台《精彩老朋友》节目的录制。2009 年，根据村民田里劳作的情节编演了老年健身操《劳动最光荣》、根据动迁后老年人的生活编排了表演唱《乡下阿婆老来俏》等节目，将新农村老年人的生活推上了大舞台，形成了一道亮丽的风景线。2012～2014 年青年舞蹈队编排的爵士舞在舞蹈比赛中连续三年进入前三甲，民乐队创造的《家长里短》在江南丝竹比赛中获得铜奖，2014 年又根据其曲目进行了表演唱编排，取得了第一名的好成绩。

三是打造精神家园，文明新风传百家。本着精神文明建设就是建设人的要求，要抓好农村精神文明建设，就要不断地满足广大农民群众"求知"需求。从 2007 年起，东方村逐步成立了老年学校、社区学校，建成远程教育站点、农家书屋等学习点。目前，农家书屋共藏书一千五百多册，涉及 26 大类，社区学校、老年学校三年来授课、培训近百次，村民每年通过远程教育站点学习 40 多次，涉及卫生保健、政策法规、政治文化、道德教育、信息科技等知识。东方村的远程教育站点和社区学习点都成功创建成了金山区的示范教育点。2014 年，东方村和金山区人民法院签署了"和美东方——乡村法治学堂"共建项目，为村民们设置了婚姻法、老年人权益保障、房屋租赁等相关课程。同年 3 月，又启动了"和美东方"村民素质教育活动，每月一期，全村除 60 周岁以上老年人参加老年班培训外，18～60 周岁村民均需参加一期教育培训，实现素质教育全覆盖。通过这一全民素质教育，东方村倡导广大村民自觉遵守社会主义基本道德规范。

弘扬社会主义新风尚，是东方村进一步推动精神文明建设深入开展的主要内容。2012 年 12 月中旬的动员会，拉开了"和美东方"的评选活动序幕，经过宣传发动、组织推荐、审核评选、张榜公示，直至 5 月 1 日的表彰大会，共产生了"美丽村民""邻里和谐""婆媳和谐""优美整洁"

"孝亲敬老""和美家庭"六个奖项、19户先进家庭及个人。2014年，东方村又对评选出的"十佳好媳妇"进行了表彰。两个推荐评选过程公开透明，严格按照"四议两公开一表决"工作程序，评选出的家庭及个人具有非常高的公信力和美誉度。同时，东方村还利用《和美东方》村报和《山阳》社区报等平台宣传他们的先进事迹，在全村乃至全镇掀起倡导真善美的热潮。

四是关爱弱势群体，百姓日子倍温馨。每年敬老月和春节期间，村"两委"班子都会对村里的困难老人、独居老人、因病致困老人等进行走访慰问，为全村每一位老年人发放节日慰问品，"老伙伴""心语"小分队的队员及大学生志愿者们定期探访关怀独居老人和困难老人。仅2014年，东方村为全村的628位老人，发放慰问金、慰问品及各类补助资助，共计25.5万元。多年来，东方村把关注弱势群体作为帮困工作的重点，今年共慰问125名困难党员和困难群众，送去慰问金、慰问物品共计十多万元。为大病患者申请到民政补助22.7万元。同时依托共建载体，东方村积极组织开展了各种关爱弱势群体、做优惠民工程等共建活动。比如结对助学方面，共建单位除了逢年过节为结对学生送去慰问品和慰问金外，每个学期开学前，还会赠送书籍等一些学习必备用品，鼓励孩子们克服困难，认真学习，积极创造自己的美好未来。

五是关注未来人才，东方村发展后劲足。东方村把未来人才的培育作为精神文明建设的一项重要内容，积极营造未成年人健康成长的良好环境。每年暑假，村里的各项活动设施为学生定期开放，并组织中小学生开展各类活动，如观看党建90周年图片展和科技电影，参加沪语及普通话比赛，开展小小志愿者活动等。对于大学生，村每年进行统计并组织开展志愿活动、读书活动、文体活动等，让他们更好地融入新农村建设中来。为了鼓励在校大学生更加出色地完成学业，更好地了解家乡的发展，2013年初东方村还启动了"莘莘学子"奖学金计划，通过选拔，有11名学生获得了此项荣誉。

"社会和谐年年福，家园美好日日春"。村美人和的东方村明天将更加美好！

案例十八

农村老年人快乐养老的幸福驿站

——奉贤区积极推进宅基睦邻"四堂间"建设

伴随着人口老龄化的迅速发展，劳动力转移步伐加快，农村"空巢"老年人不断增多。奉贤区根据上海市构建"9073"养老服务格局的要求，在做实机构养老、社区日托、居家服务的基础上，为进一步满足社区居家老年人养老服务的需求，探索农村养老服务新模式，结合区域农村实际，自2014年起，积极推进农村宅基睦邻"四堂间"建设工作。

（一）出台指导意见，积极探索农村养老新模式

2015年12月，奉贤区出台《创建农村宅基睦邻"四堂间"指导意见》，明确了创建目的、组织形式、运行模式、创建标准、创建任务和创建要求。

（1）创建目的。进一步弘扬奉贤"孝贤文化"，传承好家训、好家风，提高农村老年人的生活质量，满足农村老年人养老"不离乡土，不离乡邻，不离乡音，不离乡愁"的"不离家"情结，创建"四堂间"，使其真正成为老年人"吃饭的饭堂，学习的学堂，聊天的客堂，议事的厅堂"。

（2）组织形式。"四堂间"是居家养老的一种新的载体，是利用农村老年人的住宅，通过一定的设施改造，以老年人自愿、互助的形式，自我管理、自我发展、自我约束、相互帮助，为本宅基的（或所在的村民小组）老年人，提供助餐、文化娱乐、精神慰藉等居家服务。

（3）运行模式。"四堂间"采用老年人自愿、子女同意的原则，由村委会与老年人及其子女签订自愿参与服务协议。参与"四堂间"服务的餐费原则上由参与者（老年人）个人或家庭自负，村委根据本村实际情况，承担部分"四堂间"日常运行费用（如水电费等）。鼓励社会参与，倡导为老服务是全社会的责任，引导有爱心的企业或组织，以不同的形式，参

与"四堂间"的创建或管理。按要求符合创建标准的，每创设一个点，由区民政局、区老年基金会、爱心企业各出资1万元，一次性给予创建点补贴3万元。同时，对运行正常的"四堂间"，根据其规模和社会效果，委托第三方社会组织予以综合评估，根据评估情况，对每个创建点，由区、镇、爱心企业各出资5000元，通过"以奖代补"的方式进行奖励。

（4）创建标准。"四堂间"建筑面积在60～100平方米，有厨房、客堂、餐间、卫生间等，有一定的室外活动场所。原则上，每个点参加的老年人不少于12人，每个点的服务半径原则上不超过2个村民小组。

（5）创建任务。"十三五"期间每年计划创建不少于20家，到"十三五"期末，"四堂间"在全区农村（以行政村为单位）做到全覆盖。

（二）"四堂间"主要特色

农村宅基睦邻"四堂间"的建设立足于老年人"不离乡土、不离乡邻、不离乡音、不离乡愁"的"不离家"情结，搭建起集"娱乐、就餐、学习、联谊、休养、议事、调解、管理"等八大功能于一体的平台，打造农村老年人快乐养老幸福驿站。

农村宅基睦邻"四堂间"营造了一个就餐娱乐、志愿服务、老伙伴、宅基课堂、民情收集、调解等多元一体的村民活动点，老年人午餐后在这里休息聊天、拉家常、看电视、读书看报、下棋娱乐，真正满足了农村养老"不离家"情结。

首先，营造了一个多元一体的村民活动点，真正实现了农村养老的四不离情结。

其次，使老年人以自愿、互助的形式，实现自我管理、自我发展、自我约束、相互帮助，老年人的获得感、幸福感和自我价值得到了体现。

最后，实现了多部门聚焦养老服务联合体，建立了"志愿帮扶、邻里守望、乡情关怀"的新型邻里关系，彰显了新农村崇尚文明、邻里和睦的社会风尚。

第五节 农村生态文明建设案例

以生态文明建设为抓手推进美丽乡村建设
——崇明世界生态岛的绿色发展之路

美丽乡村建设是推进农村改革发展、加强生态文明建设的重要举措，是实践"创新、协调、绿色、开放、共享"发展理念、建设美丽中国的具体行动。自 2014 年开始，崇明在新农村专题建设和村庄改造的基础上，全面推进美丽乡村建设，总体目标是到 2020 年完成规定的基本农田保护区域内的所有村庄建设，共涉及 16 个乡镇、220 个行政村、4939 个村民小组和 18.54 万农户。目前已推进 112 个村的建设任务，涉及 91917 户。通过几年的美丽乡村建设，各建设村在基础设施和公共服务设施建设上不断完善，生态和人居环境显著改善，村民环境保护意识和生态素养切实提升。

（一）崇明美丽乡村建设积聚的生态优势

经过十多年的生态建设，崇明"水土林气"等整体环境有了较大的改善，积聚了较为明显的生态环境优势，而美丽乡村建设的全面开展和深入推进，更是促进了"点"与"面"的深度融合，对推动"生态崇明、美丽崇明、幸福崇明"建设发挥了重要作用。

295

1. 统分结合强化生态布局，美丽乡村建设规划导向清晰

在美丽乡村建设中，崇明坚持规划先行，编制了《崇明美丽乡村建设总体规划（2015－2020年）》和《美丽乡村建设方案编制要点》，在生态岛建设总体规划的基础上，综合考虑村庄区位、人口、产业、生态、历史文化等不同条件，进行全面整体长远规划。同时，又强调因地制宜、因村而异，鼓励错位式和差异化发展，要求各村根据自身的区位、资源和发展特点等，在规划编制时融入个性化元素，结合村民意愿，形成"一村一设计"和"一村一方案"，杜绝"千村一面"现象出现。为激励建设村个性化发展，崇明建立了奖补工作机制，对申报通过的个性化项目，区财政按照一定比例给予资金奖补。通过系统整体规划和建设村个性化规划，既保障了整体的建设规模和标准，也激发了各村自行探索、打造亮点、形成特色的主动性和积极性。

2. 多线并进夯实生态基础，农村生产生活条件不断改善

崇明美丽乡村建设在以村庄改造为基础内容的同时，加强对农业、水务、交通、建管等各条线建设项目的整合，以形成推动美丽乡村建设的整体合力。村庄改造方面，坚持以村内基础设施建设、村庄环境整治、村公共服务配套设施等村级公益事业建设为主要内容，不断改善农村基础设施，优化农村人居环境，保障农村基本生产生活条件。条线整合方面，坚持"田宅路统筹，农林水联动，区域化推进"，建立区级整合平台，将生态河道治理、中小河道轮疏、农村生活污水处理、小型农田水利建设、经济相对薄弱村道路改造、农村危桥改造、农村低收入户危旧房改造等七大类项目进行整合，与各村村庄改造项目协同推进，以实现美丽乡村由平面整治向立体整治、由单纯改善村容村貌向整体治理区域环境转变，建设的整合集聚效应不断放大。经过集中建设后的村庄生态环境不断改善，展现出路平、桥安、水清、岸洁、宅净、村美、人和的新面貌。

3. 建管并举注重生态维护，农村管理长效机制逐步形成

美丽乡村的建设成果必须通过行之有效的管理巩固扩大。崇明坚持将落实长效管理工作作为美丽乡村建设的一项重要内容，建立了覆盖村内各项设施、设备的长效管理制度，按照不同类型、不同性质的管护对象，分类确定责任主体、实施主体，落实管护资金，并建立长效管理资金的拨付

与管养维护效果相挂钩的奖惩机制。组建村庄保洁、保绿、保养、联防的基层管理队伍，明确各支队伍的管理职责和具体要求，确保各项管护内容都能定区域、定人员、定职责。

4. 上下联动加强生态宣传，环境保护理念有效培育

生态文明理念的提升是美丽乡村建设的重要目标，也是崇明生态岛建设的重要保障。崇明坚持区、乡镇、村三级联动，结合文明城市、文明镇、文明村等系列创建活动，通过广播电视、网络、宣传标语、宣传资料、志愿行动、环保活动、主题宣讲等群众喜闻乐见的形式，加大对村民生产生活方式和文明行为习惯的教育引导，切实改变群众不良习惯，提升文明素质，促进生态文明理念深入人心，并转化为广大村民保护生态的自觉行动。

（二）生态环境优势向生态产业优势转化的路径

建设美丽乡村是改善农村生态环境、提升农村生产生活水平、促进农民增收致富的重要途径。崇明美丽乡村建设遵循"美在生态、富在产业、根在文化"的建设目标，通过发挥农村生态资源、土地资源、人文积淀等优势，结合农村综合帮扶等重点工作，逐步推动美丽乡村由形态改观向内涵提升发展，由生态环境优势向生态产业优势转化。

1. 由上而下加强规划引领

积极发挥规划对于美丽乡村建设和发展的引领作用，确保规划既有"一盘棋"的整体布局，又有体现区域特点和目标定位的分类布局，比如针对崇明三岛及本岛东、中、西片区的不同特点可以设置不同的区域规划目标，以符合不同区域发展提升的功能定位；针对经济薄弱、基础条件较差的村可以多作生态基础建设方面的引导，逐步夯实发展基础；针对重点发展地区、旅游景区周边、农业特色区域的建设村，可以加强生态产业发展的总体引导。同时，加强美丽乡村发展规划与乡镇建设规划、农民集中居住规划、产业发展规划等体系融合，在防止美丽乡村建设重复投入、重复建设的同时，推动优势资源串点成线、联网成片，形成发展的集聚效应。

2. 由平到精打造生态亮点

美丽乡村建设必须摆脱单纯村庄改造的思维模式，着力突出地域特色，体现差异性和多元化的乡村之美。当前，崇明美丽乡村建设应围绕生态岛整体风貌塑造要求，在规划设计和项目建设中力求体现中国元素、江南韵味、海岛特色，展现中国智慧。例如，加强村庄布局、农村自然风貌和民居的风格展现，加强太阳能、风能等清洁能源的规划应用，加强垃圾分类、资源节约化利用等绿色低碳生活方式的设计引导等。在确保美丽乡村基本建设任务完成的同时，留给建设村更多的自主权和选择权，鼓励结合本地生态、人文资源、产业发展和群众意愿做个性化的探索，实现从生态保育向景观打造发展。特别是在生态景观整体塑造上，要坚持"人无我有、人有我优"的理念，尽量避免整齐划一的"千村一面"，以"工匠精神"因地制宜打造"一村一景""一村一品"，充分彰显乡村的特色和韵味。

3. 由外向内挖掘乡土文化

美丽乡村建设讲求"形神兼备、内外兼修"，在加强生态环境建设打造"外在美"的同时，还要注重发掘乡村文化元素，提升农村文明程度和村民文明素养，实现美丽乡村建设的"内在美"，这是美丽乡村建设的"根"和"魂"。崇明广大乡村有着丰富的文化资源和浓郁的乡土风情，农耕文化、传统风俗、特色节庆、风土人情、人文典故、民间技艺都可以在美丽乡村建设中挖掘、修复、传承和弘扬，比如扁担戏、土织布、农宅柴灶、崇明山歌、瀛洲古调等，都可以作为丰富乡村人文内涵、提升乡村文化品位、展现崇明乡土魅力的重要元素，都可以实现与产业发展的有效融合，从而达到经济产业发展与历史文化传承和谐共生。

4. 由孤立转向联合吸聚社会力量

崇明农村整体经济基础相对薄弱，乡镇、村两级可支配的财力比较有限，崇明青壮年外出就业居多，村级人力资源比较匮乏，这些都给当前的美丽乡村建设带来一定困难。但崇明有优质的生态资源、坚实的发展基础和优越的区位条件，这些都是崇明美丽乡村建设做大做强的动力之源。崇明美丽乡村建设需摆脱孤立建设发展模式，总结推广竖新镇仙桥村等成功经验，建立完善"政府引导、农民主体、多方参与"的多元化投入和建设机制，依托各村优势资源，充分利用市场手段更多地吸引社会力量、外来资金和先进技术的支持，鼓励农民以土地承包经营权入股发展产业化经营，实现美丽乡村建设成果向经营成果转化。

5. 由弱变强发展特色产业

充分发挥美丽乡村建设厚植的生态优势，依托各村优势资源，积极探索"生态+"产业融合发展之路，不断激发乡村发展的内生动力。"生态+农业"方面，在各村已经形成如白山羊、清水蟹、优质大米、特色果蔬（花菜、芦笋、芦粟、柑橘、翠冠梨等）、特色花卉（水仙花、鲜切花等）、特色药材（藏红花、石斛等）等特色农业种养殖基础上，积极引导扶持"第一产业接二连三"，通过引进技术力量、开展农业研究、促进规模发展等方式，在形成产品竞争优势、加强农产品产销对接、创建农产品特色品牌上下功夫，促进农业成规模、出精品、带致富。"生态+旅游"方面，以国家全域旅游示范区和国家级生态旅游休闲区创建为契机，崇明依托本地现有的自然条件、田园野趣、民俗民风，加大旅游产品开发力度，打造和培育富有地域特色、面向特定细分市场的旅游品牌，拓展以"吃农家饭、住农家屋、干农家活、享农家趣、买农家货"为主要内容的乡村旅游，积极发展田园养生、林地休闲、创意乡村、生态渔村、采摘篱园、踏青赏花、亲子科普、乡愁体验等旅游产品，引导精品民宿、特色农家乐、开心农场、都市休闲农庄、农业租赁等旅游服务的集群式、错位式发展，确保项目建设既星罗棋布，又特色鲜明，既有乡村田园的互动体验，又符合现代都市休闲的标准要求。"生态+体育"方面，充分利用崇明自行车绿道、美丽乡村道路、乡村河道四通八达的基础条件，以及各乡镇生态廊道、特色景观等建设成果，积极发展乡村自行车骑游、徒步、路跑、拓展、划船、垂钓等体育休闲运动。

第四章

展望篇

峥嵘岁月谱新篇，申城无处不当先。上海，是中国共产党的诞生地，是改革开放的排头兵，是创新发展的先行者，党的十八大以来的五年，是上海城乡一体化发展最快、成效最显著的五年。在新的历史阶段，上海将深入贯彻落实党的十九大精神，进一步增强政治意识、大局意识、核心意识、看齐意识，按照习近平总书记对上海的期望和嘱托，努力开创城乡一体化发展的新局面。

第一节　新形势下上海城乡一体化的新内涵

"十三五"至 2020 年期间，是上海建设四个中心，迈向世界级城市的重要历史时期，上海城乡一体化将随着城市地域、功能、产业、人口、区划的演变，从初级城乡一体化迈向新型的高级城乡一体化，将赶上并超越世界发达国家城乡一体化水平。

在新的形势下，上海城乡一体化将被赋予新的内涵。上海城乡发展一体化将在实现国家全面小康和民族伟大复兴的战略中被推上新的高度。上海重点提高城镇化的质量，加快城乡基础设施互联互通，健全覆盖城乡的基本公共服务体系，与城乡发展一体化协同推进，基本消除城乡差别、工农差别。其新的内涵如下。

（1）以"创新、协调、绿色、开放、共享"五大理念为引领，提高城乡一体化水平。把城乡一体化作为上海 21 世纪建设创新之城、生态之城、人文之城的重要战略组成部分。在新的更高的起点上，上海实现城乡产业布局科学化、城乡城镇体系组团化、城乡公共服务均等化、城乡生态环境宜居化、城乡人文资源一体化、城乡发展红利共享化。同时，实行"北上西进"战略，把上海市域范围的城乡一体化向长三角辐射延伸，形成上海市区都市核与郊区都市层、长三角都市圈一体化发展的新格局。

（2）坚持以人为核心，让农民共享城乡一体化发展成果。按照富裕农民、提高农民、扶持农民的要求，始终把坚持农民主体地位、增进农民福祉作为推进城乡发展一体化的出发点和落脚点。既要从制度上破除二元结构，维护好实现好农民各项权益，也要针对离土农民、务农农民、老年农民等不同群体的实际诉求分类施策，让广大农民共同分享现代化成果。

（3）加快转变农业农村发展方式，推动大都市郊区转型升级。以转变农业生产方式为牵引，引导农民生活方式转变，引导现代生产要素向农业农村流动，促进农村富余劳动力和农村人口向城镇转移。推进农业供给侧结构性改革，构建现代农业产业体系、生产体系和经营体系。调整淘汰落后产能和提升产业能级并举，生态环境综合治理与复垦减量协同推进，促进郊区产业结构优化和转型升级。

（4）立足长三角统筹城乡发展，发挥新型城镇在促进城乡发展一体化中的作用。牢牢守住土地、人口、环境、安全等底线，指导和约束人口、产业、基础设施和公共服务的合理配置，加快转变城镇发展方式。按照长三角城市群协同发展战略要求，统筹新城和镇的发展，构建开放协调的发展格局，发挥新城、新市镇吸纳人口和带动地区发展的作用。

第二节　加速上海城乡一体化发展

一　总体目标

按照当好全国改革开放排头兵、创新发展先行者的总体要求，到"十三五"期末，上海城乡差距明显缩小，城乡间不平衡不协调不可持续问题得到有效解决，镇村规划实现全覆盖，郊区农村地区基础设施水平全面提升，农村生态环境面貌显著改善，城乡基本社会保障制度统一全面实现，城乡公共服务人均支出比不断缩小，国家现代农业示范区建设目标基本达成，农村家庭人均可支配收入增速继续高于城镇居民收入增速并实现比2010年翻一番的目标，重要领域和关键环节的改革基本完成，努力使城乡发展一体化各项工作继续走在全国前列。至2020年，基本建成与上海世界级城市相配套的郊区城镇体系，基本建成上海与长三角地区一体化发展的都市群体系，基本建成与全国全面建成小康社会和上海社会主义现代化国际大都市相配套的城乡一体化体系。

二　战略措施

1. 组织保障

建立推进城乡一体化的市级协调推进机制，明确市、区分工，协同推进城乡发展一体化工作。调动社会各方力量共同参与规划实施。市有关部门要立足城乡一体、打破条块分割、统筹整合资源，在规划标准制定、重要改革措施推进、项目政策协调、资金资源配置和监督执法检查等方面，形成工作合力，指导和统筹城乡发展各项工作。各地区要切实履行职责，因地制宜研究制定具体措施，缩小本区域城乡差距。将城乡发展一体化工作纳入市政府系统运行目标管理，科学设定年度工作计划，细化分解目标任务，建立健全目标执行、监督、评估等各环节的运行机制，全链条加强过程管理和组织领导。

2. 人才保障

主动适应城乡一体化发展的新要求，聚焦经济结构转型升级、都市现代农业发展、集体经济产权制度改革、社会管理方式转变等重点领域，通过培养、引进、交流等多种方式，统筹推进城乡党政人才、企业经营管理人才、高科技人才、社会工作人才和农村实用人才队伍建设。在人力资源配置、收入和福利激励政策、职业发展通道等方面，进一步向郊区农村倾斜，加快城乡人才要素自由有序流动。

3. 政策保障

积极落实已经出台的城乡发展一体化各项政策，加强政策实施过程中的协调配合，及时发现政策实施过程中碰到的问题和形成的经验，加强政策跟踪和实施效果评估，切实推动各方面政策和改革举措协同推进、发挥实效。进一步发挥市场在土地等资源配置中的决定性作用。

4. 资金保障

优化城乡统筹的资金投入机制，坚持政府主导、市场运作，通过统筹财政性资金和社会资金，增加对基础设施和社会事业建设项目的资金投入。进一步加大财政对农村基础设施建设和"三农"的倾斜力度，加大各类资金的整合力度，最大限度发挥资金的使用效率。进一步理顺乡镇事权与财权的关系，为乡镇社会事业发展和公共服务能力提升提供资金保障。

第三节　上海城乡一体化发展的主要途径及展望

一　优化城乡发展布局，加快市域空间发展一体化

1. 加快完善镇村规划体系

适应新型城镇化发展要求，加快编制新市镇总体规划暨土地利用总体规划、郊野单元规划、控制性详细规划及村庄规划，以多层次的城乡规划体系引领城乡发展一体化。促进以一个或多个城市（新城或新市镇）为核心的城镇圈发展，制定不同城镇在交通设施、基本公共服务、生态环境整治等方面的配置标准，引导公共服务资源有效配置。统筹新城周边的新市镇和乡村地区的公共服务设施配置，促进新城及周边镇产城融合、职住平衡、资源互补、服务共享。

2. 大力推进新城功能建设

发挥新城优化空间、集聚人口、带动发展的重要作用，按照"控制规模、把握节奏、提升品质"的原则，分类推进新城建设。将松江新城、嘉定新城、青浦新城、南桥新城、南汇新城打造成为长三角城市群综合性节点城市，强化枢纽和交通支撑能力，完善公共服务配套，加快人口和产业集聚，加强与周边地区联动发展。改善人居环境，保持城市个性和特色风貌。加强新城与周边工业园区、大型居住区的联系，提升服务业发展水平。

3. 分类推进城镇发展

按照人口规模和区域位置，针对不同类型、层次和规模的镇分类施策，着力发挥镇在城乡一体化发展过程中的枢纽和载体作用，通过稳定镇、依托镇、建设镇、管好镇，走出一条带动面广、综合效益高、全市农业转移人口受益多的新型城镇化道路。对中心城周边镇，严格控制建设用地扩张，重点加强基础设施和公共服务资源配置。对新城范围内的镇，重点强化与新城的协同发展，组团式配置公共设施和交通基础设施。对中心镇，注重培育相对独立的服务功能，按照培育中小城市的目标要求，强化对区域辐射能力和综合服务、特色产业功能，引导产业项目布局，完善市政基础设施和公共服务设施，增强经济社会发展的自主性和积极性。对一般镇，按照服务地区的小城市标准配置服务功能，突出现代农业、生态保护等功能，发挥引导农村居民就近集中居住、带动邻近农村地区发展、提高城镇化水平的作用。

4. 加快建设美丽宜居乡村

加强村庄分类引导，改善乡村人居环境，保护传统风貌和自然环境。保留现状规模、区位、产业、历史文化资源等综合评价较高的村庄，以集约节约用地为导向，推进基本公共服务和市政设施建设，加强农村环境治理。到2020年，全面完成基本农田保护区内规划保留地区村庄改造工作，累计创建评定100个左右市级美丽乡村示范村。逐步撤并受环境影响严重、居民点规模小、分布散，以及位于集建区内的村庄，引导农民进城进镇集中居住。

二 加快转变农业发展方式，建设高效生态的都市现代农业

1. 加快推动农业结构调整

以满足城乡居民对农产品品质不断提升的要求为目标，大力推进农业供给侧结构性改革，提高农业供给体系质量和效率，推动一二三产业融合发展。以农业资源环境承载力为基准，优化农业产业布局和结构，适当调

整郊区粮经比例，满足城市居民对地产鲜活农产品的需求。完善主要农产品最低保有量制度，确保蔬菜、瓜果等农产品有效供应和质量安全。合理调整种养结构，提高畜禽养殖业质量和水平，建立种养结合的农业生态循环机制，提高无公害、绿色和有机农产品的产量与比重。加快设施粮田和菜田建设，加强灌溉、大棚、育苗等设施建设，提高蔬菜生产机械化水平。

2. 大力发展都市现代农业

以整建制推进上海市国家农业示范区建设为抓手，着力构建都市现代农业产业体系、生产体系、经营体系，建立粮菜经统筹、农牧渔结合、种养加一体、一二三产业融合的现代农业产业结构。大力培育以家庭农场、农民合作社、农业龙头企业为主体的新型农业经营主体，积极推进多种形式适度规模经营，进一步培育和引进职业农民，形成新型农业产业大军。构建农业社会化服务体系，促进公益性服务和经营性服务相结合、专项服务和综合服务相协调。强化农业科技创新和推广体系，实施"互联网＋"现代农业行动。大力培育新型职业农民，培养造就现代农业生产经营者队伍。进一步提升农业生产效率，农业劳动生产率达到12万元/人，农业科技进步贡献率达到80%。拓展农业多种功能，结合美丽乡村和郊野公园建设，推进农业与旅游休闲、教育文化、健康养生等深度融合，发展观光农业、体验农业、创意农业、休闲农业与乡村旅游等新业态。

3. 进一步支持纯农地区发展

通过资金扶持、制度改革、机制创新等途径，切实增强纯农地区的内生发展动力，把纯农地区建成生态优美、生活安康的繁华大都市后花园。保障纯农地区村级组织正常运转，支持纯农地区的农村基层组织增强公共服务能力。鼓励纯农地区的集体经济组织以联营、入股、租赁等方式与专业化企业合作发展农业旅游，支持合理调整土地利用规划，完善用地和建房手续，并建立差别化的土地供应政策，优先保障纯农地区休闲农业和乡村旅游重点项目用地供给。深化农村综合帮扶，优化完善帮扶措施，全面推广"区区合作、品牌联动"模式，支持纯农地区建设农产品工厂、物流配送中心、农贸批发市场、农超对接基地等都市现代农业类型的帮扶项目，带动当地农民就业增收。

三 推进农村生态环境综合整治，建设
生态宜人新农村

1. 以水环境为重点加强农村环境治理

大力开展农村水污染防治，分年度对镇村级河道开展轮疏工作，并同步实施村沟宅河治理与村庄改造。结合美丽乡村和郊野公园建设，推进"三水"（洁水、畅水、活水）专项行动，提高河道沿线环境质量和农村水系沟通水平。划定农用地土壤环境质量类别，实施分类管理，加强郊区农村土壤污染预防和安全利用，优先实施耕地和水源保护区土壤保护。到2020年，全市重要水功能区水质达标率要从53%上升至78%，实现"水清、岸绿、河畅、景美、生态"的河道水环境治理目标。

2. 强化农村污染源头控制和治理

控制农业面源污染，大力发展生态友好型农业，按照"源头防控、过程拦截、末端处理"的原则，实施化肥农药使用量负增长行动，全面推广测土配方施肥、农药精准高效施用，亩均化肥农药使用量分别降至全国平均水平以下。加强老镇区、城郊接合部等人口集中地区以及"城中村"、195区域等薄弱区域的污水管网建设。配合郊区新城、大型居住社区、重点地区开发和城市更新改造。"十三五"期间，完成30余万户农户的生活污水处理工程，全市农村生活污水处理率达到75%以上。

3. 推进郊区农村生态环境建设

划定生态保护红线区域，实施分级分类管控，配套实施生态补偿等相关制度，提升区域生态服务功能，逐步推进"水、林、田、滩"复合生态空间格局优化，初步建成"多层次、成网络、功能复合"的生态网络框架体系。大力推进林地建设，推进实施沿江、沿海、沿路、沿河生态廊道建设，推动农田林网建设。结合198区域减量化工作，逐步推进小型生态林地（绿地）建设，为农村提供更多绿色生态空间。

四　加大农村基础设施建设管理力度，
提高农村生产生活水平

1. 加强交通基础设施建设

发挥交通引导城乡空间布局、支撑新型城镇化建设的作用，持续推进郊区农村基础设施建设。构建新城与中心城、新城之间、新城与近沪地区多层次交通联系通道，研究利用既有铁路资源开行市域列车，建设市域快速轨道交通骨干线路，完善射线高速公路和国省干线建设。同时，进一步突出镇在城乡发展中的重要地位，分类推进镇村交通体系的发展，完善镇内外交通联系，缩小城乡公交服务和管理差距。完善农村交通设施长效管理养护制度，落实管护资金安排，培育社会化的管理养护队伍。

2. 完善供水、能源、信息等基础设施

进一步加强饮用水水源地风险源管控，提高城乡供水安全度和水质。启动实施郊区建成区排水系统提标改造，着力完善能源、信息等基础设施。加快农村电网升级改造，基本实现城乡供电服务均等化，"十三五"期间，天然气管网延伸到有条件的非建制镇镇区、新建的大型居住社区和部分保留型、保护型村庄。基本建成覆盖城乡的通信网络基础设施，光网全面覆盖城乡，郊区主要公共场所实现无线网络全覆盖。在部分农村地区、镇区和新城推进智慧试点示范建设，不断提高郊区农村信息化水平。

五　健全城乡社会保障体系，加大非农
就业支持力度

1. 健全覆盖城乡的社会保障体系

根据国家要求，调整本市镇保和征地养老制度，将其纳入相应的基本社会保险制度体系，根据"老人老办法、新人新办法"的政策思路，区分不同人群，实行分类纳保，在提高补偿标准的基础上，将更多的土地收益

用于提高被征地人员的基本养老、医疗待遇水平。合并城镇居民医疗保险和新型农村合作医疗，建立统一的城乡居民基本医疗保险制度。完善城乡居民大病保险，调整本市被征地人员参加基本医疗保险政策，将小城镇医疗保险制度纳入相应的基本医疗保险制度。

2. 加大促进离土农民就业工作力度

完善城乡劳动者平等就业制度，保障城乡劳动者平等就业权利。加强覆盖城乡的公共就业创业服务体系建设，完善城乡统一的就业失业登记管理制度。鼓励各地区因地制宜开发一批岗位容量大的市场化就业项目，拓宽离土农民的就业渠道，促进农村富余劳动力有序转移。进一步加大就业服务指导力度，有针对性地强化对离土农民的职业技能培训。加大对农村就业困难人员的扶持力度，努力探索形成促进离土农民就业的多层次、全方位的政策服务体系，使离土农民就业环境明显改善，保障水平大幅提高，有就业意愿的离土农民能实现就业或参加到就业准备活动中。

3. 构建城乡一体的社会救助体系

构建以最低生活保障、特困人员供养为基础，支出型贫困家庭生活救助、受灾人员救助和临时救助为补充，医疗救助、教育救助、住房救助、就业救助等专项救助相配套，社会力量充分参与的城乡一体社会救助体系。逐步扩大社会救助对象覆盖范围，统一城乡粮油帮困制度，完善城乡居民申请社会救助经济状况认定标准，提高精准救助成效，切实保障城乡困难群众基本生活。构建与全面建成小康社会相适应的社会福利体系和慈善事业。推进城乡无障碍环境建设，进一步加强残疾人就业服务。

六　统筹城乡社会事业发展，促进基本公共服务均等化

1. 推进城乡基础教育均衡发展

以义务教育资源配置标准化、均等化为目标，实施全市基本统一的义务教育五项标准：围绕满足教育教学的新需求，制定校舍建设标准，全面提升学校功能用房配置，推进学生剧场、室内体育用房建设和改造，统筹

规划建设室内游泳池。适应学生培养的新需求，优化设施设备标准，加强学校图书馆、中小学创新实验室、学生公共安全设施及信息化设备配置。完善教师配置制度，均衡配置优质教师，保证教师工资逐步增长。在市级统一制定建设和管理标准的基础上，建立全市统一的教育经费保障最低标准，形成义务教育生均拨款基本标准动态调整机制，全面推进学区化、集团化办学，创造上海"新优质教育"品牌。

2. 优化城乡医疗卫生资源合理布局

以服务半径和服务人口为依据，完善基层基础医疗服务网络，郊区人口导入区每新增 5 万～10 万人增设一所社区卫生服务中心或分中心，每新增 30 万～50 万人增设一所区域医疗中心。建立市区、郊区统一调度的 120 急救指挥体系，实现院前急救平均反应时间不超过 12 分钟。加大郊区和农村卫生人才队伍建设力度，由上海健康医学院定向培养郊区和农村全科方向医学生，通过提高远郊和农村地区医务人员收入分配统筹层次、设立岗位津贴等形式，提高相关医务人员收入待遇和职业吸引力。发挥市级医学中心学科引领和技术辐射作用，与郊区区域医疗中心建立有效的合作机制，带动提升郊区医疗服务水平。健全完善财政投入保障、卫生人力保障、规划建设保障等政策保障体系。

3. 提高郊区农村养老服务水平

到 2020 年，在农村地区初步形成涵盖养老服务供给体系、保障体系、政策支撑体系、需求评估体系、行业监管体系"五位一体"的社会养老服务体系，农村居民基本养老公共服务和社会保障水平明显提高，多层次、多样化的养老服务需求进一步得到满足。对中心城周边或新城范围内的镇以及中心镇、一般镇等镇政府所在镇区，参照中心城区的要求发展养老服务，拓展服务项目、创新服务模式、全面提升养老服务能力。对农村地区，加快现有养老机构达标改造，大力兴办日间照护机构、长者照护之家等社区托养设施和延伸服务点，加强农村地区老年活动室建设。到 2020 年，每个建制村一般至少集中设置 1 处具有生活照料、精神慰藉等功能的社区居家养老服务设施和标准化老年活动室。以推进老年宜居社区建设为抓手，加强社区综合为老服务平台建设，提高农村地区综合为老服务水平。探索制定有农村特色、价格合理的服务清单和目录，提高专业化服务和项目化运作的能力，增强农村地区养老服务供给能力。推进农村地区医养结合工作，推广农村地区老年人睦邻点建设，培育农村地区为老服务队伍，加强农村养老从业人员队伍建设，建立跨区协作支援机制。

4. 构建城乡一体的现代公共文化体育服务体系

坚持公益性、基本型、均等性、便利性的原则，加快推进区级图书馆、文化馆总分馆体系建设，兼顾服务人口和辐射半径，完善标准化的"15分钟公共文化服务圈"。依托有线和无线广播电视覆盖、东方社区信息苑、公共图书馆电子阅览室，实现城乡公益性文化信息服务全面有效均等覆盖。鼓励社会力量参与城乡公共文化产品生产和服务供给。打造"文化上海云"——数字公共文化服务体系，逐步建立覆盖全市公共文化服务机构、文化非营利组织、群众文化的信息化管理系统。推进美丽乡村文化建设，加强农村非物质文化遗产的挖掘、保护、传承和利用。加强历史文化名镇名村和传统村落保护与利用工作，建立市、区、乡镇三级联动的保护与管理机制，鼓励社会资金积极参与保护与利用，在保护中实现名镇名村持续发展和农民增收。加快农村体育设施建设，加强开展农民体育活动，向农民普及健身知识，指导农民科学健身，提升农民健康素养。

七　推动郊区产业结构转型升级，增强农村地区发展能力

1. 推动郊区城镇产业和各类园区创新升级

按照建设具有全球影响力的科技创新中心的战略布局，推进郊区以科技创新为引领的全面创新，吸引集聚创新要素和人才，重点发展先进制造业。构筑智能制造与高端装备制造高地，突破一批高端智能装备和产品关键技术，推动制造业与互联网技术融合发展。鼓励乡镇工业区通过"区区合作、品牌联动"等方式，提升能级和档次。完善支持市郊产业园区二次开发的政策，试点推进195区域现状工业用地转型发展生产性服务业。

2. 加强新城和镇域空间内的产城融合

推进"多规合一"，加快形成城乡互动、产城融合的发展格局。促进

具备条件的开发区向产城融合、集约紧凑、功能完善、生态良好、管理高效的现代化城市综合功能区转型。加快新城、镇区与产业区块间的公共交通系统建设，促进人员要素在产业空间和居住空间之间流动。提升大型居住社区和产业区的社区服务功能，加强商业餐饮、娱乐休闲、健康养老等配套设施建设，促进生活性服务业发展。加强市区联手，引导优质产业项目、品牌企业和功能性载体平台落户郊区新城和大镇，支持新城和有条件的镇依托优势资源，集聚产业链上下游企业和配套生产性服务业，发展特色产业。

3. 加快淘汰郊区落后产能

建立产业结构调整的长效机制，聚焦调整后土地等要素盘活和利用，腾出转型发展的资源和空间，加快新型产业的导入和集聚，促进产业结构优化和升级。梳理郊区新城和镇的产业发展现状，制定产业结构调整年度计划和实施方案，聚焦重点区域、重点行业和重点企业，"十三五"期间，推进实施近50个郊区产业结构调整重点专项。加强规划国土、环保、工商、安全监管等执法力量，形成加快淘汰落后产能的合力。建立淘汰落后产能的引逼机制，加强相关地区对乡镇工业区的统筹管理，建立责任考核机制和利益共享机制，增强基层政府加快淘汰落后产能的责任意识和积极性。

八　深化农村改革，构建新型的农村集体产权制度

1. 推进集体经济组织产权制度改革

逐步建立归属清晰、权责明确、保护严格、流转规范的农村集体经济组织产权制度，稳步推进村级集体经济产权制度改革，有序开展镇级集体资产产权界定，积极推进镇级集体产权制度改革试点。把握好集体经济组织的发展定位，坚持由集体经济组织掌握集体土地和不动产项目，实现农村集体资产保值增值。进一步完善农村集体经济组织机构和资产经营管理等配套政策。切实加强农村"三资"监管，强化乡镇集体资产监督管理委员会的监督职能，探索将镇、村、组三级管理的集体资产委托集中到镇一

级管理，加强对全镇资源的统筹运用，整体增加农民财产性收入。理顺村经关系，做到村委会与村集体经济组织分账管理，完善集体经济组织的治理结构，建立行之有效的运营机制和监管模式。通过农村产权制度改革，重构农村产权制度，全面新建上海农村集体经济组织，培育和发展农村资本市场，形成适应城乡一体化发展的农村市场体系和价值体系。

2. 推进土地承包经营权规范有序流转及农村土地制度改革工作

农村土地制度改革，是推进城乡一体化的重要条件和动力，要切实做好农村三块地的使用制度改革。一是承包地，要全面进行土地承包经营权确权登记颁证工作，为推进土地承包经营权规范有序流转打好基础。有效推进土地"三权分置"，引导承包农户委托村集体经济组织统一流转，完善承包农户与村集体经济组织、村集体经济组织与受让方的委托流转方式，规范流转行为。进一步发挥乡镇土地承包经营权流转管理服务中心的作用，建立土地流转监测制度，加强以镇为主的土地流转平台建设，探索建立农村土地流转公开市场。在市场定价的基础上，发挥政府流转补贴的引导调节作用，形成合理定价机制。二是宅基地。要切实做好农民宅基地的登记发证工作，规范农民建房政策，探索农民宅基地流转和退出机制，通过加强宅基地管理，推进农村"三个集中"，合理归并村庄，加快形成新型城镇体系。三是集体建设用地。要加快建立城乡统一的建设用地市场，在符合规划、用途管制和依法取得前提下，推进农村集体经营性建设用地与国有建设用地同等入市、同权同价。根据中央要求，在"十三五"期间，要加快制定集体建设用地发展租赁房政策，以盘活集体建设用地。要健全集体土地征收制度，缩小征地范围，规范征收程序，完善被征地农民权益保障机制。

3. 积极稳妥地推进农民集中居住工作

顺应本市农民特别是远郊纯农地区农民进城进镇居住的愿望，鼓励引导农民向城镇集中居住，让农民共享城镇化建设成果。在城镇化地区优化选址，建设节地型农民集中居住社区，并给予政策支持，整体提高农民生活质量和获得感。探索对农民集中居住实施差别化的安置和补偿方式，为农民提供商品住宅、经营性物业、货币补偿、股权等多种置换方式。发挥集体经济组织民主自治管理作用。

九 加强农村社会治理，提高现代化管理服务水平

1. 推进网格化综合管理全覆盖

加快实现管理网格在城乡各类区域的全覆盖，因地制宜地设置管理网络。实施网格化、大联动、大联勤工作界面融合，做实街镇城市网格化综合管理中心，从单一的市容管理向综合治理、综合服务拓展，逐步把物件与事件、综合治理与城市管理全面整合起来，更加注重从"物"的管理向与"人"的服务相结合转变，深入推进农村社区建设。建立居村工作站机制，推进网格化综合管理与村民自治的衔接与互动，建立农村居民自我巡查、自我管理、自我监督的小联勤机制，运用信息化手段，拓展管理新方式，加强村居管理。严格落实居住登记和居住证制度，采取措施有效规范农村外来人员生产经营活动和居住行为。

2. 创新镇域社会治理模式

在郊区城市化地区推行分类差别化管理，按照基层政区适度规模要求，分批推进做实基本管理单元。在基本管理单元设立"三个中心"的分中心或服务点，完善社区事务受理、医疗卫生、文化活动、助老助残等服务机构，重点充实城市管理、市场监管及物业管理力量，加强社区一线警务力量配备，增强基本公共服务的便捷性和执法管理的有效性。

3. 加强非建制镇服务管理

推进非建制镇分类试点工作，对与主镇区融合发展的非建制镇，纳入主镇区或大型居住区统筹规划。对交通区位条件好、本地人口集聚度高、具有独立发展潜力的非建制镇，纳入城镇规划体系，探索参照本市"城中村"改造政策进行改造，推动老厂房、镇村级园区转型升级。深化完善"镇管社区"模式，探索在非建制镇建立社区党委和社区工作站，作为主镇区管理服务分中心，承担起非建制镇区和周边村庄的管理服务职能。

第五章

附　录

第一节　上海市政府文件

关于推进本市农村集体经济组织产权制度改革若干意见

（2014 年 10 月 24 日）

为全面贯彻落实党的十八大和十八届三中全会精神，赋予农民更多的财产权利，实现城乡要素平等交换，激发农村经济社会活力，健全农村治理机制，促进农村社会和谐，按照《中共上海市委上海市人民政府印发〈关于加快本市农村集体经济组织改革发展的若干意见（试行）〉的通知》（沪委发〔2012〕7 号）的要求，现就推进本市农村集体经济组织产权制度改革提出如下若干意见：

一　总体要求和目标任务

（一）总体要求。本市农村集体经济组织产权制度改革的范畴是非资源性集体资金资产。推进农村集体经济组织产权制度改革，要以维护集体经济组织和成员合法权益为核心，以创新集体经济有效实现形式为手段，以确立农村集体资金资产运营管理新机制为要求，建立归属清晰、权责明确、保护严格、流转规范、监管有力的农村集体经济组织产权制度，实现农村集体经济可持续发展，农民财产性收入不断增加。

（二）目标任务。到 2020 年，本市村级集体经济组织产权制度改革应改尽改，确保全面完成；乡镇级集体经济组织产权制度改革明显推进。改制后的集体经济组织要完善适应市场经济要求的组织治理结构，健全集体资产监管体制和运营机制，形成集体资产保值增值的发展模式，建立成员财产性收入长效增收机制。

到 2017 年，基本完成村级集体经济组织产权制度改革；有序推进乡镇级集体资产产权界定，积极开展乡镇级集体经济组织产权制度改革试点，加强对乡镇级集体资产监督管理，基本建立组织治理结构，为推进产权制度改革创造有利条件。

改革后组建的社区股份合作社、有限责任公司要建立成员代表会议、董事会和监事会等法人治理结构；组建的农村社区经济合作社要建立健全成员代表会议、理事会和监事会等组织治理结构，充分保障集体经济组织成员的知情权、参与权、决策权和监督权。

创新农村集体资产监管体制和运营机制。村级集体经济组织要全面实行财务收支预决算、财务公开、离任和重大项目审计等制度，乡镇集体经济组织要着力强化资产监管、清产核资、台账管理、财务公开和审计监督，确保农村集体经济健康持续发展。

促进农村集体资产特别是经营性资产的保值增值，探索在市场经济条件下农村集体经济发展的新途径。村级集体经济组织要形成以物业租赁为主的盈利模式，乡镇集体经济组织在自身发展的同时，还可受托管理村级集体组织资金资产，鼓励村级集体经济组织以入股等形式参与经济开发，实现集体经济抱团发展。

改革后的集体经济组织要建立成员收益分配机制，在效益决定分配的前提下，形成成员财产性收入的长效增收机制，促进农民可支配收入持续增长。

二　基本原则

（一）坚持集体所有。农村集体经济属于全体成员所有，具有合作性、区域性和排他性等基本属性。改革农村集体经济组织产权制度要维护农村集体经济组织成员的合法权益，防止集体经济被侵占支配，防止农村集体经济被外部资本吞并控制。

（二）坚持因地制宜。推进农村集体经济组织产权制度改革的乡镇、村要根据本地经济社会发展实际情况，选择有限责任公司、社区股份合作社和农村社区经济合作社等组织形式，建立组织治理结构。撤制村原则上不设立集体股，未撤制的村及乡镇可设立一定比例的集体股，主要用于本区域公益事业等开支。不得设立干部股。

（三）坚持农龄为主要依据。农村集体资金资产是其成员长期劳动积累形成的成果。新型集体经济组织要以农龄为主要依据，确定成员所占集体资产的份额，并以此作为收益分配的主要依据。

（四）坚持公开、公平、公正。改制工作要实行全过程公开，接受群众监督。要充分尊重群众的意愿，坚持民主决策，确保集体经济组织成员对农村集体经济组织产权制度改革的知情权、参与权、表达权和监督权，将公开、公正、公平精神贯穿于改革的始终。

（五）坚持效益决定分配。年度收益分配要依据当年的经营收益情况，确定合理的分配比例，并建立以丰补歉机制。无效益不分配，严禁举债分配。分配方案经上级农经管理部门审核，并经成员代表会议通过后实施。

三　具体措施

（一）提高思想认识。推进产权制度改革，是维护农民集体经济组织和成员权益、让农民共享改革开放成果的有力举措，是深化农村改革、增强农村发展活力的重要前提，是发展壮大集体经济、构建农民增收长效机制的有效途径。要深化对推进农村集体经济产权制度改革重要性、紧迫性和必要性的认识。有关区县和部门要切实增强组织、参与产权制度改革的自觉性和能动性，以更大的力度、更有效的举措，推进本市农村集体经济组织产权制度改革。

（二）强化政策扶持。要进一步落实本市关于促进农村集体经济组织产权制度改革发展的各项政策措施。认真执行并用足用好国家规定的相关税费政策。改制后新型集体经济组织办理工商登记的，依照国家规定免除相关费用；在办理房地产登记时，可凭契税优惠证明，相应减免交易手续费。农村集体资产产权在同一农村集体经济组织内部变动的，可持区县农村集体资产管理部门批准文件办理相关登记手续。有关区县对完成改革的乡镇、村集体经济组织要按照有关规定给予奖补；各级财政部门要增加对改革后农村社区公共管理和服务的投入，完善村级组织运转经费保障机制。要盘活土地资源。对符合规划、已完成农村集体土地所有权确权登记并按照有关规定办理了房地产登记的集体建设用地，可按照法定程序对地上建筑物进行改造和开发经营，保护权利人合法权益。支持利用集体建设用地建设租赁住房试点，并按照有关规定加强管理。

（三）完善治理结构。进一步推动新型集体经济组织健全治理结构。要根据合作社（公司）章程，不断完善社区股份合作社、有限责任公司的成员代表会议、董事会和监事会等法人治理结构。选举建立社区经济合作社成员代表会议制度和理事会、监事会并规范运作，特别是村经济合作社和乡镇经济联合社的理事长要在具有集体经济组织成员资格的人选中选举产生。对目前暂由党政领导干部兼任乡镇集体经济组织理事长的，乡镇要在过渡期内加强人才培养和选拔工作，过渡期满后按照章程改选理事长。

（四）理顺村经关系。在实行撤制村队的改制地区，原村委会承担的基本公共事务职能转交相应的居委会，并逐步实现相关费用纳入居委会财政支出予以保障。在不撤制村队的改制地区，要创造条件，实行分账管理。区县、乡镇经济条件较好的，可依据村委会主要承担基本公共事务职能的要求，相关费用逐步由财政予以保障；新型集体经济组织承担经济职能，主要负责集体资产经营管理，并按章程提取相应经费，用于本村公益事业支出。要重点加强经济账目管理，做到村委会与村经济组织进出账目清晰。要规范财务收支行为，建立相关审批制度，充分遵循民主程序，严格执行财经纪律。

（五）加强资产监管。要强化乡镇集体资产监督管理委员会的监督职能，凡涉及本乡镇级集体资产的重大事项，均须经乡镇集体资产监督管理委员会集体决策后实施。乡镇集体资产监督管理委员会要督促农村集体经济组织建立健全相关制度，并对制度执行情况实施评估。凡涉及农村改制中的相关问题要统筹协调解决，维护农村集体经济组织合法权益。要深化本市农村集体"三资"公开和监管。进一步发挥已建成的"三资"监管平台作用，抓紧将产权明晰的乡镇集体资产纳入"三资"监管平台，实现对乡镇集体资产的公开和公示。要把农村集体经济组织产权制度改革相关信息纳入监管平台，接受成员的监督。要加强农经管理队伍建设，落实工作经费，加强实名制管理，防止挤占挪用编制。要优化队伍结构，加强业务培训，提高人员素质，努力建设政治坚定、业务精通、作风优良的农经管理队伍。

（六）促进经济发展。要及时总结、推广各种不同类型促进农村集体经济发展的成功案例、经验。要在风险可控的前提下，利用市场信息、资金、人才、科技等要素，结合自身优势，发展农村集体经济。要抓紧培养素质好、懂市场、会管理、高素质的集体经济组织本土管理人才。有条件的地方，在强化监管的前提下，可聘用职业经理人，提高经营管理水平。

四　组织保障

（一）加强组织领导。农村集体经济组织产权制度改革是一项系统工程，事关农村发展全局。市和有关区县建立农村集体经济组织产权制度改革领导小组，组织审定改革方案，协调推进改革工作。各有关区县要切实把农村集体经济组织产权制度改革作为全面深化农村改革的重中之重，列入重要议事日程，制订改革方案，报市农村集体经济组织产权制度改革领导小组评估审核。要采取有力措施，实行区县、乡镇主要领导负责制，层层落实领导责任。各有关区县要深入调查研究，制定切实可行的时间表与路线图，确保改革扎实推进。

（二）加强协调配合。农村集体经济组织产权制度改革涉及面广、政策性强，各级相关部门要各司其职，密切配合，通力协作，积极参与改革，主动支持改革，形成改革合力。各群众团体和社会组织要发挥各自作用，为推进改革贡献力量。要加强舆论宣传，努力营造有利于农村集体经济组织产权制度改革的良好氛围。

（三）加强指导服务。各有关区县要充分发挥乡镇集体资产监督管理委员会的作用，加强对农村集体资产的有效监管，扶持农村集体经济发展壮大，并对改革后农村集体经济组织进行备案、审验、变更管理。要认真总结推进农村集体经济组织产权制度改革的经验和做法，及时发现并协调解决基层改革中出现的新情况、新问题，切实加强对农村集体经济组织产权制度改革的指导和服务。市和有关区县要建立推进农村产权制度改革宣讲团，加强培训工作，提高指导改革发展的能力和水平。

（四）加强监督检查。要切实加强对农村集体经济组织产权制度改革工作的监督、检查，充分发挥农村集体经济组织成员民主监督的作用，建立健全农村审计监督工作机制，确保改革在公开透明的环境下运行。要组织力量对农村集体经济组织产权制度改革的全过程进行监督检查。发现改革中弄虚作假、敷衍了事、侵害集体经济组织及其成员权益等违纪违规行为，要严肃查处。

关于深入推进市市义务教育城乡一体化改革促进优质均衡发展的实施意见

（2018 年 2 月 11 日）

为贯彻落实党的十九大精神，继续落实《国务院关于统筹推进县域内城乡义务教育一体化改革发展的若干意见》（国发〔2016〕40 号）和教育部印发的《县域义务教育优质均衡发展督导评估办法》（教督〔2017〕6号）、《中共上海市委上海市人民政府关于推动新型城镇化建设促进本市城乡发展一体化若干意见》（沪委发〔2015〕2 号）等的要求，促进城乡基本公共教育服务均等化，振兴乡村教育，全面提升城乡义务教育优质均衡发展水平，现就深入推进本市义务教育城乡一体化改革、促进优质均衡发展提出如下实施意见：

一　指导思想

深入贯彻落实党的十九大精神，按照《上海市中长期教育改革和发展规划纲要（2010－2020年）》和《上海市教育改革和发展"十三五"规划》，坚持创新、协调、绿色、开放、共享五大发展理念，深化教育综合改革，创新联动发展机制，激发学校变革内生动力，深入推进义务教育城乡一体化改革发展，整体提升城乡学校教育质量和办学水平，努力破解居民日益增长的优质教育资源需求和不均衡不充分发展之间的矛盾，办好每一所家门口的学校，让城乡居民享受更加优质公平的教育。

二　基本原则

（一）区域自主发展与城乡联动相结合。推动各区找准区域义务教育发展定位和目标，以区为主体，落实城乡一体化改革发展的各项任务；加强统筹规划和部门协作，突破城乡优质教育资源有序流动的制度性瓶颈，健全完善市、区两级义务教育资源共建共享、辐射推广机制，扩大优质教育覆盖面。

（二）促进均衡与提升质量相结合。加强教育资源统筹均衡配置，优化学校办学条件，抬升底部，缩小城乡之间、学校之间办学水平和品质的差距。在均衡配置资源的基础上，推动学校遵循学生发展规律和教育教学规律，全面落实科学的教育质量观，深化课程教学改革，提升师资专业水平，培育学生核心素养，办出学校特色，整体提升教育质量，不断满足人民群众日益增长的对优质教育的需求。

（三）统筹发展与创新机制相结合。推动各区加大城乡学校建设与发展的统筹力度，全面推进义务教育优质均衡发展和义务教育治理体系建设；聚焦教育一体化的瓶颈问题和关键环节，创新城乡之间、学校之间携手联动的可持续发展机制；大力实施学区化、集团化办学，新优质学校集群发展，城乡学校携手共进计划，凸显义务教育改革发展新成效。

三 工作目标

基本实现全市义务教育阶段公办学校建设、设备配置、信息化建设、教师配置与收入、生均经费等标准基本统一，学区化、集团化办学的格局基本形成，家门口的好学校持续增加，城乡之间、学校之间义务教育优质均衡水平进一步提升。

四 主要任务

（一）完善义务教育学校建设机制

1. 坚持以常住人口为基数，配置义务教育资源。根据人口出生变化，建立城乡义务教育资源动态调整和项目储备机制。实行学校教育用地联审联批制度，新建配套学校建设方案应征得同级教育部门同意。健全公建配套制度，强化建设主体责任，确保新建居住区尤其是大型居住社区、郊区新城等人口集聚区域的公建配套学校，与住宅建设同步规划、同步建设、同步交付使用。

2. 全面落实基础教育"十三五"基本建设规划。落实区政府主体责任，聚焦项目、形成合力、整体推进、抓紧落实，确保规划项目按期开工建设，保障符合条件的适龄儿童、少年入学权益。

（二）落实城乡义务教育一体化五项标准

1. 完善学校建设标准。以集约用地、统筹功能、综合利用、资源共享为原则，根据市政府有关用地标准文件，完善上海市《普通中小学建设标准》（DG/TJ08－12－2004），加强义务教育学校体育卫生设施建设和使用管理，全面提升学校功能用房配置。搞好一场一馆一池（学生剧场、室内体育馆、室内游泳池）建设和改造，积极创造条件向社会开放共享。

2. 优化学校教育装备配置。制定基于城乡学校一体化发展的上海市义务教育学校装备配备指南，加强中小学创新实验室、中小学图书馆和中小学公共安全教育共享场所建设。构建基于学生发展需求，以学生为中心的学习内容、学习特征与设施设备深度融合的学习环境。

3. 加强学校信息化环境建设。基本实现中小学校园网络主干带宽和接入带宽不低于千兆、中小学教学和办公区域的无线网络全覆盖，支持校际教研协作和教育资源获取；推进市、区两级教育数据中心建设，促进信息化基础设施、业务流程、数据的整合、优化和共享。基本实现中小学普通教室具备互动式信息化教学环境。建设中小学多功能数字学习中心。基本统一中小学信息化移动终端配置。推动全市中小学建立网络和信息安全管理制度。

4. 统一城乡教师基本配置标准。学校教师配置不得低于规定的标准，即小学的师生比为 1∶20.7（农村学校的师生比不应低于 1∶18.4）或每班配备 3 - 3.1 名（平均）教职工；初中的师生比为 1∶17.6 或每班配备 4.1 - 4.3 名（平均）教职工。各区和学校可根据本区域和学校的实际情况，合理调整教师配备。加强指导并加强附加编制的统筹管理与调配。加大优质教师统筹力度，缩小学校之间的师资队伍水平差距，确保每所小学至少有 1 名高级职务教师，每所初中至少有 5% 的高级职务教师。

5. 统一城乡学校生均经费标准。按照《上海市人民政府关于进一步完善本市城乡义务教育经费保障机制的通知》（沪府发〔2016〕35 号）要求，以促进城乡基本公共教育服务均衡化为目标，统一城乡学校生均经费标准，完善义务教育生均经费标准监测评估指标，新增财力向农村义务教育倾斜。

（三）创新城乡义务教育内涵发展机制

1. 推进学区化集团化办学。坚持优质导向、专业引领、主体激发、创新驱动，优化学区和集团建设布局，优先将相对薄弱学校纳入集团化和学区化办学。加强紧密型学区和集团建设，强化优质师资流动、课程资源共享、管理经验辐射、场地资源共用，健全家长、社区参与办学的有效机制。开展学区化、集团化办学展示交流活动，加强学区和集团办学经验互动分享。推进学区化集团化办学发展性综合评估，促进办学联合体内每一所参与学校的可持续发展。

2. 实施新优质学校集群发展。市、区两级引领新优质集群发展项目学校，聚焦课程与教学、管理与文化、评价与改进等领域的瓶颈问题，组成不同主题的实践研究团队，开展新优质学校设计。开展新优质学校集群发展展示交流，促进群内项目学校智慧分享，形成针对核心问题的研究、提升和互助机制。研制上海市新优质项目学校评测标准，建立新优质项目学校评测反馈、提升机制。加强新优质教育的理论研究，拓展新优质学校集群发展内涵，加强新优质教育培训课程的开发，建立上海新优质教育理论体系。

3. 实施城乡学校携手共进计划。提升郊区学校委托管理精准化水平，由中心城区品牌学校（机构）重点托管郊区新开办学校和提升办学质量意愿比较强烈的学校，合理确定托管期限，加强托管绩效评估。实施城乡学校互助成长项目，郊区学校寻找在内涵发展、办学水平方面的瓶颈问题，形成解决瓶颈问题的实施项目；教育部门（机构）与郊区学校签订、实施互助成长项目合作协议，以项目合作促进学校办学质量的整体提升。

4. 组织优质学校赴郊区对口办学。组织中心城区优质学校赴大型居住社区、郊区新城对口办学，推动郊区新建公建配套学校高起点办学。根据"十三五"郊区基础教育基本建设设施规划，为大型居住社区、郊区新城重点引入一批优质基础教育资源，通过规划设计介入、学校一体化管理、教师一体培训、管理团队孵化等方式，提升人口集聚地区新开办学校办学水平。同时，发挥郊区自身的教育优势，将大型居住社区、郊区新城公建配套其他学校纳入区域优质教育资源共享辐射范围，共同提升公建配套学校的办学起点。

5. 推进招生考试制度改革。坚持义务教育阶段免试入学原则，完善义务教育招生入学信息化平台，严格规范义务教育阶段公民办学校招生行为，维护公正公平的招生秩序。实施高中阶段学校招生考试改革，健全初中学生学业水平考试和综合素质评价制度，完善高中阶段学校招生录取方式。配套建设初中英语听说测试标准化考场，更新和完善初中理化生实验室等设施设备。

（四）提升郊区教师队伍建设水平

1. 落实乡村教师支持计划。扩大区管校聘试点范围，统筹教育系统和社会优质师资资源，拓宽乡村学校教师补充渠道，配齐配足郊区学校教师。在核定的编制总额内，统筹分配各校教职工编制，严禁任何部门和单位以任何理由、任何形式占用或变相占用学校教职工编制。推动到达退休年龄的高级、特级教师在延长退休期间赴乡村学校任教，鼓励优秀骨干教师到乡村学校支教。建立和实施市、区两级乡村教师荣誉制度，评先评优等向乡村学校教师倾斜，激励广大教师长期扎根乡村教育，为乡村教育的振兴和转型作出突出贡献。

2. 推进教师有序流动。发挥优质教师资源的辐射引领作用，引导优秀教师从中心城区学校向郊区学校、从城镇学校向乡村学校、从优质学校向薄弱学校流动，选派特级校长、特级教师到郊区任职任教，组织特级教师、特级校长到郊区讲学指导、带教培训。稳定郊区学校特级校长、特级教师等骨干教师队伍。在选拔培养校长、后备干部、骨干教师，参评特级校长、特级教师，评选优秀教师时，优先推荐有流动经历或郊区学校工作经历者。鼓励郊区选送有培养前途的中青年校长、教师到城区学校挂职锻炼和跟岗培训。

3. 提升城乡教师专业素养。开展多渠道、多方位、多层次、多形式的教师培训，全面提高城乡教师的育德能力以及本体性知识、作业命题、实验、信息技术、心理辅导等方面的专业（专项）能力。完善见习教师规范化培训制度，提升新入职教师的专业质量。以需求、问题和实践为导向，为乡村骨干教师搭建专业成长平台，针对不同教龄的教师，开展分层分类培训。持续推进乡村教师专业发展培训项目、郊区中小学班主任研修计划、远郊区薄弱学校师资队伍质量提升项目等，提高教师的教育教学水平。

4. 完善教师收入分配机制。根据社会经济发展情况，完善义务教育绩效工资动态增长机制，加强绩效工资总量统筹使用，增强分配活力，形成符合义务教育规律和教师行业特点、更加科学有效的绩效工资分配机制。坚持绩效工资分配向承担教育综合改革任务、扎根乡村教育、发挥专业辐射引领作用、勇于承担对口支教和民族教育任务、承担班主任等任务及做出其他突出业绩的教师倾斜。

（五）推动城乡学校落实素质教育

1. 推进城乡学校课程教学改革。科学规划中小学课程，精心编写相关学科教材，规范开设地方课程和校本课程，提高郊区校本课程建设水平。深入推进学校课程领导力建设，重点提升郊区学校的课程规划和实施能力。加强幼小衔接工作，逐步推行小学主题式综合活动。实施小学基于课程标准的教学与评价，推进儿童学习基础素养研究与行动，促进城乡学生身心健康、学习能力、学习品质的提升。探索小学快乐30分拓展活动，全面落实放学后看护服务，完善乡村学生课外活动服务机制。加强初中建设，整体提升城乡初中学校课程和教学质量。探索初中跨学科教学，提升学生综合分析和解决问题的能力。实施中小学信息化应用示范校建设，推动中小学校利用信息化设施开展教育教学活动，让乡村学生能够获得同样的在校优质课程。完善高中名校慕课平台和专题教育网络学习平台，为城乡学生提供自主学习机会，丰富其学习经历。健全市、区、校三级教育科研网络建设，推进科研兴校。

2. 优化城乡素质教育育人环境。推动社会主义核心价值观、中华优秀传统文化进教材、进课堂、进网络、进队伍建设、进课外、进评价体系。优化城乡家庭教育指导服务体系，构建市、区、校三级联动，线上线下相结合的家庭教育指导服务网络，重点改善郊区学生家长家庭教育理念和方法。推进心理健康教育示范校建设，进一步加强和规范中小学心理辅导室建设，增强城乡学校心理健康教育针对性和有效性。拓展校园体育文化，推动传统体育进校园。推进农村学校艺术教育试验区建设，探究新形势下农村学校美育综合改革发展的措施和途径。加强中小学校法治教育，广泛提升城乡学生法律意识和依法维护自身权益的能力。推进校内外育人共同体建设，深化馆校合作、社校合作，开发适合城乡学生的品牌项目和实践课程。建设城乡平安校园，加强中小学公共安全教育和安全风险防控体系建设。加强学校卫生工作，健全学校传染病和慢性病防控体系，建立校园欺凌防控长效机制，完善校园伤害事故保险理赔机制。

3. 健全城乡基础教育质量评估。构建体现教育教学规律、全面教育质量观、素质教育导向的中小学教育质量综合评价体系，完善中小学学业质量绿色指标，改进评价方式和数据处理技术，推进第三方社会评估，引入家长等群体参与学校教育评估。完善区域基础教育质量综合评价体系，注重基于科学评价的诊断、改进机制，推动学校建立以校为本、基于过程的教育质量保障体系。实施区域基础教育环境质量评估，为城乡学校办学、学生发展、师资建设等创造良好的发展生态。

（六）依法保障各类群体教育需求

1. 保障符合条件的随迁子女教育权益。健全随迁子女入学政策，坚持以公办学校为主安排随迁子女就学，为符合条件的随迁子女入学提供便利服务。实行随迁子女和本市户籍学生混合编班、统一管理，促进随迁子女尽快融入学校和社区。建立公办学校与以招收随迁子女为主民办小学协同发展机制，加强以招收随迁子女为主民办小学的督导、教研指导、检查和办学绩效评估。

2. 完善残疾儿童教育服务机制。完善医教结合管理运行机制和专业服务体系，建设特殊教育评估体系，基本实现残疾儿童入学（园）评估和入学后评估一体化管理。加大教育机构与医疗机构的合作力度，整合资源为残疾儿童提供针对性的教育、康复和保健服务，为每个残疾学生建立电子化个人成长档案。实施新一轮特殊教育行动计划，推进普通学校特殊教育资源教室和无障碍建设，采取多种方式，为完成九年义务教育并且有能力接受职业教育的各类残疾学生创造继续学习的机会。

3. 完善控辍保学联动机制。全面落实《国务院办公厅关于进一步加强控辍保学提高义务教育巩固水平的通知》（国办发〔2017〕72号），坚持依法控辍，提高质量控辍，落实扶贫控辍，强化保障控辍，加强部门协作，建立健全控辍保学目标责任制、联控联保机制、动态监测机制，加强对流动留守儿童、家庭经济贫困儿童、学习困难儿童等重点群体入学的支持保障。完善农村留守儿童关爱保护工作体系，开展留守儿童教育关爱行动。完善义务教育学生资助政策，加大对家庭经济困难学生的教育资助力度。深入实施农村义务教育学生营养改善计划，提高营养膳食质量，改善学生营养状况。

（七）不断提升优质均衡水平

各区要高度重视义务教育优质均衡发展区的评估认定工作，按照《县域义务教育优质均衡发展督导评估办法》要求，围绕资源配置、政府保障、教育质量、社会认可度等方面，提升义务教育优质均衡水平。要按照标准加快义务教育各类资源布局和建设，逐步达到所有小学、初中规模不超过 2000 人，一贯制学校义务教育阶段规模不超过 2500 人，小学、初中所有班级学生数分别不超过 45 人和 50 人。配齐配足各类教师、校舍、仪器设备，确保每所学校每百名学生拥有高于规定学历教师数、区级以上骨干教师数、体育艺术专任教师数、网络多媒体教室数及生均教学及辅助用房面积、生均教学仪器设备值、生均体育运动场馆面积达到国家配置水平，并进一步推进学校体育场地和社会（社区）体育场馆的共建共享。

五　支持保障

（一）加强组织领导

健全政府主体责任制度，建立市级统筹、区主体管理、各级政府部门协同落实的责任制度。市级层面充分发挥上海市城乡义务教育一体化工作小组的统筹协调作用，建立健全协同推进的长效工作机制，定期沟通协调、推进实施、监督检查相关改革项目。各区落实专人负责，定期、及时向市教委报送工作进展情况。

（二）完善经费机制

各区落实保障义务教育办学条件的主体责任，加强财力统筹，确保本级财政承担的义务教育投入分年、足额落实到位。将义务教育经费纳入财政预算，在生均拨款基本标准基础上，根据学校的学生规模、校舍面积、建校时间、共享任务量等实际情况合理确定调整系数，及时足额拨付义务教育经费。各区安排经费，用于保障委托管理、项目合作、教师流动、学校建设运行等方面的需要。切实加强和完善财政教育经费管理，增强财政教育资金使用的有效性和透明度。

（三）加强督导考核

将深入推进城乡义务教育一体化改革、促进优质均衡发展工作列入各区教育质量评估指标、年度教育工作评价指标予以考核。结合本市落实《县域义务教育优质均衡发展督导评估办法》，将深入推进城乡义务教育一体化改革、促进优质均衡发展工作纳入对各区政府依法履行教育责任综合督政工作以及年度公示公报范围，完善本市区域城乡义务教育一体化改革发展监测评估标准和督导评估机制。完善督导检查结果公告制度和限期整改制度，强化督导结果运用，对因工作落实不到位、造成不良社会影响的部门和有关责任人严肃问责。

（四）加大宣传力度

围绕义务教育城乡一体化的重要举措，搭建交流展示平台。充分发挥新闻媒体作用和各种新媒体功能，加大宣传和展示力度，及时发现和呈现在推动城乡学校一体化发展方面的典型经验与突出成效，引导和动员全社会重视、关心、支持城乡教育一体化改革发展，形成全社会理解、支持义务教育的良好环境。

第二节　上海市政府办公厅文件

上海市2015－2017年国家现代农业示范区
建设三年行动计划

为加快推进本市国家现代农业示范区建设，提升都市现代农业发展水平，实现至"十三五"期末全市示范区建设主要指标普遍达到现代化水平，根据上海市国家现代农业示范区创建规划，制订本计划。

一　指导思想和基本原则

（一）指导思想

以邓小平理论、"三个代表"重要思想、科学发展观为指导，深入贯彻习近平总书记系列重要讲话精神，坚持创新驱动发展、经济转型升级，以加快转变农业发展方式、促进城乡发展一体化为主线，大力发展多功能都市现代农业。充分利用上海科技、人才、资金、市场等方面优势，着力构建新型农业经营主体和社会化服务体系，全面提升农业综合生产水平；着力健全农产品标准、质量追溯和风险评估体系，显著提升地产农产品质量安全水平；着力形成产学研相结合的农业科技创新和推广体系，大力提升农业科技综合水平；着力加强农业生态环境保护建设，发展资源节约型、环境友好型农业，努力提升农业可持续发展水平；着力推进会展农业、创意农业和休闲农业，促进农业与二、三产业融合发展，不断提升服务农业发展水平，更好发挥示范引领作用；着力推进农业结构调整，加快由"生产导向"向"消费导向"转变，推动农业集约化发展，不断提升农业产出率、资源利用率、劳动生产率，建成与上海国际化大都市相匹配的都市现代农业。

（二）基本原则

——坚持规划引领。充分发挥规划在国家现代农业示范区建设过程中的引领作用，搞好与本市农业各项规划的有效对接，强化城市规划、土地利用规划的规划引领作用，实现各项工作通盘考虑、方向一致、重点聚焦。

——坚持产业导向。坚持把地产农产品有效供给和质量安全作为示范区建设的首要任务，重点发展水稻、绿叶菜、奶牛等地方特色优势产业，提升主导产业发展水平。

——坚持生态优先。通过发展生态农业、循环农业，实现农业资源向节约、集约、循环和永续利用转变，促进环境明显改善，突出都市现代农业融生产、生活、生态功能于一体的特点。

——坚持科技创新。充分发挥上海科技资源集中、技术人才聚集的优势，以市场需求为导向，以企业为主体，加快构建农业科技创新平台，推动产学研结合，实现农业产业跨越式发展。

——坚持产业融合。推进都市现代农业与二、三产业协同发展，依托上海区位优势，把拓展多种功能作为上海农业发展新的增长点，在示范区建设中着力延伸农业产业链，促进产业融合。

二　行动目标

（一）主要农产品供给保持稳定。在划定永久基本农田的基础上，推进粮食生产功能区建设，保障粮食综合生产能力，水稻单产水平稳定提升，支持粮食主产区增强收储加工能力，承担保障国家粮食安全责任；继续实行主要农产品最低保有量制度，稳定蔬菜种植面积，确保地产绿叶菜自给率达到90%，保障鲜奶、生猪、家禽、鲜蛋和淡水养殖生产能力，优化产品结构。

（二）地产农产品质量安全可控。加强农产品质量安全监管能力建设，通过推进农产品标准化生产，从源头上提升地产农产品质量安全。到2017年，全市"三品"认证农产品产量比重达到70%以上，地产农产品质量抽样合格率达到99%以上。

（三）可持续发展水平不断提升。推进低碳和循环农业发展，减少不可再生资源投入，实现资源节约、集约、永续利用。全市耕地保有率基本保持在100%，一、二等地占比达到55%，农田灌溉水有效利用系数超过0.73，单位能耗创造的农林牧渔业增加值达到2万元以上，探索研究秸秆综合利用的有效途径，主要粮食作物秸秆综合利用水平达到92%，亩均农药化肥使用量减少10%以上，整治关闭2720家不规范畜禽养殖场，标准化规模养殖场畜禽粪便实现零排放。

（四）农业经营管理水平显著提升。大力推进家庭农场、农民合作社、农业龙头企业等新型经营主体发展，完善农业社会化服务体系建设，提高劳动生产效率。到2017年，农业规模经营占比达到85%，粮食家庭农场经营面积占区县粮田面积比重达到50%以上，持证从业人员占比达到55%，农户参加合作社比重达到71%，劳均农林牧渔业增加值达到70000元，农业劳动生产率达到98000元/人；农林牧渔服务业增加值占比超过4.5%，现代农业产出逐年增长。

（五）农业物资装备水平先进。推进高标准粮田、设施菜田、标准化果园、标准化畜牧养殖场、标准化水产养殖场建设，提升农业机械化水平。到2017年，全市高标准农田比重达到65%，农业节水灌溉工程面积覆盖率达到77%，畜禽规模化养殖比重达到83%，水产标准化健康养殖比重达到75%，农作物耕种收综合机械化水平达到87%，粮食作物基本实现耕种收全程机械化，粮食日烘干能力2.4万吨以上。农业科技进步贡献率达到71%，大专以上学历农业技术推广服务人员占比达到80%。

（六）农业投入机制进一步完善。加大对示范区建设的政策扶持和资金投入力度；吸引社会资本参与示范区建设，通过市场化手段，解决农业融资问题；增加农业保险险种，扩大农业保险覆盖面。农林水事务支出占农林牧渔增加值比重合理，农业保险深度稳定在3%以上，单位农林牧渔业增加值的信贷投入达到1.08元。

（七）农民收入持续增长。坚持把增加农民收入作为示范区建设和都市现代农业发展的落脚点。通过建立职业化的新型农民队伍，加快农业劳动者由传统农民向新型职业农民转变。切实改善农民生产生活条件，确保农民持续增收。到2017年，全市农民人均可支配收入达到2.7万元，年均增长10%左右，农民生活更加殷实。城乡一体化有序推进，农村面貌进一步改善。

三　主要任务

（一）加快农业产业结构调整。加紧转方式、调结构，发展多功能都市现代农业，全面提高农业劳动生产率和农产品附加值，走技术先进、产品安全、规模适度、资源节约、环境友好、竞争力强的现代农业发展之路。调优农业产业布局，依托本地市场优势，实施品牌战略，积极发展绿色农业和有机农业，着力发展区域特色农产品。促进产销对接，逐步建成产销一体化经营体系，支持电商、物流、商贸、金融等企业参与涉农电子商务平台建设，推进冷链装备和生鲜农产品配送体系建设，发展农产品精深加工产业。结合村庄改造，推进美丽乡村、郊野公园建设，建设若干农业旅游服务集聚区，鼓励区县打造一批品牌农业旅游景点，积极创建全国休闲农业与乡村旅游示范点、星级景点和精品观光线路，积极打造长三角休闲农业与乡村旅游推广服务平台。

（二）开展粮食生产功能区建设。划定200余万亩永久基本农田，在现有粮田基础上，划定并建设80万亩粮食生产功能区，围绕粮食生产功能区建设，推进粮田配套设施建设，完善相关技术标准。进一步优化种植结构和茬口安排，推进秋播麦子、绿肥、深耕晒垡"三三制"模式。深入开展高产创建，推广绿色增产技术。围绕农资连锁经营、种子统供、植保服务、农机服务以及粮食收储等方面构建较为完善的社会化服务体系。打造一批产加销一体化的粮食生产企业。

（三）确保菜篮子产品供给稳定。突出绿叶菜保障能力，稳定50万亩蔬菜种植面积，完善设施配套，以标准园创建为抓手，构建较为完善的蔬菜生产经营服务体系，提升蔬菜生产规模化、专业化、标准化水平。通过控总量、调结构，开展不规范畜禽养殖整治，整合和发展规模化、标准化畜禽养殖场，构建与环境承载力和环境保护相适应的畜禽生产能力。推进标准化水产养殖场建设，开展标准化家庭水产养殖场试点，推广水产标准化健康养殖模式，加强淡化场、良种场、土著品种保种基地建设，发展种源渔业。优化经济作物产业布局，推进标准化生产和品牌建设。积极探索立体种养生产模式，促进农业提质增效。

（四）切实加强地产农产品质量安全监管。坚守农产品质量安全底线。完善地产农产品标准化生产体系，提升农产品标准化生产水平。健全基层农产品质量安全监管体系，加强基层农产品质量安全监管队伍建设。整合三级农产品检测体系，强化农产品质量安全保障能力。完善可追溯管理体系，加快推进经济作物和水产品追溯体系建设。加强农产品质量安全分类分级管理，提升风险评估预警与应急管理体系。

（五）积极发展绿色低碳农业。深入推进农业环境保护三年行动计划，实施化肥农药减量化，大力推广种植绿肥、使用有机肥等保护性耕作技术，明显减少和治理农业面源污染。全面实施农作物秸秆禁烧，建设运行一批除机械化还田外的秸秆多元化综合利用项目。以规模化畜禽养殖场为重点开展畜禽粪尿综合治理，完成2720家不规范畜禽养殖场的整治关闭。大力发展高效节水农业，推广节水技术，改善农业灌溉水水质。加强生态技术研发和应用，建立资源节约型、环境友好型现代农业生产体系。

（六）培育发展新型经营主体。积极培育新型农业经营主体，构建新型农业经营体系。大力发展粮食生产家庭农场，支持粮经结合、种养结合、机农结合等模式的家庭农场发展，探索"农民合作社＋家庭农场""农业龙头企业＋农民合作社＋家庭农场"等多种产业化发展模式，引导发展农民合作社联合社，探索发展股份合作形式的农民合作社。支持农业产业化龙头企业做强做大，鼓励发展混合所有制农业产业化龙头企业，推动集群发展。加强职业农民培训，培养造就一大批有文化、懂技术、会经营的新型职业农民。

（七）强化农业科技支撑能力。聚焦农业生物技术、低碳循环农业、农业信息化、食用农产品深加工等农业科技创新工程，重点解决制约产业发展的重大科技问题以及共性关键技术。推进现代信息技术在农业生产、经营、管理和服务中的应用，继续加强农业物联网技术研发和推广，建设智慧农业。大力发展现代种业，培育国家级育繁推一体化种业企业，继续推进本市南繁、西繁基地建设。加强农业科技创新平台建设，在发挥好公益性推广机构主体作用的基础上，支持科研院所和高等院校与国家现代农业示范区进行科技对接，参与农技推广服务，促进科技成果的转化和示范应用。研发都市现代农业生产全过程、多时效、定量化的农业气象服务和防灾减灾适用技术，开展农业适应气候变化研究。

（八）提升农业机械化水平。大力推进粮食生产全程机械化，重点突破稻麦机械化种植薄弱环节。加快蔬菜耕整地、精量播种、移栽、水肥一体化等机械化技术推广。加强粮食烘干设施和服务能力建设，加快标准化畜禽水产养殖场机械配置，加强农机农艺融合，提高农业综合生产能力。加强标准化农机库房和维修网点建设，以标准化为手段，规范提升农机作业、维修等社会化服务水平。加快标准化果园耕整地修建、果品分级、水肥一体化等机械化技术推广。

（九）推进农田水利和林网化建设。按照"农林水联动、田宅路统筹、区域化推进"的要求，重点围绕粮食生产功能区、设施菜地、设施果园、美丽乡村等建设，实施农村水环境治理、低洼圩区达标、田间水利配套等工程，切实提升灌溉和排涝能力，不断改善农田灌溉水质。结合河道整治和粮食生产功能区建设，推进农田林网和河道防护林建设，提高森林覆盖率。

（十）推进体制机制创新。完善考核机制，将基本农田生态补偿转移支付资金与基本农田保护、耕地质量改善、农田水利和农业基础设施维护管理情况挂钩，将绿叶菜考核奖励资金与调结构、转方式、保安全相挂钩。完善金融保险服务，提升农业保险对农业生产和农民利益的保障能力。加快构建公益性服务与经营性服务相结合、专项服务与综合服务相协调的新型农业社会化服务体系。创新气象为农服务体制机制，全面融入新型农业经营主体和社会化服务体系、农业科技创新和推广体系、农村社会综合治理体系。

（十一）促进农民持续增收。大力发展都市高效生态农业，促进农业适度规模化经营，因地制宜发展特色经济，增加农民经营性收入。加大对农村富余劳动力就业培训力度，促进农民向二、三产业转移，增加农民工资性收入。深化农村产权制度改革，健全流转土地收益分享机制，盘活农村集体存量建设用地，保障农民分享土地增值收益，拓宽农民财产性收入渠道。完善农业补贴制度，加快完善农村社会保障体系，提高农民转移性收入水平。

四　重点项目

围绕上述目标任务，通过聚集九大类项目，重点解决当前制约本市都市现代农业发展的瓶颈问题，全面提升国家现代农业示范区建设水平。共安排42个项目。

（一）设施装备建设项目。通过推进农业基础设施和装备能力建设，提升农业生产物资装备现代化水平。2015—2017年三年间建设高标准农田15万亩、设施菜田1.1万亩、区域特色农产品生产基地1.3万亩、标准化畜禽规模养殖基地5个、标准化水产养殖场2万亩、粮食烘干机库房9.2万平方米、标准化农机库房5万平方米。

（二）产业提升项目。开展粮食高产创建300万亩次，推广高产优质良种、机械化种植和绿色增产技术，提高粮食综合生产能力。建设蔬菜标准园、经济作物标准园，通过推进标准化生产，保障地产蔬菜和经济作物生产。推进绿叶菜绿色防控技术集成应用，减少化学农药使用，提高绿叶菜质量安全水平。推进畜禽和水产品种源提升项目，建设南方现代奶牛育种服务体系示范区，实施水产良种更新项目，提升畜禽、水产品生产水平。推进农机装备提升项目建设，解决当前农机作业中的薄弱环节，提升全市农业机械化水平。

（三）地产农产品质量安全保障项目。开展地产农产品质量安全监测项目，利用信息技术手段，通过完善档案、开展认证、建立数据库和追溯信息化平台等，实现地产农产品生产可监管、售后可追溯的目标。完善农业标准化体系，强化区域农产品质量安全监管能力。建设上海市和崇明动物无害化处理中心，推进生猪、家禽、肉羊等 5 个定点屠宰场项目，提升动物疫病防控能力，确保畜禽产品质量安全。

（四）农业环境保护项目。推进生态农业建设，减少农业面源污染，通过种植冬作绿肥、推广使用商品有机肥、测土配方施肥，减少化肥用量。广泛应用绿色防控技术，减少农药使用量。建设运行一批除机械化还田外的秸秆多元化综合利用项目。以规模化畜禽养殖场为重点，开展畜禽粪尿综合治理。

（五）科技支撑能力项目。继续做好水稻、绿叶菜、西甜瓜、中华绒螯蟹、虾类、生猪、果业 7 大产业技术体系建设，提高技术支撑能力。推进现代种业发展项目，培育"育繁推一体化"种子企业，培育具有自主知识产权的优良新品种，提高企业核心竞争力和供种保障能力。实施农业物联网技术应用重大示范工程项目，推进物联网技术在农业资源与生态环境监测、精细农业生产、地产绿叶菜安全监管、动物及动物产品安全监管中的示范应用。实施农业气象中心项目，构建都市现代农业气象监测网络，大力提升气象服务精细化水平，建设现代农业气象试验示范基地。

（六）农业信息云服务平台建设项目。按照云计算架构，搭建上海农业信息云服务平台，建立和完善农业信息服务、农业电子政务、农业生产信息化等方面的业务系统，并接入公共服务平台，建立信息和数据共享机制，提升信息的应用、管理、服务等功能。

（七）新型农民培育项目。在浦东新区和崇明县开展全国第一批新型职业农民培育试点区县建设的基础上，聚焦家庭农场、农民合作社和农业龙头企业，开展万名从业人员教育培训和认定管理，培育形成一批具有一定的科学文化素质，掌握现代农业生产技能，具备经营管理能力的生产经营型、专业技能型、社会服务型的新型职业农民，为现代农业发展提供人力资源。

（八）产业融合项目。推进农产品精深加工产业发展，提升农产品附加值。结合美丽乡村建设，在嘉定、金山等区县开展农业旅游集聚区建设，开展星级旅游景点配套，提升区域农业旅游能级。开展生鲜农产品配送体系建设，支持崇明构建农产品产销一体化平台，提高地产优质农产品流通能力。

（九）农田水利建设项目。以 16 个农业重点乡镇为重点，聚焦 50 个片区，开展都市现代农业示范片建设，同时推进面上粮田、菜田、经济作物水利设施配套。推进松江、金山、青浦等低洼圩区达标建设，消除"十年一遇"以下圩区，"二十年一遇"排涝标准圩区达到 60%。重点整治设施菜田机口引水河、重点污染河道等，改善水环境。进一步加强农田林网和河道防护林建设。

五　保障措施

（一）加强组织领导。成立由市领导担任组长的上海市国家现代农业示范区建设领导小组（以下简称"领导小组"），市农委、市发展改革委、市规划国土资源局、市财政局、市水务局、市科委、市教委、市工商局、市食品药品监管局、市绿化市容局、市质量技监局、市人力资源和社会保障局、市商务委、市经济信息化委、市环保局、市金融办、市旅游局、市气象局、国家统计局上海调查总队等相关部门为成员单位。领导小组下设推进办公室，设在市农委，负责示范区建设综合协调、监督指导、日常管理等工作。示范区日常管理实行横向协调、纵向联动的工作机制。市相关部门根据各自职责制定完善工作方案和配套政策，将部门工作与示范区建设有机结合，积极争取项目、政策、资金上的支持，指导示范区建设各项工作。各区县政府要相应建立示范区建设领导小组，由主要领导担任组长，区县农委负责示范区建设综合协调、监督指导、日常管理等相关工作。各区县要根据三年行动计划，制订工作计划，确定工作目标，落实工作责任，形成协同工作机制，确保政策资金聚焦示范区建设。

（二）完善支持政策。加大农业政策和资金对示范区建设的投入力度，加强分类指导，针对各区县薄弱环节，给予资金和项目支持，采取有效措施切实提高财政资金投入绩效。加强支农资金整合，努力构建科学规范、富有活力、持续发展的支农政策统筹整合长效机制，整合资源形成合力，共同促进都市现代农业发展。创新农村金融服务，发挥投融资平台作用，吸引金融资本、社会资本支持示范区建设，鼓励金融机构为农业新型经营主体提供多种类型的金融创新服务。加大信贷支持新型农业经营主体力度，提高市、区县级示范合作社专项担保贷款额度上限，并将家庭农场纳入市财政专项担保资金贷款范围。完善农业保险体系，将财政支持重点放在再保险保费补贴上，市级财政对农业保险机构购买再保险予以补贴。

（三）强化目标管理。将示范区建设任务细化分解，落实到区县、乡镇政府，明确责任单位和责任人。强化目标督查考核，将示范区建设纳入各级政府重点工作，对资金落实情况、项目建设进度和效果，以及涉及示范区建设监测评价指标体系的各项工作开展情况进行定期督促检查，确保示范区建设各项工作有序推进。

（四）科学编制规划。在划定200余万亩永久基本农田的基础上，做好本市农业布局规划修编工作，优化农业布局。根据资源环境承载能力确定本市实际养殖量，编制实施《上海市养殖业布局规划》。指导区县结合永久基本农田划定和粮食功能区建设，搞好本区县农业布局规划的修编，通过规划促进农业结构调整。

（五）深化农村改革。在坚持稳定土地二轮延包的基础上，全面开展农村土地承包经营权确权登记颁证工作，推进流转公开交易信息系统和公开交易平台建设。加快农村集体经济组织产权制度改革。重点推进村级集体产权制度改革，在有条件的地方积极探索镇级产权制度改革，增加农民财产性收入。探索对农民持有的集体资产股份实行抵押、担保。稳妥开展农村改革先试先行。积极争取国家支持，开展各项改革试点。

（六）搞好宣传发动。利用各种渠道和媒体，做好本市国家现代农业示范区建设的宣传工作，营造各方重视、条块结合、合力推进本市示范区建设的氛围，凝心聚力，真抓实干，把示范区建设工作落到实处。及时总结宣传建设过程中涌现的典型经验和先进事例，夯实本市示范区建设的群众基础。

关于支持市市纯农地区发展的实施意见

2015 年 10 月 10 日

纯农地区是本市重要的功能区之一，承担着农业生产、生态建设、耕地保护等重要任务。支持纯农地区发展，是缩小城乡差距和统筹城乡发展的一项重要措施。根据市委、市政府《关于推动新型城镇化建设促进本市城乡发展一体化的若干意见》（沪委发〔2015〕2 号），并经市政府同意，现就支持本市纯农地区发展提出如下实施意见：

一　总体目标

贯彻落实党的十八大和十八届三中、四中全会和中央农村工作会议精神，围绕加快转变本市农业农村生产生活方式，在现有支农惠农政策的基础上，聚焦纯农地区，坚持以人为本，通过资金扶持、用地优先、制度创新等途径，切实增强纯农地区的内生发展能力。主要实现三个目标：一是多功能都市现代农业加快发展，推动家庭农场等新型农业经营主体健康发展，确保地产农产品有效供给和食品安全，农业劳动生产率和农业综合产出效益不断提高；二是郊区农村人口管理服务水平切实提升，新型职业农民培育和离土农民非农就业工作进一步加强，来沪务农人员规模得到有效调控、结构得到优化；三是农村基本公共服务和人居环境持续改善，有效控制农业面源污染，合理使用化肥农药，纯农地区人居环境基本实现干净、整洁、便利，建成一批各具特色的美丽宜居村庄。

二　支持范围

结合全市永久性基本农田划定工作，将本区域内拥有永久基本农田且面积达到区域总面积一定比例的镇、村列为纯农地区。

在乡镇层面，以永久基本农田面积在行政区划面积中的占比超过 20%

为标准，有 48 个乡镇属于纯农地区。在村的层面，以永久基本农田面积在行政区划面积中的占比超过 25% 为标准，共有 624 个行政村属于纯农地区（详见附件）。这些纯农乡镇和村，覆盖了全市 80% 的永久基本农田面积，以农业种植业为主要产业，承担了全市 80% 以上农产品最低保有量生产任务，乡镇、村的人均可支配收入低于全市平均水平。

三　支持政策

（一）进一步整合支农政策并增加支农资金投入。加快构建合理高效的支农政策统筹整合长效机制，在 2015 年底前将原来的 48 项整合为 7 个专项。整合后的财政支农政策体系要进一步聚焦重点，逐年增加对都市现代农业发展专项、科技兴农专项、农业生态与安全专项的投入。进一步明晰市、区县两级事权和管理责任，职责分工由"市里审批、区县实施"向"区县审批、市级监管"转变。2016 年起下放都市现代农业专项审批权，不再就单个项目类别设置预算额度，资金切块拨付至区县政府，由区县政府根据实际决定资金用途，市里负责分配资金额度和监督考核。2017 年将农业生态与安全专项审批权下放到区县政府，由项目制改为奖补制，市里每年制订目标任务计划，对完成任务的区县政府给予奖励补助。推动纯农地区发展都市现代农业，重点支持粮食生产功能区、农药化肥减量化、蔬菜标准园、粮食烘干能力、农田水利等设施建设。新增的支农资金要向纯农地区新型农业经营主体倾斜，降低纯农地区乡镇用于各个农业项目的配套资金比例直至取消。

（二）加强农村生态保护和建设。加大纯农地区水环境整治力度，完善乡镇、村级河道养护管理机制，推进河道轮疏和养护作业市场化。加强土壤环境保护和综合治理，建立定期调查和监测制度，基本建成土壤环境质量监测网，将纯农地区纳入土壤环境保护优先区域，积极开展土壤污染预防与修复试点示范。结合生态保护红线划定工作，拓展生态补偿范围，调整完善生态补偿转移支付办法。持续增加生态补偿转移支付资金规模，增量资金重点倾斜纯农地区。完善生态补偿转移支付考核办法，在公益林的考核内容中，强化林业"三防"设施完成率、公益林养护质量等因素；在水源地的考核内容中，突出污染源关闭完成情况、风险控制等因素；在基本农田的考核内容中，增加永久基本农田违规占用情况、土壤质量、设施农田比重等因素，建立健全永久基本农田保护的奖惩制度。

（三）加快"互联网＋农业"发展。围绕发展精准、高效、生态农业的目标，编制"互联网＋农业"行动计划。支持现代信息技术、生物技术、智能装备技术等改造提升传统农业，应用大数据、云计算、移动通信等信息技术与农业深度融合，实现农业科技信息服务全覆盖。加强传感器等物联网关键技术的适用性研究，推广成熟可复制的农业物联网应用模式，普及基于环境感知、实时监测、自动控制的网络农业环境监测系统。支持利用互联网平台将农产品、乡村旅游产品等与市场需求无缝对接。推动土壤、生物、小气候要素等涉农数据的采集和积累，加快建立农业综合数据库和信息共享平台。

（四）确保都市现代农业设施用地。加强对设施农用地的规范管理，鼓励纯农地区统筹盘活现有的存量设施用地，通过实施农村土地整治项目等方式，"农地农用、边拆边建、拆一还一"，满足新型农业经营主体对农产品加工、工厂化生产、农机库房、粮食烘干、育种育苗和标准化畜禽养殖等都市现代农业设施的需求，促进农业适度规模经营、农村产业结构调整和布局整合优化。

（五）支持增加乡村旅游用地。编制本市乡村旅游的发展布局规划，鼓励纯农地区的集体经济组织以联营、入股、租赁等方式与专业化企业合作发展乡村旅游，纳入乡镇郊野单元规划等规划，按照规划土地管理和项目审批的规定办理用地手续。

按照本市建设用地减量化和郊野单元规划实施政策。集体经济组织实施建设用地减量化腾挪出的土地指标，可用于乡村旅游项目。集体经济组织可采取定向挂牌方式，获取土地使用权。

探索农村闲置房屋再利用方式，由市规划国土资源局、市农委、市旅游局、市环保局、市发展改革委等组成工作推进小组，研究建立乡村旅游的供地机制，选择特色鲜明、规模适度、管理规范、环保到位、带动就业、增加村级组织和当地农民收入的若干乡村旅游点开展试点。

（六）着力培育新型职业农民。制订实施《上海市新型职业农民认定管理办法》，建立新型职业农民认证标准，加快建立教育培训、认定管理和扶持政策联动的新型职业农民培育制度，3 年内培育 1 万名新型职业农民，农业从业人员中持证农民的比重由 40% 提高到 60%。全市统一印制新型职业农民证书，由区县具体认定和发放，推动农业从业人员持证上岗，逐步提高农业生产经营的规范化和标准化水平。农业生产经营主体只有在一定比例的从业人员取得新型职业农民证书后，方可认定为市级示范合作社和农业产业化企业，并予以享受标准化畜牧场和水产养殖场、特色农产品基地建设、农机装备购置等补贴政策，以及在同等条件下优先获得流转土地的经营权。鼓励符合条件的家庭农场经营者参加职保，有条件的区县可实行缴费补贴试点，补贴数额参照离土农民促进就业专项扶持政策办理。

（七）促进离土农民市场化就业。充分利用市场渠道，鼓励企业吸纳纯农地区的离土农民实现非农就业，支持离土农民参加职保，提高就业稳定性和社会保障层次。对纯农地区户籍除大龄人员以外的离土农民（男不满 45 周岁、女不满 40 周岁），鼓励区县促进其就业和纳保。若由单位吸纳其就业并按规定缴纳职保的，或离土农民实现灵活就业并以灵活就业者身份缴纳职保的，有条件的区县可给予缴费补贴。

（八）改善纯农地区基本公共服务。加强社区"三个中心"等对纯农地区的服务辐射能力，主动送技术、送服务下乡，推动基本公共服务资源向纯农乡镇合理配置和纯农村延伸。在积极稳妥推动农民集中居住的基础上，在纯农地区增设村卫生室（卫生服务站）及文化活动室。提升纯农地区养老服务能力，每个行政村至少设立 1 处社区居家养老服务设施和标准化老年活动室，为农村老人特别是独居、空巢、病残老人提供居家养老服务，并利用现有村内老年活动室或部分闲置资源，建设老伙伴睦邻点等互助式养老设施。加快纯农地区的乡镇总体规划、郊野单元规划和村庄规划等各类规划的编制，市级规划部门在业务指导和人员配备等方面予以支持。

（九）深化农村综合帮扶。为带动纯农地区农民就业增收，支持纯农地区因地制宜建设好符合多功能都市现代农业方向的帮扶项目，包括农产品工厂、物流配送中心、农贸批发市场、农超对接基地等，对具备长期发展潜力的涉农项目，可放宽投资收益等审核条件。鼓励引入专业化团队规划、开发和经营农村综合帮扶项目。引导对口帮扶企业拓展综合帮扶的内容，在农产品营销等方面给予受扶区县重点支持。开展综合帮扶政策评估，优化完善帮扶措施，进一步增强纯农地区"造血"功能。

四 保障措施

（一）切实加强组织领导。区县政府是推动纯农地区发展的责任主体，市有关部门要密切配合、主动服务，推动本实施意见提出的各项支持政策落地。区县政府要不断加大对本地区纯农乡镇和纯农村的支持力度，统筹各方资源，完善激励约束机制，加强检查和督促，确保市级层面支持纯农地区各项政策落实和资金到位，切实让纯农地区基层组织和群众受益。

（二）建立健全差别化考核机制。在纯农地区形成科学合理、有别于城市化地区的工作考核体系。在纯农地区乡镇领导班子年度绩效考核工作中，调减对乡镇财政收入增长、三产比重、固定资产投资等指标的权重，强化整建制推进农业示范区建设、培育新型职业农民、促进离土农民就业、进行外来务农人员调控、整治农村人居环境等工作任务完成情况的考核内容。

改革市对区县"三农"资金分配和绩效考核方式，将开展永久基本农田保护、减免乡镇承担市级项目配套资金、保障农村村级运转经费、搞好镇村规划编制情况，以及村集体因土地减量化或招商职能剥离导致收入下降后相关支出的保障情况等，纳入对所涉区县考核内容，并将考核结果增加为"三农"转移支付资金分配办法的重要依据。

（三）加强纯农地区干部队伍建设。注重对纯农地区干部的教育培养和任用，拓宽选用和交流渠道，研究与纯农地区发展相适应的干部待遇，形成纯农地区干部引得进、留得住、用得好的良性机制。

本实施意见自 2015 年 11 月 1 日起执行，有效期至 2020 年 10 月 31 日。

关于进一步推进市市社区卫生服务综合
改革与发展的指导意见

（2015 年 1 月 29 日）

根据《中共中央国务院关于深化医药卫生体制改革意见》（中发〔2009〕6 号）、《国务院关于建立全科医生制度的指导意见》（国发〔2011〕23 号）、《国务院办公厅关于巩固完善基本药物制度和基层运行新机制的意见》（国办发〔2013〕14 号）、《中共上海市委上海市人民政府关于贯彻〈中共中央国务院关于深化医药卫生体制改革的意见〉的实施意见》（沪委发〔2011〕10号）等精神，现就进一步推进本市社区卫生服务综合改革与发展提出如下指导意见：

一　指导思想

深入贯彻党的十八大和十八届三中、四中全会精神，按照国家和市委、市政府要求，把社区卫生服务作为卫生发展的重要环节和改善民生的优先领域，坚持公益性质，强化政府主导，整合社会资源，凸显社区卫生服务中心平台功能。通过制度设计与机制改革，激发社区卫生服务活力，充分调动社区医务人员积极性，提高服务能力、管理能力与规范化、均等化水平。建立家庭医生制度，进一步夯实城乡基本医疗卫生制度的基础，推动提升医疗卫生服务体系整体运行效率，满足居民基本健康需求。

二　基本原则

——以社区卫生服务中心平台建设为中心。明晰平台功能定位与目标责任，凸显社区卫生服务中心平台的管理功能和服务功能，理顺与政府、市场、医务人员和居民的关系，发挥资源整合、技术支持、管理支撑作用。

——以建立基于基本项目的运行新机制为核心。建立以社区卫生服务基本项目与标化工作量为基础、信息化为支撑的政府补偿机制、人力管理机制和薪酬分配机制，构建内部市场机制，明晰医务人员的目标责任与合理价值，激发服务活力。

——以家庭医生制度建设为主线。在与居民签约的基础上，点面结合，稳步推进家庭医生制度建设，逐步形成社区首诊、分诊有序、支付补偿等关键环节的制度与政策合力，逐步推动家庭医生制度成为政府提供基本卫生服务的有效形式。

三 社区卫生服务目标模式

力争到 2020 年，建立起本市社区卫生服务体系的目标模式，推动构建梯度有序、分工合理、运行高效的全市医疗卫生服务体系。

（一）将社区卫生服务中心建设成为政府履行提供基本卫生服务职能的平台，落实平台服务提供、技术支持与管理支撑的职责。

（二）家庭医生成为社区家庭基本卫生服务与健康管理的责任主体。通过与家庭医生建立契约关系，明确家庭医生目标责任，给予配套的资源投入，提升能力，赋予权力，激发活力。

（三）形成家庭医生与居民稳定的签约服务关系，以人为本，针对居民健康需求，整合基本医疗与基本公共卫生服务，实施综合、连续、全程性的健康管理。

（四）建立基层首诊和分级医疗制度，成为满足居民基本医疗需求的主要途径，使居民常见病、多发病和诊断明确慢性病的基本诊疗需求在社区得到有效解决；将符合转诊指征的病人及时转诊至适宜医疗机构，促进医疗资源的有效分配与利用。

（五）建立社区卫生服务中心平台科学的现代管理制度，建立政府购买服务机制与社区卫生服务中心内部市场机制，形成与社区卫生服务基本项目相匹配的资源投入与分配激励机制。

四　主要任务

（一）完善社区卫生服务中心平台建设

1. 拓展社区卫生服务功能。本市社区卫生服务中心以维护和促进社区人群健康为目标，以全科服务为基础，依托各类资源，应用适宜技术、适宜设备和基本药物，提供有效的基本卫生服务，包括：一般常见病、多发病和诊断明确慢性病的初级诊疗及转诊服务，基本公共卫生服务及部分重大公共卫生服务，康复、护理等社区适宜医疗服务。

2. 明确社区卫生服务中心定位。将社区卫生服务中心定位为政府履行基本卫生职责的公共平台、政府提供全科医生执业的工作平台、市场资源引入的整合平台、居民获得基本卫生服务项目的服务平台和医养结合的支持平台。理顺平台与政府、市场、家庭医生、其他服务体系、居民间的责任关系，充分发挥平台服务提供、资源整合、技术支持和管理支撑的作用。

构建政府与社区卫生服务中心平台内部市场机制，转变政府管理模式与补偿机制。通过购买服务方式，形成政府对社区卫生服务中心平台的充分利用与有效保障，在保证社区卫生服务中心公益运行的同时，提高政府资金使用效率。

构建社区卫生服务中心平台与家庭医生目标责任契约关系，明确家庭医生的目标责任。在统一目标、统一规范、统一任务、统一标准、统一核算方法的基础上，赋予与之相匹配的权力与资源，统一家庭医生的"责、权、利"，建立新型的生产责任关系。

建立家庭医生与居民之间的签约服务关系，明确家庭医生对居民的服务责任、服务范围与目标要求，通过签约服务关系的建立，落实基本卫生服务项目与综合、全程的健康管理服务，提高居民健康水平。

加强社区卫生服务中心平台与养老服务体系的衔接整合，以社区卫生服务中心平台为载体，整合各类医疗卫生与社会资源，对居家、社区与机构养老的老年人群提供必要的基本医疗护理服务，实施对老年人群的连续、全程服务，形成"医养结合"的有效模式。

积极引导市场各类资源参与社区卫生服务，政府在保障基本卫生服务的基础上，重点在功能社区、健康管理、老年护理、居民个性化需求等社区卫生服务延伸领域，引入社会资源与市场竞争机制，利用互联网医疗技术、健康商业保险、社会健康管理机构、现代健康管理设备等，提升社区卫生服务能力和水平，更好满足居民各层次卫生服务需求。建立社区卫生服务中心与社会组织、社会资源联动机制，对参与社区卫生服务的社会资源，给予政策支持，充分发挥协同、补充作用。

3. 构建社区卫生服务中心平台现代管理制度。在综合预算管理的前提下，利用信息化技术，在目标管理、成本管理、效益管理和全面预算管理的基础上，进行基本项目资源投入的标准核算，建立基于基本项目与标准的资源投入与内部分配机制。运用现代管理理念，健全质控管理、成本控制与综合评价和内部分配体系，形成社区卫生服务中心现代管理制度。

（二）建立基于基本项目的运行新机制

4. 确立社区卫生服务基本项目。根据本市社区卫生服务功能定位，明确全市基本服务项目及其相对应的服务规范，并建立动态调整机制。通过基本项目的建立明晰政府保障投入的基本范围、社区卫生服务中心的服务提供边界以及居民可获得的服务内容，为规范化服务、精细化管理与标准化应用奠定基础。各区县按照全市基本项目指导目录，结合辖区内居民实际健康需求与社区卫生服务发展水平，合理确定辖区内社区卫生服务中心基本服务项目。

5. 制订社区卫生服务项目标准。以基本项目服务规范为依据，根据达到规范要求和指标所需人力、消耗时间、难易程度与风险大小等因素，合理确定本市社区卫生服务基本项目标化工作量，形成基本项目可比对的衡量标准，作为各类资源投入与考核分配的基础依据。市级层面主要对结果性、关键性与导向性的项目进行工作量标化，作为对区县政府的考核与市级资源投入的依据。区级层面在此基础上，充实标化项目，建立对辖区内社区卫生服务中心评价考核与资源投入挂钩的机制。各社区卫生服务中心按照内部管理要求，对标化工作量项目予以进一步细化，用于对医务人员的考核管理与资源分配。

6. 合理核定社区卫生服务中心年度工作负荷。按照区域服务人口、年龄结构、就诊结构、主要健康问题等，根据社区卫生服务中心基本项目与标化工作量，计算年度标化工作总量，结合质量结果系数，合理核定各社区卫生服务中心年度工作负荷，以此作为核定财政补偿、人员配置和可分配总量的基数。

7. 建立基本项目政府补偿机制。在财政综合预算管理与社区内部全面预算管理的基础上，按照社区卫生服务中心基本项目、年标化工作总量、对应补偿标准、质量结果系数，合理核定财政对于社区卫生服务中心完成基本项目的运行补偿，在保证社区卫生服务公益性运行的同时，发挥财政资金的机制引导作用，提高服务效率与效果。

8. 完善人员岗位管理。按照本市事业单位岗位管理工作要求，根据社区卫生服务中心年标化工作总量和人员可承担标化工作量负载，合理核定社区卫生服务中心全科医生、社区护士、公卫医生等岗位配置标准。推动由身份管理向岗位管理转变，转换用人机制，整合人才资源，完善按需设岗、按岗聘用、以岗定薪的岗位管理制度，形成能进能出、能上能下的灵活用人机制，完善非编专业技术人员通过公开招聘纳入编制管理的机制，充分调动医务人员积极性、主动性和创造性。

9. 完善绩效工资制度。按照国家政策要求，建立适应行业特点的社区卫生绩效工资制度，根据社区卫生服务功能定位、工作性质、劳动强度确定社区卫生绩效工资水平，建立科学的内部分配激励机制，实现"多劳多得、优绩优酬"，并向家庭医生与远郊地区倾斜。各区县按照标化工作量、对应标化工作量单价与质量系数，核定各社区卫生服务中心工资预算总额。对社区卫生服务中心单位主要领导与家庭医生实施责任目标年薪制，对其他医务人员实施基本加计量考核薪酬制。明确目标责任与收入预期，在保障社区医务人员合理收入待遇的基础上，充分调动医务人员积极性，提高服务效率。

10. 实施社区卫生服务综合评价。以公益性为目标，以社区卫生服务基本项目实施效果与健康绩效为重点，建立全市社区卫生服务发展综合评价体系。建立健全政府对各级卫生计生部门、卫生计生部门和预防保健专业机构对社区卫生服务机构、社区卫生服务机构对医务人员的分层考核评价体系，考核评价结果与各级资源的拨付与分配挂钩。将社区卫生服务综合评价作为对社区卫生服务机构监管体系的组成，充分应用信息化技术，将日常监管和专项监督检查相结合，加强对服务过程与结果的跟踪监管，规范医务人员执业行为，提高社区卫生服务机构规范化水平。

（三）建立信息化技术支持体系

11. 推进社区卫生信息化建设与应用。充分利用信息化技术优势，建立社区卫生服务基本项目、服务流程与运行管理各个环节相衔接的信息化生产平台，规范与完善基于电子病历的电子健康档案建立、使用与动态管理，充分发挥移动互联等先进技术作用，促进服务模式转变和服务流程规范，提升社区卫生服务能力和管理效率。

12. 建立社区卫生服务综合管理信息平台。在本市卫生综合管理平台上，建立市、区县、社区联动的社区卫生服务综合管理信息平台，自动生成、动态采集、客观提供全面、及时、准确的信息数据，为社区卫生服务精细化管理提供技术与数据支撑。市、区县政府与卫生计生部门充分利用管理平台信息数据与资源，促进粗放式管理转向精细化、科学化管理，推动政府管理职能转变。

（四）基本建立家庭医生制度

13. 做实家庭医生签约服务。落实社区卫生服务中心与家庭医生、家庭医生与居民契约服务关系。按照"覆盖广、签约实、服务好"的原则，分阶段推进家庭医生签约工作，力争到2020年，实现家庭医生服务基本覆盖全市家庭的目标。通过优质服务、政策杠杆和舆论宣传，积极引导居民与家庭医生建立签约关系，逐步提高签约居民的依从性。探索由居民在社区内自主选择家庭医生，形成竞争机制。

14. 推行健康管理服务模式。将基本医疗服务与基本公共卫生服务有机整合，逐步实现家庭医生根据健康人群、高危人群、患病人群以及疾病恢复期人群分层分类需求，提供综合性、防治融合、全程有效的健康管理服务。完善健康管理模式和规范，充分发挥自我管理小组在健康管理中的特色与优势。

15. 建立有序诊疗服务机制。以自愿签约为原则，以优质服务为基础，逐步建立社区首诊、按需转诊的诊疗服务制度。通过加强二三级医疗机构与社区卫生服务中心对接、全市预约挂号信息平台、畅通转诊渠道、预约平台优先转诊、确保签约服务对象治疗性用药等倾斜政策，引导居民优先利用家庭医生诊疗服务，使家庭医生切实成为居民健康守门人。

16. 建立家庭医生为主体的服务模式与运行机制。在原有全科团队网格化管理模式的基础上，进一步优化家庭医生与团队、社区卫生服务中心平台的职能分工与衔接机制，建立以家庭医生为核心、团队为载体、平台为支撑的服务模式，为签约居民提供综合的、连续的、全程的健康服务与管理。探索将家庭医生作为各社区卫生服务中心内部全面预算管理的责任主体，以签订协议等形式，建立其与社区卫生服务中心之间的责任目标关系；以健康为核心目标，通过全面预算管理，按照责任目标关系规定的工作任务，保障其相应的经费拨付与资源投入；明确收入预期，通过对责任目标结果的评定，实施对家庭医生的绩效考核与分配。赋予家庭医生组建与管理团队、调配与使用资源的权力。

17. 开展医保支付方式改革。进一步加强社区卫生服务中心医保总额预付的科学化管理，根据核定工作任务与居民合理需求，合理确定和调节社区卫生服务中心医保总额，并纳入收支两条线专户管理。根据社区卫生服务中心床位功能定位，探索按床日付费机制，满足居民合理需求。支持社区卫生服务中心加强居民慢性病管理。协同推进家庭医生制度，优化对社区卫生服务中心和家庭医生的管理衔接，综合社区卫生服务公益性综合评价和居民自主选择家庭医生的选择评价，加强家庭医生医保服务的监管，探索家庭医生对签约居民医保费用管理，逐步使家庭医生成为居民健康守门人。

（五）规范社区卫生机构设置与服务

18. 规范建设配置。根据服务项目与服务规范，修订实施本市社区卫生服务机构基本建设、设备设施配置与维修维护标准。在每一街道（乡镇）由政府设置举办一家社区卫生服务中心的基础上，凡新增人口5万－10万，由政府增设或通过公开竞争引入社会资本，增设社区卫生服务中心（分中心），对社区卫生服务中心用地进行预留，积极推进大型居住社区的社区卫生服务工作。根据居（村）委设置、服务人口、服务半径、周边医疗资源配置等情况，合理设置社区卫生服务站与村卫生室，并纳入区域卫生规划和医疗机构设置规划，满足居民就近便捷获得基本卫生服务需求。

19. 规范床位设置。各区县将社区卫生服务中心床位纳入区域卫生规划，中心城区社区卫生服务中心原则上不设治疗床位，郊区可保留少量留观和短期治疗床位。逐步将社区卫生服务中心治疗床位转为老年护理（含舒缓疗护）床位。

20. 发展社区护理服务。将社区卫生服务中心作为本市老年医疗护理服务体系组成部分，在社区卫生服务中心平台上，整合各类资源，缓解老年护理供需矛盾突出的现状。积极鼓励并指导社会办护理站等护理机构开展社区、居家护理服务。在构建老年医疗护理体系过程中，积极探索多形式、多层次的社区护理和居家护理服务形式。支持养老机构内设医疗机构发展，促进符合条件的养老机构设置老年护理床位，社区卫生服务机构与养老机构、社区老年人托养机构合作，为入住的老年人提供必要的基本医疗护理服务，满足其基本医疗服务需求。

21. 落实基本公共卫生服务。引导资源向公共卫生服务倾斜，做强社区卫生服务中心公共卫生服务网底功能，落实公共卫生分级分类服务与管理工作。依托以家庭医生为主体的服务与运行模式，进一步明晰并落实社区卫生服务中心基本公共卫生的主体责任，将基本公共卫生服务与基本诊疗服务有机整合，鼓励在家庭医生管理、团队服务和临床诊疗服务过程中开展传染病控制、疾病筛查、慢病防治、健康教育等公共卫生服务，提高社区公共卫生服务质量、效率和整体水平。

22. 充分发挥中医药服务特色与优势。加强社区中医药服务能力建设，合理配置中医药专业技术人员，开展对社区卫生服务中心从业人员的中医药基本知识和技能培训，推广和应用中医药适宜技术方法，在预防、保健、医疗、康复、健康教育等方面，强化中医药服务，逐步建成一批具有鲜明中医药特色和优势的社区卫生服务中心。

23. 巩固完善基本药物制度。根据国家政策要求，巩固与完善本市社区卫生服务中心基本药物制度，建立二、三级医疗机构与社区卫生服务中心可衔接的用药机制，完善社区卫生服务中心签约慢性病患者"长处方"政策，满足社区居民常用药品需求。对社区医务人员定期开展基本药物制度培训，重点针对不同类别基本药物规范用药的要求，提高医务人员使用基本药物的水平。通过加强健康教育和舆论宣传等多种措施，使社区居民正确理解基本药物制度，引导居民科学合理使用基本药物。在确保"阳光采购"的基础上，利用现代物流、电子商务、集中采购、统一配送等手段，有效降低基本药品供应总成本，降低社区卫生服务中心运行成本。

24. 推动城乡社区卫生服务一体化发展。随着城市化进程推进，实行社区卫生服务镇村一体化管理，逐步实现社区卫生服务中心对郊区村卫生室的全面管理，强化社区卫生服务功能在村级层面的落实。按照构建城乡一体化医疗保障制度的要求，大力推进村卫生室纳入医保联网结算工作。

（六）加强社区卫生人才队伍建设

25. 充实社区医务人员队伍。通过规范化培训、全科转岗培训等多种途径，充实社区医务人员队伍，探索实行全科医生委托定向培养，允许远郊地区可接受外省市临床医生全科转岗培训后在社区执业。加强全科医师临床教学基地和社区教学基地建设。加快培养社区康复、护理等紧缺专业人员，鼓励引导有关人员积极参加相关职业技能培训。开展农村地区助理全科医生规范化培训，在原有订单定向免费培养的基础上，培养一批具有较高素质的乡村社区医生队伍。到2020年，基本实现每万名常住人口拥有4名注册全科医生，社区卫生服务中心执业医生中注册全科医生占比达到60%以上。

26. 大力发展全科医学。本市各大医学院校开展全科医学学科建设，以国际全科医学先进水平为目标，将全科医学纳入全市医学学科建设重点项目，继续加强全科方向的临床医学硕士专业学位研究生（住院医师）的培养，逐步扩大全科方向的临床医学专业学位研究生招生规模。加大医学院校对社区卫生服务中心的支撑力度，将社区卫生服务中心作为其临床教学与培训基地，符合条件的社区卫生服务中心，可作为医学院校附属社区卫生服务中心，形成医学院校与社区卫生服务中心间教学相长的支持联动关系。

27. 提升社区医务人员能力与水平。制定本市社区医务人员岗位能力建设规划。建立社区医务人员实训评估中心，拓展国内外培训渠道，全面开展多种形式的全科医生、社区护士等岗位技能培训，建立上级医院医生定期到社区开展业务指导与社区医务人员定期到临床教学基地轮转进修制度，全面提升社区医务人员临床与健康管理技能。激励社区医务人员不断提升学历和专业层次。

28. 拓展社区医务人员职业发展前景。通过建立目标薪酬制度，合理保障社区医务人员收入待遇。科学合理调整社区卫生专业技术岗位配置比例，适当提高中、高级岗位结构比例。逐步完善符合社区卫生服务特点的社区卫生高级专业技术职务任职资格评价标准，并对长期在远郊工作的人员予以政策支持。对社区医务人员在公开招聘、晋升评优、生活保障等方面予以适当政策支持，将优秀社区医务人员纳入市区各级政府人才引进优惠政策范围。

29. 营造社区医务人员良好发展环境。加强舆论宣传引导，弘扬先进事迹，通过定期开展优秀家庭医生等先进社区医务人员评选、多种形式的家庭医生制度宣传等方式，加深社区居民对于社区医务人员工作性质、职业特点、服务内容的了解，提高社区医务人员的社会地位和职业荣誉感。

（七）夯实支撑保障机制

30. 完善社区卫生服务中心收支两条线管理。完善本市社区卫生服务中心收支两条线管理办法，确保各区县政府切实履行投入主导责任，将社区卫生作为政府新增卫生投入的重点。各区县规范收支两条线管理区级统筹，将管理专户统一设在区县财政部门。按照"核定任务、核定收支、绩效考核补助"的要求，根据社区卫生服务功能、目标要求与政府保障职能及可负担能力，实施综合预算管理，完善投入机制，在社区卫生服务中心内部实施全面预算管理，加强绩效考核，确保社区卫生服务中心正常运行。逐步建立对不同服务模式与运行机制的社区卫生服务平台、家庭医生和老年护理床位的针对性投入机制与方式，进一步提高公共财政投入的科学性和效率。

31. 完善社区卫生服务价格调整机制。按照"合理补偿成本、兼顾群众和基本医保基金承受能力"的原则，完善价格调整机制，对体现社区医务人员劳务、技术等的收费标准合理进行动态调整，为实现购买服务机制与社会资源引入形成合理价格机制。

32. 加大各级医疗机构联动支撑力度。进一步整合区域内各级医疗机构优质资源，利用现代远程互联技术，通过建立检验、影像、诊断等区域医疗技术支持中心，实现资源共享。依托医疗联合体等形式，二、三级医疗机构明确专门科室或部门负责与社区卫生服务中心对接，逐步建立全科与专科服务有效衔接的长效机制和规范，促使上级医疗机构专科门诊、住院病床等资源优先向家庭医生开放，充分发挥二、三级医疗机构对社区卫生服务中心的技术与资源支撑作用，为患者提供全程、连续的医疗卫生服务。

关于本市新型农村合作医疗市级统筹的实施意见

（2014 年 11 月 17 日）

为进一步缩小城乡差距，发挥本市新型农村合作医疗（以下简称"新农合"）统筹共济作用，逐步实现农民与居民医疗保障接轨，提高农民医疗保障水平，现就本市新农合市级统筹提出如下实施意见：

一　主要目标

遵循"农民受益、市区联动、有序推进、均衡发展"的原则，从 2015 年起，本市新农合实行全市统筹。通过构建市级平台，做到新农合基金（以下简称"基金"）统一预决算管理、统一账户核算、统一业务管理、统一筹资标准、统一保障待遇，提高基金抗风险能力，逐步实现全市农民基本医疗保障均等化，形成公平可及、保障适度、资金安全、管理高效的新农合市级统筹制度。

二 保障对象

本市农业户籍及其外省市农业户籍配偶，且未参加其他基本医疗保障（城保、居保等）的人员，以及选择参加新农合门诊统筹的镇保人员。

三 筹资标准与资金来源

根据国家和本市医改规定的筹资和补偿要求，综合上年度基金收支情况、医疗费用增长以及基金使用结构（基本医疗基金占85%－87%、大病保险基金占3%－5%、风险金占10%），按照"收支平衡、略有结余"的原则，确定筹资标准。2015年，新农合市级统筹人均筹资标准为1800元/人（不含中央财政补助资金）。

（一）个人缴费

参合人员以家庭为单位参保（已参加其他基本医疗保障人员除外），个人继续按照上年度所在区县农民年人均可支配收入2%的标准缴纳。

农村低保、五保、生活困难的残疾人参加新农合的个人缴费，继续由区县政府、残联予以补助。

（二）财政补助

根据原市卫生局、市财政局等十部门《关于进一步完善本市新型农村合作医疗制度的实施意见》（沪卫基层〔2012〕3号）精神，市财政对崇明、奉贤、金山和原南汇继续给予1.5亿元筹资补助。在此基础上，对9区县按照人均100元的标准给予补助。

扣除个人缴费和市财政补助，余下部分由区县财政承担。

四 保障待遇

按照国家和本市医改确定的新农合保障目标，统一补偿政策和补偿范围，引导参合农民合理利用卫生资源。新农合政策范围内补偿项目，参照本市城镇职工医保规定执行。

（一）门诊

村卫生室、社区卫生服务中心、二级和三级医疗机构政策范围内补偿比例，分别为80%、70%、60%和50%。按照以上补偿比例，由基本医疗基金先行支付300元（补偿费用），超过300元部分设个人自付段300元（可报费用），封顶补偿5000元。

（二）住院

社区卫生服务中心、二级和三级医疗机构政策范围内补偿比例分别为80%、75%和50%，平均达到75%。尿毒症、恶性肿瘤放疗、化疗和重症精神病等门诊大病按照住院补偿政策执行。住院及门诊大病补偿封顶12万元。

（三）大病保险

住院（含门诊大病）参合农民经新农合基本医疗基金补偿后，当年累计自付政策范围内费用仍超过1万元的，对超出部分再补偿70%，封顶补偿8万元。大病保险由商业保险机构承办，具体办法另行制定。

高于以上市级统筹补偿水平的区县参照2014年筹资标准、原则和渠道，由相关区县政府对高出部分予以继续保障。

五　账户设置

按照《财政部卫生部关于印发新型农村合作医疗基金财务制度的通知》（财社〔2008〕8号）规定，统一账户核算。市财政部门在社保基金财政专户中，设立新农合基金专账。市合作医疗事务中心设立基金收入户与支出户，各郊区县保留基金结算户。

六　基金管理

（一）基金使用

当年基金和区县历年结余基金全部纳入市财政新农合基金专账统一管理。风险金（10%）及中央财政补助资金作为市级共济，用于弥补基金非正常超支造成的基金临时周转困难。基本医疗基金（85%）按照区县核算使用，用于基本医疗费用补偿。大病保险基金（5%）划拨商业保险机构，用于大病医疗费用二次补偿。各区县财政专户历年结余基金经审计后，全部上缴市财政专户，按照区县核算使用，用于弥补当年基金超支和参合人员补充保险待遇支出。

区县新农合经办机构负责审核辖区参合农民门诊、住院补偿费用，根据费用发生情况，按月向市合作医疗事务中心申请新农合补偿资金，用于支付定点医疗机构实时结算垫付款和个人事后结算补偿款。同时，按照全市统一财务会计制度，统一基金核算办法和统一电算化软件，做好日常会计核算工作，每月上报相关财务报表。

（二）预决算管理

1. 预算编制和审批

新农合基金预算草案由市合作医疗事务中心负责编制，经市卫生计生委、市财政局审核后联合上报市政府审批，并按照要求报送市人大。批准后的基金预算按照国家要求，分别上报财政部和国家卫生计生委，并由市财政局、市卫生计生委联合批复市合作医疗事务中心。

2. 预算执行

区县经办机构严格按照批准的预算执行，按月向市合作医疗事务中心申报用款计划，并报告上月预算执行情况。市合作医疗事务中心对基金预算执行情况进行汇总，定期向市卫生计生委、市财政局报告。

3. 预算调整

在执行中因国家和本市政策调整等特殊情况需要增加支出或减少收入

的，由市合作医疗事务中心提出基金预算调整方案，经市卫生计生委、市财政局审核后联合报市政府审批，并报送市人大。批准后的基金调整预算按照国家要求上报，并由市财政局、市卫生计生委联合批复市合作医疗事务中心。

4. 基金决算

年度终了，市合作医疗事务中心按照有关规定，编制基金决算草案，经市卫生计生委、市财政局审核后联合报市政府审批，并按照要求报送市人大。批准后的基金决算按照国家要求，分别上报财政部和国家卫生计生委。

（三）超支处理

基金当年入不敷出时，按照下列顺序解决：

1. 动用统筹基金历年结余中的存款；
2. 按程序申请动用风险金等市级共济资金；
3. 按市、区县两级财政投入比例分担。

七　职责分工

根据"一级基金、两级管理"的要求，明确市、区县两级管理责任，形成市、区县联动，充分调动区县积极性。市级负责政策制定、预算决算、基金统筹、市级定点医院监管、人员培训、信息统计、工作评估等。区县全面落实市级统一政策，负责宣传发动、引导参保、资金筹集、补偿支付、区县内定点医院监管、信息报送、实时结算等具体工作，确保市级统筹后新农合管理平稳运行。

八　就诊管理

继续实行定点医疗与转诊制度。参合人员持新农合就医记录册及社保卡可直接到户籍所在街镇的村卫生室或社区卫生服务中心就诊。前往上级医院就诊，须经社区卫生服务中心转诊或街镇经办机构备案。急诊病人事后应到街镇经办机构补办备案手续。未经转诊或备案，所发生的医疗费用不予结算，且不享受大病保险待遇。按照"就医下沉、社区首诊、方便病人"的原则，对人户分离的参合人员，经街镇经办机构审核同意并备案后，可选择跨区居住地就近一所社区卫生服务中心就医。

九　支付管理

严格执行全市统一补偿政策，强化费用监管，确保基金安全运行。支付流程做到"四分开"，即初审、复审、审批与支付分开。建立和完善定点医疗机构监管制度，继续推进按人头支付、按病种付费、总额预付等支付方式改革。全面实施区域内定点医院实时结算，减少事后报销。逐步取消现金支付，提供转账服务。对冒用、伪造、出借、转让新农合凭证及变卖药品的行为，一经查实，取消新农合投保资格，并追回流失的资金。

十　信息化管理

按照全市卫生信息化建设总体规划，继续提升新农合信息化管理水平。根据监管要求，进一步完善新农合监管平台。

十一　镇保参合

镇保人员选择参加新农合门急诊统筹政策有效期，由市政府主管部门另行规定。其个人缴费及区县财政补助由各区县参照2014年镇保参合筹资标准执行。

本实施意见自2015年1月1日起施行，有效期至2019年12月31日。

后　记

　　城乡经济社会一体化发展，是改革开放以来上海取得的一项重要成就。系统总结上海城乡经济社会一体化发展的经验，既是上海坚持改革开放再出发的需要，也是努力把上海建设成为创新之城、人文之城、生态之城，卓越的全球城市和社会主义现代化国际大都市的需要。

　　今年是改革开放四十周年，应上海研究院的约请，我们承接了《上海城乡一体化探索与实践》的课题研究和该书的编写工作。参加本书编写工作的成员以上海市农村经济学会的为主，同时也邀请了市发改委等比较熟悉城乡统筹发展方面的专家参加，以便确保总结经验的全面性。

　　本书由上海市农村经济学会会长王东荣主编，参与本书研究大纲的有王东荣、顾吾浩、陈霆等专家。主要执笔为：王东荣执笔前言、第一章探索篇、第五章制度汇编，以及第二章专题篇中第二、十、十五节；顾吾浩执笔第四章展望篇、第二章专题篇中第一、二、十一、十二节，第三章案例篇中案例五、九、十、十六、十七；陈霆执笔第二章专题篇中的第三、八、九、十节，第三章案例篇中案例一、二、三、四、十八；吕祥执笔第二章专题篇中第十三、十四、十五节，第三章案例篇中案例十五；徐盘钢执笔第二章专题篇中第五、六、七节，第三章案例篇中案例六、七、八；周兰军执笔第二章专题篇中第四节，第三章案例篇中案例十一、十二、十四、十九；刘明执笔第三章案例篇中案例十三。

　　在课题研究和本书编写过程中，初稿完成后顾吾浩副主编对初稿进行了统稿和修改，王东荣主编负责组织协调工作，并在定稿阶段对本书进行了编排调整和系统修改，使本书内容更加完整，逻辑关系更加顺畅。

由于本书编写时间比较紧张，疏忽和不足之处在所难免，望各位读者批评指正。

王东荣

二〇一八年十月十日

图书在版编目（CIP）数据

　　上海城乡一体化探索与实践／王东荣主编. －－ 北京：
社会科学文献出版社，2018.11
　　（上海研究院纪念改革开放40周年丛书）
　　ISBN 978 - 7 - 5201 - 3464 - 4

　　Ⅰ.①上… 　Ⅱ.①王… 　Ⅲ.①城乡一体化 - 发展 - 研
究 - 上海 　Ⅳ.①F299.251
　　中国版本图书馆 CIP 数据核字（2018）第 215513 号

上海研究院纪念改革开放40周年丛书
上海城乡一体化探索与实践

主　　　编／王东荣

出　版　人／谢寿光
项目统筹／任文武
责任编辑／王玉霞

出　　　版／社会科学文献出版社·区域发展出版中心（010）59367143
　　　　　　地址：北京市北三环中路甲29号院华龙大厦　邮编：100029
　　　　　　网址：www.ssap.com.cn
发　　　行／市场营销中心（010）59367081　59367083
印　　　装／三河市尚艺印装有限公司

规　　　格／开　本：787mm×1092mm　1/16
　　　　　　印　张：24.25　字　数：377千字
版　　　次／2018年11月第1版　2018年11月第1次印刷
书　　　号／ISBN 978 - 7 - 5201 - 3464 - 4
定　　　价／98.00元

本书如有印装质量问题，请与读者服务中心（010 - 59367028）联系